New Highlight 4

Handreichungen für den Unterricht

+ Kopiervorlagen
+ role-play cards

Cornelsen

New Highlight
Band 4

Handreichungen für den Unterricht

von
Hartmut Bondzio und Annette Bondzio-Abbit, Bielefeld
Annett Cyba, Leipzig
Silja Wollburg, Berlin
Katrin Harder, Berlin
Inge Ivens, Herzogenrath

Redaktion
Susanne Döpper (Projektleitung)
Undine Griebel
Ulrike Gastmann

Beratende Mitwirkung
Ingrid-Barbara Hoffmann, Böblingen
Ellen Wiegard-Kaiser, Bielefeld

Illustration
Katharina Wieker, Berlin

Umschlaggestaltung
Leonardi.Wollein, Berlin

Layoutkonzeption
Susanne Meyer

Technische Umsetzung
Checkplot Anker & Röhr

Bildquellen:
Umschlag: George Delgado, New York
Kopiervorlage 33: Alamy, Jupiter Images/Comstock
Kopiervorlagen 34 und 35: Gorm K. Gaare, Berlin

Texte:
Tony's New York Stories © 2003 Tony's New York Productions LLC,
all rights reserved. Tony's New York Tours (R) Registered Trademark
owned by Tony's New York Productions LLC.

www.cornelsen.de

1. Auflage, 2. Druck 2010

© 2008 Cornelsen Verlag, Berlin

Das Werk und seine Teile sind urheberrechtlich geschützt.
Jede Nutzung in anderen als den gesetzlich zugelassenen Fällen bedarf
der vorherigen schriftlichen Einwilligung des Verlages.
Hinweis zu den §§ 46, 52a UrhG: Weder das Werk noch seine Teile dürfen ohne eine
solche Einwilligung eingescannt und in ein Netzwerk eingestellt oder sonst öffentlich
zugänglich gemacht werden.
Dies gilt auch für Intranets von Schulen und sonstigen Bildungseinrichtungen.
Die Kopiervorlagen dürfen für den eigenen Unterrichtsgebrauch
in der jeweils benötigten Anzahl vervielfältigt werden.

Druck: CS-Druck CornelsenStürtz, Berlin

ISBN 978-3-464-34464-4

 Inhalt gedruckt auf säurefreiem Papier aus nachhaltiger Forstwirtschaft.

INHALT

Auf einen Blick: Didaktisch-methodische Hinweise — 4

Vorwort — 5

Handreichung zum Schülerbuch

    Next Stop: USA — 16

    Unit 1 *The Big Apple* — 23

    Unit 2 *Life in LA* — 55

    Extra Reading **Unit 2** *Isn't technology awesome?* — 86

    Unit 3 *At Sullivan High* — 88

    Unit 4 *The Evergreen State* — 115

    Unit 5 *Music in Miami* — 147

    Extra Reading **Unit 5** *"The Road to Freedom"* — 181

    Unit 6 *Going west** — 187

Anhang: **Workbook** *tapescripts* — 221

          Kopiervorlagen 1–36 — 227

          role-play cards

Erläuterungen der Abkürzungen und Symbole

 Hinweis auf Einsatzmöglichkeit der Doppel-CD zum Schülerbuch

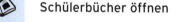 Schülerbücher öffnen

Material, das dem Portfolio-Ordner zugefügt werden kann

 Interkulturell

 Wiederholung

 leichte, mittelschwere und schwierige Aufgabe im Schülerbuch

▶ Hinweis auf Übungen im Workbook oder auf der CD-ROM im Workbook, z. B.: ▶ W 33, 1
    ▶ W CD-ROM

S je nach Kontext „Schülerin bzw. Schüler" oder „Schülerinnen bzw. Schüler"

L Lehrkraft

SB Schülerbuch

HRU Handreichungen für den Unterricht

Tapescript Wortlaut der Hörverstehenstexte auf der Doppel-CD

Material benötigte Medien oder Materialien

Ex. 2 Exercise

AUF EINEN BLICK

Die wichtigsten didaktisch-methodischen Hinweise:

BE/AE im Vokabelheft   S. 21

Scanning   S. 37

Zum Umgang mit der *Wordpower*-Seite   S. 39

Schülervorträge   S. 40

Zum Umgang mit einem Lückentext   S. 40

Defective dialogues   S. 45

Role-play cards   S. 46

Paar- und Gruppenbildung   S. 48

Die *Look at Language*-Doppelseiten   S. 49

Kooperative Interaktionsformen   S. 50

Die *Test Practice*-Abschnitte   S. 54

Erschließungstechniken von Texten   S. 60

Extensives Lesen vs. intensives Lesen   S. 61

Zum Umgang mit *Storys*   S. 63

Die Einteilung von Zufallsgruppen   S. 66

Ein *network*   S. 67

Leseverstehen   S. 73

Zum Umgang mit Liedern   S. 95

Gruppenpuzzle (*Jigsaw*-Methode)   S. 99

Zum Umgang mit dem *Wordpower*-Abschnitt   S. 102

Paraphrasieren   S. 122

Mind Maps   S. 130

Rollenbiografien   S. 137

Polite phrases   S. 169

Das Schreiben kohärenter Texte   S. 172

Reading log   S. 201

Information gap activities   S. 210

Vorwort

ZUR KONZEPTION DES LEHRWERKS

Neue Rahmenbedingungen – neues Lehrwerk

Das Lehrwerk *New Highlight* wurde auf der Grundlage der aktuellen Lehrplanvorgaben sowie schulpolitischer Herausforderungen (Grundschulenglisch, Entwicklung von Kerncurricula und Leistungsstandards mit einhergehender Evaluation, Abschlussprüfungen etc.) entwickelt. Seine Konzeption ist in den ersten beiden Bänden der Handreichungen für den Unterricht ausführlich dargestellt worden. Lehrkräfte, die den Unterricht mit diesem Band neu beginnen, seien auf die entsprechenden Ausführungen verwiesen. Im Folgenden werden die wichtigsten Aspekte dieser Konzeption vor allem im Hinblick auf die spezifische Situation des Englischunterrichts in der Mittelstufe erläutert.

Englisch in der Mittelstufe

New Highlight, Band 4, ist ein Lernbuch für alle Schülerinnen und Schüler. Es bietet Lernenden sowohl im Rahmen einer inneren als auch einer äußeren Leistungsdifferenzierung (die teilweise ab der Jahrgangsstufe 7 beginnt) besonders viel Hilfe und Unterstützung. Passgenau werden langsamer lernende Schülerinnen und Schüler, deren Motivation für die englische Sprache nun eher abzunehmen droht, ebenso bedient wie schneller lernende Schülerinnen und Schüler, deren Leistungsverhalten durch den Umgang mit der englischen Sprache angeregt wird.

Schwerpunkte

Neben der Weiterentwicklung der kommunikativen Fertigkeiten und der Beherrschung neuer sprachlicher Mittel stehen in Band 4 besonders das Wiederholen, Üben und Bewusstmachen von bereits bekannten, wichtigen Strukturen und schon gelerntem Wortschatz, die Schulung von Methodenkompetenzen sowie landeskundliche und interkulturelle Zielsetzungen im Vordergrund.

Differenzierung

New Highlight, Band 4, unterscheidet klar zwischen dem Pflichtteil (mit vier Einstiegsseiten, *Next stop: USA*, sowie den Units 1–5) für alle Schülerinnen und Schüler sowie dem fakultativen Zusatzteil, der aus den Abschnitten *Extra Practice*, *Summary*, *Extra Reading* und *Wordbanks* sowie einer frei wählbaren Zusatz-Unit 6 besteht. Letztere ist für leistungsstärkere Schülerinnen und Schüler gedacht und bietet weitere Inhalte bei äußerer Differenzierung (z. B. für E-Kurse in Nordrhein-Westfalen) sowie komplexere Anforderungen, wie das Dolmetschen vom Deutschen ins Englische.

In beiden Teilen sorgt ein breites Differenzierungsangebot dafür, dass auch die unterschiedlichen Bedürfnisse innerhalb einer Lerngruppe abgedeckt werden. Dazu dienen z. B. entsprechend ausgewiesene Wiederholungsübungen, die bewährten Strukturübersichten unter dem Stichwort *Summary* sowie die sogenannten *Wordbanks* für eine individuelle Wortschatzwiederholung und -erweiterung. In den Pflicht-Units finden sich schwierigere Übungen für Lernstärkere. Die *Extra Practice*-Seiten im fakultativen Zusatzteil bieten Übungen auf drei unterschiedlichen Niveaus an. Sie dienen der Konsolidierung und Wiederholung, aber auch der Vertiefung und Erweiterung der sprachlichen Fähigkeiten im Bereich der Strukturen. Bei der Entwicklung und Auswahl der Aufgabentypen im Pflicht- und Zusatzteil wurden die Aufgabenformate aktueller diagnostischer Tests (z. B. Lernstanderhebungen in NRW am Ende von Klasse 8) sowie aktueller Abschlussprüfungen (vgl. besonders die Abschnitte *Test practice*) berücksichtigt, sodass die Schülerinnen und Schüler diese kontinuierlich üben können.

Sprache gebrauchen

Die veränderten Bedürfnisse und Lernausgangslagen der jetzt jugendlichen Lernenden in der Mittelstufe berücksichtigt Band 4 von *New Highlight* auch auf folgende Weise:
– Die gesprochene Sprache hat Vorrang. Sie orientiert sich an der Lebenssituation der Schülerinnen und Schüler. Gelerntes ist unmittelbar umsetz- und anwendbar, sodass sich individuelle Sprechabsichten auch unabhängig von den Inhalten des Schüler-

buches verwirklichen lassen. Indem die fremde Sprache stets auf eine Partnerin / einen Partner oder eine Sache bezogen ist, kann sie als persönlich bedeutsames Kommunikations- und Gebrauchsmittel erfahren werden.

Alle Fertigkeiten weiterentwickeln

– Dementsprechend nehmen *Listening*- und *Speaking*-Abschnitte nach wie vor einen prominenten Platz ein. Sie werden aber nun ergänzt durch *Reading* und *Writing*. Eine verstärkte Berücksichtigung rezeptiver Fertigkeiten entspricht auch den psychologischen Voraussetzungen der Lernenden gerade in diesem Alter.

Neugierig auf Sprache bleiben

– Das selbst entdeckende Spracherwerbskonzept der ersten Bände wird in Band 4 weitergeführt. Grammatische Strukturen werden zunächst als lexikalische Einheiten gelernt und dann im SB-Abschnitt *Look at language* (unter Mitwirkung der Schülerinnen und Schüler) behutsam bewusstgemacht. Dabei erforschen die Lernenden die Bildung und Funktion der Struktur, die die Unit trägt. Gelenkt und unterstützt werden sie durch *Checkpoint*-Kästen im Schülerbuch. Abschließend fassen die Schülerinnen und Schüler ihre Erkenntnisse in einem Merksatz zusammen, ohne Rückgriff auf eine komplizierte Meta-Sprache. Die *Summary*-Seite bietet einen vollständigen Überblick über sämtliche Paradigmen einer grammatischen Struktur.

Methodenkompetenzen ausbauen

– Die Methodenkompetenz wird auch in Band 4 intensiv geschult. Dabei werden Lernstrategien und Arbeitstechniken vermittelt, die es den Schülerinnen und Schülern ermöglichen, die Verantwortung für ihr Lernen selbst zu übernehmen. Die schon aus den ersten Bänden bekannten gelben Tippzettel geben dafür praktische Hinweise im gesamten Lehrgang. Ab Band 3 sind sie auf Englisch formuliert.

Fortgesetzt werden die aus den Bänden 2 und 3 bekannten *Training*-Seiten, die die Schülerinnen und Schüler mit wichtigen Lernmethoden vertraut machen: *Dictionary work* (Unit 2), *Using mindmaps* (Unit 4), *Reading logs* (Unit 6).
Arbeitstechniken im Bereich *Writing* (im Rahmen des Abschnitts *Skills Training*) üben das Schreiben von Einladungen, das Verfassen eines Pro- und Kontra-Artikels für eine Jugendzeitschrift, das Erstellen von Kurznachrichten, das Verfassen eines Lebenslaufes und einer Bewerbung sowie das schriftliche Erzählen einer Bildergeschichte.
Im Bereich Lesen (*Story, Skills Training: Reading*) werden informationsentnehmende Techniken wie *skimming* und *scanning* weiterentwickelt. Im Hinblick auf die Erschließung unbekannter Wörter vertiefen die Schülerinnen und Schüler die Fähigkeit, den sprachlichen und visuellen Kontext von Wörtern, Sätzen und Texten zu nutzen.
Internetprojekte fördern auch in Band 4 die Medienkompetenz und regen dazu an, elektronische Texte für die Bewältigung von Aufgaben zu nutzen.
Bei Übungen zum monologischen und dialogischen Sprechen – z. B. im Rahmen der Transferaufgaben *(And you?)* – erfahren die Lernenden, wie man Gehörtes, Gelesenes oder Erarbeitetes zusammenfassend wiedergeben kann. Sie lernen, kurze Texte frei vorzutragen und sich in Rollenspielen situationsadäquat zu verhalten.
Beim Hören von Texten wird die Fertigkeit geschult, sich auf Gehörtes nicht nur einzulassen, sondern dem Gesprochenen relevante Informationen (z. B. mithilfe des *note taking*) zu entnehmen. Auch in Band 4 wird Gehörtes durch Fotos und andere Abbildungen greifbarer gemacht, sodass sich ein Hör-Seh-Verstehen aufbauen kann.

Eine Form bewussten Sammelns, Sicherns und auch schriftlichen Notierens von wichtigen Wörtern kommt bei den regelmäßig wiederkehrenden *networks* zur Anwendung, für die die Lernenden die Wörter nach Oberbegriffen selbstständig zusammenstellen. Darüber hinaus lernen die Schülerinnen und Schüler im Rahmen einer konsequent betriebenen Wortschatzarbeit, Wortbildungstechniken anzuwenden sowie Kollokationen zu ausgewählten Wörtern aufzubauen und stetig zu erweitern. Merkkästen, Lerntipps und *Test yourself*-Aufgaben im *Vocabulary*-Teil unterstützen die Lernenden zusätzlich beim Struktur- und Wortschatzlernen. Ebenfalls im Vokabelverzeichnis erinnert eine gelbe Box am Beginn jeder Unit an bereits gelernten Wortschatz und ermöglicht so stetige Wiederholung und Vertiefung.

Länder und Menschen kennenlernen

– Stärker noch als in den vorhergehenden Bänden wird Landeskunde durchgehend vermittelt, z. B. in Form von *stories*, Inhalten und Fotos. Dazu tragen auch die für die Units gewählten Schauplätze bei, die ein modernes, authentisches, multikulturelles

Bild der USA vermitteln. Zusätzlich gibt es Projekte mit landeskundlichen Inhalten. Die Schulbuchfiguren wecken ebenfalls das Interesse der Schülerinnen und Schüler für alltagsbezogene Themen, denen Jugendliche „hier und dort" begegnen. Dabei werden auch problematische Aspekte (Probleme von Einwanderern, Leistungsdruck, unfaires Verhalten im Sport, Leben mit einer Behinderung) nicht ausgespart. Dort, wo es sich anbietet, werden Aufgaben zur interkulturellen Kompetenz angeboten. Dadurch nehmen die Schülerinnen und Schüler Gemeinsamkeiten und Unterschiede zwischen den Sprachen und Kulturen intensiver wahr und lernen, andere Verhaltensformen, Normen und Standards zu akzeptieren und die eigenen kritischer und distanzierter zu betrachten. In diesem Sinne gehen schon die vier Einstiegsseiten in das Buch *(Next stop: USA)* über deklaratives landeskundliches Faktenwissen hinaus.

Selbsteinschätzung stärken

– Die Fähigkeit zur Selbstbeobachtung und Selbsteinschätzung zu fördern, ist auch Anliegen des vorliegenden Bandes. Deshalb wird die mit dem Jahrgang 5 begonnene Portfolio-Arbeit fortgesetzt. Das *Workbook* hält zu diesem Zweck nach jeder zweiten Unit einen Selbsteinschätzungsbogen (Portfolio-Seiten) bereit. Hier können die eigenen Fortschritte überprüft werden. Die Selbsteinschätzungsbögen bilden einen Teil des Portfolios, das darüber hinaus auch als anschauliche Dokumentation von Arbeitserträgen der Schülerinnen und Schüler fungiert. Über die Auswahl ihrer *best products* für die *treasure box* des Portfolios entscheiden die Schülerinnen und Schüler am Ende des Schuljahres selbst. Das Schülerbuch und die Handreichungen für den Unterricht geben dafür Anregungen. *Test yourself*-Aufgaben im *Workbook* (zu jeder Unit) sowie im Vokabelanhang (vor und nach jeder Unit) sind weitere Möglichkeiten für die Schülerinnen und Schüler, ihren Sprachstand selbstständig zu überprüfen.

Hören

Gutes Hörenkönnen ist Voraussetzung für das eigene Sprechen. Deshalb nehmen Hörtexte (versammelt auf einer Hör-CD) auch in Band 4 einen zentralen Platz im Schülerbuch ein. Noch immer steht Hör-Seh-Verstehen dabei im Vordergrund, d. h., das Gehörte wird vor allem durch Fotos veranschaulicht. Hinzu kommen verstärkt Aufgabenformate der zentralen Tests und Abschlussprüfungen. Die Techniken *listening for gist* und *listening for detail* werden auf eine Weise geübt, dass die Lernenden auditiv präsentierte Informationen aus Texten filtern sowie Kernaussagen erfassen, aufschreiben und weiterverarbeiten können.

Sprechen

Die in *New Highlight,* Band 4, angebotenen Sprechabsichten, Situationen und Texte machen von Anfang an mitteilungsbezogenes Sprechen möglich, z. B. im Rahmen von kurzen *role-plays,* in denen von einer Partnerin / einem Partner gezielt Informationen erfragt werden müssen. Für diese Form des Miteinander-Sprechens bieten die Handreichungen für den Unterricht zu den Units 1, 3 und 6 zusätzliche *role-play cards* (als Kopiervorlagen) an. Sie festigen vor allem die im Rahmen des *Speaking*-Abschnitts eingeübten kommunikativen Wendungen.

Vielen Übungen ist *classroom language* inhärent, das Lernende nutzen können, um die Kommunikation im Klassenzimmer herzustellen, aufrechtzuerhalten und auszubauen. *Classroom discourse* wird vor allem dort gebraucht und gefördert, wo die Lernenden sich im Rahmen von kleinen Projekten untereinander verständigen und ihre Produkte der Klasse vorstellen müssen.

Lesen

Mit Blick auf die PISA-Studie muss auch der fremdsprachliche Unterricht die Fähigkeit fördern, sich in einem Text zurechtzufinden, ihm zentrale Informationen zu entnehmen sowie Hypothesen zu bilden und Schlussfolgerungen zu ziehen. Die Aufgabenapparate am Ende des *Story*-Abschnitts in den Pflicht-Units sowie die fakultativen *Extra Reading*-Texte üben solche elementaren Lesestrategien und überprüfen das Textverständnis. Gleichzeitig werden in den HRU weitere Möglichkeiten zur inhaltlichen Fortsetzung und Vertiefung der Textarbeit zur Verfügung gestellt. Das Schülerbuch regt das Führen eines Lesetagebuchs *(reading log)* an, in dem die Schülerinnen und Schüler wichtige Erkenntnisse aus ihrer Lektüre festhalten können. Die HRU machen (in Fortführung der Bände 1–3) darüber hinaus (in Form einer Kopiervorlage) Vorschläge für ganz persönliche Zugriffsweisen auf den Text. Einen längeren, zusammenhängenden Text in der Fremdsprache verstehen zu können, steigert vor allem die Lernmotivation.

Lesen nämlich dient nicht nur dem Spracherwerb, sondern sollte immer auch Freude und Vergnügen am Gelesenen vermitteln sowie subjektive und emotionale Reaktionen auf das dabei Erfahrene einschließen.

Schreiben

Das Schreiben „freier" Texte vollzieht sich auch in Band 4 in einem abgesicherten Rahmen. Im Abschnitt *Skills Training: Writing* werden wichtige Schreibtechniken geübt, die mit unterschiedlichen Textsorten verknüpft sind. Neben dem Schreiben alltagsrelevanter Texte (Einladungen, Kurznachrichten, Lebenslauf und Bewerbung) gibt es auch literarisch-kreative Aufgaben wie das Verfassen eines Gedichts oder das Erzählen einer Bildergeschichte.

DIE BESTANDTEILE DES LEHRWERKS

Das Schülerbuch

Das Schülerbuch setzt sich aus den beiden Einführungsseiten *Next stop: USA*, fünf verpflichtenden Units (à 14 Seiten), einer fakultativen Zusatz-Unit, den *Partner Pages* (für Rollenspiele), den *Wordbanks* (für das Ordnen, Festigen und Erweitern des individuellen Wortschatzes) und einem ausführlichen Nachschlageteil zusammen. Ein loser thematischer Rahmen sorgt für die inhaltliche Einheit.

Next stop: USA

Vier Einstiegsseiten geben einen Überblick über die politische und geografische Gliederung der USA und zu wichtigen Merkmalen des American English (Aussprache, Orthografie, Wortschatz).

Die Themenpalette in *New Highlight 4* entspricht altersmäßig den Interessen der angesprochenen Zielgruppe:

Next stop: USA	Geografischer Überblick, Umgang mit Karten, wichtige Merkmale des AE
Unit 1	Sightseeing in New York, Leben in der Großstadt, Verkehr, Einwanderung in die USA
Unit 2	Arbeit und Freizeit, Druck der Eltern, Filmindustrie, Medien
Unit 3	Schulleben in den USA, Sport, Markenkleidung, Fairplay
Unit 4	Ferien im Nationalpark, *native Americans*, familiäre Wurzeln, Leben in der Kleinstadt, Beruf und Bewerbung
Unit 5	Hispanics, Musik im Alltag und als Geschäft, *music awards*, Leben mit einer Behinderung
Unit 6	(Nur für lernstarke Gruppen) Erschließung des amerikanischen Westens, Ferien in den USA, interkultureller Vergleich
Extra Reading	Technologien am Arbeitsplatz, Computer und Telekommunikation, historische Aspekte

Die Lernphasen einer Unit

Die Units bestehen aus sechs Abschnitten, die den jeweils korrespondierenden Lernphasen im Unterricht entsprechen: *Lead-in, Story, Wordpower, Revision / Training, Skills Training, Look at language*.

Lead-in

Die Units beginnen mit vier *Lead-in*-Seiten, die in das Thema der Unit einführen. Auf der ersten Doppelseite machen attraktive Fotos die Schülerinnen und Schüler neugierig auf den Unit-Schauplatz. Der Schwerpunkt liegt im Bereich „Hören". Deshalb werden ein oder zwei *listening tasks* angeboten. In der Regel handelt es sich dabei um bildgesteuerte Zuordnungsaufgaben. Vorgegebene Muster helfen bei der Versprachlichung. Wiederholungsaufgaben sind durch das Revisionssymbol gekennzeichnet. Die Übungen reaktivieren – passend zum Unit-Thema – bereits bekannte Lexik. Gleichzeitig erweitern die Schülerinnen und Schüler ihr Wortschatz-Repertoire durch neue Vokabeln. Die *Wordbanks* im Anhang halten zusätzliche Wortschatzhilfen und -ergänzungen bereit und fungieren insofern auch als Differenzierungshilfe.

Die nächste Doppelseite entwickelt das Unit-Thema und den inhaltlich roten Faden mit Bildern und kurzen Texten, die unterschiedliche Textsorten abdecken, weiter. *Pre-reading activities* trainieren Techniken zur Textentschlüsselung. Abwechslungsreiche *post-reading tasks* sichern das Textverständnis. Immer wieder werden auf motivierende

Weise (z. B. mithilfe von Songs) Hörtechniken trainiert und fordert das Buch zur persönlichen Stellungnahme auf. Erste Paradigmen einer neuen Struktur werden auf natürliche Weise in den Kontext des Abschnitts eingestreut, ohne dass das Phänomen fokussiert oder gar bewusstgemacht wird. In jeder Unit wird eine Projektarbeit angeboten, die – zur Förderung der Medienkompetenz – auch die Arbeit mit didaktisierten Webseiten einschließt. Zum Abschluss werden die Jugendlichen zum mündlichen Präsentieren bzw. zum monologischen Sprechen aufgefordert. Schriftliche Ergebnisse eignen sich zum Sammeln im Portfolio.

Story

Sprachlich und inhaltlich durch das *Lead-in* vorbereitet, folgt nun der Lesetext. *Pre-reading tasks* bilden den Auftakt. Sie wecken das Interesse und bahnen gleichzeitig wichtige Lesekompetenzen an. Bei den Stories handelt es sich um Sachtexte über historische Persönlichkeiten oder fiktive narrative Erzählungen. Auch diese Texte enthalten kommunikativ eingebettete Paradigmen jener sprachlichen Phänomene, die eine Unit strukturell zusammenhalten, ohne dass allerdings eine Kognitivierung erfolgt. Im Anschluss an das Lesen stehen Aufgaben zur Verständnisüberprüfung bereit. Die Stories können auch für den Aufbau von Methodenkompetenzen genutzt werden. Tipps helfen, eigene Lesestrategien aufzubauen. Mit zunehmendem Lernfortschritt bearbeiten die Schülerinnen und Schüler auch freiere Schreibaufgaben. Das Symbol verweist auch hier auf Aufgaben zum interkulturellen Lernen.

Wordpower

Die aus den ersten drei Lernjahren bekannte Seite, die die Schülerinnen und Schüler selbstgesteuert bearbeiten können, bietet variationsreiche Übungen zu Wortschatz und Redemitteln aus der Unit, vor allem aus der vorangegangenen Story. Die Übungen helfen den Lernenden bei der systematischen Verwebung ihres Wortschatzes, der mithilfe eines Vokabelheftes gesammelt werden kann. Weitere *Exercises* widmen sich der Sprachmittlung vom Englischen ins Deutsche. Die lexikalische Behandlung sprachlicher Nebenstrukturen (wie z. B. *time and date*, Relativsätze, Imperativ, Adjektive und Präpositionen) im *Wordpower*-Abschnitt wird aus Band 3 fortgeführt. Ähnlich wie auf den *Look at language*-Seiten finden die S mithilfe von Beispielen Regelhaftigkeiten in der Verwendung einer grammatischen Struktur selber heraus. Eine produktive Anwendung dieser Strukturen wird aber nicht gefordert. Gleichwohl verzeichnet der *Summary*-Abschnitt in der Regel das sprachliche Phänomen, und auch die *Extra Practice*-Seiten bieten eine Übung an.

Revision/Training

Die *Revision*-Seite offeriert wie in Band 3 in den Units 1, 3 und 5 eine ganze Seite zum Wiederholen und Vertiefen von Sprachmitteln aus früheren Lernjahren. Das geschieht mal spielerisch, mal kognitiv, mal als Einzel-, mal als Partnerarbeit. Dabei spielen erneut Lernmethoden wie *networking* oder das Erschließen von neuem Wortschatz aus dem Kontext eine Rolle. In den Units 2, 4 und 6 üben die Schülerinnen und Schüler auf einer sogenannten *Training*-Seite (bekannt aus Band 2) ausgewählte methodische Kompetenzen, und zwar die Arbeit mit dem Wörterbuch, das Erstellen von *mind maps* sowie (für lernstärkere Jugendliche) das Anfertigen von *reading logs*.

Skills Training

Nach der Wortschatzarbeit und dem Methodentraining folgt ab Band 3 das Üben der vier Grundfertigkeiten: je eine Seite *Listening, Speaking, Reading* und *Writing*. Neben dem Training von Hörtechniken werden auf der aus den Bänden 1–3 bekannten *Listening*-Seite auch Redemittel zu Alltagssituationen geübt. Die Aufgabenformate orientieren sich verstärkt an den Anforderungen zentraler Prüfungen: Zuordnungsaufgaben, *true/false exercises* oder *multiple choice tasks*.

Listening

Speaking

Dialogisches Sprechen und Rollenspiele stehen im Mittelpunkt beim Training der Sprechfertigkeiten *(Speaking)*. Ein längerer Alltagsdialog soll mit verteilten Rollen gesprochen werden. Er bietet Ergänzungshilfen für den unvollständigen Dialog im Anschluss. In einem Rollenspiel können die Jugendlichen das Gelernte anwenden. Dabei müssen sie in ihrer angenommenen Rolle nicht nur mit der Partnerin / dem Partner kommunizieren, sondern auch nach noch fehlenden Informationen suchen, die sie auf den *Partner Pages* unmittelbar vor dem SB-Anhang finden. So entsteht ein lebendiges und authentisches Gespräch. Eine abschließende *Interpreting*-Aufgabe (Englisch–Deutsch) greift die Redemittel der Seite erneut auf.

Reading

In den *Reading*-Abschnitten stehen – im Gegensatz zur Story – nun Sachtexte im Mittelpunkt, z. B. Einladungen, Auszüge aus Jugendzeitschriften oder Kurznachrichten. *Pre-reading tasks* wecken das Interesse, erleichtern das Textverständnis und trainieren Textentschlüsselungstechniken. *Post-reading tasks* überprüfen das Grob- und das Detailverständnis. Neuer Wortschatz aus diesen Texten zählt nicht zum Lernwortschatz, wird aber im *Dictionary* zum Nachschlagen aufgelistet. Gleichwohl liegt in einigen Übungen der Fokus erneut auf dem Erschließen von Wortschatz aus dem Kontext bzw. der Arbeit mit einem Wörterbuch. Wiederum geben Tipps Hilfestellung und weisen auf nützliche Strategien hin.

Writing

Der *Writing*-Abschnitt regt die Schülerinnen und Schüler – ausgehend von den sprachlichen Mustern im *Reading*-Abschnitt – zum Ausprobieren der zuvor vorgestellten Textsorte an. So erstellen die Jugendlichen Alltagstexte wie Einladungen, Kurznachrichten oder E-Mails und Briefe. Die Handreichungen für den Unterricht unterstützen die Arbeit zusätzlich.

Look at language

In diesem Abschnitt werden zum ersten Mal die Hauptstrukturen der jeweiligen Unit fokussiert und bewusstgemacht, wobei die Schülerinnen und Schüler die zugehörigen Regeln selbst entdecken und in einer einfachen, verständlichen Form auch selbst benennen können. Die Bewusstmachung vollzieht sich in einem Dreischritt: Die Doppelseite beginnt mit einem Text, der an die Themen der Unit anknüpft. Darin sind die unittragenden Strukturen auf natürliche Weise eingebettet. Die ersten textbezogenen Aufgaben im Schülerbuch betonen folglich zunächst die inhaltliche Seite. Erst in einem zweiten Schritt geht es um Sprachbetrachtung. Die Aufmerksamkeit der Jugendlichen wird auf die Struktur gelenkt. Die Schülerinnen und Schüler forschen danach im Ausgangstext und in den übrigen Texten der Unit. Im letzten Schritt lassen sich aus den gesammelten Wörtern oder Sätzen Regeln zum Gebrauch der Struktur ableiten. Mithilfe eines *Checkpoints*, der Hilfen anbietet und den Findungsprozess steuert, können die Lernenden schließlich ihre eigenen, einfachen Regeln formulieren. Die Regeln kann man auf der *Summary*-Seite überprüfen.

Der Aspekt der stetigen Wiederholung und Vertiefung im Sinne eines Spiralcurriculums spielt im Bereich der Strukturen eine besonders wichtige Rolle. So werden wichtige Strukturen aus den Bänden 1–3 in Band 4 erneut bewusst gemacht und geübt: *simple present* in Unit 1, *present progressive* in Unit 2, *simple past* in Unit 2, *will-future* in Unit 5, Hilfsverben in Unit 3, Adjektive in Unit 3, Vergleiche in Unit 1.

Am Schluss des *Look at language*-Abschnitts gibt es eine Übersicht über die produktiv zu beherrschenden Redemittel („Nach dieser Unit kann ich ..."). Diese Übersicht dient den Jugendlichen als eine Art „Checkliste", an der sie ihre Erfolge ablesen oder mögliche Lücken feststellen können. Der fakultative *Extra Practice*-Teil bietet weitere Übungen. Im Workbook, auf der dazugehörigen CD-ROM sowie *online* sind zusätzliche Übungsangebote (auch zur Selbstevaluation) zu finden. *Extra Reading*-Seiten bieten weiteren Lesestoff.

Überblick

Zusammenfassend lassen sich die einzelnen Lernphasen und ihre Entsprechung in der Unit wie folgt veranschaulichen:

Handelnder Spracherwerb				
LEAD IN	**STORY**	**WORD-POWER**	**REVISION/ TRAINING**	**SKILLS**
Gekonntes wiederholen / Neues sehen, hören und verstehen	Texte hören, lesen und verstehen / Mit Texten umgehen	Wörter sammeln, ordnen und vernetzen / Mit Wörtern spielen und sie durchschauen	Wortschatz wiederholen / Methodenkompetenz weiterentwickeln	Listening: Gespräche verstehen / Speaking: Sprechabsicht umsetzen / Reading: Lesetechniken aufbauen / Writing: Schreibfertigkeiten schulen
handlungs- und anwendungsbezogener Zugriff auf Sprache	rezeptiver und produktiver Zugriff auf Sprache	pragmatischer und systematischer Zugriff auf Sprache	funktionaler und anwendungsbezogener Zugriff auf Sprache	funktionaler und anwendungsbezogener Zugriff auf Sprache

Aufbau von Methodenkompetenz, Medienkompetenz und interkultureller Kompetenz

Induktive Bewusstmachung

LOOK AT LANGUAGE
- an Sprache forschen
- Besonderheiten entdecken
- Regeln selbstständig finden
- Merksätze in der eigenen Sprache formulieren

reflektierender Zugriff auf Sprache

Persönliche Sprachkompetenz

Zusatzmaterialien:
Extra Practice,
Summary,
Extra Reading
Wordbanks

Im hinteren Teil des Buches wird (signalisiert durch die Leitfarbe Grün) ein umfangreiches Zusatzmaterial angeboten. Die *Extra Practice*-Seiten präsentieren einen Fundus an zusätzlichen Übungsmöglichkeiten zum Vertiefen und Wiederholen, zur Differenzierung und Prüfungsvorbereitung *(Test Practice)*. Das kann im Anschluss an eine Unit oder zu einem späteren Zeitpunkt geschehen. Auf drei Zusatzseiten zu jeder Unit gibt es Übungen mit unterschiedlichem Schwierigkeitsgrad: Der leere Kreis [O] symbolisiert leichte Aufgaben, während der zur Hälfte gefüllte Kreis [◐] für mittlere und der vollständig ausgefüllte Kreis [●] für schwierige Aufgaben stehen. Die *Exercises* schreiten in der Regel vom Üben isolierter Formen zum Üben gemischter Formen voran.

Eine zusätzliche Hilfe bei der Erarbeitung der Aufgaben stellen die *Summary*-Seiten im Anhang dar. Sie lenken den Blick der Schülerinnen und Schüler noch einmal auf die wesentlichen grammatischen Strukturen und Sprechabsichten, veranschaulicht durch Grafiken und übersichtlich dargestellt mithilfe von Beispielsätzen und Lerntipps. Auf diese Weise wird ermöglicht das gelernte Pensum systematisch im Überblick zu erfassen. Die *Summary*-Seiten bieten nicht nur Orientierungshilfe, sondern funktionieren auch als eine Art integriertes Nachschlagewerk: knapp in der Ausführung, einprägsam in der Gestaltung und deshalb besonders gut zur Wiederholung und Vertiefung, z. B. im Rahmen von Hausaufgaben, geeignet.

Als zusätzliches Leseangebot stehen zwei längere narrative Texte zur Verfügung: *Isn't technology awesome?* (lexikalisch nach Unit 2 einsetzbar) und *The Road to Freedom* (thematisch und lexikalisch nach Unit 5 einsetzbar). Die *photostory* thematisiert auf witzige Weise technologische Veränderungen der Arbeitswelt und bietet Raum für kreative Aufgaben. Die Geschichte von Harriet Tubman greift ein historisches Thema der amerikanischen Sklavenbewegung auf. Aufgaben üben das globale Erfassen der Texte sowie ihr Detailverstehen und vertiefen zusätzlich die erworbenen sprachlichen Fertigkeiten. Sie sind Teil eines Lesetagebuchs *(reading log)*, in dem die Jugendlichen ihre persönlichen Bewertungen der Lesetexte festhalten können.

Bei vorhandener Zeit können die *Extra-Reading*-Seiten den Unterricht auflockern. Sie sind vor allem für den Einsatz in Ruhe- und Plateauphasen geeignet. Die Texte sind im Schwierigkeitsgrad höher als die Stories in den Pflicht-Units. Sie können deshalb in leistungsstärkeren Klassen auch als Differenzierungsinstrument eingesetzt werden.

Die *Wordbanks* beziehen sich jeweils auf Aufgabenstellungen in den Pflicht-Units. Verweise in der Unit zeigen an, dass eine Wordbank zur Verfügung steht. *Wordbanks* erleichtern einerseits die Bearbeitung von Aufgaben und geben Hilfen für eine inhaltlich erschöpfende Beantwortung (z. B. auch bei freieren Schreibaufgaben). Gleichzeitig erweitern die *Wordbanks* aber auch die Aufgaben und geben vor allem lernstärkeren Schülerinnen und Schülern Anregungen, wie sie ihren Wortschatz eigenaktiv wiederholen, festigen und ausbauen können. Beispielgebend ist vor allem die Anordnung nach Themenbereichen. Das Zusammenstellen von Wortfeldern / Wortfamilien fördert im Sinne assoziativen Lernens Gedankenverknüpfungen, sodass die Wörter besser im Gedächtnis haften bleiben und die Anwendung in verschiedenen Situationen erleichtert wird.

Anhang: *Vocabulary*, *Dictionary*, Wörterverzeichnis, Listen

Der Anhang besteht aus dem *Vocabulary* (dem eine Erläuterungsseite vorangestellt ist), dem *Dictionary* und dem Wörterverzeichnis; er wird komplettiert durch eine Seite zu englischen Zahlen, Lauten und dem Alphabet, eine Liste aller Namen (mit Phonetikangaben) sowie eine Liste der unregelmäßigen Verben des Buches.

Das *Vocabulary* verzeichnet alle neuen Wörter und Wendungen in der Reihenfolge ihres ersten Auftretens mit deutschen Entsprechungen und vielen, z. T. farbig illustrierten Beispielsätzen; nur das unbekannte Vokabular aus dem neuen Abschnitt R*eading* wird hier nicht aufgeführt. Wieder wird das Vokabular, wo es sich anbietet, in sinnvollem Kontext *(chunks)* präsentiert (neue Bestandteile sind halbfett hervorgehoben). Der neue Wortschatz wird durch Phonetikangaben ergänzt. Ausgehend von einem Eintrag in der Wortliste sammeln blaue Lernkästen wieder Vokabular unter verschiedenen Gesichtspunkten, während rote Lernkästen Hinweise zum Umgang mit bestimmten grammatikalischen Phänomenen geben.

Unregelmäßige Verben sind in der Vokabelliste mit einem roten Asterisk gekennzeichnet, der auf den roten Kasten am Ende der Unit-Übersicht verweist. Dort werden die *Irregular Verbs* der Unit mit ihren drei Hauptformen sowie deren Aussprache und farbiger Kennzeichnung der Abweichungen vom Infinitiv aufgeführt.

Die Vokabellisten beginnen für jede Unit mit einem Lerntipp (mnemotechnische Hilfen, Lernorganisation). Die blauen *Test yourself*-Kästen am Ende der Unit dienen der Vertiefung und Festigung des Unit-Vokabulars. Gelbe *Do you remember*-Abschnitte reaktivieren unbekannten Wortschatz. Da alle Lösungen auf S. 198 des Schülerbuchs nachgeschlagen werden können, eignen sich diese Übungen bestens zur eigenständigen Selbstkontrolle.

Im *Dictionary* sind alle englischen Wörter und Wendungen des Schülerbuchs, einschließlich des Vokabulars aus dem Abschnitt *Reading* sowie den wahlfreien Abschnitten, mit phonetischer Umschrift und deutscher Entsprechung alphabetisch aufgelistet. Es wird im Grundwortschatz von Band zu Band kumulativ fortgesetzt. Im *Dictionary* lassen sich auch die exakten Fundstellen der Grundwörter des jeweiligen Bands nachschlagen; wahlfreie Wörter sind als solche gekennzeichnet. Das Wörterverzeichnis schließlich bildet die deutsch-englische Entsprechung zum *Dictionary*, verzichtet aber zugunsten einer größeren Übersichtlichkeit auf Phonetikangaben und Fundstellen.

Die Handreichungen für den Unterricht

Intention

Die vorliegenden Handreichungen zum Unterricht entlasten die Lehrkraft in Fragen der Unterrichtsvorbereitung und -durchführung und führen auch die fachfremd unterrichtenden Kolleginnen und Kollegen sicher durch das Schülerbuch. Darüber hinaus verstehen sich die Handreichungen als ein Material mit Anregungscharakter; so bieten sie z. B. viele Vorschläge für alternatives und weiterführendes Vorgehen im Unterricht, zusätzliche Materialien in Form von Kopiervorlagen sowie Anregungen für die Gestaltung weiterer Arbeitsmittel für den Unterricht. Bei der Vielfalt an Angeboten sollte jedoch eine Auswahl getroffen werden, die der Klassen- und Unterrichtssituation angepasst ist und die zur Verfügung stehende Zeit berücksichtigt.

Aufbau

Die Handreichungen zu den einzelnen Units beginnen jeweils mit einem ausführlichen Überblick, der der Kommentierung der einzelnen Unit-Abschnitte vorangestellt wird und der die wichtigsten unterrichtlichen Elemente auf einen Blick zusammenfasst. Dazu zählen – neben der Angabe der Themen und einer kurzen Darstellung des Handlungsrahmens – Hinweise auf die kommunikativen Sprechabsichten sowie auf sprachliche Mittel/Strukturen der Unit. Darüber hinaus werden die in der Unit vermittelten Kompetenzen (im Hinblick auf die Fertigkeiten Hören, Sprechen, Lesen und Schreiben, aber auch mit Bezügen zu übergreifenden Sprachlernfähigkeiten, zu Medienkompetenzen sowie zu interkulturellen Lernzielen) dargestellt. Sie entsprechen sowohl den Lehrplänen als auch anerkannten Bildungsstandards.

Die weitere Kommentierung folgt dem Aufbau des Schülerbuchs und wird pro Schülerbuchseite bzw. pro Doppelseite *(Lead-in, Story, Wordpower, Revision/Training, Skills Training, Look at language)* gegeben und jeweils mit einer knappen Übersicht über die neuen Wörter/Wendungen sowie bei Bedarf über die Strukturen und Sprechabsichten eingeleitet. Außerdem werden alle im jeweiligen Unit-Abschnitt benötigten Medien und Materialien (z. B. für die Durchführung von Spielen, *Activities* oder *Class Projects*) auf einen Blick in der Übersicht aufgelistet – jeweils getrennt nach Materialien, die von der Lehrkraft bzw. von den Schülerinnen und Schülern mitzubringen sind (Wie schon in Band 2 werden die benötigten Materialien auch in der linken Randspalte kurz aufgeführt, und zwar zu dem Zeitpunkt, an dem sie im Unterricht tatsächlich eingesetzt werden.). Es folgen methodische Hinweise auf Möglichkeiten der Gestaltung des Unterrichts, die grundsätzlich als Vorschläge zu verstehen sind. Dabei steht der direkte Weg durch das Schülerbuch im Vordergrund. Hierzu zählen vor allem Vorschläge zum „Einstieg" in eine Unit, oft mit dem Ziel der Vorentlastung der Schülerbuchtexte durch die Einführung neuer Wörter und Strukturen bei noch geschlossenem Schülerbuch.

Symbole

Die Symbole aus dem Schülerbuch wurden in die Handreichungen aufgenommen. Die linke Randspalte auf den kommentierten Seiten gibt jeweils Auskunft über die Funktion eines Hinweises. Vorschläge für weiterführendes oder alternatives Vorgehen sind – zur besseren Unterscheidung vom direkten Weg – in blauer Schrifttype gesetzt. Dazu zählen beispielsweise Ideen für die Festigung von Strukturen und Redemitteln sowie motivierende, z. T. projektorientierte Zusatz- und Erweiterungsangebote.

Wo sich die Verwendung von Kopiervorlagen anbietet oder eine Vertiefung durch den Einsatz von *Workbook*-Übungen nahe liegt, wird z. B. mit einem Hinweispfeil darauf aufmerksam gemacht. Der Moment, in dem das Schülerbuch geöffnet wird, ist durch eine Abbildung in der linken Spalte gesondert ausgewiesen. Auch Verweise auf Material für das Portfolio werden in der linken Randspalte aufgenommen. Das Hörsymbol erinnert an die Möglichkeit, die CD zum Schülerbuch einzusetzen. Die Hörverstehenstexte (mit Ausnahme der Songtexte) der Units werden in den Handreichungen im Wortlaut wiedergegeben *(Tapescript)*.

Auf den *Extra Practice*-Seiten machen Kreise auf Differenzierungsmöglichkeiten aufmerksam, wobei ein leerer Kreis Aufgaben für lernlangsamere Schülerinnen und Schüler symbolisiert, während die halb ausgefüllten und vollen Kreise Übungen für zunehmend Lernstärkere auszeichnen.

Dort, wo es sich bei der Demonstration des methodischen Weges lohnt, auf das Unterrichtsgeschehen näher und gründlicher einzugehen, erscheinen Hinweis-Kästen, die durch blaue Raster typographisch hervorgehoben sind. Sie beziehen sich auf didaktisch-methodische Kommentare, auf die Aussprache schwieriger Wörter *(Pronunciation)*, auf die Förderung von Sprachbewusstheit *(Language awareness)* oder auf interkulturelle Hintergründe *(Cultural awareness)*. Sie können aber auch als Info-Box gestaltet sein und enthalten in diesem Fall nützliche Informationen z. B. zu den in einer Unit vorgestellten landeskundlichen Inhalten.

Kopiervorlagen Für jede Unit halten die Handreichungen für den Unterricht einige Kopiervorlagen sowohl zur Vorbereitung und Entlastung als auch zur Vertiefung und Differenzierung der sprachlichen Arbeit bereit. Eine Kopiervorlage für den *Story*-Abschnitt regt zur persönlichen Auseinandersetzung mit der präsentierten Geschichte an. Damit wird ein weiterer Schritt zum Aufbau eines Lese(r)tagebuchs geleistet, das seit Band 3 im Schülerbuch präsent ist. Die individuellen Reaktionen der Lernenden auf die Texte können im persönlichen Portfolio aufbewahrt werden. Häufig wird ein *Feedback Sheet* im Rahmen des *Lead-in* (am Ende der beiden Auftaktseiten) angeboten, das für die S eine Möglichkeit ist, sich im Rahmen einer Stillarbeit noch einmal auf persönliche Weise mit den Seh- und Hörerlebnissen auf dem ersten Aufschlag ihres Buches auseinanderzusetzen. Es fordert zu eigenständigen Bewertungen auf der Grundlage des Erarbeiteten heraus. Für den *Look at language*-Abschnitt finden sich verschiedene Kopiervorlagen mit *Games, activities* und Abbildungen, mit deren Hilfe die Schülerinnen und Schüler die sprachlichen Strukturen auf aktive und handlungsorientierte Weise üben können. In den Units 1 und 2 wird schließlich eine zusätzliche Kopiervorlage für das Miteinander-Sprechen angeboten. Dabei handelt es sich um *role-play cards*, mit denen die Jugendlichen die im Rahmen des *Skills*-Abschnittes *Speaking* verwendeten kommunikativen Wendungen festigen können.

Das Workbook

Das Workbook versteht sich als Arbeitsbuch im eigentlichen Sinne, das über seinen Übungscharakter hinaus die sprachliche Arbeit auf motivierende Weise begleitet und unterstützt. Das Angebot an Übungen und Materialien zu jeder Unit ist klar gegliedert; der Aufbau folgt dem einer Schülerbuch-Unit. Nach Abschluss jeder Unit bietet das Workbook *Test yourself*-Aufgaben an, mithilfe derer die Lernenden ihre Kenntnisse überprüfen können. So wird es den Lehrkräften erleichtert, bei der Auswahl der Aufgaben – den Bedürfnissen der Schülerinnen und Schüler entsprechend – eigene Akzente zu setzen. Im Anschluss an die Units 2, 4 und 5 befinden sich jeweils zwei Portfolio-Seiten. Hier haben die Schülerinnen und Schüler eine weitere Möglichkeit zur Selbsteinschätzung ihrer Sprachkenntnisse und zum Nachdenken über Lernvorlieben.

Die Audio-CD und CD-ROM zum Workbook

Abhängig von der erworbenen Version des Workbooks gehören zum Paket auch eine Audio-CD und/oder eine CD-ROM, die auch im 5er-Pack zum Kauf angeboten wird.
Die Kurzfassung der Audio-CD enthält neben allen *Listening*-Aufgaben des Workbooks auch die *stories, poems* und *songs* aus dem Schülerbuch.
Die CD-ROM enthält zahlreiche weiterführende Übungen zu den grammatischen und lexikalischen Schwerpunkten des Lehrwerks und des Workbooks, gegliedert in die verschiedenen Lernbereiche.
Darüber hinaus bietet die CD-ROM auch allgemeine Lernhilfen an. Es besteht die Möglichkeit, sich ein Vokabelheft anzulegen und zu gestalten. Die Nutzer können einen individuell abgestimmten Vokabeltest mithilfe eines Zufallsgenerators erstellen oder auf vorgefertigte Lernpakete zurückgreifen. Das eigene Vokabelheft kann ebenfalls als Testvorlage benutzt werden. Um das Angebot abzurunden, enthält die CD-ROM ein Wörterbuch mit einer zweisprachigen Suchfunktion und illustrierten Grammatikerklärungen.

Die Audio-Doppel-CD

Die Audio-Doppel-CD zum Schülerbuch enthält die Aufnahmen der Hörtexte der *Lead-in*-Seiten, aller Storys, der Dialoge und *Pronunciation*-Übungen im Abschnitt *Communication*, der Lieder und Gedichte, fast aller *Extra Reading*-Texte sowie der Hörverstehenstexte. Das gesamte Material wird von geschulten Muttersprachlern gesprochen bzw. gesungen.

Die Folien

Die Folien bieten ein fertigkeitsorientiertes Übungsangebot für den Tageslichtprojektor. Sie können zur Einführung, Übung, Vertiefung oder zum Transfer von zentralen sprachlichen Phänomenen und Sprechabsichten der einzelnen Units des Schülerbuchs verwendet werden. Sie erleichtern den Einstieg in eine Unit und bieten zusätzliche Sprechanlässe. Eine Reihe offen gestalteter Folien unterstützt den mitteilungsbezogenen Sprachlernansatz von *New Highlight*. Die Handreichungen zur Unterrichtsgestaltung machen Vorschläge zur Durchführung und Weiterarbeit sowie zu Differenzierungsmöglichkeiten.

Online-Angebote

Web-Units

Lehrer/innen und Schülerinnen und Schüler finden online unter www.new-highlight.de ein attraktives Zusatzangebot. Neben weiteren Aufgaben zu den zentralen Fertigkeiten und Sprechabsichten der Unit bieten die Web-Units attraktive Inhalte und Hilfen zu den Projekten im Schülerbuch.

Jede Unit bietet einen Vorschlag zur Projektarbeit. Bei einigen dieser Projekte wird über einen Webcode auf die Cornelsen Webseite verwiesen, wo die S schnell und einfach genau die Inhalte finden, die sie zur Bearbeitung ihres Projekts benötigen:

Einstiegsseiten: *The USA from east to west*
Unit 1: *Your school deli*
Unit 3: *Team sports*
Unit 4: *National Parks*

Die Webseiten orientieren sich an authentischen *websites*, sind jedoch didaktisiert und klar auf die Bedürfnisse der Hauptschüler/innen ausgerichtet. Damit wird sichergestellt, dass die Informationen über einen längeren Zeitraum sicher zur Verfügung stehen, die Lernenden sprachlich und inhaltlich nicht überfordert werden, sich tatsächlich auf englischsprachige Inhalte beziehen und dass bei langwierigem Suchen nicht zuviel Zeit vergeudet wird.

Dennoch enthalten die Webseiten redundante Informationen und neuen Wortschatz, sodass Techniken wie *skimming, scanning* oder das Erschließen von unbekanntem Wortschatz trainiert werden und die Medienkompetenz gefördert wird.

Interaktive Aufgaben

Ebenfalls unter www.new-highlight.de finden die Schülerinnen und Schüler interaktive Übungen, die die Themen und Strukturen des SB aufgreifen und sich zum eigenverantwortlichen Lernen eignen.

Die *Ideas for class tests* auf CD-ROM

Statt eines Kopiervorlagenheftes mit Lernkontrollaufgaben und separaten CDs mit den dazugehörigen Hörtexten wird eine CD-ROM angeboten, die beides enthält. Die Aufgaben zu jeder Unit werden als editierbare Word-Dokumente und PDFs präsentiert, die Hörtexte sind als Tonaufnahmen abrufbar.

Next Stop: USA

Themen — Die Vereinigten Staaten von Amerika
Diese zwei Doppelseiten führen in das SB ein. Mit den beiden Karten der USA setzt der Doppelaufschlag der SB-Seiten 6 und 7 den thematischen Rahmen für das gesamte SB. Die S erhalten einen Eindruck von Lage und Gebiet der Vereinigten Staaten. Der zweite Doppelaufschlag (SB-Seiten 8 und 9) bietet vielfältige Aufgaben zum *American English* im Vergleich mit dem den S aus *New Highlight*, Bänden 1–3, bekannten *British English*. Unter Einbeziehung vieler Hörbeispiele von der CD zum SB werden Unterschiede in Aussprache, Wortschatz und Schreibweise in den Blick genommen.

S. 6–9

WORTSCHATZ	S. 6:	stop • put up your hand
	S. 7:	state • population • far • lake • fakt
SPRECHABSICHT		Über die USA sprechen: *The capital of the USA is Washington D.C. / There are 50 states.*
MEDIEN	S. 6:	**L:** Wandkarte der USA aus den IZ des Verlags, Sammlung von Bildern und Texten zu den USA, Magneten, CD und CD-Spieler
		S: Sammlung von Bildern und Texten zu den USA
	S. 7:	**L:** Internetzugang, Wandkarte der USA, Nachschlagewerke, DIN-A3-Blätter
		S: Kleber, Schere, Stifte

Wandkarte USA — **Hinweis:** Als kostenloses Zusatzmaterial bietet der Cornelsen Verlag eine Wandkarte der USA an, die Sie begleitend zur Arbeit mit dem SB im Klassenraum aufhängen können. Diese Wandkarte ist in den Cornelsen Informationszentren erhältlich. Die Karte soll allerdings erst nach dem Einstieg in das SB aufgehängt werden.

Vorbereitung
Bildmaterial zu den USA — Vor Beginn der Arbeit mit *New Highlight*, Band 4, führen Sie eine kleine Materialsammlung zu den USA durch. Dazu können Sie aktuelle Meldungen aus der Tagespresse heranziehen und Bilder oder Überschriften ausschneiden (auch auf Deutsch), wie z. B. Berichterstattung über Wahlen in den USA, über die Lage im Irak, über die Klimapolitik der USA, über einen Staatsbesuch des amerikanischen Präsidenten. Finden Sie einige Bilder von Sehenswürdigkeiten und bekannten Persönlichkeiten, tragen Sie die Titel von aktuellen Kinofilmen oder Fernsehserien zusammen, nennen Sie Musikgruppen und halten Sie Abbildungen von Wahrzeichen (wie z. B. die Statue of Liberty, einen Hamburger, eine Dollarnote oder den Grand Canyon) bereit.

Alternative — Alternativ können die S im Rahmen einer Hausaufgabe zu dieser Sammlung beitragen; dafür ist es aber erforderlich preiszugeben, dass über die USA gesprochen werden wird. Dieses Vorgehen erleichtert es, möglichst umfangreich auf das Vorwissen der S einzugehen. Sicherheitshalber halten Sie auch in diesem Fall einige Bilder und Begriffe bereit, die Sie für den Einstieg ins SB verwenden können.

Einstieg
Magnete — Das gesammelte Material heften Sie einzeln an die Tafel. Beginnen Sie mit einigen besonders eindeutigen Bildern (z. B. die Landesflagge oder ein Bild des Präsidenten). Fragen Sie:

L *Look at these pictures. What country do they show?*
S *The USA. / The United States.*

Schreiben Sie nun *Next stop: USA* an die Tafel und gruppieren Sie weiteres Bild- und Wortmaterial an der Tafel, wobei die S behilflich sind. Achten Sie darauf, dass beim Anbringen ein thematischer Zusammenhang entsteht (*politics, music, nature, sights, food* etc.). Alternativ bringen die S ihr eigenes Material ein und entscheiden selbst, wo sie es anheften.

Begleitend erfragen Sie das Vorwissen der S und regen sie dazu an, Vermutungen zu äußern. Alle Assoziationen und Äußerungen der S können in das Tafelbild einfließen.

L *Do you know what USA means? / Do you know how many states belong to the USA? / Do you know any big cities or rivers in the USA? / Which neighbours does the USA have? / Etc.*

Anschließend schlagen die S im SB die Seiten 6–7 auf und überprüfen ihre Aussagen anhand der dortigen Karten. Thematisieren Sie einzelne Aussagen der S und lassen Sie bereits erwähnte Orte auf der großen doppelseitigen Karte ausfindig machen. (Nutzen Sie zu diesem Zweck nun auch die Wandkarte, die Sie in den Cornelsen Informationszentren erhalten können, oder eine Karte der USA aus den geografischen Beständen Ihrer Schule.)

Wandkarte der USA

Leiten Sie nun zu *Exercise 1* über, indem Sie auf einige Musikernamen oder Titel verweisen, die im Tafelbild auftauchen, und eine Verbindung zur Karte der USA herstellen.

L *Look at all the states on the map and look at these musicians. Some come from New York, some come from California, some come from Texas. They play rock music, they play pop music, hiphop or country music. But many of them sing songs about their homes, about places in the USA.*

1 Songs about the USA
Listen to the songs and look at the map. What places can you hear? Put up your hand when you hear a name. Then write the names on the board.

Bei aufgeschlagenem SB hören die S alle Liedausschnitte. In lernstärkeren Klassen notieren die S die Namen der besungenen Städte oder Staaten in ihrem Arbeitsheft. In lernschwächeren Klassen heben die S die Hand, wenn sie einen Ort hören. Stoppen Sie nach jedem Ausschnitt und schreiben Sie den Ort an die Tafel.

Lösungen:
From "California" by Phantom Planet: **California**
From "Put your hands up for Detroit" by Fedde Le Grand: **Detroit**
From "Hollywood" by Erykah Badu: **Hollywood**
From "New York" by U2: **New York**
From "Viva Las Vegas" by Elvis Presley: **Las Vegas**
From "Mississippi Girl" by Faith Hill: **Mississippi**

Nach dem Hören kommen einzelne S nach vorn und zeigen auf der USA-Karte, wo sich die besungenen Städte und Staaten befinden.

> **DIDAKTISCH-METHODISCHER HINWEIS**
>
> Die detaillierten Liedtexte stehen nicht im Mittelpunkt des Interesses bei vielen Höraufträgen. Sie lassen sich jedoch leicht im Internet recherchieren: Geben Sie in einer Suchmaschine (unter Verwendung von Anführungszeichen) den Titel des gesuchten Liedes und das Schlagwort *lyrics* ein, zum Beispiel: „California" + *lyrics*.

2 Places in this book
**Work with a partner. Look quickly at the units in this book.
What places can you find? Can you find them on this map?**

Die S arbeiten zu zweit und suchen im SB nach Namen von Orten und Schauplätzen. Sie notieren die Units und Namen in ihren Arbeitsheften und suchen sie danach auf der SB-Karte.

Lösungen:
Unit 1 *New York*
Unit 2 *LA*
Unit 3 *Chicago*
Unit 4 *Washington State*
Unit 5 *Miami*
Unit 6 *Oregon (State)*

S. 7

PROJECT The USA from east to west

a) Work with a partner. Find out:

Internetzugang

Dieser Projektauftrag kann unter Zuhilfenahme der Informationen unter www.newhighlight.de bearbeitet werden. Organisieren Sie die S in Paaren und planen Sie den Zugang zum Internet. Eine gesteuerte Internetrecherche im Computerraum oder ein Auftrag als Hausaufgabe sind möglich. Regen Sie die S-Paare zum eigenverantwortlichen Lernen an, bei dem sie die Aufgaben selbstständig unter sich aufteilen sowie das Notieren der Lösungen und die Präsentation der Ergebnisse verabreden.

In lernschwächeren Klassen erarbeiten Sie im Plenum eine Art Projektfahrplan, der die Arbeitsschritte vom Beginn der Recherche bis hin zur Ergebnispräsentation beschreibt.

Alternative
Wandkarte
Nachschlagewerke

Alternativ lassen sich alle Fragen mithilfe der über die Informationszentren zu beziehenden Wandkarte der USA beantworten. Auch Schulbücher anderer Fächer sowie Atlanten sind als Quelle geeignet. Hier könnten Sie die Problematik der Aktualität der dort gegebenen Informationen ansprechen.

Lösungen:

How many states are there in the USA? In den USA gibt es 50 Bundesstaaten. Ein weiterer eigenständiger Bezirk auf föderaler Ebene ist der *District of Columbia*, in dem die Hauptstadt Washington liegt.

What's the capital of the USA? Die Hauptstadt der USA ist Washington im *District of Columbia*, also Washington D.C. an der Ostküste der USA – eindeutig abzugrenzen vom Bundesstaat Washington State an der Westküste der USA.

What's the biggest city of the USA? Die größte Stadt der USA ist New York City mit ca. 8 Millionen Einwohnern (ca. 19 Millionen für die gesamte Metropolregion). Damit ist New York gleichzeitig die viertgrößte Stadt der Welt.

What's the population of the USA? Die USA haben ca. 303 Millionen Einwohner (Stand: Februar 2008). Für aktuelle Populationsangaben ist ein Blick auf die Homepage des *US Census Bureaus* sehr nützlich: www.census.gov/

What countries are the USA's neighbours? Direkt angrenzende Nachbarstaaten sind Kanada und Mexiko. Da die Karten im SB diese Länder nicht auszeichnen, müssen die S für diese Informationen auf der genannten *New Highlight*-Wandkarte, in Atlanten oder im Internet recherchieren.

Which two states aren't near the others? Ein Blick auf die kleinere Karte auf Seite 6 oder auf der *New Highlight*-Wandkarte zeigt den S, dass Alaska und Hawaii vom Hauptgebiet der USA weit entfernt sind. Diese beiden Staaten haben sich 1959 als Letzte der Staatengemeinschaft der USA angeschlossen.

How far is Los Angeles from New York City? Die Distanz zwischen New York City und LA/Kalifornien beträgt 4591 km / 2853 Meilen. (Für die Lösung dieser Aufgabe kann man auch die Distanzentabelle auf der *New Highlight*-Wandkarte zu Rate ziehen)

b) Work in groups. Make a map of the USA for your classroom.

DIN-A3-Papier

Teilen sie die Klasse in Gruppen und lassen Sie die Gruppen auf DIN-A3-Format eine eigene Karte der USA anfertigen. Nach der Vorgabe im SB können die S ihre jeweilige Karte mit Staaten, Flüssen, Seen usw. versehen und individuelle Inhalte ergänzen.

Alternative

Lassen Sie jede/n S eine individuelle USA-Karte gestalten. Diese Arbeit kann Eingang in das Portfolio der S finden.

▶ W 2, 1–2

	S. 8/9		
	WORTSCHATZ	S.8:	**American** • **pronunciation** • **British** • **conversation** • **Hi you guys.** (AE) • **Gimme five!** (AE) • **How ya doin'?** (AE) • **Have a nice day!** (AE) • **awesome** (AE)
		S.9:	**apartment** (AE) • **store** (AE) • **sidewalk** • **store** (AE) • **cellphone** (AE) • **subway** (AE) • **mix** the cards **up** • **spelling**
	MEDIEN	S.8:	CD und CD-Spieler
		S.9:	CD und CD-Spieler, Wortliste *American English – British English*, *American English classroom dictionary*, kleine Karteikarten

AMERICAN ENGLISH

In der Arbeit an den Aufgaben dieses Doppelaufschlags lernen die S Unterschiede zwischen dem britischen und dem amerikanischen Englisch kennen. Neben der unterschiedlichen Aussprache von Worten werden auch Differenzen in Schreibweise und Wortschatz ins Blickfeld gerückt. In Ergänzung hierzu gibt es im Vokabelteil des SB nach jeder Unit (außer Unit 5) einen Kasten mit *American English vocabulary*, in dem die S die spezifisch amerikanischen Begriffe der Unit wiederholen können. Wie Aufgabe 3 auf Seite 9 es einfordert, sollten die S eine eigene Liste mit Begriffen aus dem *American English* anlegen, die sie durch das ganze Schuljahr hindurch erweitern.

Einstieg Bei geschlossenem SB fragen Sie die S, ob es in ihrer Region Besonderheiten in der Verwendung der deutschen Sprache gibt und ob S aus einer anderen Region in der Klasse sind, deren Sprache sich von der der anderen unterscheidet. Fragen Sie die S, welche Unterschiede sie genau benennen können. Sammeln Sie vorher einige regionale Begriffe oder Aussprachevarianten, mit denen Sie das Gespräch beginnen können.

Um zum SB überzuleiten, weisen Sie die S darauf hin, dass sie bis jetzt ausschließlich das *British English* kennengelernt haben.

L *We all speak German. But German spoken in the east, north and south is different. It's the same with English. All the English you've learned is British English. Today you will hear some American English with American pronunciation. Please open your books on page 8.*

1 American pronunciation
a) British English (BE) and American English (AE) sound different.
Listen to the five kids. Who's British? Who's American?

Beim ersten Hören der nachfolgenden Hörtexte achten die S darauf, welche Sprecher British und welche American English sprechen. Halten Sie die CD nach jedem Sprechbeitrag eines Jugendlichen an und lassen Sie die S Vermutungen darüber anstellen, ob sie gerade British English oder American English gehört haben. Halten Sie die Vermutungen an der Tafel fest.

Lösungen:

| **Emily** | British | **Kenichi** | American | **Kaylee** | American |
| **Luke** | British | **Shanna** | American | | |

b) How do British people say these words?
Read them out.
c) Listen to the words in British and American English. Can you hear what's different?

Einzelne S lesen die Wortpaare der *Exercise 1b)* laut vor. Achten Sie auf die korrekte BE-Aussprache. Beim anschließenden zweiten Hören versuchen die S herauszuhören, wo genau die Unterschiede liegen. Dieses Gespräch kann auf Deutsch geführt werden.

Setzen Sie sich genauer mit der Aussprache auseinander. Was fällt den S an der Art und Weise des Sprechens auf? Aspekte, die betrachtet werden können, sind die
- Verwendung bestimmter Wörter und Wendungen (British girl 1: *at the weekend*; American boy 1: *soccer*; American girl 1: *apartment, awesome*; American girl 2: *store*), Abkürzungen (American boy 1: *ya*; American girl 2: *yeah*),
- Aussprache der Vokale (American boy 1: *student, Tuesday*, British boy 2: *computer*) und Konsonanten (British girl 1: *work*; American boy 1: *sport, park*; American girl 1: *star, apartment*; American girl 2: *store*),

Next Stop: USA

19

– Sprachmelodie etc.

In den Texten gibt es jeweils Vergleichsmomente, z. B. die Begrüßung (British girl 1: *Hello!* American boy 1: *Hi, how ya doing?* American girl 1: *Hi you guys.*) oder die Aussprache des Verlegenheitsfüllers „er" etc.

		British pronunciation	**American pronunciation**
1	later	[ˈleɪtə]	[ˈleɪt̬ər]
	better	[ˈbetə]	[ˈbet̬ər]
2	park	[pɑːk]	[pɑ˞rk]
	world	[wɜːld]	[wɜːrld]
3	fast	[fɑːst]	[fæst]
	dancing	[ˈdɑːnsɪŋ]	[ˈdænsɪŋ]
4	got	[gɒt]	[gaːt]
	shopping	[ˈʃɒpɪŋ]	[ˈʃɑːpɪŋ]
5	Tuesday	[ˈtjuːzdeɪ]	[ˈtuːzdeɪ]
	new	[njuː]	[nuː]

Tapescript

BRITISH GIRL 1 Hello. My name's Emily. I'm fifteen and ... I'm really keen on animals. At the weekends I work in an animal home, that's, you know, a place for animals that people don't want. I clean the cages and feed the animals. I also take the dogs for a walk. I don't have much time for other things at the weekend, but, well, that's OK.

AMERICAN BOY 1 Hi, how ya doing? My name's Kenichi and I'm a student at Lasalle High School in San Francisco. In my free time I like to, ... meet my friends and watch sports like basketball and American football on TV. I do sport too. Every Tuesday I have soccer practice at school and sometimes I play basketball in the park too.

AMERICAN GIRL 1 Hi you guys. I'm Kaylee and I'm, like, really into dancing and singing. My sister and I often practise singing and ... doing dance routines in our apartment. I got a new video camera for my birthday, so we record ourselves – I think we look awesome! We want to go on one of those American shows where you can become a star – we're much better than most of those other singers!

BRITISH BOY 2 Hi, I'm Luke, I'm in year 10 and ... I play a lot of computer games. I play games with my friends or with my sister. I really like doing quizzes, too and I ... watch lots of quiz programmes on TV. I can always answer the questions really fast!

AMERICAN GIRL 2 My name's Shanna and I'm fifteen. I love shopping. I love looking at stuff in clothes stores with my best friend. We don't usually buy anything but we try lots of things on. New York has some fantastic stores. Er, what else? Oh, yeah, I'd like to be a model later when I leave school 'cos you get cool clothes and ... you can travel all over the world.

2 Special American words and phrases
Listen to the conversations. Then listen again and match the phrases (1–5) with the pictures (a–e).

Die S hören die 5 kurzen Dialoge zweimal. Beim zweiten Mal ordnen Sie die Ausdrücke den Bildern zu.

Lösungen:

a 5   **b** 4   **c** 1   **d** 3   **e** 2

Tapescript

1

BOY 1 So you really bought a car!
GIRL 1 Yeah, it's the red one. What do you think?
BOY 1 Awesome!

2

CASHIER That's four dollars, please.

CUSTOMER	Four dollars … Here you are.	
CASHIER	Have a nice day!	

3

BOY 2	Hey, there's Al.
BOY 3	Hi, you guys!
GIRL 2	What are you doing after school? We're going to Stacey's apartment.
BOY 3	Well, …

4

GIRL 3	Hi, Pete!
MAN	How ya doin', Ally? Tell your mom I said "hello".
GIRL 3	Sure, thanks Pete.

5

BOY 4	Hi, Jermaine!
BOY 5	Hey! Gimme five!
BOY 4	Where have you been, man? I didn't see you at the club yesterday …

S. 9

3 **British and American words**
a) Some American words are different. Start a list in your exercise book. Look at the photos here. In your list, write the British words for the things. Then listen and check.

DIDAKTISCH-METHODISCHER HINWEIS

BE/AE im Vokabelheft: Die S legen an einer gesonderten Stelle in ihrem Vokabelheft eine Liste aller *AE*-Wörter an, die im Laufe von *New Highlight 4* auftauchen, und stellen sie den jeweiligen Begriffen aus dem *British English (BE)* gegenüber. Gut lassen sich die Wörter auf den letzten beiden Seiten des Vokabelheftes sammeln – auf der linken Seite werden die amerikanischen Begriffe aufgeschrieben und auf der rechten die Entsprechungen aus dem britischen Englisch. Auf diese Weise verdeutlicht sich der unterschiedliche Sprachgebrauch in den USA und Großbritannien mehr und mehr. Diese Liste wird während des gesamten Schuljahres fortgesetzt und erweitert.

Die S legen entsprechend des SB-Vorbildes eine Liste an und tragen die neuen *AE*-Begriffe ein. Die vermuteten *BE*-Begriffe, die sie in lernschwächeren Klassen im Plenum zusammentragen, schreiben die S vorerst mit Bleistift auf. Während des Hörens vergleichen sie die Ergebnisse und korrigieren gegebenenfalls.
Lösungen:

	British words	**American words**
1	flat	apartment
2	shop	store
3	pavement	sidewalk
4	under ground	subway
5	mobile phone	cellphone

Erweiterung
Tapetenrollen, Stifte

Aus Tapetenrollen können die S ein *American Classroom Dictionary* herstellen und an einer Wand in ihrem Klassenzimmer befestigen. Auch in dieser Liste stellen sie in zwei Spalten Wörter des *AE* und des *BE* gegenüber. Gleiche Wörter mit unterschiedlicher Schreibweise werden ebenfalls aufgenommen. In einer dritten Spalte kann die deutsche Übersetzung mit einbezogen werden. Zur Verdeutlichung der Unterschiede *AE/BE* könnten die S auch auf Unterschiede in der deutschen Sprache bezüglich des Sprachgebrauches in einzelnen Bundesländern (z. B. Hähnchen – Broiler, Bulette – Frikadelle)

🇺🇸	🇬🇧	German
cellphone	mobile phone	Handy
downtown	city centre	Stadtzentrum
mom	mum	Mutti, Mama

oder auf deutsch-österreichische Unterschiede (z. B. Tomate – Paradeiser) hingewiesen werden.

b) GAME
Make ten cards. Write the British English and the American English words from 3a. Mix the cards up. Can you put the right words together?

Karteikarten

Verteilen Sie an jedes S-Paar zehn kleine Karteikarten. (Alternativ zerschneiden die S ein DIN-A4-Blatt in zehn gleich große Teile.) Die S notieren die zehn *AE*- und *BE*-Begriffe darauf, legen alle Karten mit der Schrift nach unten auf den Tisch und spielen Memory: Abwechselnd decken sie eine Karte auf und versuchen das Pendant zu finden. Wer am Ende die meisten Paare gesammelt hat, hat gewonnen.

4 American English spelling
American spelling is sometimes different. Work with a partner. Look at the underlined words in American English spelling. Write the words in British spelling. Then check in the Dictionary (pages 151–165).

Die S nehmen die unterstrichenen Vokabeln in ihre Liste von *American English words* auf. Mit Bleistift notieren sie die vermutete *BE*-Schreibung. Mithilfe des *dictionary* auf den SB-Seiten 175–194 überprüfen die S ihre Vermutungen.

Hinweis: Die S können eine Tabelle *American English spelling* anlegen und hervorheben, dass es sich nicht um andere Vokabeln, sondern eine andere Schreibweise handelt.

Lösungen:

American words	**British words**
center	centre
kilometers	kilometres
favorite	favourite
travelers	travellers
colors	colours

▶ W 2, 3

Unit 1
The Big Apple

Themen

New York City mit seinen Sehenswürdigkeiten, seinen Stadtteilen, der U-Bahn als zentralem Beförderungsmittel – Essen und Trinken – Das Leben und Wirken des schwarzen Bürgerrechtlers Malcolm X – Taschengeld – Einwanderung

Die erste Unit macht die S mit New York bekannt, der Stadt, die insbesondere durch die Vielfalt ihrer Immigranten geprägt wird.

New York, das als „Schmelztiegel der Nationen" gilt, ergänzt Erfahrungen der S, die auch mit Zuwanderung und Multikulturalität konfrontiert sind. Gleichzeitig sprechen viele Jugendliche in diesem Alter das geschäftige Treiben in der Stadt und die vielen Unterhaltungsmöglichkeiten an. In den beiden 15-jährigen afroamerikanischen Jugendlichen Tyrell und Jazmin begegnen die S Gleichaltrigen. Tyrell zeigt seiner aus Greenville, South Carolina, kommenden Cousine die Stadt und die S begleiten die beiden auf ihrem Weg durch Manhattan, beim Essen in einem *deli* und bei der Vorbereitung einer Party.

Es werden einige der Hauptsehenswürdigkeiten und Viertel von Manhattan vorgestellt. Der Handlungsrahmen um Jazmin und Tyrell ermöglicht den Zugang zu angrenzenden Themen wie das Leben des schwarzen Bürgerrechtlers Malcolm X und die Situation von Einwandererkindern in New York.

Kommunikative Sprechabsichten

Über Sehenswürdigkeiten sprechen	*Times Square looks busy and exciting.*
Im *deli* bestellen	*I'll have a ham sandwich with lettuce, please.*
Den Weg mit der U-Bahn beschreiben	*Take line 1 south. Travel two stops.*
Menschen und Orte beschreiben	*Britney looks sporty and healthy.*
Über Daten und Uhrzeiten sprechen	*Your appointment is on the 14th at 4.30 p.m.*
Jemanden einladen	*I'm having a party. Do you want to come?*
Eine Einladung annehmen oder ablehnen	*That sounds great, thanks. When should I be there? / I'm afraid I can't come.*
Vergleiche anstellen	*Which is healthier: white bread or brown bread?*

Sprachliche Mittel/ Strukturen

In dieser Unit liegt der Fokus auf den Adjektiven und ihren Steigerungsformen *-er/-est*, *more/most*. Die Steigerung mit *-er* und *-est* gilt bei einsilbigen Adjektiven *(old)* sowie zweisilbigen Adjektiven, die auf *-y* enden *(angry)*. Hierbei kommt es häufig zu Veränderungen in der Schreibung der Wörter wie der Wechsel von *-y* zu *-i (happier)* oder zum Wegfall des stummen *-e* am Wortende *(largest)* sowie zur Konsonantenverdopplung in der Wortmitte *(hotter)*. Alle Adjektive mit drei oder mehr Silben *(difficult)* sowie einige zweisilbige Adjektive *(modern)* werden mit *more* und *most* gesteigert.

Darüber hinaus wird das *simple present* in der Aussage, Frage und Verneinung wiederholt. Besonders hervorgehoben werden wieder die Verwendung des *-s* bei der dritten Person Singular und die Stellung der Adverbien der Häufigkeit.

Ein drittes Thema ist der richtige Gebrauch der Uhrzeiten und Daten.

Kompetenzerwerb

1. Hören
- Narrative und dialogisierte Hörtexte verstehen, teilweise mithilfe von Fotos
- Einem Hörtext Daten, Zeiten und Orte entnehmen
- *Listening for gist/detail*

2. Sprechen
- Anhand von Fotos dialogisches Sprechen üben
- Ein Sandwich bestellen
- In einem ein Rollenspiel dialogisch sprechen (Einladungen aussprechen, annehmen, ablehnen)
- Englische Informationen auf Deutsch wiedergeben

3. Lesen
- Einen Text überfliegen und das Wesentliche erfassen
- Details in einem Text verstehen
- Schriftlichen Einladungen relevante Informationen entnehmen

4. Schreiben
- Eine *summary* eines biografischen Textes schreiben
- Über einen Ausflug schreiben
- Eine Einladung verfassen sowie annehmen oder ablehnen
- Eine Postkarte aus New York verfassen

5. Sprachlernkompetenzen
- Wörter des amerikanischen Englisch und des britischen Englisch einander zuordnen und in Listen sammeln
- Wörter zum Wortfeld *travel* mithilfe eines *network* sammeln
- Die Merksätze zu den Steigerungsformen der Adjektive sinnvoll ergänzen
- Wortschatz in Listen gruppieren, ein *network* erstellen

6. Medienkompetenz
- Informationen aus dem Internet besorgen

7. Interkulturelle Kompetenzen
- Einblick in das Leben in New York bekommen
- Etwas über Probleme von Immigranten erfahren
- Gepflogenheiten bzgl. Feieranlässen und Einladungen in den USA und Deutschland vergleichen

LEAD-IN

S. 10/11

WORTSCHATZ	S.10: **Little Italy • financial • district • Statue of Liberty • at the top** S.11: **tour • false • immigrant • neighbourhood • theatre • busy • sightseeing**
SPRECHABSICHT	Über Sehenswürdigkeiten sprechen: *I think Central Park looks very nice.*
MEDIEN	L: S.10: Leerfolie, Folienstift, Tageslichtprojektor, CD und CD-Spieler L: S.11: Leerfolie, Folienstift, Tageslichtprojektor, CD und CD-Spieler, evtl. Kopien in Klassenstärke von KV 1 und KV 2 S: S.11: Schere, Kleber, DIN-A3-Blatt

Hinweis: Die Doppelseite bietet zum Einstieg in die Unit reichlich Fotomaterial und zwei Hörtexte zu New York. Sehen und Hören stehen im Mittelpunkt der Arbeit. Die S hören hier zum ersten Mal einen längeren, authentischen Text in amerikanischem Englisch. Das ist eine Herausforderung.

Einstieg

Tafelbild

Steigen Sie mit einer Skizze von einer Hochhaus-Silhouette an der Tafel in die neue Unit ein. Notieren Sie einige Stichwörter dazu (s. Beispiel rechts) und führen Sie wie folgt in den Situationsrahmen ein:

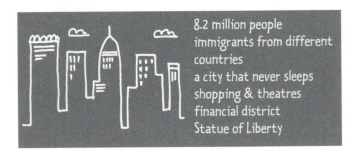

L *Today we'll find out more about a big city in the United States. The city has lots of skyscrapers* (Zeichnen Sie die Silhouette.) *and about 8.2 million people live there.* (Schreiben Sie die Stichworte an.) *The people come from many different countries. Some of them are immigrants.* (Ergänzen Sie das Tafelbild weiter, bis die S die Stadt erraten.)

Nun sollen die S in Partnerarbeit ihr Vorwissen über die Millionenmetropole aktivieren und festhalten. Als Anregung können Sie Oberbegriffe links und rechts an die aufgeklappte Tafel schreiben, wie z. B.: *famous sights, parts of New York, names of skyscrapers* (veranschaulicht durch eine einfache Zeichnung), *names of streets/avenues, famous songs about New York, famous people from New York, slogans about New York.*

Tafelbild

In die Mitte der Tafel zeichnen Sie einen großen Apfel und halten dort einige Nennungen der S fest (s. Abbildung unten). Die S zeichnen den Apfel auf ein quer gelegtes DIN-A4-Blatt ab und füllen ihn – gemeinsam mit dem/der Partner/-in – mit Stichpunkten. Anschließend sammeln Sie die Ergebnisse an der Tafel oder, um später darauf zurückgreifen zu können, auf einer Folie und die S ergänzen ihre Bilder.

Leerfolie

L *What do you know about New York City? Think of sights, streets, names of skyscrapers, parts of New York, ... Work together with your partner.*

Hinweis: Wählen Sie eine Gelegenheit, den S den wahren Ursprung des Begriffs *Big Apple* zu erklären (siehe Info-Box zu New York auf HRU-S. 26, 1. Abschnitt). Anschließend können Sie ihn auch in die Sammlung von Namen und Begriffen aufnehmen.

Leiten Sie nun zum SB über:

L *On pages 10 and 11 in your book there are photos of New York. Let's have a look.*

Tafelanschrieb
Leerfolie

Geben Sie den S Gelegenheit, sich die Fotos auf der Doppelseite in Ruhe anzusehen. Während dieser Zeit schreiben Sie folgende unbekannte Wörter an die Tafel (oder legen eine Folie auf): *district, immigrant, neighbourhood, theatre, busy, sightseeing.* Im nun folgenden L-S-Gespräch versuchen Sie, die neuen Wörter zunächst ohne Bewusstmachung zu verwenden. Geben Sie den S Gelegenheit, weiteres eigenes Wissen über New York in ihre Antworten einfließen zu lassen. Folgende Impulse können dabei hilfreich sein:
– *Which picture do you like best? Why?*
– *You know that many immigrants live in New York. Where do they live?*
– *Look at the buildings in the Financial District! What are they called? (Skyscrapers.) Do you know any of their names? (Empire State Building, Chrysler Building, Trump Tower, etc.)*
– *Look at Times Square. What do you think can you find there? (theatres, cinemas)*
– *Have you ever heard of Harlem? What kind of neighbourhood is that?*
– *What do you know about the Statue of Liberty?*
– *If you want to go shopping or eat in a restaurant in New York, where would you do that – in Chinatown, in Little Italy or in Lower East Side?*
– *How about Central Park? Do you know where it is? Would you like to go there if you're in New York?*

Nach dem Gespräch fordern Sie die S auf, ihre Stichpunkte über New York mit einigen neuen zu ergänzen. In lernschwächeren Klassen können Sie vorher das Tafelbild um neue S-Äußerungen ergänzen.

INFO-BOX

New York oder New York City, wie es zur Abgrenzung von dem Staat gleichen Namens heißt, liegt an der Ostküste der USA. Nach Zensusangaben von 2006 hat NYC mehr als 8 Millionen Einwohner und ist damit die bevölkerungsreichste Stadt der USA. Die Einwohnerzahl der Metropolregion liegt bei etwa 18,8 Millionen. Die Stadt ist in fünf Stadtbezirke *(boroughs)* gegliedert: **Manhattan, Brooklyn** (die Gemeinde mit der höchsten Einwohnerzahl: etwa 2,5 Mio.), **Queens** (von der Fläche her der größte Bezirk), **The Bronx** (die einzige der fünf Gemeinden, die auf dem Festland liegt; sie ist nach dem ersten Siedler dort benannt: einem Jonas Bronck aus Schweden) und **Staten Island**. Den Spitznamen *Big Apple* führt New York City seit den 1970ern auch offiziell. Eine Begründung für diesen Begriff geht auf die schwarzen Jazzmusiker der 1920er Jahre zurück. New York war damals das Mekka des Jazz. Wer dort spielen durfte, hatte „das große Los gezogen" oder „den großen Apfel vom Baum geholt".

Manhattan [mænhætn] wird häufig mit dem Stadtzentrum New Yorks gleichgesetzt und ist eine Insel zwischen Hudson River (im Westen), East River (im Osten) und Harlem River (im Norden). Dieser *borough* wird häufig als das finanzielle, kulturelle und geschäftliche Zentrum der USA bezeichnet. Das Straßensystem von Manhattan gleicht einem Gitternetz, in dem die meisten Straßen streng von Süden nach Norden bzw. von Osten nach Westen verlaufen. (Zur Anlage dieser *Avenues* und *Streets* vgl. Info-Box auf HRU-S. 35.) Das U-Bahnnetz in Manhattan ist ebenfalls gut ausgebaut. Siehe dazu auch die Karte auf SB-S. 13.

Lower East Side, Chinatown und **Little Italy** [ˌləʊə ˈiːst ˌsaɪd] [ˈtʃaɪnə taʊn] [ˌlɪtl ˈɪtəli] (Fotos 1–3, SB-S. 10) sind von ihrer Geschichte her typische Einwandererviertel *(immigrant neigbourhoods)* in Manhattan, wobei Lower East Side zunehmend von der jungen Generation als Lebensraum entdeckt wird. Obwohl sich in Chinatown und Little Italy die Verhältnisse der jeweiligen Einwanderergruppen immer mehr verlagern (Chinatown hat sich mittlerweile nach Little Italy hin ausgedehnt), ist der Einfluss der italienischen bzw. chinesischen Kultur auf die verschiedenen Stadtteile immer noch spürbar, v. a. im kulinarischen Bereich (Lebensmittelläden, Restaurants, Märkte usw.).

Financial District [faɪˌnænʃl ˈdɪstrɪkt] (Foto 4, SB-S. 10) heißt das große Finanzviertel von NYC. Darin liegt auch die Wall Street mit dem *New York Stock Exchange*, der größten Börse der Welt.

Die **Statue of Liberty** [ˌstætʃuː_əv ˈlɪbəti] (Foto 5, SB-S. 10) ist ein Freundschaftsgeschenk von Frankreich an die USA. Sie wurde 1886 eingeweiht und begrüßt seitdem vor dem New Yorker Hafen alle Besucher. Die Statue ist ohne Sockel 46,5 m hoch, mit Sockel erreicht sie 102 m. Ihre grüne Farbe hat sie dadurch, dass der Kupfermantel oxidiert ist. In ihrer linken Hand hält die Statue eine Tafel mit dem Datum der amerikanischen Unabhängigkeit, dem 4. Juli 1776.

Ellis Island [ˌelɪs ˈaɪlənd] (Foto 5, SB-S. 10) wurde am 1. Januar 1892 offiziell Sitz der Einwanderungsbehörde der USA. In den 62 Jahren bis zur Schließung Ende 1954 kamen über Ellis Island mehr als 12 Millionen Einwanderer ins Land. Ellis Island und die Freiheitsstatue sind heute für Touristen zugänglich.

Das **Empire State Building** [ˌempaɪə ˈsteɪt ˌbɪldɪŋ] (Foto 6, SB-S. 11) wurde am 1. Mai 1931 nach nur etwas mehr als einem Jahr Bauzeit eröffnet. Bis zur Besucherplattform auf der 86. Etage misst es 320 m, bis zur 102. Etage, die auch besucht werden kann, sind es 373 m und bis zur Antennenspitze 443,2 m. Aber Vorsicht: Dies sind amerikanische Angaben, wie man sie in amerikanischen Touristen-Informationen findet! Dort wird das Erdgeschoss als *first floor* gezählt. Nach europäischen Maßstäben hat das Empire State Building 101 Etagen und die Besucherplattform befindet sich im 85. Stock.

Times Square [ˈtaɪmz ˌskweə] (Foto 7, SB-S. 11) ist aus zahlreichen Filmen bekannt und fällt durch seine unzähligen Leuchtreklamen auf. Er liegt an der Kreuzung 42nd Street/Broadway und ist das Zentrum des Unterhaltungsviertels mit Theatern, Kabaretts, Kinos.

Central Park [ˈsentrəl ˌpaːk] (Foto 8, SB-S. 11) wurde als Landschaftspark konzipiert und ist den Parks in Paris und London nachempfunden. Auf einer Länge von etwa 4 km und einer Breite von etwa 750 m hat er neben sieben verschiedenen Wasserflächen große Rasenflächen und Waldland mit 26.000 Bäumen zu bieten. Er wird zum Erholen, zum Picknicken und für Sport wie Joggen und Inline-Skaten genutzt. **Harlem** ['hɑːləm] (Foto 9, SB-S. 11) ist eins der vielen Stadtviertel von Manhattan. Lange war es ein Synonym für schwarze Kultur, aber auch für Armut und Kriminalität. Viele Jazzmusiker starteten hier ihre Karriere. Das Viertel beheimatet mehr als 400 Kirchengruppen, darunter auch die Nation of Islam (s. auch Info zu Malcolm X) und Splittergruppen der Black Muslims. Seit den 1990ern investierte die Stadt enorm in dieses Viertel. Seitdem haben sich große Marktketten, Supermärkte und Büros dort angesiedelt.

1 Before you listen: Where is New York City?

Bei dem Projekt über die USA haben die S New York City in die Landkarte der USA eingetragen. Es wird ihnen somit nicht schwerfallen, die Stadt geografisch richtig einzuordnen. Weisen Sie jedoch auf den Tipp im SB hin, die Karte auf S. 6/7 zu nutzen.
Lösung: a) in the east of the USA

Leiten Sie über zu Aufgabe 2:

L *Now, where exactly are these places in New York? Let's listen.*

2 Where's what in New York? You're in Manhattan at the top of the Empire State Building. Look at the photos and map on page 10 and 11 ...

In dem kurzen Hörtext lernen die S die Aussprache der Ortsnamen von den Fotos kennen und sie ordnen sie dem Norden oder Süden von Manhattan zu. Im Kontrast zur Textfülle ist die Höraufgabe recht elementar. Bereiten Sie die S darauf vor, indem Sie auf die Abbildung auf SB-S. 11 hinweisen:

L *Look at the map on page 11. This is where the Empire State Building is. Imagine you are there now. You will hear a guide who tells you about the other sights in Manhattan. Some are north and some are south of where you are.*

In lernlangsameren Klassen sollten Sie den Text zwei Mal vorspielen.
Lösung:
The places on this page are in the *south* of the Empire State Building.
The places on page 11 are in the *north* of the Empire State Building.

Tapescript

TOURIST	Excuse me, what can you see from the top of the Empire State Building?
SECURITY GUARD	Well, kid, if it's good weather you can see everything! You know, all the neighborhoods south of the Empire State Building – like Little Italy, Chinatown and the Lower East Side. Then of course there's the Financial District with all those tall buildings, you know, skyscrapers. And the Statue of Liberty. That's on an island south of Manhattan, next to Ellis Island. ... Hey, folks, move along there! ... Er, yeah, what else? Well, to the north of us, there's Central Park. I'm sure you've heard of that. And I bet you've seen Times Square on TV, you can see that neighborhood. And Harlem, Harlem's north of Central Park. You can see lots of other stuff too.
TOURIST	Right ... that sounds good. Thanks.

▶ W 3, 1

S. 11

3 At the top of the Empire State Building. Listen to the tour. Are these sentences true or false?

Hinweis: Es handelt sich bei der Aufnahme um den gekürzten Text einer Originaltour, bei dem die S auf komplexes amerikanisches Englisch treffen. Bereiten Sie daher das Hören so gut wie möglich vor.

Schauen Sie sich mit den S die Fotos noch einmal genauer an. Stellen Sie gezielte Fragen zu einzelnen Bildern und nutzen Sie die S-Antworten, um den Hörtext zu entlasten und neues Vokabular zu verwenden.

L *Many tourists go to New York every year. They go there for sightseeing. They look at all the interesting places in the city. Look at the pictures in your book. These are famous sights. How about Chinatown / Little Italy - what do you think: Who lives in Chinatown / Little Italy?*
S *Chinese people / Italians.*
L *That's right. Many of them aren't Americans. They're immigrants. They came from China or Italy.*
Let's look at the Financial District. What can you find there?
S *Banks? Skyscrapers?*
L *Yes, there are lots of banks and big buildings. / Look, Times Square is a very busy place. And there are lots of theatres.* usw.

Bevor Sie zum Hörtext überleiten, lassen Sie die S die Aufgabenstellung und die sieben Aussagen lesen. Kündigen Sie an, dass der Text zweimal gehört werden wird und dass die S sich nur auf die Aussagen konzentrieren sollen.

L *And now we're going to join a tour at the top of the Empire State Building. You will hear some facts about the sights in Manhattan. Look at exercise 3 on page 11. These sentences are facts from the text, but some of them are wrong. You have to find out which ones are true and which ones aren't.*

Lassen Sie die S die sieben Aussagen lesen und klären Sie das Verständnis. Während die S die Zahlen 1–7 in ihr Heft schreiben und ein Schlüsselwort aus dem vorgegebenen Satz ergänzen, machen Sie das Gleiche auf einer Folie oder an der Tafel (siehe den Vorschlag zu einem Tafelanschrieb unten). Das Schlüsselwort hilft den S, sich während des Hörens im Text zurechtzufinden.

Folie oder Tafelanschrieb

L *Let's prepare our listening.*
You're going to hear a fact about ...?
S *Manhattan.*
L *Let's write down: "1) Manhattan:".*
What else are you going to hear about? usw.

> 1) Manhattan: ✔
> 2) Lower East Side, Little Italy and Chinatown: ✔
> 3) New York - financial capital:
> 4) Ellis Island:
> 5) Central Park:
> 6) Times Square:
> 7) Harlem:

Spielen Sie dann den Hörtext ein erstes Mal vor. Die S versuchen, ihren eigenen Stichpunkten zu folgen und setzen Häkchen an ihre Liste, sobald Sie einen Begriff erkannt haben.

L *Now listen to the text for the first time. Try to follow your notes. Do you hear the names of all these places? Tick the place if you hear it.*

Nach dem ersten Hören fragen Sie nach Ergebnissen: *Did you hear all the places? Have you found a wrong sentence already?* Schreiben Sie noch nichts auf.
Beim zweiten Hördurchgang sollen die S wieder auf ihre Schlüsselwörter achten und t/f hinter den Stichpunkten notieren, wenn sie sich sicher sind.

L *Listen again. If you are sure that sth. ist true or false, write "t" or "f" next to your notes.*

Spielen Sie den Text wieder komplett vor und geben Sie den S danach kurz Zeit, ihre Lösungen zu vervollständigen. Beim Vorlesen der Ergebnisse werden die falschen Aussagen aus dem Buch berichtigt, was Sie zeitgleich an der Folie/Tafel ergänzen.
Lösungen:
1 Manhattan: ✔ t
2 Lower East Side, Little Italy and Chinatown: ✔ t
3 New York - financial capital: ✔ t
4 Ellis Island: ✔ t
5 Central Park: ✔ f *all kinds of people*
6 Times Square: ✔ t
7 *Harlem:* ✔ f *jazz*

Tapescript
TONY How ya doin'? My name's Tony and I've lived in New York all my life. I was born in Chelsea, that's a neighborhood near here. Later my family moved to Little Italy.
You are in my city now. I'm gonna take care of you. To me this is the greatest city in the world. I wouldn't live anywhere else.

Now. Let me tell you something else. You are in the greatest building in New York City. Nothing else comes close. When I was a kid, I could see the Empire State from my bedroom window. The Empire State Building was so big, you could see it well from most anywhere in the neighborhood, it was kinda like the moon, it went wherever you went. You know what I'm saying?

Now I'm gonna give you a real quick geography lesson. We're in Manhattan now, which is an island, well you know that. But you know a lot of people think New York City is just Manhattan, oh no. New York City is made up of five areas, called boroughs. Manhattan is just one of the five boroughs. OK, enough geography. Let me show you around.

Now we're looking south-east.

On your left is the East river and it's got lots of bridges. That's the Williamsburg Bridge, it connects Manhattan to the borough of Brooklyn on the other side.

The areas to the right of the bridge, those are immigrant neighborhoods, Lower East Side, Little Italy, Chinatown. You know what makes New York different from the other places in America? – the immigrants. It's not just that we have a lot of immigrants, but that we have so many different kinds. Some guy on TV, he was an expert on ethnic foods, he said there was a hundred different kinds of ethnic restaurants in New York City. Now that's ethnic diversity!

Now we're looking south / south-west.

Some view from up here. Straight in front of you, bunched together at the far end are the tall buildings of the Financial District, you know, Wall Street.

New York is the financial capital of the world, but you knew that, right?

On the far island, you see the Statue of Liberty. My father always insisted on taking his out of town visitors to the Statue of liberty. The near island, that's Ellis Island where my father entered America in 1927. I read somewhere that about 17 million immigrants came through Ellis Island almost all of those between 1890 and 1920.

Now you're looking north / north-west.

Straight ahead in what you might call the middle distance is Central Park. Don't let anyone tell you not to go to Central Park, oh no, do yourself a favor, go there. When I was a kid, my father would take us every Sunday to Central Park. We were poor, but there were rich people too and every kind of ethnic group. It's still that way, all kinds of people. That's the middle of Times Square. You know, where all the Broadway theaters are, where they drop that ball on New Year's Eve.

Now we're facing north/north-east.

Just beyond the far end of Central Park, that's Harlem. You know Harlem is really making a major comeback. Seventy years ago jazz greats like Duke Ellington and Louis Armstrong, they made their names in Harlem. At that time you could say Harlem was the cultural center of this city. With all the development that's going on there today, looks to me like pretty soon it could be that way again.

Weiterarbeit

Kopien von KV, Schere, Kleber

Jede/r S erhält eine Kopie von KV 1 und 2. Auf der KV 1 werden zuerst die Namen der Sehenswürdigkeiten und Stadtteile vervollständigt. Die Sätze auf der Kopie von Vorlage 2 werden erst gelesen und dann den passenden Namen zugeordnet. (In lernlangsameren Klassen kann das Lesen und Entscheiden auch im Klassenverband erfolgen.) Nachdem in der Klasse verglichen wurde, werden die Streifen auseinandergeschnitten, auf KV 1 geklebt und mit dem richtigen Begriff verbunden. Das Blatt wird dann von jeder/m S abgeheftet.

Kopiervorlage 1   Kopiervorlage 2

Ergänzung	Auf dieser Manhattan-Karte ist Platz, noch weitere Besonderheiten aufzunehmen. Das können z. B Orte sein, die Sie bei der vorherigen Darbietung mit eingebracht haben oder die die S interessieren (Wall Street, Broadway). Die Ergänzungen können sich auch auf den weiteren Verlauf der Unit erstrecken. Unter Umständen ist für die Beschriftung bzw. Beschreibung ein zusätzliches Blatt zu benutzen. Alternativ kann die Kopiervorlage auf ein DIN-A3-Blatt geklebt werden, dessen Rand weitere Illustrationen, Fotos oder Namen füllen können. Das ausgefüllte Blatt eignet sich zur Aufnahme in die Portfolio-Unterlagen.	
DIN-A3-Blatt		
		Kopiervorlage 1

Transfer

4 AND YOU? Talk to a partner about the photos.

Mithilfe der beiden Satzbaumuster und der Adjektive in der grünen Box teilen die S ihrer Partnerin / ihrem Partner mit, was sie über die auf den Fotos abgebildeten Plätze denken.

CULTURAL AWARENESS

Im *AE* wird mit *first floor* das Erdgeschoss bezeichnet, im *BE* ist damit genau wie bei uns die erste Etage gemeint. Siehe dazu die Angaben zum Empire State Building in der Info-Box, HRU-S. 26.

Erweiterung	Das *Feedback Sheet* (Kopiervorlage 4) bietet den S die Möglichkeit, sich noch einmal allein mit den neuen Informationen über New York auseinanderzusetzen und einen eigenen Standpunkt zu finden. Alle S erhalten eine Kopie des *Feedback Sheet* und füllen es in einer Stillarbeitsphase aus. Die Ergebnisse können an der Pinnwand gesammelt werden und lassen sich so auf vielfältige Weise zum Lesen nutzen. Diese Blätter eignen sich auch für die Sammlung der *best products,* die die S am Ende des Schuljahres für ihr Portfolio auswählen.	
Kopien von KV		
	▶ W 3, 2–3	
		Kopiervorlage 4

S.12		
	WORTSCHATZ	**dinner** • **pocket** • **money** • **deli** (AE) • **menu** • **dollar** • **cent** • **white bread, brown bread** • *grilled* • **beef** • *Black Forest* • **smoked salmon** • **egg** • *pita* • *bagel* • **lettuce** • **tomato, tomatoes** • **potato, potatoes** • **potato chips** (AE) • **I'll have …**
	SPRECHABSICHT	Im *deli* bestellen: *I'll have a beef sandwich with lettuce.*
	MEDIEN	L: CD, CD-Spieler, Folie von KV1, Tageslichtprojektor, Wort- und Bildkarten von Kopiervorlage 2 unten und 3, Kopien von KV 2 unten und 3 in halber Klassenstärke S: Papier für Poster und Schilder

SIGHTSEEING IN NEW YORK

Einstieg

Schreiben Sie die Namen *Tyrell* und *Jazmin* an die Tafel und stellen Sie die beiden vor. Sie können die Gelegenheit nutzen, bereits bekannte Sehenswürdigkweiten zu wiederholen.

L *Today you'll get to know Tyrell and Jazmin. They're 15 and they're cousins. Tyrell is showing his cousin New York. What do you think he will/should show her?*

Leiten Sie dann zum SB und zur CD über.

1 Listen to the dialogue. Pick the right answers.

Die S hören den Dialog und geben danach die korrekten Aussagen wieder.

L *Listen to Jazmin and Tyrell. Where are they, where are they going first and where are they going after that?*

Lösungen:
1 *The Empire State Building*   **2** *Ground Zero*   **3** *Harlem*

INFO-BOX

Die Bezeichnung Ground Zero wird für jene Stelle benutzt, an der sich eine Explosion, ein Erdbeben oder eine gewaltige Detonation ereignet hat. Im Zusammenhang mit den Attentaten auf das *World Trade Center* vom 11. September 2001 wurde der Begriff schnell für den ehemaligen Standort der Gebäude im *Financial District* von New York übernommen. Kennzeichen des aus sieben Gebäuden bestehenden Komplexes waren die durch ihre Höhe beeindruckenden *Twin Towers* (110 Etagen / 526,3 m bis zur Antennenspitze). Infolge der Flugzeugattentate auf die Türme starben fast dreitausend Menschen. Nach dem Schock entstand schon bald der Plan, Ground Zero neu zu bebauen. 2006 wurde mit dem Bau des *Freedom Tower* begonnen. Er soll 1776 Fuß (etwa 541m) hoch werden. Damit wird das Jahr der amerikanischen Unabhängigkeit symbolisch eingearbeitet. Am Ground Zero ist eine Webcam installiert. Unter der Internetadresse www.earthcam.com/usa/newyork/groundzero/ kann man live die Bauarbeiten am *Freedom Tower* verfolgen.

Tapescript

JAZMIN Hey, that tour was cool.
TYRELL Mmm, I love the Empire State Building, it's my favorite building in New York.
Hey Jazmin – stay on the sidewalk! You have to more careful here than at home – the traffic in New York is terrible.
JAZMIN Yeah, it's busier here than in Greenville – I live in the quietest town in America! New York is much more exciting. ... Can we go to Ground Zero, Tyrell? I'd like to see that. I saw it on TV, you know, when those planes flew into the Twin Towers.
TYRELL Sure. What time is it now?
JAZMIN Er ... It's almost four o'clock.
TYRELL So we have enough time. We have to be back in Harlem, at my apartment, at half past six. My mom always makes dinner at half past six.
JAZMIN Great, but ... er ... well, I'm really hungry now.
TYRELL OK we can get something to eat near Ground Zero.
JAZMIN Er, sorry, but I don't have much money, you know. I don't get much pocket money.
TYRELL That's OK. I'll pay.

2 Listen again. Who ...

Um gezielteres Zuhören zu ermöglichen, lassen Sie die S vor dem erneuten Hören des Textes die vier Fragen im SB lesen.
Lösungen:
1 Jazmin   **2** Jazmin   **3** Tyrell's mother   **4** Jazmin

Weiterführung
Folie von KV

Legen Sie die Folie von KV 1 auf und lassen Sie die S die drei im Hörtext vorkommenden Orte finden. Geben Sie mithilfe der Info-Box (s. oben) eine kurze Information zu Ground Zero und dem World Trade Center. Anschließend wird Ground Zero in den S-Materialien ergänzt.

LANGUAGE AWARENESS

Im Hörtext ermahnt Tyrell seine Cousine, auf dem *sidewalk (AE)* zu bleiben, dessen Entsprechung in *BE (pavement)* den S bekannt ist.

Erweiterung Wortschatzarbeit

Spielen Sie in einer lernschnelleren Gruppe den Text noch einmal vor und lassen Sie gezielt das Wort *sidewalk* heraushören.

L *New York is very busy and Jazmin has to be more careful with the traffic. Where does she have to stay? Listen to Tyrell.*

Kopiervorlage 1

> Schreiben Sie *sidewalk* an die Tafel, nachdem die S es genannt haben. Lassen Sie
> dann das britische Wort nennen.
>
> L *Sidewalk is American English. Do you remember the British word?*
> Schreiben Sie auch das an die Tafel. Die S nehmen beide Wörter in ihre
> *AE/BE*-Liste mit deren Hilfe sie sich stichwortartig Notizen machen können.

Einstieg

3 At the deli: Look at the menu.

Einige der Wörter aus dem Lebensmittelbereich kennen die S (z. B. *bread, chicken, chips, salad, cheese*), andere waren bisher nur wahlfrei (z. B. *egg, lettuce*) und wieder einige sind möglicherweise neu (z. B. *smoked salmon, tomato*). Reaktivieren Sie an dieser Stelle bekannten Wortschatz und führen Sie gleichzeitig den neuen ein. Arbeiten Sie zunächst bei geschlossenem SB.

> L *After their walk through NYC, Tyrell and Jazmin are very hungry. They go to a deli.*
> *Before we find out what they get there, we'll have a look at some typical deli products.*
> *What can you buy in a deli?*
> S *Hamburgers./Sandwiches./Drinks./...*
> L *Excellent! Let me show you some typical deli products.*

Bild- und Wortkarten von KV, Magnete

Die Bilder und Begriffe von KV 2 und 3 haben Sie größer kopiert und auseinandergeschnitten (hilfreich ist die Verwendung festeren Kartons oder laminierter Blätter). Die Wortkarten befestigen Sie an der Tafel, während Sie die Bildkarten nach und nach zeigen. Bevor Sie den Namen eines Lebensmittels laut sagen, lassen Sie die S eine Wort-/Bildzuordnung versuchen und die Bildkarte dem passenden Begriff an der Tafel zuordnen.

Kopiervorlage 3

> **INFO-BOX**
>
> *Deli* ist eine Abkürzung von *delicatessen*. Der Begriff wurde aus dem Deutschen übernommen, da viele *delis* von jüdischen Einwanderern aus Deutschland eröffnet wurden. Dort wurden hauptsächlich koschere Spezialitäten angeboten. Heutzutage ist ein *deli* eine Mischung zwischen Lebensmittelladen und Schnellrestaurant und zeichnet sich durch die Frische seiner Produkte aus. Das Speisenangebot kann je nach Ladeninhaber auch italienisch, mexikanisch oder indisch geprägt sein. Fast allen *delis* gemeinsam ist die familiäre Atmosphäre, in der Menschen aus verschiedenen sozialen Schichten und verschiedener Herkunft zusammentreffen.

> **LANGUAGE AWARENESS**
>
> Es gilt zu unterscheiden zwischen *salad* – das ist zubereiteter Salat – und *lettuce* – womit grüner, unangemachter Salat bezeichnet wird. Eine weitere Stolperfalle ist das Wort *chips*. Die Chips (zum Knabbern) sind im *BE (potato) crisps*, im *AE potato chips*. Was wir Pommes frites nennen, sind im *BE chips* (man denke an *fish and chips*), im *AE* aber *French fries*. Falls Ihre S eine *AE/BE*-Liste führen, können sie diese Begriffe dort hinzufügen.

Gehen Sie zum SB über. Fragen Sie die S zuvor, welche Währung sie erwarten wird.

> L *Open your books on page 12. There you'll find a real deli menu with real prices. What do*
> *you think – which kind of money will we need in the deli?*
> S *Dollar and cent.*
> L *Right. Let's find out how much the things on the menu are.*

Tipp: Sie können das Tafelbild um den aktuellen Dollar-Kurs ergänzen.

**a) How much is a ham sandwich? How much are potato chips?
Which is more expensive – white bread or brown bread?**

Die S lesen die Speisekarte still und finden die Antworten.
Lösungen:
$ 5.00 $ 0.50   both is free

Zur weiteren Übung stellen sich die S gegenseitig abwechselnd Fragen nach den anderen Preisen auf der Speisekarte. Sie folgen dabei dem Muster der Aufgabenstellung.

b) Listen. What does the tourist ask for?

Die S hören den Text und versuchen, so viele Einzelheiten der Bestellung wie möglich zu erfassen. Sie können sich dabei Stichpunkte machen.
Lösung: A beef sandwich with brown bread, tomato and potato chips.

Tapescript

ASSISTANT	Hi, what can I get you?
TOURIST	Hello, a beef sandwich, please.
ASSISTANT	White bread, brown bread, roll, pita, bagel?
TOURIST	Er, ... brown bread please.
ASSISTANT	Lettuce, tomato?
TOURIST	Just tomato, please.
ASSISTANT	Cheese?
TOURIST	Er, no thanks!
ASSISTANT	And do you want potato chips with that?
TOURIST	Potato chips, what's that? ... Oh, you mean crisps ... er, yes, please.
ASSISTANT	OK! ... That's five dollars and seventy-five cents.
TOURIST	Er, five seventy-five, here you are.
ASSISTANT	Thanks. Have a nice day!
TOURIST	Wow, buying a sandwich in America isn't so easy!

c) Listen and read the dialogue.

Spielen Sie den Text ein zweites Mal vor, um die Antwort(en) von b) zu vergleichen bzw. evtl. Differenzen zu klären. Zur Unterstützung lesen die S den Text mit.

d) Look at the menu. Make a new dialogue.

Die S gestalten nun nach der Vorlage des zuvor gehörten und gelesenen Dialogs ein Gespräch. Dabei verwenden sie die Angaben aus der Speisekarte.
In lernschwächeren Klassen kann den S etwas Zeit eingeräumt werden, eine genaue Auswahl zu treffen und evtl. sogar Notizen zu machen. Um das dialogische Sprechen zu festigen, bietet sich hier eine Interaktionsform an, die mehrmaliges Sprechen mit verschiedenen Partnern ermöglicht (z. B. die Doppelkreis- oder Karussellmethode).

Ergänzung

Kopien von KV in halber Klassenstärke

Als Ergänzung für diese Übungsform oder für den unabhängigen Einsatz zu Übungszwecken können Sie auch KV 3 (und 2) als erweitertes *menu* für Dialoge verwenden. Paarweise erhalten die S je eine Kopie, die in einzelne Karten zerschnitten ist (s. auch die unten stehende Erweiterung) und legen alle Karten offen vor sich hin. Abwechselnd nehmen die S nun die Rolle von Kunde und Verkäufer ein und orientieren sich am SB-Dialog unter *Ex. 3c)*. Die/Der S in der Rolle des Verkäufers muss darauf achten, den richtigen Endpreis zu nennen.

Kopiervorlage 3

Erweiterung

Nutzen Sie die KV 3 (und 2), um Domino oder Memory zu spielen. In einem anschließenden Dialog können die Redemittel und der Wortschatz der vorangegangenen Übung weiter gefestigt werden.

Kopien von KV in halber Klassenstärke

Kopieren Sie dazu die KV in halber Klassenstärke und lassen Sie das Blatt von je einem S-Paar in einzelne Domino- oder Memory-Teile zerschneiden. (Für eine bessere Haltbarkeit bietet es sich an, möglichst auf starken Karton zu kopieren, die Blätter zu laminieren und in Umschlägen aufzubewahren.)

PROJECT Your school deli

Organize an American deli in your school for one day.

Bereiten Sie mit Ihrer Klasse ein *American deli* vor. Prüfen Sie die Möglichkeit, dieses Projekt in Kooperation mit einem anderen Fach (Hauswirtschaft) durchzuführen und/ oder es an ein passendes Schulereignis zu koppeln (Projekttag oder -woche, Theaterwoche etc.). Es muss im Vorfeld genau entschieden werden, wofür das Geld verwendet werden soll.

Papier für Poster und Schilder

In der Vorbereitung des Projekts können die S Poster gestalten, mit denen sie (auf Englisch) für ihr *deli* werben und die in der Schule aufgehängt werden.

Die S können auch kleine Schilder herstellen, auf denen während des Verkaufs die englischen Bezeichnungen der Angebote zu lesen sind. Ebenfalls zur Unterstützung für den Verkauf können die S kleine *phrase cards* vorbereiten, die ihnen später am Stand Hilfestellung für den Verkauf liefern (s. Abb.).

What would you like?	Do you like anything to drink?	Here you are.
Today we have …	How can I help you?	This cheese sandwich is excellent!

Unter www.new-highlight.de finden die S weitere Anregungen für *menus* und nützlichen Wortschatz.

▶ W 4, 4

S. 13

WORTSCHATZ	line • end (n.) • change at … to … • block
SPRECHABSICHT	Den Weg mit der U-Bahn beschreiben: *Change at Times Square to line 2.*
MEDIEN	Folien von KV 5, Tageslichtprojektor, CD, CD-Spieler, Folie von SB-S.13 sowie Kopien in Klassenstärke von SB-S.13

ON THE SUBWAY

1 Find Chambers Street on the subway map. Listen and look at the map. Find where Tyrell lives.

Einstieg
Folie von KV

Legen Sie zunächst die Folie der Straßenzüge (KV 5a) auf. Verdeutlichen Sie den Aufbau des Gitternetzes mithilfe eines kleinen Lehrervortrages. Der Querverlauf des *Broadway* ist gut zu erkennen. (S. auch Info-Box.) Achten Sie darauf, neben den neuen Vokabeln auch die Himmelsrichtungen zu verwenden.

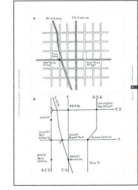

Kopiervorlage 5

L *Look a this map of a part of Manhattan. We're at Times Square. In Manhattan there are streets and avenues. Most of them have numbers, not names.* (Zeigen Sie.) *Streets go from east to west and the bigger avenues go from north to south. Fifth Avenue is in the middle.* (Zeigen.) *From one street to the next it is a block.* (Zeigen.) *Do you see which avenue or street is different?* (Antwort: *Broadway.*)

Legen Sie nun die zweite Folie (KV 5b, U-Bahnlinien) über die erste.

L *Now look at this. What kind of map is this?*
S *An underground map?*
L *Yes. The New York underground is called subway. Look! It looks very much like the streets and avenues in Manhattan. What subway lines can you see?*
S *Line 1, 2, 3 and A, C, E.*
L *If you want to go from line 1 to line 7 you have to change. Where can you change these lines?*
S *At Times Square.*

INFO-BOX

Die Straßen in Manhattan sind – von wenigen Ausnahmen abgesehen – gitterförmig angelegt und nummeriert. So heißen die meisten nord-südlich verlaufenden Straßen *Avenue*, die west-östlich verlaufenden werden als *Street* bezeichnet. Die Nummerierung der *Avenues* erfolgt von Osten nach Westen, sodass also die *First Avenue* im äußersten Osten zu finden ist. Zwischen den nummerierten *Avenues* verlaufen auch solche mit Namen, beispielsweise die *Park Avenue*. Bei den *Streets* beginnt die Nummerierung im Süden von Manhattan. Zusätzlich werden sie noch unterteilt in *West* und *East*, wobei die *Fifth Avenue* die Grenze darstellt. So ist also *West 56th Street* westlich der *Fifth Avenue* zu finden, *East 56th Street* auf gleicher Höhe, aber östlich der *Fifth Avenue*. Der besonders durch Musical-Theater bekannte *Broadway* ist eine der Ausnahmen. Er schlängelt sich durch Manhattan.

Leiten Sie zum SB über:

L *Please open your books on page 13 now and find Chambers Street on this map. Let me give you a tip: It's in the south of Manhattan.*

Lassen Sie nach dem Hören Ausgangspunkt und Ziel des Ausflugs verdeutlichen. Sie können beide Punkte auf der Folie von KV1 zeigen.

Folie von KV

Lösung:
He lives on Malcolm X Boulevard.

Tipp: Sollte ein zweites Hören notwendig sein, geben Sie lernstärkeren S den Hörauftrag, die einzelnen Stationen der Heimreise zu erkennen:

L *Listen again. Find out how Tyrell and Jazmin go back home: What do they use to get home?*

Kopiervorlage 1

Tapescript

TYRELL Do you have your Metrocard, Jazmin?
JAZMIN Yeah, here it is. How do we get back to your apartment?
TYRELL It's easy. We're at Chambers Street. Look, here's Chambers Street on the map. It's on lines 1, 2 and 3 … We take line 2 or 3 north to 116th Street in Harlem. That's here after Central Park … 116th Street. … Then we walk four blocks north along Malcolm X Boulevard to our apartment.

2 Work with a partner. Read the sentences. Your partner finds the place on the map.

Folie von SB

Es empfiehlt sich, eine Folie von SB-S. 13 zu erstellen, alternativ benutzen Sie das SB. Fordern Sie eine/n S auf, an den Tageslichtprojektor zu kommen und führen Sie exemplarisch eine Partnerübung mit ihr/ihm durch. (Wenn Sie das SB benutzen, lassen Sie alle S mitarbeiten.)

L *Can you see Columbus Circle in the south of Central Park? Take line 1 south to Times Square. Change there to line 7. Travel two stops. Where are you?*
S *At Grand Central.*

Teilen Sie die Klasse in A- und B-Partner ein. Zuerst soll jede/r S die zwei Ausgangspunkte finden und sich merken. Im Wechsel lesen sich die Partner die vier Wegbeschreibungen vor, wobei die/der fragende S bei der Suche des Ausgangspunktes behilflich ist. Die/Der jeweils andere findet ihr/sein Reiseziel auf der Karte. In lernlangsameren Klassen können Sie die Lösungen für A und B verdeckt hinter die Außentafeln schreiben und so zur Selbstkontrolle anregen. Zur Überprüfung zeigen die S sich gegenzeitig die Stellen im SB.

Kopien von SB

(Günstig wäre eine Kopie der SB-Seite, in der Sie die Zielstellen markieren können.)

Tipp: Weisen Sie die S darauf hin, dass *West/East* im Straßennnamen oft einfach mit W/E abgekürzt wird.

Lösungen:
Partner A: **1** South Ferry   **2** Grand Central
Partner B: **1** East Broadway   **2** 5th Avenue

3 You're at Times Square.

Partnerarbeit: Ausgangspunkt für beide ist Times Square. Stellen Sie zuerst mithilfe der Folie von SB-S.13 sicher, dass alle S diese Stelle gefunden haben. Geben Sie dann ein Beispiel vor und machen Sie deutlich, dass Sie die Redemittel von *Ex. 3* benutzen.

L *I am at Times Square. I take line 1 north and travel 7 stations. At 96th Street I change to line 2 north and travel 1 stop. I walk south. Where am I?*
S *In Central Park.*

Jede/r S denkt sich ein Ziel aus und notiert sich die Wegbeschreibung dorthin. Geben Sie den S dafür ca. 5 Minuten Zeit.
Anschließend trägt die/der S ihre/seine Beschreibung dem/der Partner/in vor, der/die das Ziel findet. Falls vorhanden, können die Kopien der SB-Seite verwendet werden.
Tipp: Die Internetadresse www.mta.info bietet u.a. einen detaillierten Einblick in die U-Bahnkarte von Manhattan. Darüber hinaus kann man sich das aktuelle Verkehrsaufkommen an einigen Brücken und Tunnels als Foto oder Video ansehen. Dabei sollte man allerdings die Zeitverschiebung von sechs Stunden berücksichtigen. Erst ab etwa 11.30 Uhr unserer Zeit lohnt sich der Blick.

▶ W 4, 5

STORY

WORTSCHATZ	S.14: quote • **America** • *skin* • **in prison** • **black people, white people** • **kill**, *children's home* • *lawyer* • **at that time** • **steal, stole, stolen** • **go to prison** • *education* • **Muslim** • *he changed his name to …* • *slave* • **fight, fought, fought** • **right** (n.) • **freedom** • **violence** • **use violence to change things** • *speaker* • **bring about, change** (n.) S.15: **lose, lost, lost**
SPRECHABSICHT	Menschen beschreiben: *I think Malcolm was a / an … man. He had a / an … life.*
MEDIEN	beschriftete Folie, Tageslichtprojektor

Hinweis: Die Lebensgeschichte von Malcolm X, der einen Großteil seines Lebens in New York verbrachte, ist stark vereinfacht. Sie fordert das Verständnis, Mitgefühl und Urteilsvermögen der S für einen ursprünglich benachteiligten Menschen mit wechselhaftem Lebensweg zwischen Ruhm und Gewalt heraus, aber auch für abstraktere Themen wie Rassengleichheit und Bürgerrechte. Während das SB sich jedweder Wertungen enthält, kann es in der – auch deutsch geführten – Unterrichtsdiskussion durchaus zu verschiedenen Meinungen kommen, die einen angemessenen Raum finden sollten.

Einstieg

Entlasten Sie den Text, indem Sie unter Verwendung des neuen Wortschatzes auf die Thematik der Story einstimmen. Übertragen Sie eine kleine Skizze eines Menschen hinter Gittern an die Tafel oder auf eine Folie (s. Abb.). Ordnen Sie die Wörter *steal, fight, lose, kill, walk, travel, think* frei darum an. Über die Zeichnung schreiben Sie *go to prison*. Lassen Sie die S nun benennen, nach welchen Taten man für gewöhnlich ins Gefängnis kommt. Umschreiben Sie dabei (und erklären Sie, wo nötig) die neuen Wörter.

L *Look at this man. He's in prison. Now look at the verbs. Tell me: When do you go to prison? Do you go to prison when you steal – when you take something from somebody?*
S *Yes, you do.*

L (Ziehen Sie eine Linie zwischen Verb und Zeichnung.) *Do you go to prison when you fight with someone?*

S *Maybe./Sometimes.*

L (Ziehen Sie eine gestrichelte Linie zwischen Verb und Zeichnung.) *How about losing something?* usw.

Ordnen Sie so alle relevanten Verben der Zeichnung zu (*steal, fight, kill*).

Tafelanschrieb oder oder Folie

Übertragen Sie nun den Satz von SB-S. 14 auf die Tafel (oder Folie): "If you're born in America with a black skin, you're born in prison." Fragen Sie:

L *Read this sentence, please. What does 'black skin' mean?*

S *To be black? / To be a black person?*

L *Right. You can say 'black skin' if you're talking about black people.* (Schreiben Sie *'black people'* als Erklärung unter oder neben *'black skin'*.) *Tell me in your own words what this sentence means.*

S *If you're black you (often / have to) go to prison.*

L *This sentence is from a story we're going to read. Look at the words on the board again and imagine what the story will be about.*

S *Maybe it's about black people. / Maybe it's about someone who is black and in prison. / I think the story is about someone who killed and is in prison.*

Gehen Sie nun zum SB über.

L *The story is about Malcolm X. You've heard that name before. Do you remember where Tyrell lives? – Yes, on Malcolm X Boulevard. Open your books on page 14, please.*

1 Who was Malcolm X?

a) Look at the photo and the sentences by Malcolm X in the boxes. Pick the right answer.

Die S lesen die Sätze und betrachten die Fotos auf den SB-S. 14 und 15.
Lösung: b) Malcom X helped to change history.

b) Read Malcolm X's story. Check your answer to a.).

Die Geschichte von Malcolm X eignet sich dazu, das Leseverstehen der S zu trainieren. Zuerst überfliegen sie den Text, um herauszufinden, worum es geht. Anschließend überprüfen sie ihre Antwort zu *ex.* 1a). Setzen Sie ein Zeitlimit, um das überfliegende Lesen der S zu unterstützen (s. auch den did.-method.Hinweis).

L *You have one minute. Quickly find the most important information in the story. Don't read it in detail.*

Erfragen Sie nach dem ersten Lesen, welche Informationen die S als wichtig einschätzen und sammeln Sie einige S-Äußerungen:

L *You have scanned the text for important information: Which information is important?*

S *In Malcolm's family there was no father and many children. / He was a good pupil but left school when he was 15 and later went to prison. / In prison he changed and started to fight for the rights of blacks people. / He changed again and thought that violence was wrong. / He got killed.*

Jetzt lesen die S den Text ein zweites Mal gründlich. Sie notieren sich unbekannte Wörter und Wortverbindungen und versuchen, deren Bedeutung selbst zu erschließen, bevor sie sie nachschlagen.

DIDAKTISCH-METHODISCHER HINWEIS
Beim *Scanning*, auch überfliegendes Lesen genannt, richten die Schülerinnen und Schüler ihre Aufmerksamkeit auf Schlüsselwörter und -begriffe, die wesentliche Aussagen des Textes enthalten.

INFO-BOX

Malcolm X (1925–1965) ist eine kontroverse und sehr komplexe Persönlichkeit. Er war ein amerikanischer schwarzer Bürgerrechtler, der in seinen frühen Jahren sehr radikal auftrat und auch Gewalt als Mittel guthieß. Von vielen wurde er als „schwarzer Rassist" bezeichnet. Nach einer Pilgerfahrt nach Mekka änderte er jedoch seine Einstellung und er trat mit friedlichen Mitteln für die Gleichheit aller Rassen ein.
Malcolms Vater Earl Little war Reverend bei den Baptisten und Anhänger des schwarzen Separatisten Marcus Garvey. Durch seine Aktivitäten kam es zu Todesdrohungen von einer weißen rassistischen Organisation – der Black Legion –, wodurch die Familie gezwungen war, zweimal umzuziehen, noch bevor Malcolm sechs Jahre alt war. Trotz dieser Versuche, der Black Legion aus dem Weg zu gehen, wurde das Haus der Familie 1929 niedergebrannt und Malcolms Vater zwei Jahre später tot aufgefunden. Die Polizei ordnete beide Vorfälle jedoch als Unfälle ein. Einige Jahre später brach die Mutter emotional zusammen und wurde in die Psychiatrie eingewiesen. Malcolm verbrachte einige Zeit bei einer Pflegefamilie. Der sehr gute Schüler brach seine Schulausbildung ab, ging über Boston nach New York, wo er in die Kriminalität abrutschte. Während einer 7-jährigen Haftstrafe wegen mehrerer Einbrüche und Diebstahl begann Malcolm – auch unter dem Einfluss seines Bruders – sich mit der Nation of Islam (NOI) und den Lehren ihres Führers Elijah Muhammad zu beschäftigen. Als Malcolm das Gefängnis verließ, war er ein glühender Anhänger von Muhammad und legte auch seinen „Sklaven"-Familiennamen Little ab. Das X als neuer Name sollte seinen verlorenen Stammesnamen verdeutlichen. Zum Zerwürfnis mit der NOI, für die er – sehr erfolgreich und charismatisch – als Sprecher arbeitete, kam es Anfang der 1960er Jahre. 1964 gründete Malcolm X eine eigene religiöse Organisation, die Muslim Mosque Inc. Im selben Jahr machte er die Pilgerreise nach Mekka, wodurch sich sein Denken grundlegend änderte. Die Trennung von der NOI und ihren Moralvorstellungen stellte sich jedoch als gefährlich für Malcolm X heraus. Das FBI fand heraus, dass die Organisation ihn ermorden wollte. Während einige Anschläge auf sein Leben und das seiner Familie fehlschlugen, wurde Malcolm X bei einem öffentlichen Auftritt am 21.2.1965 von drei Männern erschossen. Alle drei sollen Mitglieder der NOI gewesen sein und wurden wegen Mordes verurteilt.
Website: www.cmgww.com/historic/malcolm/home.php

S. 15

2 When and where: Match the sentence parts.
Tipp: Die Lösungen der *Ex. 2, 3* und *4* helfen später, *Ex. 4b)* zu lösen.
Die S notieren die zusammengehörenden Satzteile in ihrem Heft. Lassen Sie zur Kontrolle die vollständigen Sätze vorlesen.
Lösungen:
1 e **2** b **3** a **4** f **5** d **6** c

3 Pick the right answers.
Führen Sie diese Aufgabe zunächst mündlich durch. Die jeweilige Auswahlantwort lassen Sie die S durch Stellen aus dem Text belegen.
Besonders in lernschwächeren Klassen schreiben die S die Lösungssätze auf. So erweitern sie den Pool von Informationen, auf den sie für *Ex. 4b)* zurückgreifen können.
Lösungen:
1 b **2** b **3** a **4** c **5** c

4 Malcolm X's life.
a) Finish the sentences. Tell the class.
Die S äußern ihre Meinung mithilfe der beiden vorgegebenen Satzmuster und der Adjektive aus der grünen Box. Wieder notieren lernschwächere Klassen zwei Lösungssätze.

- **b) Write a summary of Malcolm X's life (about 50 words). Put your ideas together with these words:**

  Für die Lösung dieser Aufgabe können die S alle Lösungen der vorangegangenen Übungen heranziehen. Sie müssen eine Auswahl treffen und die Einzelsätze zu einem sinnvollen und persönlichen Text zusammenfassen. Ermutigen Sie die S zum Gebrauch der Konjunktionen im grünen Kasten. Der Text enthält dadurch komplexere Sätze (ein Auswertungskriterium bei Schreibaufgaben in Lernstandserhebungen und Zentralen Prüfungen). Besonders für lernschwächere S ist der Hinweis im Tippkasten auf SB-S. 15 hilfreich. Fordern Sie die S auf, eine Überschrift zu finden (Beispiel: *Malcolm X – A life for freedom*). Sie können auch anregen, die Biografie mit einem Foto zu illustrieren.

  Die Texte können – nach der Korrektur – ins Portfolio der S übernommen werden.
  Lösungsvorschlag:
  Malcolm X was born in 1931. When Malcolm was a child things were hard for him – his father died and he left school early. Black people had different rights from white people when Malcolm was young. Malcolm went to prison where he started to think about the rights of black people. He thought it was okay to use violence, but after a trip to Mekka in 1964 he didn't think so anymore. In his last years Malcolm wanted rights for everybody, but he couldn't fight for long. He got killed in 1965.

- ▶ W 5, 6–8

WORDPOWER

S. 16

WORTSCHATZ	meat • rapper • boyfriend • say/read/explain the dates to her
MEDIEN	vorbereitete Folie für *Ex. 1a)*, Leerfolie für *Ex. 4*

DIDAKTISCH-METHODISCHER HINWEIS
Die *Wordpower*-Seite greift den Wortschatz der Seiten 11–15 auf. Die S können die Wörter detektivisch auf diesen Seiten aufspüren. Ermutigen Sie v. a. lernstärkere S, diese Aufgaben ohne Nachschlagen zu bearbeiten und erst am Ende einer Übung zu kontrollieren.

1 Food
a) Make lists with the class. What are the words in the pictures?
Übernehmen Sie die Einteilung aus dem Buch in eine Tabelle an die Tafel oder bereiten Sie eine Folie vor. Die S tragen die auf SB-S. 12 gefundenen Wörter in die Tabelle ein.
Lösungsvorschlag:
Fruit and vegetables: lettuce, tomato
Meat and fish: ham, salmon, *chicken, beef,*
Other food: egg, brown bread, *cheese, salad, white bread, roll, pita, bagel, potato chips*

evtl. vorbereitete Folie

b) Write the lists in your exercise book and put in more words.
Die folgende Übung soll keine reine Abschreibübung sein. Fordern Sie die S auf, sich die Wörter auf der Folie oder an der Tafel gut einzuprägen und klappen Sie die Tafel zu bzw. schalten Sie den Tageslichtprojektor aus. Die S tragen die Listen in ihr Heft ein und ergänzen sie individuell. Im Anschluss erfolgt eine Kontrolle und evtl. Ergänzung mithilfe der Folie oder des Tafelanschriebs.

c) What did you have for breakfast and lunch yesterday? Tell the class.
Mithilfe der *Wordbank 1* auf SB-S. 126 bereiten die S diese mündliche Aufgabe vor. Nachdem die S sich paarweise ausgetauscht haben, stellen Einzelne ihre Sätze der Klasse vor.

Transfer
Wordbank 1

Ermuntern Sie lernstärkere S, ihre Aussagen zu erweitern, indem sie hinzufügen, ob sie die genannten Lebensmittel mögen / besonders mögen / nicht sehr mögen / oft essen / ... In diesem Fall können Stichpunkte festgehalten werden.

DIDAKTISCH-METHODISCHER HINWEIS

Achten Sie bei **Schülervorträgen** darauf, möglichst viele Zuhörerinnen und Zuhörer einzubinden, indem Sie Hör- und andere Aufgaben verteilen, die die Aufmerksamkeit des Publikums erfordern. So können Mitschülerinnen und Mitschüler z.B. Fehler festhalten, auf die Zeit achten, den Inhalt oder die Darbietungsform beurteilen oder andere Kriterien einschätzen, die zuvor festgelegt wurden.

2 Money
a) What's the right word?
Lösungen:
1 dollar   2 pocket money   3 cents

b) WORD LINK Which verb can't you use?
Mit jeder möglichen Wortgruppe können die S einen Satz bilden.
Lösung: kill

Transfer
c) AND YOU? Talk to a partner.
Die S führen eine Mini-Befragung durch und sprechen anschließend über die Ergebnisse. Entweder sitzen sie dafür in 3er- oder 4er-Gruppen zusammen und befragen sich gegenseitig, oder sie laufen umher und finden drei bis vier Gesprächspartner/innen. Zuerst legt jede/r S eine Tabelle an:

Name	How often do you get pocket money?	What do you do with your pocket money?
Peter	often	buy CDs, clothes
Sandra	every Sunday	

L *Make a grid and ask two people questions. Walk through the class and interview three people.* (Oder: *Sit together in groups of three and ask each other.*)

Anschließend präsentieren einzelne S ihr Ergebnis mündlich:

L *Sandra, tell us what you found out about your class mates.*
S *I asked two people. Peter often gets pocket money. He buys CDs and new clothes.*

3 The story of Lil' Kim
Finish the story with the words and phrases from the box.
Zum Umgang mit dem Lückentext siehe den didaktisch-methodischen Hinweis unten. Ermutigen Sie die S, die Lücken ohne Verstehenshilfe von SB-S.14 und 15 auszufüllen.
Lösungen:
was born – violence – fought – killed – lost – went to prison – freedom

DIDAKTISCH-METHODISCHER HINWEIS

Geben Sie Ihren Schülerinnen und Schülern einen Tipp für den erfolgreichen **Umgang mit einem Lückentext**: Sie sollen zunächst den ganzen Text zu erfassen versuchen und erschließen, worum es geht. So können sie schon einzelne Stellen erkennen, in die ein bestimmtes Wort gesetzt werden muss, und die Auswahl grenzt sich ein. Anschließend sollen sie die einzusetzenden Wörter lesen. Weisen Sie die S darauf hin, dass der Satz nicht mit der Lücke endet, sondern weitergelesen werden muss. So erhält der Satz Sinn und die Lücke erschließt sich evtl. von allein.

4 WORD SEARCH The time and date
a) Write these times and dates in numbers.
Den ersten Teil dieser Übung können Sie im Plenum und ohne Vorübung durchführen. Einzelne S kommen nach vorn und schreiben die Lösung verdeckt an die Tafel (oder vorab auf eine Folie). Im Anschluss wird die Lösung von der ganzen Klasse zum Vergleich herangezogen.

Tafelanschrieb oder Folie

Lösungen:
1 1890   2 18.30   3 21.2.   4 1965   5 2001

b) Write five dates or times. Say them to your partner – but don't show them! Your partner writes them. Are they right?

Partnerarbeit. Ermuntern Sie die S zuerst, den Tipp zu nutzen. Jede/r der beiden schreibt fünf Daten bzw. Zeiten auf, ohne dass die/der andere sie sieht. Nun werden sie vorgelesen und die Partnerin / der Partner schreibt sie als Zahlen auf. Dann wird gewechselt. Anschließend vergleichen die S ihre notierten Zahlen.

▶ W 6, 9–11

REVISION

S.17

WORTSCHATZ   opposite (n.) • travel (n.)
MEDIEN   Leerfolie, DIN-A3-Blätter, Wörterbücher

1 What are they like?
a) Write the opposites.
Die S übertragen die Tabelle in ihr Heft und ergänzen die fehlenden Adjektive. Fragen Sie die S, ob sie weitere *opposites* kennen. Als Anregung können Sie auf die Adjektive im Reservoir zu *ex.* 1b) verweisen.
Lösungen:
2 exciting   **3** cheap   **4** dirty   **5** quiet   **6** dangerous

b) Look at the photos. Talk about the girls.
Die S betrachten beide Fotos still und bilden zunächst einen passenden Satz. Ermutigen Sie Ihre S, über die vorgegebenen Wörter hinauszugehen und in einem weiteren Satz eine Vermutung oder weiterführende Beschreibung zu formulieren. In lernschwächeren Klassen kann ein Beispiel im Plenum erarbeitet werden, das zur Vorlage dient. Für die Auswertung bietet sich gegenseitiges Vorstellen der Ergebnisse an, wobei einige ausgewählte Beispiele vor allen präsentiert werden.

Transfer

AND YOU? What's your area like?
Use words in a). What are you …
Die S entwerfen eine kleine Tabelle, in der sie Adjektive sammeln, mit denen sie ihre Gegend sowie sich selbst beschreiben können (s. Abbildung). Anschließend führen die S ein kurzes Partnergespräch, das Sie beispielhaft mit zwei S entwerfen: (Die Leitfragen können Sie an der Tafel oder auf Folie notieren.)

Leerfolie

L *Talk to your partner about your area. What's the same? What's different?*

Mögliche Schüleräußerungen:

S1 *Our area is boring.*
S1 *I think so too. / I don't think so. It's interesting.*
L *Are you and your partner the same or are you different?*
S1 *I think I'm shy.*
S2 *I'm not shy. I'm cool.*

2 Travel
a) Put the words from the green box in the network. Then find more words.

DIN-A4-Blätter, Wörterbücher

Die S übertragen das Assoziationsnetz auf ein leeres Blatt. In lernschwächeren Klassen ordnen sie die ersten Wörter gemeinsam zu. Wenn alle Wörter in das Netzwerk übertragen sind, suchen Sie gemeinsam mit den S weitere Möglichkeiten.
Lösungsvorschlag:
Siehe Abb. Netzwerk, nächste Seite oben.

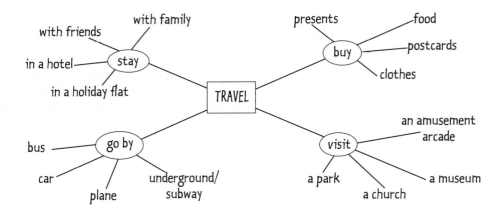

- **b) Write about a trip. Use words from a). It doesn't have to be true.**
  Mithilfe der vorgegebenen Satzanfänge und unter Verwendung der Wortgruppen aus a) schreiben die S einen kurzen Text.

  LANGUAGE AWARENESS

  Der in der Wortliste vorkommende *bus* ist kein Reisebus. Dieser wird als *coach* bezeichnet. Das ist zu beachten, je nachdem was für ein Reiseziel die S für ihren Text wählen.

Erweiterung Lernstärkere S bauen den Text aus, indem sie jeweils noch einen Satz ergänzen. Dabei können auch Adjektive einfließen.

L *Finish the sentences in b). Try to write a new sentence with one more detail for each sentence in the book.*

Lösungsbeipiel:
We travelled to Italy. That was really great. We went by car. That was so boring. We stayed in a holiday flat. My sister and I shared a room. I visited a museum. I think that was interesting. I bought some postcards. But I had no time to send them.

3 SAY IT IN GERMAN
Tell your partner about the advert in German.
Die S lesen den Tipp und Sie leiten daraus die Aufgabenstellung ab:

L *Read the advert and find out what it is about, where it takes place and when. Tell your partner.*

Nach dem Lesen tauschen sich die S mit ihrer Partnerin / ihrem Partner über die wichtigsten Informationen aus.

S *I think the advert is about flying over New York. You can do it on …*

Schreiben Sie *What?, Where?, When?* an die Tafel und ergänzen Sie später die Antworten der S.
Lösungsbeipiel:
What? – *helicopter flight service / flight over New York*
Where? – *Downtown Manhattan Heliport, Pier 6, East River or West 30th Street heliport*
When? – *Monday to Saturday, 9.00 a.m. to 6.30 p.m. or Sunday 11.00 a.m. to 6.00 p.m.*

▶ W 7, 12–14
▶ W CD-ROM

SKILLS TRAINING

S.18/19

WORTSCHATZ	S.18: **appointment** card • **mall** • **concert** • **dentist** • **any**
	S.19: **When should I ... ?** • **movie** • popcorn
SPRECHABSICHT	S.18: über Daten und Uhrzeiten sprechen: *Your appointment is on the 15th at 3.30 p.m.*
	S.19: Jemanden einladen: *I'm having a party. Do you want to come?*
MEDIEN	S.18: CD, CD-Spieler
	S.19: Leerfolie, CD, CD-Spieler, Dialogtext auf Folie, Kopien der Rollenspielkarten in halber Klassenstärke, Kopien der *role-play cards* von KV 37 in halber Klassenstärke, Folien und Kopien von KV 6, Tageslichtprojektor

LISTENING Dates, times and places

1 Three dialogues
a) Look at the adverts, notes and cards. What are they?
Die S betrachten die Abbildungen genau (Grobverständnis) und ordnen sie jeweils einer Kategorie zu.
Lösungen:
1 Adverts for *shops /the Manhattan Mall*
2 Notes about *a concert*
3 Appointment cards for the *dentist*

b) What's the American English word for *shopping centre*? Put it in your list.
Die S finden das Wort *mall* und nehmen es in ihre Liste amerikanischer Begriffe auf (s. HRU-S. 21).
Lösung: *(shopping) mall*

c) Now listen to the three dialogues. Pick A, B or C.
Die S sind nun bereit für eine Detailverstehensübung und hören die Texte. Machen Sie sie vor dem Abspielen der Dialoge auf den Tipp aufmerksam, damit sie wissen, worauf sie besonders achten müssen. Nach einmaligem Hören notieren die S ihre Antworten im Heft. Lernschwächere S können eine kleine Tabelle anlegen, in die sie *date, time* und *place* für jeden Text eintragen.
Lösungen:
1 B 2 A 3 C

Tapescript
Dialogue 1

WOMAN	Good morning, The Manhattan Mall, Corinne speaking. How can I help you?
TYRELL's MOM	Er ... Hi there. Can you tell me your opening hours, please?
WOMAN	We're open every Monday through Saturday, from 9 a.m. through 9 p.m.
TYRELL's MOM	Saturday, ... 9 a.m. through 9 p.m. And Sunday?
WOMAN	On Sunday we open at 10 a.m. and we close at 7 p.m.
TYRELL's MOM	Sunday, 10 a.m. ... 7 p.m. Thanks for your help.
WOMAN	You're welcome. Thank you for calling. Have a nice day!

Dialogue 2

JUSTIN	Hi Tyrell. I have the dates for the Jay-Z concerts.
TYRELL	Hey, good news. When are they?
JUSTIN	They're on June 20th and June 21st.
TYRELL	June 20th and June 21st ... OK, where's he playing?
JUSTIN	At Madison Square Garden. The concert starts at 8 p.m.
TYRELL	OK. How much are the tickets?
JUSTIN	That's the bad news, man. $90!!
TYRELL	What?! $90? I have to ask Mom for more money!

Dialogue 3

MOM	Tyrell, remember you have to go to the dentist tomorrow.
TYRELL	Tomorrow? Are you sure?
MOM	Yes, I've just found the appointment card, honey. Your appointment's on Tuesday the 14th at 4.30 p.m. That's tomorrow.

TYRELL	OK ... What time did you say again?
MOM	4.30 p.m. You can get the subway there after school.
TYRELL	Yeah, OK.

d) Compare your answers with a partner. Then listen again and check.

Die S vergleichen zunächst ihre Antworten mit einer Partnerin / einem Partner. Spielen Sie dann die Dialoge ein weiteres Mal vor, damit die S ihre Antworten überprüfen können.

2 Put in *to/at/in/on*. You can listen to the dialogues again and check.

Lösungen:
1 ... *at* 10 a.m.
2 ... *in* June.
3 ... *on* June 20th/21st.
4 *At* Madison Square Garden.
5 ... *to* the dentist.
6 ... *on* Tuesday.

LANGUAGE AWARENESS

Beachte: *At Madison Square Garden* (Mehrzweckarena), aber *in a garden*.

Transfer

3 AND YOU? Do you have any plans, appointments or invitations?

Geben Sie den S etwas Zeit zu überlegen. Lernlangsamere Gruppen oder S können sich ihre Aussagen kurz notieren und einprägen. Ermutigen Sie die S, weitestgehend frei vorzutragen.

▶ W 8, 15

S.19

SPEAKING   Invitations

Einstieg
Leerfolie

Um die S an das Thema heranzuführen, lassen Sie sie zunächst frei zu dem Stichwort *free time activities with friends* assoziieren. Bereiten Sie die Tafel oder eine Folie vor und erfragen Sie neben den gemeinsamen Unternehmungen auch andere Informationen. Ein/e leistungsstarker / leistungsstarke S kann die Antworten festhalten.

L *What free time activities can you do with your friends? (play computer games, meet outside, go shopping, go dancing) What do you need for the activity? (my computer, my new game) How do you invite your friends? (by sending a short text message, by mailing)*

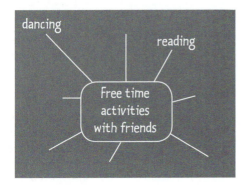

Leiten Sie nun zum Hörtext über.

L *Brianna wants to invite some friends. Let's listen to her plans.*

 ### 1 Brianna's invitation
- What is Brianna doing on Saturday evening?
- What time should Tyrell be there?
- What can Tyrell bring?

Tafelanschrieb oder vorbereitete Folie

Schreiben Sie die drei Fragen an die Tafel oder präsentieren Sie sie auf einer Folie. Lassen Sie die S dann den Dialog bei geschlossenen Büchern hören. Anschließend werden die Fragen beantwortet. Geben Sie noch keine Rückmeldung, ob die Antworten richtig sind, sondern schreiben Sie die Schülerantworten hinter die Fragen. Bei großen Unklarheiten kann der Text noch einmal gehört werden. Nun lesen die S den Text im SB und prüfen die Antworten.

Lösungen:
– *She's having a party.*   – *About 7 o'clock.*   – *He can bring some CDs.*

Tipp: Sie können den Dialog zusätzlich mit verteilten Rollen lesen lassen. Das ist eine Vorentlastung für die folgende Aufgabe.

2 Tyrell's invitation
a) Finish the dialogue.

vorbereitete Folie

Die S hören den Dialog und lesen währenddessen im SB mit. Anschließend halten Sie den Dialogtext auf einer Folie bereit, in deren Lücken die fehlenden Wörter eingetragen werden können. Der Blick nach vorn auf die Projektionsfläche hilft den S, die Lösungen aus dem Gedächtnis zu finden. Regen Sie sie dabei an, möglichst nicht auf den Beipieldialog in *Ex. 1* zu sehen, oder lassen Sie das SB sogar schließen. Nach einem zweiten Hören (mit geöffneten Büchern) kann korrigiert werden.

Den vollständigen Dialog in ihr Heft zu übertragen, ist die Hausaufgabe. Weisen Sie lernlangsamere S darauf hin, dass sie den Text von *Ex. 1* zu Hilfe nehmen können.

Tapescript

TYRELL	Do you have any plans for Saturday night?
JUSTIN	No, not really.
TYRELL	I'm having a movie night. Do you want to come?
JUSTIN	That sounds great, thanks. When should I be there?
TYRELL	About 7 o'clock. There'll be some pizza and salad.
JUSTIN	That sounds good. Can I bring anything?
TYRELL	Yeah, can you bring some CDs? Your music is better than my music.
JUSTIN	OK. Thanks for the invitation. See you then.

b) Read the dialogue in a) with a partner.

Die S lesen nun den kompletten Dialog mit einer Partnerin / einem Partner zweimal. Regen Sie lernstärkere S dazu an, den unvollständigen Dialog im SB zu benutzen. Jede/r S übernimmt einmal die Rolle von Tyrell, einmal die von Justin.

DIDAKTISCH-METHODISCHER HINWEIS

Defective dialogues eignen sich gut, um Redemittel zu schulen und mit der gesamten Klasse zu memorisieren. Schreiben Sie für jeden einzelnen Sprechakt des Dialogs (hier: Justin und Tyrell) einen *prompt* auf eine Karte. Dabei ist eine Steigerung des Schwierigkeitsgrades von Lückensätzen (wie im Schülerbuch) bis hin zu einzelnen Stichwörtern möglich. Auf Ihren stummen Impuls hin vervollständigen die Schülerinnen und Schüler die Sätze und sprechen im Chor. In mehreren Durchgängen reduzieren Sie die Vorgaben bis hin zu einzelnen Wörtern, die der Klasse genügen, den Dialog zu rekonstruieren. Im Kontext des Dialogs gelingt es den Schülerinnen und Schülern, die Redemittel gezielt anzuwenden und zu festigen.

3 ROLE PLAY
Partner A: Invite partner B to a party. Look at your card on page 94.
Partner B: Look at your card on page 94.

Bei dieser *information gap-activity* geht es um eine Einladung zu einer Party. Der Schwierigkeitsgrad ist (noch) sehr niedrig; die S müssen lediglich abwechselnd und lebendig ihre Sätze vorlesen. In einem zweiten Durchgang werden die Rollen getauscht.

Hinweis: Achten Sie bei der Durchführung des Rollenspiels darauf, dass die Gesprächspartner die jeweils andere Rollenkarte nicht sehen. Empfehlenswert ist es hierfür, die SB-Seite 94 zu kopieren und zu zerschneiden. Im Laufe eines Schuljahres kann aus den Angeboten des SB und der HRU eine kleine Rollenspielbibliothek erwachsen, die Sie sammeln und auch zum selbstständigen Üben zur Verfügung stellen können.

Kopien vom SB in halber Klassenstärke

Erweiterung

Kopien von KV in halber Klassenstärke

Die Kopiervorlage 37 macht ein zusätzliches Angebot für das Miteinander-Sprechen. Die schon aus den Vorgänger-Bänden der HRU sowie dem SB bekannten Rollenspielkarten werden ausgeschnitten und anschließend in Partnerarbeit eingesetzt.

Kopiervorlage 37

> **DIDAKTISCH-METHODISCHER HINWEIS**
>
> Mithilfe von *role-play cards* wird das dialogische Sprechen trainiert. Abgesehen davon, dass lernlangsamere Schülerinnen und Schüler größere Sprechsicherheit gewinnen, ist das Aufgabenformat Rollenspiel inzwischen ein Bestandteil vieler mündlicher Prüfungen, sodass der souveräne Umgang damit von großer Bedeutung für die Lerner ist.
> Die HRU machen in Units 1 und 2 ein solches, das SB ergänzende, *speaking*-Angebot. Wie bei den Rollenspielen im SB werden die Anforderungen an die Schülerinnen und Schüler behutsam gesteigert und die sprachlichen Hilfen schrittweise zurückgenommen.

4 INTERPRETING You and your brother are at a cafe. ...

Diese Übung ist vor allem für lernstärkere Klassen geeignet. Das Dolmetschen aus dem Deutschen ins Englische und umgekehrt stellt, insbesondere durch den schnellen Perspektivenwechsel, eine hohe Anforderung dar. Erläutern Sie das Vorgehen mithilfe eines Beispieldialogs, der vor der gesamten Klasse demonstriert wird.

Folie von KV, Kopien von KV

In lernschwächeren Gruppen stellen Sie die KV 6 zur Verfügung, die Sie als Folie präsentieren. Wenn Sie jeder S / jedem S eine Kopie geben, können sie die Übersetzung in das Schema eintragen. Ergänzen Sie die fehlenden Informationen in den Sprechblasen (s. Abbildung). Besprechen Sie dabei die einzelnen Teilschritte mit den S.

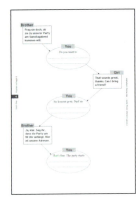

Kopiervorlage 6

L *Look at the dialogue. Who is speaking first? (The brother.) In what language? (In German.) Who is next? ("You".) What does "You" need to do? ("You" needs to translate.)*

Weisen Sie die S auf jene Worte hin, die beim Übersetzen einen Perspektivwechsel erfahren und markieren Sie sie. Wenn der SB-Dialog in das Schema übertragen ist, erkennen die S, dass lediglich drei Aussagen übersetzt werden müssen, zwei davon vom Englischen ins Deutsche.
Erst nach der Übersetzung kann der Dialog gelesen werden.

Erweiterung

Zur weiteren Übung können Teile des Dialogs auf der Folie ersetzt werden. Die S müssen flexibel auf diese Änderungen reagieren. Einige Beispiele:
– unsere Party → meine Geburtstagsparty
– Samstag Abend → Sonntag Nachmittag
– *friend Sofia* → *brother John*
– ...

▶ W 8, 16–17
▶ W CD-ROM

SKILLS TRAINING

S. 20/21

WORTSCHATZ	S. 20: **join** • *sweet* • **disco** • *over* • **everyone** S. 21: **wedding** • house (music) • **techno** • **copy** (v.) • **RSVP** • by October 15th • **message**
SPRECHABSICHT	Eine Einladung annehmen oder ablehnen: *That sounds great, thanks. / I'm afraid I can't come.*
MEDIEN	Internetzugang, farbiges DIN-A4-Papier

READING Party invitations

Auch auf dieser Seite handelt es sich um Einladungen, diesmal jedoch in schriftlicher Form. Sie sind einmal formell als Brief und einmal formlos als E-Mail gestaltet.

1 Read the invitations, Tyrell's letter and his e-mail.
– Why are these two birthdays special?

– **What does "RSVP" mean, do you think? Pick the right answer.**
Die S lesen die beiden vorentlastenden Fragestellungen und suchen in den Einladungen anschließend nach den jeweils entsprechenden Informationen *(Scanning)*. Dieses erste Lesen ist gezielt darauf gerichtet, den Texten nur partiell Informationen zu entnehmen.
Lösungsvorschlag/Lösung:
– *Destiny and Diego are 16. Maybe that's a special birthday.*
– b) Please tell me/us if you can come.

CULTURAL AWARENESS

Anders als in Deutschland ist der 16. Geburtstag für die amerikanischen Teenager ein besonderes Ereignis. In einigen Bundesstaaten dürfen sie in diesem Alter ihren Führerschein machen und sie erreichen die Ehemündigkeit: wichtige Stationen auf dem Weg ins Erwachsenenleben. Es gibt eine ganze Industrie, die diese Feiern bedient: spezielle Kleidung, Einladungskarten, Partyvorschläge und -organisation, Dekoration u. v. m.
Die Abkürzung *RVSP* wird im Englischen üblicherweise unter Einladungen gesetzt. Sie stammt aus dem Französischen und lautet in voller Ausschreibung: *répondez s'il vous plaît*. Destinys Eltern haben die Einladungen zu dieser Feier verschickt, somit sollten auch die Antworten an sie gerichtet werden. Anders als bei uns ist es in den USA durchaus üblich, dass Eltern derart formelle Einladungen für Feiern ihrer Kinder verschicken.

Bevor die S zum Detailleseverständnis übergehen, fordern Sie sie auf, die neuen Vokabeln aus dem Textzusammenhang zu erschließen. Schreiben Sie die neuen Vokabeln an die Tafel *(join us, sweet sixteen, dinner and disco, come on over)* und lassen Sie sich von den S, ggf. auch auf Deutsch, erklären, was bestimmte Redewendungen und Sätze bedeuten.

2 True, false or not in the text?
Read the texts again. Write *true* or *false*. If you can't find the information, write *not in the text*.
Das zweite Lesen dient dem Detailverstehen. Fordern Sie die S dazu auf, zuerst die einzelnen Aussagen unter *Ex. 2* zu lesen und während des Lesens gezielt im Text auf diese Informationen zu achten. Bei der Auswertung lassen Sie von den S die beiden falschen Aussagen durch Textstellen belegen und richtigstellen.
Lösungen:
1 true
2 not in the text
3 false (Destiny's party is at Daleesha's Restaurant.)
4 true
5 true
6 not in the text
7 true
8 false (He can't go to Destiny's party, because it's his grandma's 60th birthday.)

3 Parties in the USA and Germany
Ask and answer the questions with a partner.
Die S schreiben zuerst vier eigene Antworten auf. Danach befragen sie sich paarweise gegenseitig.

L *Ask your partner these four questions. Find out if you agree or not.*

Im Anschluss an den Dialog befragen Sie eine/n S stellvertretend und halten das Stimmungsbild der Klasse danach an der Tafel fest.

L *Anna, are 16th birthdays special in Germany?*
S *No, they aren't.*
L *Who agrees with Anna? Who doesn't? – Why do you think they are special, Denis? etc.*

WRITING Party invitations

Transfer

1 AND YOU? Imagine you can have a big party and money isn't important. Make notes about these things:

Tafelanschrieb

Anstatt der vorgegebenen Form zu folgen, können die S ihre Notizen netzförmig anordnen. Zeichnen Sie dazu die Vorlage für eine *mindmap* an die Tafel, die jede/r S selbstständig ausfüllt. Die *ideas* in der nebenstehenden *word box* sind eine erste Grundlage für die persönlichen Einladungen der S.

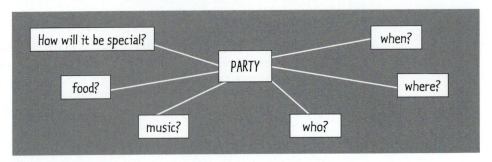

2 Copy and write this invitation. Or make your own special invitation.

farbige DIN-A4-Blätter

Stellen Sie den S farbige DIN-A4-Blätter zur Verfügung. Die S können die Vorlage aus dem SB abschreiben oder ihre Einladung ganz frei gestalten. Regen Sie sie an, mit dem PC zu arbeiten, wobei diese Arbeit ggf. zu organisieren ist (Computer-Raum). Als sprachliche Grundlage verwenden die S ihre Notizen von *Ex. 1*.

Internetzugang

Erweiterung

Geben Sie ihnen den Tipp, dass sie ihre Einladung im Format verändern und z.B. als Faltblatt gestalten können. Bei dieser Aufgabe bietet es sich nicht nur an, andere Medien zu benutzen (s. Tipp), sondern die gestalterische Arbeit auf den Kunstunterricht auszudehnen. Dazu sind vorherige Absprachen nötig.

Tipp: Sollte das Ergebnis als gelungene Arbeit Eingang in das Portfolio der S finden, muss während *Ex. 2* darauf geachtet werden, dass die Einladung unbeschadet zur Besitzerin / zum Besitzer zurückfindet.

DIDAKTISCH-METHODISCHER HINWEIS

Paar- und Gruppenbildung *(forming groups)*: Um Partner- und Gruppenarbeit abwechslungsreich zu gestalten und den S auch Gelegenheit zu neuen Sprechkontakten zu geben, sind einige Ordnungsideen nützlich, mit deren Hilfe sich ungewohnte Paar- oder Gruppenkonstellationen arrangieren und begründen lassen. Ganz nebenbei bieten solche Sortierungsvorgänge kleine Sprechanlässe und lockern das Unterrichtsgeschehen auf. Die Gruppenbildung kann per Zufallsprinzip ermittelt oder bewusst gesteuert werden. Wann welche Form sinnvoll ist, hängt von der Situation der Klasse und vom erstrebten Ergebnis der Gruppenarbeit ab. Wenn Sie aus pädagogischen Gründen eine bestimmte Zusammensetzung wünschen, sollten Sie im Voraus eine namentliche Zusammenstellung vornehmen. Sie können auch steuern, indem Sie Arbeitsaufträge oder Themen bekannt machen und die S sich für ein bestimmtes Vorhaben entscheiden.

Bildung von Zufallsgruppen:
• Kartenspiel oder Memory-Kärtchen: Die Gruppen bilden sich nach Farben und Motiven. Die Kärtchen können dabei auch thematischen Bezug haben (z.B.: vier Kärtchen zeigen Manhattan, vier Brooklyn).
• Abzählen: Sie S zählen im Zahlenrhythmus der Gruppenzahl (bei vier Gruppen also 1, 2, 3, 4).
• Postkarten-Puzzle: So viele Postkarten wie Gruppen werden so zerschnitten, dass jedes Gruppenmitglied ein Puzzle-Teil erhält. Die Teile werden gemischt, jeder S zieht eines und sucht seine Puzzle-Partner. Auch hier ist ein thematischer Bezug zum Unterricht möglich.
• Aufstellen der S nach Größe, Alter, Hausnummer, Geburtsmonat etc.: Stellen Sie den S hierfür geeignete Redemittel zur Verfügung, damit sie sich auf Englisch informieren können. (z.B.: *When is your birthday? – In January. – Then you come first.*) Die so erhaltene Ordnung kann nun durch einfaches Abzählen (1, 2, ...) in Paare oder Gruppen eingeteilt werden.

3 Your answer
a) Give your invitation to a partner. Read your partner's invitation.
Es bietet sich an, diese Übung nicht mit der/dem unmittelbaren Banknachbarin/-nachbarn durchzuführen. Die Zuordnung sollte jedoch unbedingt von L gesteuert werden. Fordern Sie zwei S dazu auf, ihre Einladungen auszutauschen und zu lesen.

b) Answer your partner's invitation. Give your answer to your partner.
Die Einladungen werden nun beantwortet. Der Antwortbrief und die Antwortmail von S. 20 dienen den S als Unterstützung.

▶ W 9, 18–19
▶ W CD-ROM

LOOK AT LANGUAGE

S. 22/23

WORTSCHATZ	S. 22: *way of life* • *I **love** living here.* • *win a lottery* • ***mom** (AE)* • *What **would** you like/miss?*
STRUKTUR	Steigerung der Adjektive: *to have more freedom, to be happier, the hardest thing*

DIDAKTISCH-METHODISCHER HINWEIS
Ziel der *Look at language*-Doppelseiten ist es, die Aufmerksamkeit der S auf den Gebrauch und die Bildung der sprachlichen Formen zu lenken, die eine Unit strukturell tragen (in Unit 1: Adjektive und ihre Steigerung). Im Sinne des funktionalen, mitteilungsbezogenen Ansatzes von *New Highlight* ist dabei die eigenaktive Beteiligung der S an der Bewusstmachung von Sprache wichtig. Das Reflektieren über Sprache ist effizienter als das isolierte Erlernen von Formen und Regeln. Der *Look at language*-Abschnitt geht deshalb von einem konkreten Kontext aus, isoliert schrittweise das grammatische Phänomen und beteiligt danach die S mithilfe eines *Checkpoint*-Kastens am Finden eines Merksatzes, der altersgerecht formuliert wird. Der Abschnitt „Nach dieser Unit kann ich …" stellt auch die in der Unit präsentierten Redemittel noch einmal zusammen und zeigt den S die kommunikative Relevanz des Erarbeiteten.

THE AMERICAN DREAM?

Einstieg
Die beiden Texte handeln von Kindern aus Immigrantenfamilien. Knüpfen Sie an das Wissen der S über New York an. Schreiben Sie an die Tafel: *Little Italy – Chinatown – Lower East Side*. Lassen Sie die S benennen, was diese Viertel gemeinsam haben und was „Immigranten" sind. Fordern Sie die S auf, sich in die Lage der Kinder von Einwanderern zu versetzen und deren Gefühle und Probleme zu antizipieren.

L *You know the names of these neighbourhoods. What is special about them?*
S *They are immigrant neighbourhoods.*
L *What is an immigrant? / What does it mean to be an immigrant?*
S *They come from another country. / They were not born in the country that they live in.*
L *How about the children of immigrants? Can you imagine what they feel like? What kind of problems do you think they might have? / …*
S *Sometimes they were born in a different place. / Maybe they like it in the new country because they find friends. / They have a better life now. / Maybe they feel bad because they don't speak the language and don't find any friends. / …*

Tafelanschrieb
In lernschwächeren Klassen bietet es sich an, die Wortbeiträge an der Tafel festzuhalten. Sie können später bei der Erarbeitung der *Ex. 2* genutzt werden.

Leiten Sie nun zum SB über.

L *Immigrants have lots of different ideas about their new home country. But are they always happy? Lanh and Maria are from immigrant families. Let's read about how they feel in the USA.*

1 Read the article and answer the questions. What problems did Lanh and Maria have? Are they happy in the USA? Why or why not?

Die S lesen beide Artikel still und machen sich Notizen zu den Fragestellungen (s. Lösungsvorschlag).
In lernlangsameren Klassen können Sie die Klasse in zwei Gruppen teilen und jeweils einen Artikel lesen lassen. Während der Auswertung werden die Informationen vervollständigt und die relevanten Textstellen gemeinsam laut gelesen.
Lösungsvorschlag:
Problems? – Lanh: *learning the language, different way of life (food – lots of meat)*
– Maria: *was too old when she arrived, doesn't like New York*
Happy in the USA? – Lanh: *yes (very international, more freedom for teenagers)*
– Maria: *no, not really (too busy and too much traffic, people think you're stupid, parents are unhappy)*

Transfer

2 AND YOU?
Would you like to live in the USA or another country?
What would you like there? What would you miss?

Diese Aufgabe richtet sich vornehmlich an lernstärkere S. Geben Sie den S genug Zeit, auf Grundlage des zuvor erarbeiteten Tafelbildes eigene Gedanken zu entwickeln und diese in Sätzen zu formulieren. Bei Schwierigkeiten bieten Sie Ihre Hilfe an.
Wenn Sie die Übung auch mit lernschwächeren S bearbeiten wollen, sollte das vorhandene Tafelbild stärker herangezogen werden. Erarbeiten Sie gemeinsam einige zusätzliche, beispielhafte Antworten auf die in *Ex. 2* gestellten Fragen und lassen Sie die S auswählen, welche Sätze sie abschreiben wollen.
Für beide Lernergruppen sollte die Auswertung nun mündlich erfolgen. Während lernschwächere S ihre Notizen ablesen dürfen, sollten lernstärkere S versuchen, ihre Meinung ohne Hilfe wiederzugeben. Ziel der Auswertung ist, möglichst viele S ihre Meinungen zu den oben gestellten Fragen austauschen zu lassen. Wählen Sie hierzu eine schüleraktivierende Unterrichtsform, wie „Marktplatz" oder „Lawinendiskussion" (s. did.-method. Hinweis).
Fassen Sie im Anschluss an die Auswertung einige S-Äußerungen zusammen und halten Sie evtl. neue Aussagen an der Tafel fest. In lernschwächeren Gruppen können diese Sätze noch abgeschrieben werden.

DIDAKTISCH-METHODISCHER HINWEIS

Um die Schülerinnen und Schüler zum freien Sprechen anzuregen, eignen sich aktivierende, **kooperative Interaktionsformen**, die den S mehrere Sprechgelegenheiten bieten. Während einer *milling around activity* bewegen sich die S frei im Klassenraum. Je nach Aufgabenstellung begeben sie sich wieder an ihren Platz, sobald sie die relevanten Informationen erfragt haben. Im Plenum werden die gesammelten Erkenntnisse ausgewertet.
Die Auswertung eines Ergebnisses in einer *pyramid discussion* (auch Pyramiden- oder Lawinendiskussion) verläuft in mehreren Phasen: In Einzelarbeit widmen sich die Schülerinnen und Schüler der Lösung einer Aufgabe (hier: Fragen zu *Ex. 2*). Dieses Ergebnis diskutieren sie anschließend mit ihrer Partnerin / ihrem Partner. Dabei werten die Partner ihre Antworten gemeinsam aus und wählen je nach Aufgabenstellung den besseren Lösungsvorschlag (hier: Sie vergleichen ihre Meinungen zum Leben in einem anderen Land, einigen sich entweder auf die besser formulierte von zwei gleichen Meinungen oder fassen zwei verschiedene Meinungen zusammen). Danach treffen zwei Paare aufeinander, die nun zu viert ihre Ergebnisse diskutieren. Maximal acht Partner können so miteinander sprechen. Durch die häufige Umwälzung ähnlichen Sprachmaterials eignet sich diese Diskussionsform zur Übung und Festigung sowie zur Steigerung der Schüleraktivität.

3 WORD SEARCH
a) Find these words on this page.
Die S schreiben die Sätze in ihr Heft und vervollständigen sie.
Lösungen:
1 easier   2 healthier   3 harder

b) Now find these.
Lösungen:
1 the *hardest* thing   2 the *coolest* restaurant   3 *biggest* dream

S. 23

4 WORD SEARCH
a) Find these words on page 12.
Auch diese Übung wird schriftlich gelöst. Um allzu langes Abschreiben zu vermeiden, ist auch das Notieren von Wortgruppen ausreichend.
Tipp: Übertragen Sie die Ergebnisse aus a) und b) zusätzlich in eine einfache Tabelle an der Tafel, nachdem die S die Ordnungskriterien herausgefunden haben. Die Regel wird so leicht ersichtlich.
Lösungen:
1 be *more careful*   2 New York is *more exciting*.   3 *more expensive* bread

b) Now find these on pages 14 and 15.
Lösungen:
1 *most terrible*   2 *most popular*   3 *most important*

5 OVER TO YOU! Finish the checkpoint.
Mithilfe der Vorgaben im *Checkpoint*-Kasten finden die S die Merksätze selbst.
Tipp: Schieben Sie bei lernschwächeren S als Vorbereitung für das Ausfüllen der *Checkpoint*-Box eine mündliche Arbeitsphase ein und ziehen Sie die Ergebnisse der Übungen 3 und 4 heran (siehe auch die Tabelle zu *Ex. 3*). Fragen Sie, was den S bewusst geworden ist. Sammeln Sie die Ergebnisse des *Checkpoints* an der Stelle, die Sie mit der Lerngruppe/der Jahrgangsstufe/der Fachkonferenz vereinbart haben (Kartei/Mappe/Extraheft/…).

▶ W 10–11

NACH DIESER UNIT KANN ICH …
Die S decken die rechte Spalte mit den Beispielsätzen ab und versuchen allein oder zu zweit, zu den aufgelisteten Sprechabsichten geeignete Äußerungen zu formulieren. Wenn sich Defizite zeigen, bieten folgende Stellen im SB geeignete Hilfsangebote: der *Summary*-Abschnitt auf SB-S. 136, die *Extra practice*-Seiten auf den SB-S. 97 ff. sowie die *Test yourself*-Seite im Workbook. Außerdem können ausgewählte Übungen des *Look at language*- und des *Skills Training* wiederholt werden.
Hinweis: Unter www.new-highlight.de können die S weitere Übungen finden.

▶ W 12 (Test yourself)
▶ W CD-ROM

EXTRA PRACTICE

S. 97–99

WORTSCHATZ	S. 97: design (v.) • all the time • pop
	S. 98: comparison • joke (n.) • World Trade Center • skyscraper • I flew • hole
	S. 99: background • foreground
MEDIEN	Lösungsblätter, Abb. einer New Yorker Sehenswürdigkeit auf Folie (nicht Times Square!), DIN-A5-Karton in Klassenstärke

REVISION simple present

Es ist hilfreich, vor dem Bearbeiten bzw. beim Lösen der Übungen die jeweiligen *Summary*-Seiten (SB-S. 132 und 136) zu konsultieren.

Lösungsblätter Zur Selbstkontrolle können Sie Lösungsblätter an verschiedenen Stellen im Klassenzimmer deponieren.
Die Wiederholungsübungen auf dieser Seite betreffen das *simple present* in Aussage, Frage und Verneinung.

1 Famous New Yorkers
Put in the verbs.
Dies ist eine Zuordnungsübung mit Verben in der 3. Person Singular.
Lösungen:

1 works   3 designs   5 plays
2 makes   4 sings and writes

2 Jazmin's day
a) Write Tyrell's mum's questions for Jazmin.
In den Fragesätzen sind die Personen gemischt. Die Sätze 4 und 6 stehen in der 3. Person Singular.
Lösungen:

1 When *do you go* to school?   4 When *does your mom come* home?
2 When *do your parents start* work?   5 What *do you do* after school?
3 When *do you have* lunch at school? 6 *Does your dad work* late?

b) Tyrell is telling a friend about Jazmin. Finish his sentences.
Hier wechseln Aussage und Verneinung. Weisen Sie die S auf den Tipp hin.
Lösungen:
lives – play – don't have – listen to – doesn't like – loves – knows – wants

Transfer
3 Your day
Bei dieser Transferübung werden zusätzlich Adverbien der Häufigkeit und ihre Stellung im Satz wiederholt.
a) Write five sentences about your day.
Mithilfe der vorgegebenen Satzbausteine bilden die S fünf Sätze über ihren Tagesablauf.

b) Now use your own ideas. Write 5–10 more sentences about your day.
Leistungsstärkere S schreiben ohne Vorlage fünf bis zehn weitere Sätze über ihren Tag.
Lernschwächeren S geben Sie den Tipp, in *Ex. 2* weitere Anregungen zu finden.
Lösungsbeispiel:
I live in the country. Every morning I take the bus to go to school. I have a little sister who comes with me. After school I usually take her home too. I always play a lot with her and help her with her homework. But sometimes I play football with my friends. (…)

S. 98

Comparisons

Diese Seite und die Übungen 7 und 8 von S. 96 widmen sich den Adjektiven und ihren Steigerungsformen.

4 Match the sentences.
Lösungen:
1 e   2 d   3 a   4 c   5 b

5 Travel
a) Travel in New York: Compare the New York subway and taxis. Pick words from the box.
Die S treffen fünf Aussagen zu den Verkehrsmitteln Taxi und U-Bahn und schreiben die Sätze auf. Zur Auswertung können sie die Sätze abwechselnd, wie in einem Streitgespräch, vortragen.
Lösungsvorschläge:
1 The subway is *cheaper* than taxis.
2 It's *faster* than taxis.
3 It's *more dangerous than taxis.*
4 Taxis are *nicer* than the subway.
5 They're *more expensive* than the subway.
6 They're *safer than the subway.*

b) Travel in your area: Write three sentences in your exercise book.
Die S orientieren sich an a) und bilden drei Sätze.
Lösungsbeipiel:
In my area you can go *by bus. Busses are cheaper* than *taxis. But they're not so fast.*

6 Finish the text about the World Trade Center.
Die S setzen die Superlativ-Form der Adjektive ein und entscheiden, ob "the" notwendig ist.
Lösungen:
the highest   the most terrible and saddest   the busiest
the most famous   the biggest   the most exciting
most expensive

Hinweis: Der Turm in der Mitte der Aufnahme stellt den geplanten *Freedom Tower* dar. Weitere Informationen, auch zum zum WTC, finden Sie in der Info-Box in diesen HRU auf S. 31.

S. 99

7 Work with a partner. What's wrong with these sentences? Write new sentences.
Partnerarbeit. Jede/r der beiden S liest sich den Text zunächst selbst durch. Anschließend gehen sie Satz für Satz vor und finden gemeinsam das jeweils richtige Adjektiv. Den Satz schreiben die S dann in ihre Hefte.
Lösungen:
Eat at Sam's. It's the *cleanest* deli in the city!
Our sandwiches are *better* than the sandwiches in the other delis!
We have the *lowest* prices in NYC!
We have the *greatest* cooks in the neighborhood!

8 An advert for your school deli
a) Work with a partner. Look at exercise 7 again and write an advert for your deli. Write about:
Am Beispiel des (korrigierten) Plakats von *Ex. 7* und unter Zuhilfenahme der untenstehenden Wörter entwerfen die S eine eigene Version.

b) Compare your advert with other pupils. Who has the best advert?
Die S einigen sich auf einen Klassensieger bzw. auf die besten drei Plakate. Effektiv ist es hierfür, eine *pyramid discussion* durchzuführen (s. did.-method.Hinweis auf HRU-S. 50).

TEST PRACTICE

> **DIDAKTISCH-METHODISCHER HINWEIS**
>
> Die *Test Practice*-Abschnitte orientieren sich an den gängigen Aufgabenformaten der Abschlussprüfungen. Da die Exercises aus diesem Grund von allen S zu bewältigen sind, wurden Sie nicht – mit dem ansonsten angemessenen – Kennzeichen für schwierige Übungen versehen. Diese Übungsabschnitte können Sie nach eigenem Gutdünken einsetzen: für die gemeinsame Vorbereitung im Unterricht oder zur individuellen häuslichen Vorbereitung einzelner S oder S-Gruppen.

selbst hergestellte Folie

9 A New York postcard

In lernschwächeren Klassen entlasten Sie die Aufgabe zuerst folgendermaßen: Stellen Sie von einer Abbildung einer New Yorker Sehenswürdigkeit (Central Park oder Statue of Liberty) eine Folie her, auf deren unteres Drittel Sie die Satzmuster von Aufgabe 9 schreiben. Lassen Sie die S zur Abbildung auf der Folie Aussagen machen, bei denen Sie den vorgegebenen Satzmustern folgen.

Leiten Sie nun zum SB über.

a) Talk about the picture with a partner. What can you see? What's the place like?

Die S haben die Satzmuster im Tippkasten unmittelbar vor Augen und nutzen sie als Leitfaden. Sie machen sich einige Notizen über Beobachtungen auf der Postkarte. Dann tragen sie abwechselnd einer Partnerin / einem Partner ihren Text vor. Regen Sie die S dazu an, sich im Anschluss an beide Beschreibungen eine Einschätzung über den Inhalt und die Art des Sprechens zu geben.

Transfer

b) AND YOU? Compare your own town or village with New York. Which is busier / nicer / …?

Die S schreiben diese Aufgabe in ihr Heft. Es sollten mindestens fünf Sätze sein. Die schriftliche Vorarbeit ermöglicht es ihnen, ihre Gedanken im Anschluss mündlich zu präsentieren.

10 You want to send a postcard to an English friend from New York. Write the postcard (40–50 words). Write:

DIN-A5-Karton

Die S erhalten DIN-A5-Pappen, deren Vorderseite sie selbst gestalten können (mit einem Foto oder einer Zeichnung einer New Yorker Sehenswürdigkeit oder Straßenszene). Die Rückseite wird aufgeteilt für die Adresse (etwa ein Drittel) und den Text. Ein Beispiel für den Aufbau einer englischen Adresse geben Sie an der Tafel (s. Abbildung). Die S setzen den Namen von „einer englischen Freundin / einem englischen Freund" voran. Die Anschrift können sie übernehmen oder abwandeln.

Den Text sollten die S zuerst in ihr Heft schreiben. Nachdem Sie ihn korrigiert haben, schreiben die S ihn auf ihre Postkarte. Diese kann dann für das Portfolio verwendet werden.

Unit 2
Life in LA

Themen — Das vielfältige Los Angeles mit seinen Sehenswürdigkeiten (Venice, Hollywood, Disneyland etc.), Freizeitangeboten *(surfing, the beach, boardwalk culture)* und Problemfeldern *(homeless people, smog)* – Medien (Film, Fernsehen, Jugendzeitschriften, Computer, Telefon) – Telefongespräche führen – Druck von Eltern in Bezug auf beruflichen Erfolg – Modeln

Los Angeles mit seinem vielfältigen Freizeitangebot und Hollywood als Filmzentrum ist Schauplatz der zweiten Unit. Das Mädchen Caitlin und ihr Vater sind die Protagonisten. Caitlins Vater möchte, dass Caitlin eine erfolgreiche Fernsehkarriere macht und außerdem als Model arbeitet. Es wird deutlich, dass Caitlin diese Ambitionen nicht im gleichen Maße teilt. Sie beneidet die Surfer, die ihre Zeit in den Wellen des Pazifiks verbringen können.

Das übergeordnete Thema der Geschichte, Medien, wird im Rahmen der Unit vertieft. Zum einen sollen die S mithilfe einer Meinungsbefragung in der Klasse ihr eigenes Medienverhalten überprüfen, zum anderen werden Telefongespräche geübt und eine Jugendzeitschrift vorgestellt, für die Artikel zum Thema Fernsehkonsum und Leserbriefe zu Disneyland verfasst werden.

Kommunikative Sprechabsichten

Fotos beschreiben	*People are riding their bikes. / He looks cold.*
Inhalte wiedergeben	*A is about dancing.*
Umfrageergebnisse vorstellen	*In the survey we found out that …*
Über Mediengewohnheiten sprechen	*I watch about one hour of TV every day.*
Personen und Dinge näher beschreiben	*The man who asked the questions wasn't nice.*
Telefonate führen	*Hi. Can I speak to Josh please? / Can I take a message?*
Die eigene Meinung zum Thema „Fernsehen" äußern	*All in all I think TV is OK.*
Argumente und Gegenargumente darlegen	*On the one hand, …* *On the other hand, …*
Erzählen, was in der Vergangenheit gerade im Gange war *(in progress)*	*Caitlin was looking at the invitation.*

Sprachliche Mittel/ Strukturen

Sprachliche Strukturen, die von den S angewendet werden sollen:

Die -*ing*-Form der Gegenwart *(present progressive)* und der Vergangenheit *(past progressive)*: Die S kennen das *present progressive* bereits aus Band 3 (Unit 1). Sie wiederholen es in dieser Unit als eine Zeitform, die zur Beschreibung von Bildern verwendet wird, also auch zur Beschreibung von Handlungen, die zum Zeitpunkt des Sprechens geschehen.

Das *past progressive* wird verwendet, um mitzuteilen, dass eine Handlung zu einem bestimmten Zeitpunkt in der Vergangenheit im Verlauf *(in progress)* war. Die Verneinung des *past progressive* ist kein Bestandteil der Unit.

Sprachliche Mittel, die von den S verstanden werden sollen:

Die S finden im Rahmen des *Wordpower*-Abschnitts (SB-S. 30) selbstständig heraus, wie die Relativpronomen *who* und *that* verwendet werden. Das Relativpronomen *which* wird bewusst ausgeklammert. Die S sollen erkennen, dass Relativsätze sich auf vorausgehende Personen oder Dinge beziehen, wobei man im Falle von Personen *who* verwendet, im Fall von Dingen *that*.

Kompetenzerwerb	1. Hören	4. Schreiben
	– Gehörtes und Gesehenes einander zuordnen	– Ein argumentatives Essay *(for/against-article)* verfassen
	– Gehörten Texten inhaltliche Informationen entnehmen	– Eine Anzeige und eine E-Mail verfassen
	– Telefongespräche inhaltlich erfassen	5. Sprachlernkompetenzen
	2. Sprechen	– Wörter zu den Wortfeldern *media, TV shows* und *films* mithilfe eines *network* sammeln und speichern
	– Bei der Präsentation der Ergebnisse einer Medienumfrage das monologische Sprechen üben	– Die Funktion der Zeitform *past progressive* in einem Merksatz zusammenfassen
	– Dialogisches Sprechen im Rahmen der Situation *Asking for information about media*, eines fiktiven Dialogs zwischen Caitlin und ihrem Vater und im Rahmen eines Telefongesprächs	6. Medienkompetenz
		– Informationen aus einer Internet-Jugendzeitschrift entnehmen
	– Vom Deutschen ins Englische dolmetschen und vom Englischen ins Deutsche übersetzen.	– Ein Telefongespräch führen
		7. Interkulturelle Kompetenzen
	3. Lesen	– Eine E-Mail an einen amerikanischen Freund schreiben und über den Urlaub in LA berichten
	– Die Lesetechnik *reading for gist* (ganzheitliches Lesen) und *reading for detail* (intensives Lesen) anwenden	

LEAD-IN

S. 24/25

WORTSCHATZ	S. 24: **surfer** • **stall**
	S. 25: **boardwalk** • *smog* • **homeless**
SPRECHABSICHT	Fotos beschreiben: *People are riding their bikes. / He looks cold.*
MEDIEN	L: Kopiervorlage 7 als Klassensatz und Folie kopiert, CD und CD-Spieler
	S: Fotomaterial zu LA aus dem Internet oder aus Reisekatalogen

Hinweis: Die Doppelseite führt mithilfe des Fotomaterials und der kurzen Hörtexte in das Thema der Unit ein. Die Bilder weisen auf verschiedene Aspekte des Lebens in LA hin, die durch die Hörtexte vertieft und näher erläutert werden. Im Mittelpunkt der nachfolgenden methodischen Anregungen stehen folglich das Seh- und Hörerlebnis sowie das mündliche Arbeiten.

Einstieg

Kopien von KV
KV auf Folie

Kopiervorlage 7 gibt Begriffe vor, von denen nur einige einen Bezug zu Los Angeles haben. Es gilt die richtigen Begriffe zu finden. Kopieren Sie die Vorlage als Arbeitsblatt für alle S. Fertigen Sie außerdem eine Folie für den Tageslichtprojektor an, mit deren Hilfe die Lösungen im Anschluss an die Übung verglichen werden können.

Aktivieren Sie zunächst das evtl. vorhandene Vorwissen der S zum Thema Los Angeles durch ein gelenktes Brainstorming. Die S sollen dazu auf der Kopiervorlage die Begriffe einkreisen, die ihrer Meinung nach etwas mit LA zu tun haben. Wenn die S alle richtigen Wörter gefunden haben, sollen sie diese Buchstaben sortieren und zu einem Lösungswort zusammensetzen. (Vier Buchstaben sind schon

Kopiervorlage 7

vorgegeben.) Die Aktivität kann in Partnerarbeit durchgeführt werden. Beim anschließenden Vergleich der Lösungen im Plenum können die S noch weitere Assoziationen zu LA äußern, falsch eingekreiste Begriffe werden korrigiert und erklärt. Das Lösungswort lautet *Golden State*, die Einzellösungen *beaches, lots of traffic, surfing and swimming, Pacific Ocean, sunshine, west coast, woodfires, many famous people, smog, big city* und *Hollywood*. (Da das Wort *surfen* oder *Surfer* deutschen S bekannt ist, bedarf es hierzu keiner weiteren Vokabelerklärung).

L *Do you know what LA stands for? ... Right! It stands for Los Angeles! Take a look at this paper: Some of these words have something to do with Los Angeles, others don't. Find the correct words and use the underlined letters to write a word about California!*

INFO-BOX

Surfen ist die kalifornische Nationalsportart. Die sehr strandreiche Küstenlinie von LA County ist 115 km lang, sie verläuft von Long Beach im Süden bis Malibu im Norden. Einer der bekanntesten Strände ist *Surfrider Beach* in Malibu, wegen seiner für Surfer idealen Wellen.

Venice wurde 1905 als Urlaubsort an der pazifischen Küste gegründet. Die ersten Gebäude wurden im neo-klassischen Stil gebaut, es gab mehrere Kilometer künstlicher Kanäle, die mit frischem Seewasser gefüllt waren. Dies gab der Stadt ihren Namen „*Venice of America*". Inzwischen sind die meisten Kanäle zugeschüttet und mussten Straßen weichen. Die größte Attraktion ist der Strand mit der berühmten Skating-Strecke und der Straße dahinter, dem **Boardwalk**, mit all den kleinen Strandläden und Marktbuden *(stalls)*. Diese Straße ist die Bühne für unzählige Artisten, Künstler, Musiker usw.

Busy LA roads: Es gibt kaum öffentlichen Nahverkehr; das Auto ist das Verkehrsmittel der Wahl. Es gibt zehn- und zwölfspurige Autobahnen und bis zu vierstöckige Kreuzungen. Allerdings ist das Verkehrssystem an seine Grenzen gelangt: Die manchmal ganztägige Rush Hour auf den Freeways und nicht endender Stop-and-go-Verkehr zehren an den Nerven der Pendler. Platz für noch mehr Straßen und Spuren gibt es allerdings kaum noch, und bereits existierende Pläne für doppelstöckige Straßenführungen wurden nach den spektakulären Freeway-Einstürzen beim letzten Erdbeben 1993 wieder fallengelassen.

Shopping in Santa Monica: Santa Monica Place ist ein großes Einkaufszentrum in Santa Monica. Es liegt an der berühmten *Third Street Promenade*, einer großen und sehr schönen Einkaufsmeile. Auf seinen drei Stockwerken beherbergt es 120 Läden. Seit seiner Eröffnung 1980 und trotz mehrerer Umbaumaßnahmen hat es nie wirtschaftlichen Gewinn gebracht. Deswegen gibt es Bestrebungen, alle Läden außer dem großen Kaufhaus *Macy's* zu schließen, das Dach zu öffnen und hochwertige Restaurants mit Blick auf den Pazifik einzurichten.

Hollywood: Hollywood ist das Synonym für die amerikanische Filmindustrie, die „Traumfabrik". Begründet wurde der Mythos 1913/14 von Cecil B. DeMille mit dem ersten dort gedrehten Spielfilm „*The Squaw Man*". Bald folgten weitere Filmemacher, die Bedingungen waren ideal: ein sonniges Klima, das Meer, die Wüste und die Berge als ideale Drehorte in der Nachbarschaft. Bis Anfang der 1930er Jahre war Hollywood das Zentrum der amerikanischen Filmindustrie. Danach zogen die großen Filmstudios an andere Orte. Heute liegt das wirkliche Hollywood in Culver City oder Burbank, wo die großen Filmstudios wie Warner Bros. und Walt Disney Company angesiedelt sind. Übrig geblieben ist der große HOLLYWOOD-Schriftzug, der ursprünglich „Hollywoodland" lautete, nach seiner Überholung 1949 aber gekürzt wurde. (Heute ist Hollywood ein Stadtteil von LA, der für seine präsente Gewalt, Prostitution und einen hohen Anteil an lateinamerikanischen Einwanderern bekannt ist. Ein weiterer Aspekt ist das Problem der *runaways*, damit sind Jugendliche aus den gesamten Staaten gemeint, die ihr Heim für den Traum vom Filmstar verlassen haben und fast zwangsläufig bei Drogenkonsum und Prostitution enden. Allerdings sind in den letzten Jahren von den Verantwortlichen wieder verstärkte Anstrengungen unternommen worden, das Leben in Hollywood sicherer und attraktiver zu machen.)

Homeless people: 2006 wurden im Großraum LA 82.291 obdachlose Menschen gezählt und damit zweimal so viele wie in New York. Davon sind ungefähr doppelt so viele Männer wie Frauen betroffen. Fast 20.000 Menschen leben mit ihren Familien auf der Straße. Die größte Gruppe der Obdachlosen sind Afroamerikaner. Viele Obdachlose zieht es wegen des angenehmen Klimas nach LA.

Smog: Die ungesunde Luft in LA musste in der Wissenschaft mit ihrem Namen für eine besondere Form des Smogs herhalten: dem *Los Angeles Smog*, auch Ozon-Smog genannt. Keine andere Stadt in den USA hat eine solch hohe Ozon- und Staubbelastung wie LA. Und das, obwohl die Umweltschutzauflagen für Betriebe so hoch sind, dass sie einer der drei meistgenannten Gründe für den Wegzug von

Firmen aus LA sind. Aber der Hauptverursacher ist der Verkehr, sodass eine Lösung des Problems nicht zu erwarten ist.
Disneyland, das von den Veranstaltern „*The happiest Place on Earth*" genannt wird, ist der berühmteste Vergnügungspark in den USA. Er liegt in Anaheim, mitten in Los Angeles. Die Mischung aus schnellen und langsamen Rides, Erlebnisfahrten, verschiedenen Showveranstaltungen, die Begegnung mit Walt Disneys Comicfiguren, die Straßenparaden und die liebevoll gestalteten Gebäude machen den Park so erlebenswert.

<u>Zusatzinfo zur Kopiervorlage 7</u>
Die **Golden Gate Bridge** wurde 1937 am Eingang zur San Francisco Bay eröffnet und steht damit nicht in LA. Sie ist eine der längsten Hängebrücken der Welt, zu ihrer Zeit war sie ein technisches Wunderwerk und hielt über viele Jahre mehrere Rekorde, u. a. längste Brücke der Welt, die höchsten Pfeiler, die längsten und dicksten Kabelstränge. Das **Empire State Building** ist seit dem 11.09.2001 wieder das höchste Gebäude <u>New Yorks</u>. Es wurde 1931 fertiggestellt. Heute ist die Aussichtsplattform in 320 m Höhe eine beliebte Touristenattraktion, die an klaren Tagen eine Sicht bis in 130 km Entfernung bietet. (Siehe auch HRU-S. 26)

Leiten Sie wie folgt zum SB sowie zur ersten Höraufgabe über:

L *Let's look at some other scenes in LA. They are in your book on page 24 and 25.*

Einführung neuer Lexik

Die S haben jetzt die Gelegenheit, einige Begriffe oder Abbildungen mit den Wörtern der Kopiervorlage in Verbindung zu bringen. Geben Sie ihnen ausreichend Zeit zum Betrachten und sammeln Sie evtl. weitere Reaktionen. Erklären Sie die Vokabeln *stall*, *boardwalk* und *homeless* mithilfe der Bilder und geben Sie dazu folgende weitere Erklärungen:

L *A <u>stall</u> is a small, open shop that people sell things from. A <u>boardwalk</u> is usually a track made of wooden boards, especially on a beach. It's a famous place in LA. You can see it in the picture. Someone who hasn't got a house or appartment (home) to live in is <u>homeless</u>.*
Erläutern Sie zum Wort *smog*, dass es sich aus *smoke* und *fog* zusammensetzt. Näheres zu in der Linguistik als *blend words* bekannten Wörtern im folgenden Kasten.

LANGUAGE AWARENESS

Blend words sind in der Linguistik Wörter, die sich aus den beiden Teilen zweier anderer Wörter zusammensetzen und eine eigene Bedeutung gewonnen haben. Häufig wird dazu der Anfang eines Wortes mit dem Ende eines anderen Wortes verschmolzen. Zu den auch im deutschen Sprachraum bekannten Beispielen zählen *brunch* (**br**eakfast + l**unch**), *motel* (**mot**or + h**otel**), *workaholic* (**work** + **alcoholic**), *emoticon* (**emot**ion + **icon**) und seit Kurzem *Brangelina* (**Br**ad Pitt + **Angelina** Jolie).

L *Now you'll get to know a girl who lives in LA. Her name is Caitlin and she will tell you something about her life in LA. Listen and find the five pictures on pages 24 and 25 she is talking about!*

1 My Los Angeles video diary
Listen to the video diary about LA. Which five pictures on page 24 and 25 is the teenager talking about?
Aufgrund der Länge des Hörtextes sollten sie ihn zweimal vorspielen. In lernlangsameren Klassen lassen Sie vor dem Hören mögliche Schlüsselwörter vermuten.
Lösungen: Siehe Tapescript.

Tapescript
Hi, I'm Caitlin. Welcome to my Los Angeles video diary. Today I'm going to tell you about my life in LA.

A What do I like about LA? Well, the beach, of course. We have great summers and it can get very hot. So kids here swim a lot and go surfing. The water is nice in the summer. I love surfing and I go to the beach when I have time. Isn't it nice? You can see my friends on the beach.

F LA is famous for lots of things – especially Hollywood. They still make lots of films and TV shows here in LA. That's my hobby by the way – movies, movie stars and TV too. I want to be an actor when I'm older. Sometimes I visit the old Hollywood studios like Warner Brothers, Paramount and lots of others. Here you can see the famous Hollywood sign. It's in Hollywood Hills.

I LA is also famous for Disneyland. It's over 50 years old. It's great and it isn't just for little kids. It's for everybody. Adults love Disneyland too. I go there every summer.
Look, it's busy, isn't it? But it's always busy.

B Another part of LA that I like is Venice. It's near my house, so I can walk there. It's cool – with lots of stalls. In my video diary you can see a stall for T-shirts. And there are stalls for CDs, sunglasses and food. There are tattoo places too. But you shouldn't go there at night. There are gangs and drugs.

H So you see, not everything is great in LA! We have problems here too. For example the smog. It's like a big, gray cloud over the city. It's from all the cars and things. It's terrible! Look, you can see it in the air over the city …

2 About the pictures
Listen. Look at the pictures. What's right: a), b) or c)?

Das zweite Hörverstehen bezieht sich auf die Bilder, die in Übung 1 nicht angesprochen wurden. Auch diese Hörverstehensübung wird zweimal vorgespielt. In lernlangsameren Klassen halten Sie die CD beim zweiten Vorspielen nach jeder Frage an, um den S Gelegenheit zu geben, das Gehörte mit den Fotos im SB abzugleichen und sich die richtige Antwort zu notieren.
Lösungen: Siehe Unterstreichungen im Tapescript.

Tapescript
1 Look at the picture of the boardwalk.
   a) <u>It's sunny.</u> b) It's cloudy. c) It's raining.

2 Look at the picture of LA roads.
   a) The roads are quiet. b) The shops are busy. c) <u>There are lots of cars on the roads.</u>

3 Look at the picture of Santa Monica.
   a) <u>People are shopping.</u> b) Children are playing. c) People are sitting in cafes.

4 Look at the picture of the homeless man.
   a) <u>He's asking for money.</u> b) He's buying something. c) He's reading a newspaper.

Transfer

3 AND YOU? Tell the class.
In dieser Übung bekommen die S die Möglichkeit, einen Bezug zu ihrer eigenen Lebenswirklichkeit herzustellen, indem sie ihren ersten persönlichen Eindruck verbalisieren. Zuerst werden einige Adjektive an der Tafel gesammelt, mit deren Hilfe die S ausdrücken können, wie ihnen LA gefällt (*great, boring, interesting, fantastic, super, a sad place, rich, busy*, etc.). Mit einem dieser Adjektive wird ein Beispiel erarbeitet (*I think that LA is …*), danach führen die S die Übung in Partnerarbeit durch (in lernstärkeren Klassen: Einzelarbeit).

▶ W 13, 1–2

Wordbank 2

4 Talk about a photo
Für diese Übung ist eine Vorbereitungszeit nötig, während der die S je ein Foto auswählen und stichpunktartig Antworten zu den Fragen für Partner A notieren. Die S finden in *Wordbank 2* auf SB-Seite 127 zu jedem Bild passenden Wortschatz. Danach arbeiten die S paarweise und nehmen abwechselnd die Rolle von Partner A oder B ein.
Weisen Sie die S darauf hin, dass sie nicht alle der vorgegebenen Fragen stellen müssen und sich auch selbst Fragen ausdenken können. Auch bei dieser Übung empfiehlt es sich, zunächst einen Probedurchlauf im Plenum durchzuführen, damit jeder S die Übung versteht und sich keine unnötigen sprachlichen Fehler einschleichen. Im Anschluss an die Partnerarbeit werden erneut einige Dialoge im Plenum vorgestellt.

Erweiterung	Nutzen Sie das geweckte Interesse der S an der für sie unbekannten Stadt und lassen Sie sie selbst auf die Suche nach schönen Motiven zu LA gehen und diese zu Beginn der nächsten Stunde präsentieren. Für dieses Vorgehen ist das Vorhandensein von Bild- oder Informationsmaterial über LA notwendig, das Sie und/oder die S im Vorfeld sammeln (z. B. in Reisebüros oder im Internet). Nachdem die S (einzelne S-Paare oder Kleingruppen) ein Bild gewählt haben, schreiben sie die Beschreibung und evtl. vorhandene Informationen zu einem Bild auf ein separates Blatt Papier. Dabei können sie sich an den Sätzen unter *Ex. 4*, SB-S. 25 orientieren. Die Bilder und Bildinformationen werden an der Tafel mit Magneten befestigt. Im Anschluss wird ein *guessing game* gespielt, bei dem die Beschreibung eines Bildes vorgelesen wird und die anderen S herausfinden müssen, um welches Bild es sich handelt. Ergänzende Leitfragen könnten sein: *What do I like about this sight in LA/ this place/ this view/ etc.? Where in LA is it? Is it a wellknown place that tourists often visit?*
Bildmaterial	

▶ W 13, 3

S. 26

WORTSCHATZ	highlight • twilight • get out
MEDIEN	*Dictionaries*

FREE TIME IN LA

1 Look at A, B and C. What are they about?

Nachdem die S durch die Hör- und Bildmaterialien der einführenden Doppelseite der Unit einen ersten Eindruck von LA gewonnen haben, rückt nun das Thema Medien in den Vordergrund, das die Story vorbereitet. Bei den Texten der SB-S. 26 handelt es sich um leicht veränderte, authentische Materialien, die relativ viele den S unbekannte Vokabeln enthalten. Im Sinne des extensiven Lesens sollen die S mithilfe der nachfolgenden Übung ihr Grobverständnis schulen und sich unbekannte Wörter z. B. durch den Kontext erschließen.

Lösungen: Siehe unten stehenden L-S-Dialog.

L *On page 26 you can see three different texts that deal with things you can do in your free time in LA. One text is about TV, one about outdoor activities and one about dancing. Take five minutes and read the three texts. Then tell me what they are about. You don't need to understand every single word!*

S *Text A is about TV.*

S *Text B is about dancing.*

S *Text C is about outdoor activities.*

L *Right! Do you have any idea where you could find texts like these?*

S *Is text A from a magazine?*

L *Yes, from a TV guide.*

S *Maybe text B and C are brochures.*

L *Yes, they could be posters or adverts in a newspaper.*

DIDAKTISCH-METHODISCHER HINWEIS

Erschließungstechniken von Texten: Die Schüler sind bereits mit einigen Erschließungstechniken für geschriebene Texte vertraut (z. B. Betrachten formaler Aspekte wie Textaufbau und Überschriften, Suchen nach Schlüsselstellen durch *skimming*, Einteilung des Textes in Abschnitte, Worterschließung durch den Kontext, *note making* bzw. Führen eines Lesetagebuches, die vier W-Fragen *Who?, When?, Where?* und *What?*). Um diese weiter zu fördern, sollte vor Beginn des Lesens der Texte geklärt werden, um was für eine Textsorte es sich handelt. Hinweise geben beispielsweise die Überschrift und bei den vorliegenden kurzen Texten auch deren Aufbau.

DIDAKTISCH-METHODISCHER HINWEIS

Extensives Lesen vs. intensives Lesen: Das extensive Lesen ist für den alltäglichen Gebrauch der englischen Fremdsprache im Ausland von elementarer Wichtigkeit und muss daher im Unterricht angebahnt werden. Die Lernenden sollen sich möglichst frühzeitig daran gewöhnen, Texte trotz individueller Lücken in den Bereichen Wortschatz oder Strukturen zu lesen und zu verstehen. Übertriebene Vorentlastung in der Wortschatzerklärung verhindert diesen extensiven Zugang häufig geradezu. Bei den S verfestigt sich dann der Eindruck, dass Texte nur wegen der Vokabeln und Strukturen gelesen werden bzw. dass es nicht möglich ist, Texte ohne die vollständige Kenntnis des vorliegenden Wortschatzes zu verstehen: Somit wird eine Schulung der Toleranzbreite an Nichtbekanntem verhindert.
Das extensive Lesen kann durch die bereits bekannten Techniken des *Skimming*, *Speed Reading* und *Scanning* (der Suche nach *key words*) geschult werden.
Beim intensiven Lesen geht es hingegen um eine möglichst genaue Informationsentnahme aus dem jeweiligen Text.

Intensives Lesen

2 What do we learn in the texts? Pick the right answers.
Diese Übung kann sowohl in Einzelarbeit als auch im Plenum durchgeführt werden.
Lösungen:
1 *There is sport on TV ...*   **b)** *in the afternoon.*
2 *If you want to go to* Twilight Dance *...* **b)** *you don't have to pay.*
3 *The magazine has information about ...* **c)** *things to do in LA.*

3 What is it in German?

Wörterbücher
Hier geht es um die Schulung der Worterschließung aus dem Kontext. Neben den in der Übung aufgezeigten Vokabeln können Sie nun auch auf die drei neuen aktiv zu beherrschenden Vokabeln aufmerksam machen. Lassen Sie die S zunächst die Übung in Partnerarbeit durchführen und vergleichen Sie die Antworten nach der Wörterbucharbeit in der Klasse.
Lösungen:
highlights   **b)** Höhepunkt
twilights   **a)** Abenddämmerung
Get out!   **c)** Geh raus!

Erweiterung
In lernstärkeren Klassen können Sie weitere Strategien zum Umgang mit unbekannten Vokabeln demonstrieren. (Hier wurden unbekannte Wörter von SB-S. 26 gewählt.) Die Vokabel *movies* (bekannt aus Unit 1) können Sie erklären, indem Sie den etymologischen Bezug erläutern *(movies is short for moving pictures)* und die S dann die Bedeutung „erraten" lassen. Weisen Sie die S darauf hin, dass es sich bei diesem Wort um amerikanisches Englisch handelt und dass dafür auch das englische Wort *film* synonym verwendet werden kann. Beim Wort *series* sollten Sie auf die Ähnlichkeit zum deutschen Wort hinweisen und zur Erklärung des Worts *wave* fertigen Sie eine kleine Zeichnung an der Tafel an. Sammeln Sie im Anschluss alle bisher bekannten Worterschließungsstrategien in einem Schaubild an der Tafel (siehe didaktisch-methodischen Hinweis oben) und geben Sie den S Zeit, andere Beispiele zu finden.
Tipp: Ergänzen sie diese Arbeit mit Kopiervorlage 17 in Unit 4, auf der später weitere Techniken gesammelt werden.

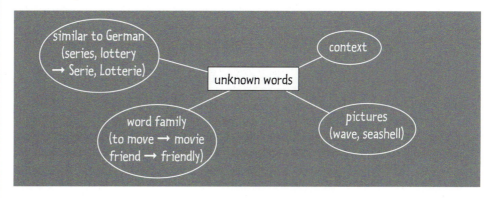

S. 27

WORTSCHATZ	media • less • kind: What kind of ...? • prefer • chat show • series comedy • romance • between
SPRECHABSICHT	Umfrageergebnisse vorstellen: *In the survey we found out that ...* Über Mediengewohnheiten sprechen: *I watch about one hour of TV every day.*
MEDIEN	L: große Papierbogen zur Postergestaltung S: Bilder von Lieblingsfilmen, Serien oder Computerspielen

PROJECT A media survey

TV, films and computers are very important today. Which are most important for young people? Do boys and girls like the same things? Do this survey and find out.

Alternativer Einstieg
Material von Lieblingssendungen

Zu Beginn können Sie die S auffordern, Bilder von ihren Lieblingsfilmen, Serien oder Computerspielen mitzubringen und diese dann den Klassenkameraden vorzustellen und an die Tafel zu heften. Die Bilder können für die spätere Postergestaltung verwendet werden (unten). Regen Sie die S außerdem dazu an, eine Woche lang ihr Fernsehverhalten tagebuchartig zu protokollieren. Beginn der gesehenen Sendung, Dauer, Titel sowie die Angabe, ob die S die Sendung sehen wollten oder durch zufälliges Hineinschalten darauf aufmerksam wurden, sollten notiert werden. Ziel dieses Projekts ist es, dass die S ihr eigenes Medienverhalten und das ihrer Mitschülerinnen und Mitschüler überprüfen und kritisch hinterfragen.

Einstieg

Erläutern Sie zunächst einige Vokabeln, die die S benötigen, um die Befragung durchzuführen. Schreiben Sie dazu *media* in die Mitte der Tafel, geben Sie je nach Lernstärke der Klasse ein bis zwei Beispiele vor und lassen Sie die S weitere Begriffe hinzufügen. Da die Begriffe *media* und „Medien" einander sehr ähneln, ist mit keinen weiteren Verständnisschwierigkeiten zu rechnen. Im Rahmen dieses Brainstormings können Sie auch die Vokabeln *comedy*, *romance* und *TV show* erläuternd einführen und dem Tafelbild hinzufügen. (*A comedy is a film that is funny; a romance is a film about love.*)

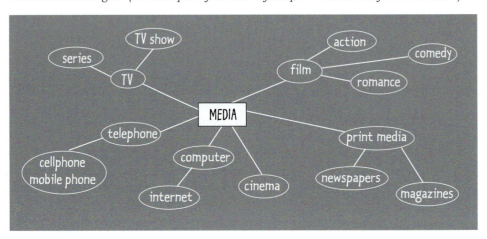

Möglicher Dialog zur weiteren Vokabelarbeit:

L *I like romance better than comedy. I prefer romance. S1, what do you prefer?*
S1 *I prefer comedy.*
L *Interesting. S2, I prefer newspapers to magazines. What do you prefer?*
S2 *I prefer magazines.*
L *S3, what kind of films do you prefer? Action, comedy or romance?*
S3 *I prefer action.*
L *Interesting. Can you ask someone else what kind of media he or she likes?*
S4 *S5, what kind of media do you like?*
S5 *I like the Internet.*

Tafelanschrieb

Lassen Sie das Wort *prefer* im Chor nachsprechen und schreiben Sie es dann zusammen mit *what kind of* an die Tafel. Da *what kind of* dem deutschen „welche Art von" im Gebrauch ähnelt, können die S sich die Bedeutung erschließen.

Fordern Sie die S jetzt auf, sich gegenseitig mithilfe der Fragen auf SB-S. 27 zu ihrem Medienverhalten zu befragen und die Ergebnisse im Übungsheft zu sammeln. Lassen Sie im Anschluss an Übung a) die Ergebnisse wie in b) aufgezeigt von einem lernstarken S an der Tafel sammeln. Es bietet sich an, die S das Tafelbild in das Übungsheft übertragen zu lassen, damit die Ergebnisse für die weiteren Übungen genutzt werden können. Für lernschwächere S kann es einfacher sein, die Präsentation zunächst zu verschriftlichen und dann die Ergebnisse dem Plenum zu präsentieren. Lernschnellere S können die Übungen d) und e) im Anschluss erledigen, bei denen sie über ihre eigenen Erfahrungen mit den Medien berichten bzw. die Ergebnisse der Umfrage gezielt auf die Frage des Unterschieds zwischen Mädchen und Jungen zusammenfassen müssen. Bei der Präsentation der Ergebnisse sollte darauf geachtet werden, dass sie von mehr als einer/em S vorgenommen wird.

Erweiterung
Poster-Material

Die S schreiben die korrigierten Texte nochmals ab. Mit korrigierten Texten und mitgebrachten Bildern gestalten die S in Gruppenarbeit Poster mit der Überschrift *Media survey class X*, die im Klassenzimmer ausgehängt werden können. Zudem eignen sich die Texte für die Gestaltung der individuellen Portfolios.

Transfer

d) Look at the questions in the survey and write about you and the media.
Individuelle Lösungen. Lösungsbeispiel:
I watch about one hour of TV every day. I don't have a TV in my room. I prefer series and watch one or two films every week. I go to the cinema every week and prefer action films. I have my own computer and use it every day. I use/surf the Internet every day.

e) Write a report about the survey in your class (50–70 words).
Individuelle Lösungen. Lösungsbeispiel:
We asked 25 pupils. We think that boys and girls are very similar. Boys and girls both watch one to two hours of TV every day and have a TV in their room. Boys and girls watch one or two films every week but girls prefer talk shows and boys prefer sports. Most boys and girls have their own computer and use it every day. (64 Wörter)

▶ W 14, 4–6

STORY

S. 28/29

WORTSCHATZ	S. 28: **lucky** thing! • he **was** waiting • **freeway** • **remember** • **role** • it **could** be • **career** (in TV) • **audition** • **studio** • it had **sent** • **surfboard** • **jog** • **grass** • **wait in line** *(AE)* • (for) a **long** time • **director** • **photo shoot** S. 29: **wave** • **wetsuit** • **(surfing) gear** • **surf** • **photographer** • **make-up artist** • **take photos** • **turn to the left** • **on the beach** • **model** • a job **like** that
MEDIEN	L: Folie von KV 8 oben, Tageslichtprojektor, CD, CD-Spieler

DIDAKTISCH-METHODISCHER HINWEIS

Zum Umgang mit Storys: Die Story stellt den Höhepunkt der Unit dar und eignet sich gut zur Schulung des Hörverstehens. Sie sollten sie daher zunächst in auditiver Form präsentieren. Beim Umgang mit narrativen Texten bietet sich häufig der Dreischritt von *pre-reading*, *while-reading* und *post-reading activities* an. Der erste Schritt, das *pre-reading*, dient dem Aufbau der Lesemotivation und der Aktivierung von Vorwissen, so z. B. durch Betrachtung der Überschrift(en) oder der Bebilderung der Story. Beim zweiten Schritt (*while-reading*) sollen die S bestimmte Leseaufträge bearbeiten. Die *post-reading activity* schafft schließlich idealerweise einen weiterführenden Ausblick über den konkreten Text der Story hinaus, z. B. durch einen Transfer der vorliegenden Story zur Lebenswelt der S.

1 Look at the pictures. Try to answer the questions.
a) Where do you think the story is happening?
b) Do you think that all the teenagers in the photos are friends?

c) Who would you like to be, the girl in the first picture or one of the teenagers in the second picture?

Mithilfe dieser *pre-reading-activity* werden die S zum Inhalt der Geschichte hingeführt und motiviert, sich näher mit ihr auseinanderzusetzen. Die S betrachten die Bilder auf SB-S. 28 und 29 und halten ihre ersten Eindrücke zu den Fragen schriftlich fest, sodass nach dem ersten Hören der Geschichte noch einmal auf die anfangs geäußerten Vermutungen eingegangen werden kann.

Lösungsbeispiele:
a) *I think the story is happening in LA because there is a city, a beach with surfers and the boardwalk.*
b) *No, I don't think they are friends because they look very different. The girl is wearing very nice clothes and the others are wearing wetsuits and look as if they like sports.*
c) *I think I would like to be friends with the teenagers in the second picture.*

Nutzen Sie die Bilder außerdem zur Einführung einiger neuer Vokabeln.

L *This picture was taken some time ago. This is Caitlin's father and he was waiting at the car, after that they drove* (mimen Sie dazu eine Lenkradbewegung) *along a road. In the USA big roads where traffic can travel fast are called freeways. In Germany they're called ... right,* Autobahnen.

Einführung neuer Lexik

Weitere Vokabeln werden nach dem ersten Hören geklärt, damit die Vielzahl neuer Vokabeln zu Beginn die S nicht demotiviert. Nutzen Sie die Chance zur Festigung von Erschließungsstrategien, die in *Ex. 3* auf SB-S. 26 geübt wurden: *Career, studio, surfboard, tacos* und *grass* können sich die S durch die Nähe zum Deutschen und dem Kontext selbst erschließen. Bei *lucky* ist es wichtig, den Unterschied zu *happy* deutlich hervorzuheben, und bei *director* sollten Sie die S darauf hinweisen, dass es sich hier um einen *false friend* handelt und nicht der Schuldirektor, sondern ein Regisseur gemeint ist. Weisen Sie *diner* und *stand in line* als amerikanische Begriffe aus und lassen Sie beide Begriffe in die *AE/BE*-Liste der S aufnehmen, ergänzt durch die britischen Entsprechungen *restaurant* und *to queue*. (Alternativ können Sie umgekehrt vorgehen und die amerikanischen Begriffe im Text suchen lassen.) Die Bedeutung von *photo shoot* kann phantomimisch dargestellt werden. *Role* und *audition* können Sie mit einem Beispielsatz erklären. (L: *If you want a part in a film, a role, than you need to go to an audition and perform sth. so that the director can decide if you should get the role or not ...*) Es empfiehlt sich auch in höheren Klassen, die neuen Vokabeln noch im Chor nachsprechen zu lassen.

> **LANGUAGE AWARENESS**
>
> *False friends* sind Wortpaare, die sich in zwei Sprachen orthografisch oder phonetisch ähneln, aber eine unterschiedliche Bedeutung haben. Die Wörter sind entweder ursprungsverwandt und haben sich dann in ihrer Bedeutung unterschiedlich entwickelt oder ähneln sich rein zufällig. Zu den bekanntesten Wortpaaren im Englischen und Deutschen, auf die Sie die S im Unterricht hinweisen sollten, zählen die Folgenden: *become* ≠ bekommen (Bedeutung: u. a. werden), *brave* ≠ brav (Bedeutung: mutig), *gift* ≠ Gift (Bedeutung: Geschenk), *gymnasium* ≠ Gymnasium (Bedeutung: Sporthalle), *sensible* ≠ sensibel (Bedeutung: vernünftig), *will* ≠ wollen (Bedeutung: werden) etc.

Spielen Sie jetzt bei geschlossenen Büchern den gesamten ersten Teil des Textes von SB-Seite 28 vor und überprüfen Sie das Grobverständnis der S, indem Sie nach der Richtigkeit der vorab gestellten Vermutungen fragen.

L *Close your books and listen to the story. Find out if you guessed right about it.*

Folie von KV

Vor dem zweiten Hördurchgang, den die S lesend im SB mitverfolgen, zeigen Sie eine Folie von KV 8 oben und präsentieren den S die folgenden drei Kurzzusammenfassungen der Zeilen 1–12 und der Zeilen 13–23.
Nach dem Hören/Lesen sollen die S die richtige Zusammenfassung benennen. Für den dritten Abschnitt finden sie schließlich selbst einen geeigneten Satz, der das Gehörte zusammenfasst und der auf die Folie geschrieben wird.

Lösungen und Lösungsvorschlag:
lines 1 to 12:
a) Caitlin's father, Richard, wants her to go to the audition in Hollywood but she's feeling nervous. They get to Hollywood by car.
lines 13 to 23:
b) The two friends, Lee and Nina, cycle with their surfboards on their bikes on the boardwalk. They sit in the grass where homeless people sleep and eat their tacos.
lines 24 to 30:
Caitlin's dad is waiting for her after the audition. They have to hurry to a photo shoot. Caitlin didn't like the audition and doesn't want to go to the photo shoot. She needs a break.

Kopiervorlage 8

Weiterarbeit

Vor der Begegnung mit dem zweiten Teil des Textes schließen die S ihre Bücher und hören die folgenden drei Sätze aus der Story. Lassen Sie die S dann Spekulationen anstellen, wie die Geschichte weitergehen könnte:

L *Close your books again and listen to the following three sentences. They are from the story. Can you guess what will happen next?*
 – *Lee and Nina were in the sea on their surfboards.*
 – *Nina saw a girl who was standing on the beach in nice clothes.*
 – *There were other people around her – a photographer and a make-up artist.*
S *Nina, Lee and Caitlin meet on the beach. / Nina and Lee take part in the photo shoot too. / Caitlin runs away and talks to Nina and Lee.*

Spielen Sie nun die nachfolgenden Szenen von SB-S. 29 vor (Zeilen 31–49) und lassen Sie die S gleich mitlesen. Die Überprüfung des Grobverständnisses erfolgt bei einem Vergleich mit der Ausgangsvermutung.
In lernlangsameren Klassen lesen die S den zweiten Story-Abschnitt ein zweites Mal laut und finden Überschriften zu den drei Abschnitten.

2 Who is it?

Mithilfe der Übungen 2 und 3 wird das Detailverständnis überprüft. Sie können schriftlich in stiller Einzelarbeit, auch als Hausaufgabe, erledigt werden. So haben die S Gelegenheit, den Text noch einmal in ihrem eigenen Lesetempo durchzugehen.
Lösungen:
1 *It's Caitlin's father.* **2** *It's Nina.* **3** *It's Lee.* **4** *It's Caitlin.*

3 Finish these sentences.

Lösungen:
1 In the morning Caitlin went … *to an audition for a role in TV in Hollywood.*
2 At the same time Lee and Nina were … *cycling with their surfboards on Boardwalk.*
3 After the audition, Caitlin wasn't … *very happy.*
4 Then she and her dad went to … *a photo shoot in Santa Monica.*
5 At 1.30, Lee and Nina … *were in the sea on their surfboards.*
6 Caitlin was doing a … *photo shoot.*

4 On Saturday evening: Write the dialogue.

Diese Übung machen die S in Partnerarbeit. Im Anschluss werden die Sätze im Plenum vorgetragen. Geben Sie den S bei Bedarf während der Erarbeitungsphase Hilfestellung bei den Formulierungen bzw. verbessern Sie ihre Fehler.
Lösungsbeispiel:

CAITLIN *Today was a terrible day!*
DAD *But Caitlin, this could be the start of a great career.*
CAITLIN *I'm tired, Dad, and I need a break.*
DAD *Think of your future!*
CAITLIN *But I want some free time.*
DAD *OK, you can go to the beach next weekend.*

5 Caitlin's e-mail
You're Caitlin. Write to your friend, Alice. Tell her about Saturday.

Die hier verlangte freie Sprachproduktion stellt eine erhöhte Schwierigkeit dar. Die Übung richtet sich daher an lernstärkere S, die ihre Texte dann auch für das Portfolio verwenden können.

Lösungsbeispiel:
Hi Alice, Saturday was a terrible day. First I went to KABC Studios for an audition. I was waiting for a long time and then the director who asked the questions wasn't very nice. Then we hurried to a photo shoot in Santa Monica. When I was doing the photo shoot I saw surfers and was jealous. That's all for now. Bye, Caitlin

▶ W 15, 7–9

WORDPOWER

S. 30

WORTSCHATZ	definition • What do you **call** ...? • *make up*
SPRECHABSICHT	Personen und Dinge näher beschreiben: *The man who asked the questions wasn't nice.*
MEDIEN	Leerfolie

DIDAKTISCH-METHODISCHER HINWEIS

Zum Umgang mit dem *Wordpower*-Abschnitt: Die Relativpronomen *who* und *that* werden als sprachliche Nebenstrukturen aufgegriffen. Anhand von Beispielen werden die Pronomen kontrastiert, sodass Funktion und Gebrauch deutlich werden und die S am Ende in der Lage sind, eine kleine Regel zu formulieren.

1 A Santa Monica Scene
a) What can you see?

In Kleingruppen geben die S sich gegenseitig Hilfestellung und können sich ggf. korrigieren. Organisieren Sie die erste Übung als Quiz. Die Gruppe, die die meisten Begriffe zum Bild findet (evtl. in begrenzter Zeit), hat gewonnen. Bei Übung b) können die Teams dann erneut untereinander in Wettkampf treten, und zwar mit dem Ziel, die Sätze möglichst schnell durch die richtigen Vokabeln zu ergänzen.

Lösungsvorschlag:
Santa Monica place, beach, a boardwalk, surfers, the sea, waves, a surfboard, a wetsuit, someone cycling, someone jogging, a homeless man, a photographer (a photo shoot), a stall for T-shirts.

DIDAKTISCH-METHODISCHER HINWEIS

Probieren Sie für die **Einteilung von Zufallsgruppen** einmal folgende *group-finding activities*:

Familienbildung: L erstellt jeweils vier Kärtchen von einem Familiennamen (Meyer, Meier, Maier und Mayer sowie Schmitt, Schmidt, Smith und Schmiedt). Die S ziehen Kärtchen und finden anschließend ihre Familienmitglieder.

Hausnummern: Die S stellen sich im Klassenzimmer in einer Linie nach aufsteigender Zahl der Hausnummer, in der sie wohnen, auf (wahlweise Alter, Schuhgrößen, Geburtsmonat etc.). L teilt dann Gruppen von je vier S ein.

Achtung: Die Arbeit in Zufallsgruppen ist nur dann erfolgreich, wenn keine heterogene Zusammensetzung der S erforderlich ist.

b) Finish these sentences with words from a).

Lösungen:
1 ... Let's go surfing.
2 ... You need a wetsuit.
3 ... on the boardwalk.
4 ... There's a cool T-shirt stall.
5 ... He's homeless.

2 Networks: Finish these networks in your exercise book.

Bei der Gestaltung des *network* sollten Sie die S ermuntern, für sie sinnvolle Farben oder Bilder für die Verknüpfungen einzusetzen. Alternativ könnten Sie gerade lernschwächere S auch ermutigen zu versuchen, das bereits erarbeitete *network* nochmals aus dem Gedächtnis zu verschriftlichen und es dann zu erweitern.
Lösungsbeispiel:

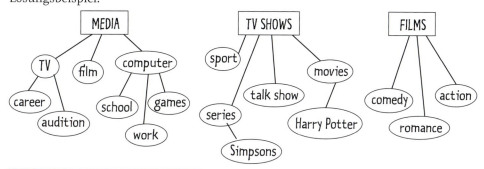

DIDAKTISCH-METHODISCHER HINWEIS

Ein *network* (auch *word web* genannt) lässt sich lernpsychologisch besser im Gedächtnis verankern als eine gelernte Wortliste, da man heute vermutet, dass der Wortschatz einer Sprache in einer organisierten und geordneten Form in bestimmten Bereichen des menschlichen Großhirns abgespeichert ist. Aufgrund der strukturierten Speicherung dieses sogenannten mentalen Lexikons ist es wahrscheinlich, dass neue Wörter einfacher zu behalten und abzurufen sind, wenn auch sie bereits in geordneter Form gelernt werden. Ein *network*, in dem die Schüler verschiedenste Formen der visuellen Verknüpfung zwischen einzelnen Vokabeln selbst erstellen, so z. B. Sammeln von Vokabeln zu bestimmten Oberbegriffen in Wortfeld-Clustern, Inbeziehungsetzen von Vokabeln durch Linien oder auch durch farbige Kennzeichnung von zueinandergehörigen Wortgruppen bzw. Wortarten und evtl. sogar Illustrieren der Wortbedeutung durch Zeichnungen oder Bildausschnitte, kann genau diesen Lerneffekt der strukturierten Speicherung vorbereiten. Die S können ihre erstellten *networks* auch in ihrem Portfolio sammeln und die im Unterricht geleistete Wortschatzarbeit so beliebig häufig individuell für sich wiederholen bzw. ihre *networks* durch das Schuljahr hindurch erweitern bzw. miteinander in Beziehung setzen.

3 Definitions: What do you call ...

Das oberste Ziel eines jeden Englischunterrichts ist die Entwicklung der kommunikativen Kompetenz. Die Fähigkeit, Wörter zu umschreiben und Definitionen in der Fremdsprache zu finden, zählt dabei zu den elementaren Grundfertigkeiten, damit eine Kommunikation nicht abbricht, wenn bestimmte Vokabeln nicht zur Verfügung stehen. Erläutern Sie den S zu Beginn der Übungen 3 und 4 daher den Nutzen der Fähigkeit, Definitionen zu finden, und lassen Sie die S die gesuchten Wörter finden. Erklären Sie in diesem Zusammenhang außerdem die neuen Vokabeln.
Lösungen:

1 *a photographer*   3 *a surfer*   5 *stalls*
2 *a make-up artist*   4 *freeways*   6 *boardwalk*

4 Pick some of these words and ask your partner:

Die S arbeiten zu zweit und erstellen für eine Auswahl von mindestens drei Wörtern Definitionen. Die Wortvorschläge im Kasten können dabei mit eigenen Beispielen ergänzt werden. Im Plenum werden die gesuchten Begriffe dann erraten. Als Hilfestellung können die S vorher alle gesuchten Begriffe an die Tafel schreiben, wo sie nach Erraten durchgestrichen werden. Auf diese Weise wird auch die Punkteverteilung transparent, wenn Sie die Übung als Wettbewerb zwischen Gruppen organisieren.
Lösungsbeispiele:

1 ... *somebody who makes films? (a director)*
2 ... *somebody who looks nice and takes part in photo shoots? (a model)*
3 ... *somebody who is not a child anymore but not very old / not an adult? (a teenager)*
4 ... *something that you need when you go surfing? (a surfboard)*
5 ... *something that you wear when you go surfing? (a wetsuit)*

5 **WORD SEARCH: Who or that?**
a) Find the right words on pages 28 and 29.
Die S finden bei dieser Übung induktiv die Regel zur Bildung korrekter Relativsätze. Fordern Sie sie auf, die Lücken mit den richtigen Wörtern zu füllen. Im Anschluss sollen sie aus diesem Fundus die Regel ableiten und nach der Kontrolle im Plenum in ihre Arbeits- bzw. Grammatikhefte übertragen.
Lösungen:
1 This is a day *that* you'll remember. (line 7)
2 Caitlin was looking at the invitation to the audition *that* the studio had sent. (line 11)
3 There were homeless people *who* were sleeping on the grass. (line 21)
4 The man *who* asked the questions wasn't very nice. (line 26)
5 She saw something *that* made her jealous – surfers. (line 42/43)
6 Nina saw a girl *who* was standing on the beach in nice clothes. (line 45/46)

b) When do you use who and that?
Look at the answers to a). Make a rule.
Lösung:
You use who for people. You use that for things.

▶ W 16, 10–12
▶ W CD-ROM

DIDAKTISCH-METHODISCHER HINWEIS
Zum **Umgang mit einem Lückentext** s. den didakt.-method. Hinweis auf HRU-S. 40.

4 **WORD SEARCH The time and date**
a) Write these times and dates in numbers.
Den ersten Teil dieser Übung können Sie im Plenum und ohne Vorübung durchführen. Einzelne S kommen nach vorn und schreiben die Lösung verdeckt an die Tafel (oder vorab auf eine Folie). Im Anschluss wird die Lösung von der ganzen Klasse zum Vergleich herangezogen.
Lösungen:
1 1890   **2** 18.30   **3** 21.2.   **4** 1965   **5** 2001

b) Write five dates or times. Say them to your partner – but don't show them! Your partner writes them. Are they right?
Partnerarbeit. Ermuntern Sie die S zuerst, den Tipp zu nutzen. Jede/r der beiden schreibt fünf Daten bzw. Zeiten auf, ohne dass die/der andere sie sieht. Nun werden sie vorgelesen und die Partnerin / der Partner schreibt sie als Zahlen auf. Dann wird gewechselt. Anschließend vergleichen die S ihre notierten Zahlen.

▶ W 6, 9–11
▶ W CD-ROM

TRAINING DICTIONARY WORK

S. 31

WORTSCHATZ	take you places that • office • just • gas *(AE)* • charge a battery • anywhere • Using it is easy. • lean forwards/backwards • maximum speed • miles per hour (mph) • **context** • **meaning** • **entry**
MEDIEN	Wörterbücher

Mithilfe der Übungen dieser Seite werden die Worterschließungstechniken, die auf Seite 26 erarbeitet wurden, vertieft. *Ex. 1* überprüft das Grobverständnis der S zum Text, *Ex. 2* verlangt von den S, sich das Deutsche bei der Erschließung unbekannter Wörter zunutze zu machen, *Ex. 3* nach einer genauen Betrachtung des Sinnzusammenhangs zur Herleitung des unbekannten Wortes und *Ex. 4* thematisiert den Umgang mit dem zweisprachigen Wörterbuch.

INFO-BOX

Ein beliebtes Gefährt in LA ist der futuristisch anmutende **Segway**, bei dem der Fahrer auf einer kleinen Plattform steht, aus der an einer Stange zwischen den Füßen ein Griff zum Festhalten ragt. Die Räder sind links und rechts neben der Plattform angeordnet und werden von einem kleinen Computer so gesteuert, dass der Segway immer das Gleichgewicht hält. Gesteuert wird er durch Verlagerung des Körpergewichts nach vorn oder nach hinten. Wegen seiner Wendigkeit wird er in LA besonders gern für Stadtführungen genutzt. In anderen Städten, wie San Francisco, sollte dieses Fahrzeug verboten werden, weil es für die Straße nicht zugelassen und für den Bürgersteig mit 20 km/h zu schnell wäre.

1 **What's the text about? Read the advert and find out what a SEGWAY is.**
Die S lesen zuerst die drei möglichen Antworten sowie den Tipp und dann den Text selbst. Fordern Sie sie dazu auf, sich nur auf die Beantwortung der Verständnisfrage zu konzentrieren.
Lösung:
b) *You can travel to places on it.*

2 **Do you know the words?**
a) What German words do these words sound like?
b) Now find the three words in the advert. Do you think you were right? ...
In leistungsschwächeren Klassen schreiben Sie die Begriffe zunächst an die Tafel und notieren die vermuteten deutschen Bedeutungen dahinter. Die S suchen die Wörter zuerst im Kontext des Textes und überprüfen sie dann im Wörterbuch. Anschließend korrigieren Sie im Plenum. In leistungsstärkeren Klassen arbeiten die S allein und tragen die Wörter in ihr Vokabelheft ein.
Lösungen:
1 *batteries* = Batterien   **2** *forwards* = vorwärts   **3** *maximum* = maximal

3 **Find the words in the advert, look at the context and pick the right meaning.**
Lösung:
charge = **c)** Verb, aufladen
gas = **a)** Nomen, Gas *(AE)* Benzin
speed = **b)** Nomen, Geschwindigkeit

4 **Three dictionary entries**
Read the three entries. Then find the words in the SEGWAY advert and look at the context. What's the right meaning in German?
Lösungen:
lean – Verb sich lehnen   *the environment* – die Umwelt   *office* – Büro

Erweiterung

Wörterbücher

Um den S auf humorvolle Weise die Wichtigkeit des richtigen Umgangs mit dem Wörterbuch zu vermitteln, geben Sie ihnen den folgenden Satz vor und lassen Sie sie mithilfe des *dictionary* herausfinden, was der Sprecher eigentlich auf Deutsch sagen wollte und was er für ein englisches Ohr tatsächlich gesagt hat. Achtung: Das Wort *reception/ -ist* ist unbekannt, kann aber aus dem Deutschen abgeleitet werden.

L *Imagine you are at the reception of a hotel in London and there is a very angry German guest who shouts at the person at the reception. Here is what he says:*
  "If I don't get another ceiling, I undress at once."
  (Schreiben Sie den Satz an die Tafel) *What did he say to the English person and what did he want to say in German?*

Lösung:
Meaning in English: Wenn ich keine andere Zimmerdecke bekomme, ziehe ich mich sofort aus!
Meaning in German: Wenn ich keine andere Bettdecke bekomme, ziehe ich aus dem Hotel sofort aus!

▶ W 17, 13
▶ W CD-ROM

SKILLS TRAINING

S. 32/33

WORTSCHATZ	S. 32: **phone message** • **phone call** • **call** • **collect** • Can I **take** a message? • **cellphone** (AE) • **answer the phone** S. 33: **call/phone** sb. back • **role card**
SPRECHABSICHT	Telefonate führen: *Hi. Can I speak to Josh please? / Can I take a message?*
MEDIEN	S. 32: CD, CD-Spieler, Leerfolie, Tageslichtprojektor, Folienstift S. 33: Leerfolie, Tageslichtprojektor, Folienstift, Kopien der *role-play cards* aus dem SB und Kopien von KV 38 in halber Klassenstärke

LISTENING Phone messages

Einstieg Fragen Sie die S zu Beginn der Stunde, mit wem sie am vorherigen Tag telefoniert haben und lassen Sie sie kurz erklären, worum es ging. Führen Sie diesen Einstieg in Form einer Schülerkette durch und geben Sie selbst das erste Beispiel:

L *Yesterday I called my daughter. We talked about her dog. – Karl, did you speak to anybody on the phone yesterday?/ Did you make a phone call yesterday? What did you talk about?*

S *I called my grandmother. We spoke about the weekend. – Anna, did you make a phone call yesterday?*

Leiten Sie danach zum Hörtext über.

1 An important message
a) Caitlin's mum wrote three phone messages. Listen to the phone call. Which message do you hear?
b) Listen again and check.

Spielen Sie den Hörtext der CD zweimal hintereinander vor, und lassen Sie die S die richtige Nachricht herausfinden sowie das Gehörte überprüfen.
Lösung: **c)**

L *Do you remember Caitlin, the young model? She got many phone calls but was not at home. Her mother talked to the people for Caitlin and wrote down messages. Let's listen to one of the phone calls. Which message did Caitlin's mum take?*

Tapescript
WOMAN	Hello.
MAN	Oh, hi. This is Bob Brown at KABC studios. May I speak to Caitlin Bailey, please?
WOMAN	Oh, hello Mr Brown. I'm Lorraine Bailey, Caitlin's mom.
MAN	Hello Mrs Bailey.
WOMAN	I'm afraid Caitlin isn't here right now. Er …
MAN	Oh, I see. And er, when are you expecting her back?
WOMAN	Oh, I think about 7 p.m.
MAN	Fine. Could you ask her to phone me back when she gets home?
WOMAN	Sure. I'll just write that down … So it's Mr Brown …
MAN	Yes, Bob Brown …
WOMAN	And Caitlin should call you back.
MAN	Yes, that'd be great. Any time after 8 p.m., please.
WOMAN	After 8 p.m.
MAN	And I'll give you my number. It's 310-555-0901. Did you get that?
WOMAN	I think so – 310-555-0901?
MAN	Yes, that's right. Thank you Mrs Bailey. Have a nice day!
WOMAN	You too. Bye.

2 Can I take a message?
a) Listen. What's right – a), b) or c)?

Inhaltlich wird die Geschichte von Caitlin und dem Regisseur Bob Brown fortgesetzt. Lassen Sie die S während des ersten Hörens Notizen machen. In lernlangsameren Klassen hören sie den Text einmal ganz, bevor Sie im Plenum *Ex. 2a)* lösen und den Dialog zur Selbstkontrolle erneut vorspielen.

Lösung:
1 Caitlin is talking to ...   c) *a woman at KABC Studios.*
2 Bob Brown ...   c) *can't come to the phone.*
3 Bob can phone Caitlin ...   a) *on her mobile.*

Tapescript
WOMAN	KABC Studios, good morning. Can I help you, please?
CAITLIN	Oh, hello. Er, may I speak to Mr Brown, please?
WOMAN	Oh, I'm sorry. Mr Brown is busy at the moment. Can I take a message?
CAITLIN	Er, yes please. Could you ask him to call me on my cellphone, after 3 p.m.
WOMAN	Sure. What's your name and number please?
CAITLIN	I'm Caitlin Bailey ...
WOMAN	Caitlin Bally?
CAITLIN	No, Bailey. B-A-I-L-E-Y.
WOMAN	Ok, I've got that, Ms Bailey.
CAITLIN	And my cellphone number is 310-555-2279.
WOMAN	310-555-2279, is that right?
CAITLIN	Yes, that's right.
WOMAN	Thank you. Bye. Have a nice day.
CAITLIN	Thank you, you too. Bye.

b) Write this message in your exercise book.
c) Finish the message. Then listen again and check.

Die S übertragen die Stichpunkte in ihr Arbeitsheft und versuchen, die Lücken zu füllen. Sie können dafür einen Bleistift benutzen, wenn sie unsicher sind. Die einzige nicht aus dem SB ablesbare Lösung ist jedoch die Uhrzeit.
Lösung:
PHONE MESSAGE
FOR: Bob Brown
FROM: Caitlin Bailey
MESSAGE: Phone Caitlin on her cellphone after 3 p.m.
TEL.: 310–555–2279

Caitlin's news
a) Listen and make notes.
Die S übertragen die Fragen aus dem Buch in ihr Arbeitsheft und überlegen, welche Antworten zu erwarten sind. Sie präsentieren die Fragen auf einer Folie oder als Tafelanschrieb.

L *Look at question 1. What kind of answer do you think will you get? Who could call Caitlin?*
S *It will be a name. / Maybe Bob Brown.* (Schreiben Sie *name* an die Tafel oder auf die Folie.)
L *Who do you think will answer the phone?*
S *Caitlin. / Her mum.*

Stellen Sie gemeinsam mit den S einige mögliche Antworten zusammen und regen Sie, wo möglich, Abkürzungen an.
Danach hören die S den Text und notieren Antworten auf die Fragen. Eine/Ein leistungsstarke/r S kann an der Tafel oder auf der Folie arbeiten. Die Ergebnisse werden im Anschluss zusammengetragen, auf Tafel oder Folie übertragen und in einem zweiten Hördurchgang verglichen und ergänzt. Achten Sie bei der Auswertung der Aufgabe darauf, dass die S vollständige Sätze formulieren, obwohl sie nur Stichpunkte notiert haben.
Lösungsbeispiele:
1 Who's calling?   *Bob Brown (from KABC Studios)*
2 Who's answering?   *Caitlin / C.*
3 What can Caitlin have?   *the role in the new TV show (TEEN TALK)*
4 How does Caitlin feel?   *(very) excited*
5 When can Caitlin come to the studio?   *on Saturday at 9 a.m.*
6 Who must come too?   *her dad and mom*

Folie oder Tafelanschrieb

Leerfolie

Tapescript

CAITLIN	Hello.
BOB	Oh hi. This is Bob Brown from KABC Studios. Is that Caitlin?
CAITLIN	Oh, hi Mr Brown. Yes, this is Caitlin speaking.
BOB	Ah, at last! Well, Caitlin, I have good news for you. You can have the role in our new TV show, TEEN TALK, if you still want it!
CAITLIN	Oh wow! That's awesome! I'm soooo excited! I can't believe it!
BOB	Well, you were great at the audition. Can you come and see us here at the studios on Saturday at 9 a.m.?
CAITLIN	Sure, Mr Brown.
BOB	And ask your dad and mom to come too. OK?
CAITLIN	Yes, Mr Brown. Thank you! Thank you so much! See you on Saturday.
BOB	Great. See you on Saturday. Bye.
CAITLIN	Bye.

b) SAY IT IN GERMAN
Tell a partner about the phone call – in German.
Die S fassen den Inhalt des Gesprächs mithilfe ihrer Notizen zusammen und berichten ihrem/r Partner/in. Der/Die zuhörende S bewertet die Zusammenfassung und ergänzt bzw. berichtigt gegebenfalls.
Lösungsvorschlag:
Bob Brown von KABC Studios telefoniert mit Caitlin, um ihr mitzuteilen, dass sie eine Rolle in der neuen Fernsehsendung TEEN TALK bekommen hat. Sie soll am Samstag um 9.00 Uhr ins Studio kommen. Caitlin freut sich riesig, bedankt sich und sagt zu.

▶ W 18, 14–15

S. 33

SPEAKING   Phone calls

1 Two phone calls
a) Listen to or read the two dialogues.
Je nach Lerngruppe können Sie hier entweder noch einmal das Hörverstehen mithilfe von *note-taking* vertiefen oder die S den Text still lesen lassen und dadurch das Leseverstehen fördern. Stellen Sie für den ersten Hör- oder Lesedurchgang folgende Frage zum Grobverständnis:

L *You're going to hear/read two short telephone dialogues. What happens in both of the dialogues?*

Lösungsvorschlag:
In both dialogues the caller can't speak to the person he or she wants to speak to.

DIDAKTISCH-METHODISCHER HINWEIS

Leseverstehen: Im Alltag ist die häufigste Leseart das stille, Sinn entnehmende Lesen, weshalb es auch im Unterricht nicht vernachlässigt werden sollte. Lesen wird häufig als rezeptive Fertigkeit bezeichnet, obwohl im Kopf des Lesers während des Lesens pausenlos Aktivitäten ablaufen: Wort- und Satzsinn müssen dekodiert, Kenntnisse über bekannte Textstrukturen aktiviert werden (z. B. Dialog, Leserbrief); der Leser muss unterschiedliche Verstehensebenen evozieren *(reading between the lines)*, Vorwissen ableiten; nicht explizit genannte Informationen gilt es zu ergänzen, strukturierende Textelemente müssen gedeutet werden (z. B. Wechsel der Schriftart, Fettdruck, Einrücken) etc. Daher ist es wichtig, neben den Hörverstehensübungen auch Übungen einzubauen, die diese Fertigkeiten schulen und das Leseverstehen überprüfen.

b) Answer these questions.
In lernstärkeren Klassen bietet es sich an, diese Übung als Hörübung und in Anlehnung an *Ex.* 3 von SB-Seite 32 durchzuführen. Diesmal werden nur Namen gesucht, für die Sie mit den S schon vor dem Hördurchgang Abkürzungen festlegen können.

Handelt es sich um einen Lesedurchgang, bearbeiten die S die Aufgabe schriftlich in Einzelarbeit.

Lösungen:
1 Who has a wrong number? *Caitlin (has the wrong number.)*
2 Who wants to speak to Joss? *Caitlin (wants to speak to Joss.)*
3 Who isn't at home? *Joss (isn't at home.)*
4 Who can take a message? *Mrs Stone (can take a message.)*
5 Who has a new number? *Caitlin (has a new number.)*

c) Practice the phone calls with a partner.
Die S üben die Dialoge in Partnerarbeit.

Tipp: Spätestens an dieser Stelle spielen Sie den Text von der CD vor. Dies ist umso wichtiger, da die S ähnliche Dialoge bei *Ex. 2* nochmals verbalisieren sollen.

2 SAY IT IN ENGLISH

a) Make a phone call with a partner. Write the dialogue on the left or on the right.

Sie S übersetzen in Einzelarbeit und mithilfe der Beispieldialoge aus *Ex. 1* eines der beiden Telefongespräche in freier Auswahl. Lassen Sie zwei leistungsstärkere S ihre Dialoge auf Folie schreiben, um so eine Kontrollmöglichkeit für alle S zu schaffen.

Lösungsbeispiele:

left:
A *Hi. Can I speak to Alex, please?*
B *I'm afraid he isn't here. Can I take a message?*
A *Yes, please. Can you tell him that he should phone me back? It's "A".*
 My number is 320–798–8305.
B *OK "A". No problem. Bye.*
A *Thanks. Bye.*

right:
A *Hi. Can I speak to Alex, please?*
B *Alex? Er, I think you have the wrong number.*
A *Oh, sorry.*
B *No problem. Bye.*
A *Thanks. Bye.*

b) Act the dialogues with a partner.

Mit ihrem/r Partner/in üben die S nun jeweils beide Dialoge, wobei sie vom Blatt oder der Folie ablesen können. Lernstärkere S können Sie ermuntern, frei zu sprechen. Zu diesem Zweck legen Sie einige Objekte auf den OH-Projektor, sodass das Lesen des Textes erschwert wird. Lassen Sie einige S-Paare laut vortragen.

3 Role play
Partner A: Look at your card on page 94. Then phone Partner B.
Partner B: Look at your card on page 94. Then answer Partner A.

Mithilfe dieser Übung können die S ihre gewonnenen Kenntnisse zur Führung eines Telefongesprächs weiter vertiefen und das freie Sprechen üben. Während Partner A einen Freund anruft und Informationen einholt, antwortet Partner B mithilfe seiner Rollenkarte. In einem zweiten Durchgang werden die Rollen getauscht. Kopieren Sie dazu die *role-play cards* zu Unit 2 (von SB-S. 94) und schneiden Sie sie aus, sodass die S sie in einem entsprechenden Rollenspiel einsetzen können.

Erweiterung

Kopien von KV

Folie von Ex. 2

Kopiervorlagen 37 und 38 stellen zwei weitere Rollenspiele zur Verfügung, in denen das in *Ex. 2* und *3* verwendete Sprachmaterial wiederverwendet und gefestigt wird. Rollenspiel 12 eignet sich für lernstärkere S, da die Aussagen ähnlich wie in *Ex. 2* sinngemäß vom Deutschen ins Englische zu übertragen sind. Legen Sie als Hilfestellung die zuvor erarbeitete Folie mit dem Dialog aus *Ex. 2* auf den Projektor, an dessen Formulierungen sich Ihre S orientieren können. Geben Sie den S vor dem Ausführen des Dialogs Zeit, ihre Rolle zu lesen und evtl. Fragen zu stellen.

▶ W 18, 16
▶ W CD-ROM

Kopiervorlage 38

SKILLS TRAINING

S. 34/35

WORTSCHATZ	S. 34: *online* • *hero* • *lead singer* • *make a difference* • *Mexico* • *orphan* • *uncool* • *young kids* • *trick (n.)* • *scary* • *review (n.)* • *recommend* • *soundtrack* • *give up* S. 35: **against** • **drug** • **relax** • **main point** • **useful** • **on the one hand, …, on the other hand, …** • **all in all**
SPRECHABSICHT	Die eigene Meinung zum Thema „Fernsehen" äußern: *All in all I think TV is OK.* Argumente und Gegenargumente darlegen: *On the one hand … / On the other hand …*
MEDIEN	S. 34: **L:** Kopien von Kopiervorlage 9 in Klassenstärke (zerschnitten), S. 34: **S:** DIN-A4-Blätter, Scheren, Klebstoff S. 35: **L:** Leerfolien, Folienstift, Tageslichtprojektor

READING   A teen newspaper online

INFO-BOX

LA Youth ist ein unabhängiges Magazin, das sich an die Jugend in LA richtet. Es wurde 1988 von einer Lehrerin gegründet. Anlass der Gründung war ein Urteil des Supreme Court, das den Schulverwaltungen starke Einflussmöglichkeiten auf Inhalte der Schülerzeitungen einräumte und damit die freie Meinungsäußerung in schulinternen Zeitungen einschränkte. Heute wird es in einer Auflage von 120.000 Stück alle zwei Monate während der Schulzeit publiziert, die Internetseite verzeichnet 45.000 Besucher im Monat. Fünf erwachsenen Angestellten (Redaktion, Herstellung und Verwaltung) stehen über 80 Schülerreporter gegenüber, die von vielen verschiedenen Schulen aus dem Raum Los Angeles kommen und die immer wieder neue Schüler für Artikel und Reportagen anwerben. Die Themen in LA Youth reichen von Abschreiben in der Schule über Ferienjobs (und wo sie zu finden sind) bis zu Gewalt und Drogenkonsum unter Teenagern. Das Magazin arbeitet mit über 80 jugendlichen Autoren zusammen, trägt sich durch Spenden und Aktionen und ist kostenlos erhältlich.

Einstieg

Lassen Sie sich zunächst im Plenum einige deutsche Jugendzeitschriften nennen und erläutern Sie, dass sie sich heute mit einer amerikanischen Zeitung für Jugendliche beschäftigen werden.

L *Do you know any German youth magazines? What are they called?*

In veränderter Reihenfolge sind auf der Kopiervorlage 9 die Bilder und Einstiegstexte der SB-Seite abgebildet, zuzüglich zweier weiterer Abbildungen und Texte. Gehen Sie in drei Schritten vor:

Kopien von KV

DIN-A4-Blätter, Scheren

Kopieren Sie die KV 9 in Klassenstärke und zerschneiden Sie die Kopien in zwei Hälften. Teilen Sie zuerst die obere Hälfte (Abbildungen) aus und fragen Sie die S, was sie darauf sehen. Lassen Sie sie danach die Bilder ausschneiden und nach den interessantesten sortieren.

L *An Internet newspaper for teenagers in LA is called LA YOUTH. These pictures belong to articles in LA YOUTH. Look at the pictures: What can you see? What do you think the article will be about?*
S *I can see a TV, I think the article is about watching TV. / I see Disneyland. The article could be about a visit to Disneyland. / …*
L *Cut out the pictures. Which pictures do you find interesting? Which are less interesting? Put them in the right order for yourself.*

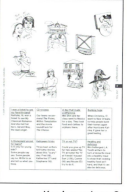

Kopiervorlage 9

Wenn die S die Fotos ausgeschnitten und sortiert haben, verteilen Sie die zweite Hälfte der Kopiervorlage (Artikel).

L *Here are the articles that go with the pictures. Cut out the articles as well and match the photos to the articles. Then look at them again: Is the most interesting picture also the most interesting article for you?*

Nachdem Sie die richtige Zuordnung von Bildern und Artikeln im Plenum verglichen haben, erfragen Sie einige Entscheidungen von den S, welche Artikel sie am interessantesten finden und warum. Fordern Sie sie anschließend auf, die sechs interessantesten der acht Artikel auszuwählen und sie aufzukleben.

 Klebstoff

Hinweis: Die S müssen das unbekannte Verb *glue* oder *stick* verstehen.

L *Tim, "Halloween tricks" is the most interesting article for you. Why?*
S *I like tricks.*
L *Who else thinks that's an interesting article? Why (not)? … Now choose six of the eight articles that you find most interesting for LA YOUTH. Glue/Stick them onto a paper like in a magazine.*

Lassen Sie einige S ihre fertigen Blätter zeigen und ihre Wahl begründen. (Stellen Sie ggf. Sprachmaterial zur Verfügung: *I think … is most interesting. I don't like the articles about … because that's boring for me. / …*) Leiten Sie nun zum SB über.

L *Now open your books on page 34 and let's find out which articles were in the real LA YOUTH magazine.*

1 Look at the six articles in LA YOUTH. Which article do you think looks the most interesting?

Fragen Sie vorrangig jene S, die sich während des Einstiegs wenig geäußert haben, ob die SB-Seite mit ihrer selbst getroffenen Wahl übereinstimmt, worin Unterschiede bestehen und welcher der abgebildeten Artikel sie/ihn am meisten anspricht. Lassen Sie dabei auch Antworten auf deutsch zu.

L *Colin, do you have articles like the ones in LA YOUTH? Which are different? Which article is most interesting for you? Why?*

2 Correct these sentences.

Um das Sinn entnehmende Lesen zu schulen und im Anschluss zu überprüfen, lassen Sie die S den Text in stiller Einzelarbeit lesen und dann die Korrekturen vornehmen.
Lösungen:
1 *Nattalie didn't meet a famous film star, she met a famous singer.*
2 *Mel Shin didn't buy clothes in Mexico, she took clothes to Mexico to give them to orphans.*
3 *Not all teenagers love Disneyland, some think it's uncool.*
4 *Three teenagers tell Halloween stories, they don't tell Christmas stories.*
5 *The teenagers don't hate the Pixies CD, they recommend it.*
6 *Three teens didn't watch TV for two weeks; they gave up TV for two weeks.*

3 Find words in the text that mean:

Diese Übung verlangt sehr selbstständiges und ausdauerndes Arbeiten und richtet sich daher an lernstärkere S.

Lösung:
1 hero
2 orphans
3 uncool
4 scary
5 recommend
6 soundtrack

▶ W 19, 17

S. 35

WRITING   An article for a teen newspaper

Einstieg

Leiten Sie zum Thema über, indem Sie noch einmal auf einen Artikel von SB-S. 34 zurückgreifen und S-Meinungen zum Umgang mit dem Fernsehen erfragen:

L *You've read about LA YOUTH, the newspaper. One of the articles was about an experiment. – Do you remember what Sue Li, Connie and Nicole tried not to do for two weeks? What was it?*
S *I think they tried not to watch TV.*
L *Right. What do you think about that? Could you do it too? Why (not)?*
S *That's very hard/difficult. / I couldn't do it. I have to watch my favourite programmes. / I don't like to do that. It's boring without TV. / I could do it too. I don't need to watch TV. I can play with my computer. / ...*

Leiten Sie über zum SB:

L *Open your books on page 35. In Ex. 1 you'll find ten sentences for and against TV. Read these sentences and write them in two lists – for TV and against TV.*

1 TV or not TV? Look at these sentences. Are they FOR TV or AGAINST TV? Write two lists.

Schreiben Sie die Überschrift (*Writing an article – For or against TV?*) sowie den Tabellenkopf an die Tafel oder auf eine Folie. In lernschwächeren Klassen ordnen Sie die ersten zwei (bei Bedarf alle) Sätze gemeinsam zu.

Leerfolie

Lösungsvorschlag:

FOR TV	AGAINST TV
You can learn lots of things on TV.	People watch too much TV – they don't read books or newspapers.
You can relax when you watch TV. That's great.	TV is like a drug. When you start, you can't stop.
If you don't watch TV, you can't talk to your friends about your favourite shows.	If you watch too much TV, you won't do outdoor activities.
It's nice to sit with your friends or family and watch TV together.	In our family everybody wants to watch something different. So we often fight.
TV programmes can help teens with their problems.	TV helps you to forget your problems.

2 For and against TV
Read this article and pick the right words. Write the article in your exercise book.

Die S lernen, einen argumentativen Text zu verfassen. Zunächst vervollständigen sie den lückenhaften Text, indem sie das passende Wort wählen und den Satz richtig abschreiben. Zu späteren Vergleichszwecken kann eine/ein lernstärkere/r S an der Tafel oder auf einer Folie arbeiten.

Folie, Folienstift

In lernschwächeren Klassen erarbeiten Sie die ersten Sätze gemeinsam, bevor die S in Einzelarbeit fortfahren.
Lösungen:
Is TV good (1) or bad? Could I live (2) without TV? This is what I think.
On the one hand, I think that TV is great. When I'm tired (3) after school, I watch some TV. When I'm sad, it makes me (4) happy. When I'm bored, TV is (5) fun. On the other (6) hand, you shouldn't watch too much TV. Some teens watch TV for 3 or 4 (7) hours every day. They don't (8) do their homework or sport. That (9) isn't good!
All in all I think TV is OK. But you mustn't (10) watch TV all the time.

Nach der Ergebniskontrolle fragen Sie die S, was ihnen an diesem Text auffällt, aus wie vielen Teilen er besteht und was in den einzelnen Absätzen gesagt wird. Lassen Sie in dieser Phase auch Antworten auf deutsch zu.

L Look at the text again. What can you tell me about it? / How many paragraphs do you see? / What is the main point in each paragraph? (What is each paragraph about?)
S The text has four paragraphs. / The first one tells us what it is about – it's about TV. / The second one tells us what is good about TV, and the next one what is bad about TV. / In the last paragraph we can read what the writer thinks.

Die S lesen den ersten Tipp und markieren die vier Absätze in ihren Heften (z. B. ◄). In lernschwächeren Klassen können die S auf deutsch am Rand des jeweiligen Absatzes den zuvor benannten inhaltlichen Schwerpunkt notieren. Bei einem evtl. vorhandenen Tafel- oder Folienanschrieb halten Sie sie dort für alle zur Ansicht fest.

Lesen Sie gemeinsam auch den zweiten Tipp. Die S unterstreichen alle vier *useful phrases* in ihrem Text.

Erweiterung Es ist sinnvoll, die Strukturen dieser Übung mehrfach zu üben. Zur Motivation der S kann das durchaus anhand spaßiger Themen geschehen. Erarbeiten Sie hierfür gemeinsam mit den S Varianten des gegebenen Themas:
For or against
eating chocolate • drinking beer • reading comics • playing the flute etc.
Jeder S sucht sich ein Thema seiner Wahl und entwirft schriftlich einen kleinen Text, den er mithilfe der vier *phrases* strukturiert. In lernschwächeren Klassen entwerfen Sie diesen Text gemeinsam mit den S.
Anschließend lesen sich die S ihre Texte paarweise vor. Jedes S-Paar entscheidet sich für einen Text, setzt sich dann mit einem weiteren S-Paar zusammen und wählt aus den erneut vorgetragenen Texten wieder einen „Sieger" aus (Prinzip der *pyramid discussion*, siehe HRU-S. 50). Auf diese Weise erhalten Sie drei oder vier beste Texte, die der gesamten Schülerschaft vorgelesen werden können, wobei die zu festigenden Strukturen mehrfach präsentiert und produziert werden.
Lösungsbeispiel:
Is chocolate good or bad? Could I live without chocolate? This is what I think: On the one hand I think that chocolate is great. When I'm hungry after school, I eat a lot of chocolate. On the other hand, chocolate is very sweet and not very healthy. All in all I think I can't live without chocolate, but I shouldn't eat too much.

3 For and against computer games
Write an article for a teen newspaper.

Insbesondere in lernschwächeren Klassen ist es sinnvoll, zunächst die Argumente gemeinsam an der Tafel zu sammeln und die S dann den Text in Anlehnung an den von *Ex. 2* verfassen zu lassen. Das Arbeitsergebnis eignet sich für die Portfolio-Sammelmappe.
Mögliches Tafelbild: nächste Seite oben

FOR computer games	AGAINST computer games
Some computer games teach you something about history.	Teenagers play too many computer games – they don't read books or newspapers.
You can relax when you play computer games. That's great.	Computer games are like a drug. When you start, you can't stop.
If you don't play computer games, you can't talk to your friends about them.	If you play computer games too much, you don't know what's happening in the real world.
You learn some English words when you play computer games.	Computer games are often quite violent.

Lösungsbeispiel:
Are computer games good or bad? Could I live without computer games? This is what I think: On the one hand, I think that computer games are great. When I'm tired after school, I play computer games and can relax. That's great. I also learn some English words when playing computer games. On the other hand, you shouldn't play too many computer games. Sometimes when you start, you can't stop. There's often violence in computer games and some teenager become violent too when they play them too often.
All in all, I think computer games are fun, but you mustn't play them all the time.

4 TV and you
Write 50–70 words. Do you watch TV? When? How much? …

Die S können die Argumente der vorangegangenen *Ex. 1* und *2* aufgreifen und nun stärker auf sich und ihre eigene Lebenswirklichkeit beziehen. Diese freie Textproduktion stellt eine erhöhte Schwierigkeit dar und eignet sich besonders für lernstärkere S. Fordern Sie die S auf, in ihren Aufzeichnungen jene Argumente zum Fernsehen zu markieren, die sie für ihre Argumentation verwenden wollen, ggf. formulieren sie neue. Die Fragen der Aufgabenstellung bieten weitere Anhaltspunkte zur Formulierung. Die S können sich erneut am vorgegebenen Muster aus *Ex. 2* orientieren.
Lösungsbeispiel:
I like to watch TV in the afternoon. On the one hand, I can relax when I'm tired from school. That's good. I watch TV every day, but not for more than an hour. On the other hand, I think it's more fun to meet friends and I wouldn't have time for that if I watched too much TV. All in all I think I couldn't live without TV. (69 Wörter)

▶ W 19, 18
▶ W CD-ROM

LOOK AT LANGUAGE

S. 36/37

WORTSCHATZ	S. 36: **uncool • young kids • ride • pirate • camera • fireworks** S. 37: **past • progressive**
STRUKTUR	*Past progressive: Robert Bailey was waiting for his daughter.*
SPRECHABSICHT	Erzählen, was in der Vergangenheit gerade im Gange war: *Caitlin was looking at the invitation.*
MEDIEN	Abbildungen von Disney-Figuren, Karteikarten für die *Checkpoint Box*

DIDAKTISCH-METHODISCHER HINWEIS
Zur Intention der *Look at language*-Seiten siehe den didaktisch-methodischen Hinweis auf HRU-S. 49.

A LETTER TO *LA YOUTH*

Einstieg
Abbildungen oder Poster von Disney-Figuren

1 Is Disneyland uncool? Is it only for young kids? What do you think?
Fragen Sie die S, ob sie Disneyland kennen und was man dort machen kann. Hilfreich ist die Abbildung einer oder mehrerer Disney-Figuren, die die S sicher kennen und beschreiben können.

L *Have you ever heard of Disneyland? What can you do there? / Look at this little mouse. Who's it? What's it like? / I've heard you can visit this mouse in Disneyland. Is that true?*

Nachdem einige Aktivitäten genannt wurden, die man in Disneyland machen kann, evtl. auch schon Bewertungen abgegeben wurden, öffnen die S das SB und lesen *Ex. 1*. Die S werden aufgefordert, sich zu positionieren. Sie können die neu erlernten Redemittel von SB-S. 35 verwenden.
Lösungsbeispiel:
I think Disneyland is cool. I've never been there but I've heard that the roller coasters are good. All in all I think it's not only for young kids but for the whole family. / I agree with X... / I don't think so.

2 What is the letter about? Pick the main point for the three paragraphs.

Der Textinhalt wird grob erfasst und die S ordnen den einzelnen Absätzen die entsprechenden Stichworte zu. Erinnern Sie die S zuerst an den Tipp von SB-S. 35 und lesen Sie dann gemeinsam mit ihnen die drei vorgegebenen Stichworte, bevor die S den Brief selbstständig lesen.
Lösungen:
paragraph 1: long lines
paragraph 2: the rides
paragraph 3: Disneyland is for everybody.

3 WORD SEARCH: *was/were*
a) First guess which words are missing in these sentences.
b) Now check your answers in the letters on this page.

Die S haben das *past progressive* im Laufe der Unit schon häufiger aktiv angewendet. Jetzt geht es darum, ihnen die Bildung und Anwendung der neuen Struktur auch bewusst zu machen. Die S stellen zunächst selbst Vermutungen zu den Lücken an, bevor sie die entsprechenden Zeilen im Text suchen und ihre Lösung überprüfen.
Führen Sie *Ex. 3a)* in lernschwächeren Klassen im Plenum durch.
Lösungen:
1 When we arrived, lots of people *were* waiting at the gates. (l. 2)
2 They *were* standing in long lines. (l. 3)
3 Kids *were* running everywhere. (l. 4)
4 Pirates *were* shouting. (l. 6)
5 Our train *was* going very fast. (l. 14)
6 Everybody *was* screaming. (l. 14)
7 My brother *was* crying. (l. 15)
8 In the evening I *was* feeling tired. (l. 16)

4 WORD SEARCH
Look at the pictures. Guess the missing words. Check on pages 28–29.

Diese Übung geht nun noch einen Schritt weiter. Hier müssen die S die gesamte Form des *past perfect* (*was/were* + *verb* + *-ing*) richtig bilden und anwenden. Regen Sie Ihre S auch bei dieser Übung dazu an, die gesuchte Form zuerst selbstständig zu bilden und erst danach im SB zu überprüfen.
Lösungen:
1 Richard Bailey *was waiting* for his daughter. (l. 2)
2 Caitlin *was looking* at the invitation. (l. 9–11)
3 I *was standing* in line for a long time. (l. 26)
4 Lots of people *were jogging, walking* and *cycling*. (l. 17–18)
5 Homeless people *were sleeping* on the grass. (l. 20–21)
6 They *were wearing* wetsuits. (l. 33)

5 OVER TO YOU!
Finish the sentences in the checkpoint and make the rule.

Die S formulieren die Regel für das grammatikalische Phänomen, indem sie den *Checkpoint* vervollständigen und abschreiben. Sie können dafür auch die *Summary*-Seite 133 zu Rate ziehen.

Lösung:
Past progressive: was/were + -ing
Wenn du sagen willst, was in der Vergangenheit gerade im Gange war:
Nach *I, he, she, it* benutzt du *was*.
Nach *we, you, they* benutzt du *were*.
Das Verb endet auf *-ing*.

Karteikarten

Der vervollständigte *Checkpoint*-Kasten kann auch auf eine Karteikarte geschrieben und mit eigenen Beispielsätzen ergänzt werden. Wenn Sie eine *Checkpoint*-Box führen, kommt die Karteikarte in die Abteilung „Wie etwas funktioniert".

NACH DIESER UNIT KANN ICH ...
Die S decken die rechte Spalte mit den Beispielsätzen ab und versuchen allein oder zu zweit, zu den aufgelisteten Sprechabsichten geeignete Äußerungen zu formulieren. Wenn sich Defizite zeigen, bieten folgende Stellen im SB geeignete Hilfsangebote: der *Summary*-Abschnitt auf SB-S. 133, die *Extra practice*-Seiten auf den SB-S. 100 ff. sowie die *Test yourself*-Seite im *Workbook*. Außerdem können ausgewählte Übungen des *Look at language*- und des *Skills Training* wiederholt werden.
Hinweis: Unter www.new-highlight.de können die S weitere Übungen finden.

▶ W 22 (Test yourself)
▶ W 23–24 (Portfolio)
▶ W CD-ROM

EXTRA PRACTICE

S.100–102

WORTSCHATZ	S.100: describe • *baseball* • surfing
	S.101: *cowboy*
MEDIEN	Karteikärtchen für pantomimisches Spiel, evtl. selbst erstellte Arbeitsblätter nach dem Vorbild von KV 6 in Klassenstärke

Hinweis: Auf den *Summary*-Seiten 132–138 können die S die Regeln der zu wiederholenden Strukturen selbstständig nachschlagen.

REVISION *present progressive*

Einstieg Um die S auf die Wiederholung des *present progressive* einzustimmen, machen Sie einige Dinge im Klassenraum vor (Fenster öffnen, in einem Buch lesen, auf einen Stuhl setzen) und lassen dies von den S kommentieren.

L *What am I doing right now?*
S *You are opening the window / reading a book / sitting on a chair /…*

Als Nächstes können die S etwas vormachen.

1 What's happening?
a) Describe the picture in eight sentences.
Leiten Sie jetzt wie folgt zu der Übung über.

L: *Look, the people in the picture on page are also doing things at the moment. What are they doing?*

Lösungen:
A girl is reading a book.
A boy is sitting on the grass.
A man is walking with his dog.
A woman is talking on a mobile.
Some girls are playing baseball.
Some boys are riding their bikes.
Some men are having a chat.
Some women are working in the park.

b) Look at the picture again. Think of five more sentences.
Lösungsbeispiele:
A cat is sitting on the grass.
A dog is looking at the cat.
A man is making sandwiches.
A man is eating a sandwich.
A boy is listening to music.

2 Pick a picture on page 24–36 of this book.
What's happening? Write five things. Tell your partner.
Can your partner guess which photo you picked?
Jede/r S wählt ein Bild und formuliert schriftlich drei bis fünf Sätze nach dem Bespiel der Lösungssätze aus *Ex. 1*. In lernschwächeren Klassen lösen Sie ein Beispiel im Plenum.
In Partnerarbeit stellen die S ihre Sätze vor, wobei der/die Partner/in nach drei Sätzen einen ersten Tipp abgibt und bis zum fünften Satz Zeit hat, das beschriebene Foto zu finden. In lernschwächeren Klassen stellen einzelne S ihre Beschreibungen im Plenum vor und die Klasse errät das Bild gemeinsam.

Erweiterung
Game
Karteikärtchen

Bei weiterem Übungsbedarf zum *present progressive* können Sie mit den S ein Spiel spielen, bei dem diese die Mimik der Mitschüler deuten und benennen müssen. Schreiben Sie dazu die folgenden und ähnliche Sätze auf Kärtchen, geben Sie die Kärtchen an jewails einen S, der nach vorn kommt und die Aktivität pantomimisch darstellt. *(1. You are opening a bag of chips, 2. You are making a cup of tea, 3. You are watching a comedy on television, 4. You are reading a very sad story, 5. You are waiting for the dentist)* Die anderen stellen Fragen, die mit *yes/no* beantwortet werden können *(Are you holding something? Are you opening something?)* oder erraten die richtige Aktivität. Das Spiel sollte nicht länger als zehn Minuten gespielt werden, da relativ wenig gesprochen wird. Es eignet sich aber gut zur Bündelung der Konzentration gerade in unruhigen Klassen.

Alternative Wenn Sie eine CD mit Geräuschen (im Buchhandel erhältlich) zur Verfügung haben *(running water, footsteps, knocking sound* etc.), spielen Sie sie vor und lassen Sie die S anschließend alles aufschreiben, was sie gehört haben *(A man is/was running* etc.). Diese Übung eignet sich auch für das Üben des *past progressive*. Spielen Sie im Anschluss die Geräusche noch einmal nacheinander vor, halten Sie nach jedem Geräusch an und vergleichen sie mit den Schülerantworten.

Who/That

Als Überleitung zu den Relativsätzen mit *who* und *that* geben Sie den S die Aufgabe, die folgenden Sätze mündlich richtig zu vervollständigen: *I like/dislike people who ... I like/dislike films/computer games that ...*

3 Who's who and what's what? Put the parts together and make the sentences.
Im Anschluss erhalten die S mit den Aufgaben 3 und 4 die Möglichkeit, die Relativsätze in Stillarbeit weiter zu üben.
Lösungen:
1 Richard Bailey is a man ...   who wants the best for his daughter.
2 Caitlin is a pupil ...   who goes to Santa Monica High School.
3 Nina and Lee are teens ...   who often surf.
4 Surfing is a sport ...   that's very popular in Los Angeles.
5 Los Angeles is a city ...   that has lots of smog.
6 Warner Brothers is a studio ...   that makes famous films.

4 A man in Hollywood – Put in who or that.
Lösungen:
1 I watched a DVD *that* I thought was very funny.
2 It's about an English man *who* goes to Hollywood.
3 He stays with some people *who* have a nice house.
4 He visits a museum *that* has lots of famous pictures.
5 That man does some things *that* are very stupid.
6 What's the name of the man *who* is the star in this film? – It's Mr Bean!

> **INFO-BOX**
>
> **Mr. Bean** ist die ewig chaotische, tollpatschige, in unmögliche Kleidung gesteckte Figur des Schauspielers Rowan Atkinson. Die englische Serie, die von 1989 bis 1995 im englischen Fernsehen lief, wurde ein großer Erfolg, der in einen abendfüllenden Kinofilm mündete. Den Höhepunkt seiner Popularität in Deutschland erreicht Atkinson im August 1997 mit dem Film „Bean – Der ultimative Katastrophenfilm". Der Filmheld wird hier als vermeintlicher britischer Kunstsachverständiger nach Los Angeles eingeladen, wo durch ihn Chaos ausbricht.

S.101

5 AND YOU? Finish these sentences with more information.
In lernschwächeren Klassen erarbeiten Sie das erste Beispiel gemeinsam. Unterstreichen Sie das Bezugswort und das Pronomen.
Lösungsbeispiele:
1 I know a girl who likes ...   *swimming.*
2 I know a boy who hates ...   *dancing.*
3 I go to a school that ...   *has a nice building.*
4 I have friends ...   *who give parties very often.*

5 Maths is a subject ...   *that I don't like a lot.*
6 I have a new mobile ... *that can take photos.*

Past progressive

6 The Herrmann family in Los Angeles: Pick the right word.
Die S entscheiden sich bei dieser Übung nur für die Anwendung von *was* oder *were*. Die Übung eignet sich daher auch für lernschwächere S.
Lösung:
When the Herrmanns from Berlin *were* visiting LA last summer, they did lots of interesting things. They *were* staying in a hotel in Santa Monica and every day they went to different places. When they visited Hollywood they saw lots of people who *were* walking along Hollywood Boulevard. Nora *was* looking for famous stars, but she didn't see any. Andi *was* reading the names of famous people on the pavement – and he saw the Simpsons! The next day the Herrmanns went to Warner Brothers Studios. When they *were* visiting the studios, the tour guide told them lots of interesting stories. They were going past a film scene, when Andi and Nora saw Sean Penn. He was with other actors and they *were* wearing cowboy gear. They *were* making a new cowboy film. Nora *was* feeling very happy now – she loves Sean Penn!

INFO-BOX

Die amerikanische Zeichentrickserie *The Simpsons* wurde erstmals 1987 im amerikanischen Fernsehen gesendet und zählt mit 12 Mio. Zuschauern pro Folge zu den erfolgreichsten US-Serien. Es wurden inzwischen über 400 Folgen in 18 Staffeln produziert. Die Handlung spielt in einer Durchschnittsstadt in den USA, Hauptprotagonisten sind die Mitglieder der Familie Simpson, Homer, Marge, Lisa, Bart und Maggie. Die Serie nimmt auf ironische, manchmal bösartige Weise den „American Way of Life" aufs Korn. Das Erfolgsrezept der Serie ist ihre Vermittlung von Gesellschaftskritik ohne erhobenen Zeigefinger, durch überspitztes, satirisches Überzeichnen typischer Verhaltensweisen. Wiederkehrende Themen sind u. a. Kritik an der Umweltzerstörung, am Bildungssystem, den Medien oder religiöser Doppelmoral.

7 At a TV show: Put the verbs in the past progressive form.
That evening the Herrmanns were at *TEEN TALK*, the new cast show.
Nora was happy again.
Bei dieser Übung müssen die S die Bildung des *past perfect* mit *was/were* und dem Verb in der *-ing*-Form beherrschen. Achtung: Konsonantenverdopplung bei *put* und *sit* → *putting, sitting.*
Lösungen:
1 When we got to the KABC Studios, lots of people *were waiting.*
2 A young woman *was checking* the tickets.
3 When I looked behind the scene, the camera people *were talking* to the director.
4 The director *was shouting* all evening.
5 Nobody *was listening* to the director.
6 The star of TEEN TALK *was looking* very nervous.
7 I couldn't see everything because I *was sitting* at the back.
8 When everybody *was leaving*, I looked into another studio.

8 In another studio
When Nora looked into another studio lots of things were happening.
Look at the picture and write some sentences.
Um insbesondere lernschwächeren S diese Übung zu erleichtern, sammeln Sie im Vorfeld Verben, die zur Abbildung passen (*sleep, sit, play, stand, look, shout, kick, wait,* etc.). Mithilfe dieser Verben vervollständigen Sie die Sätze im Plenum, während lernstärkere S einen kleinen Text verfassen können, der die Geschichte des Bildes erzählt.
Lösungsvorschlag:
Some actors were *playing football*. One cowboy was *riding a Segway*. Another cowboy *was talking on his mobile*. The director *was shouting at a camera man*.

S.102

9 An accident in Santa Monica
Officer Kennedy has lots of questions. Put in the verbs.
Da die S nur die entsprechenden Verben in der *-ing*-Form einsetzen müssen, richtet sich diese Übung wieder an alle, auch an lernlangsamere S.
Lösungen:
Who was *driving* the car?
Who was *riding* the bike?
Were you *talking* on your cellphone?
Was the boy *walking* across the road?
Were the joggers *jogging* on the street?
Were the shoppers *buying* vegetables?

10 We weren't doing anything!
What are the teenagers saying to Officer Kennedy?
In lernschwächeren Klassen klären Sie zunächste die Bedeutung der Verbotsschilder, um den notwendigen Wortschatz zu erarbeiten. (*It's not allowed to drive too fast.* etc.)
Lösungen:
1 I wasn't driving *too fast!*
2 We weren't using *fireworks!*
3 I wasn't *drinking alcohol!*
4 We *weren't swimming in the sea!*
5 We *weren't sleeping on the beach!*

11 INTERPRETING
A German tourist saw something on the beach.
He's talking to Officer Kennedy. Can you help?
Da Aufgaben zur Sprachmittlung häufig Bestandteile der mündlichen Prüfungen sind, sollten möglichst alle S diese schwierige Aufgabe bewältigen. Unterstützen Sie lernschwächere S, indem Sie auf die Schwierigkeiten des Perspektivenwechsels hinweisen und die ersten zwei Beispiele im Plenum erarbeiten. Sie können auch in Anlehnung an Kopiervorlage 6 ein Arbeitsblatt entwerfen, das die S selbstständig ausfüllen und sich dabei die Aufgabe erschließen.
Lösung:

RANGER	Where were you sitting?	**YOU**	He saw two men. They were *stealing bags.*
YOU	Wo saßen Sie *gerade?*	**RANGER**	What were they wearing?
TOURIST	Ich saß gerade am Strand.	**YOU**	Was *hatten sie an?*
YOU	He was sitting on *the beach.*	**TOURIST**	Sie hatten schwarze Kleidung an.
RANGER	What happened then?	**YOU**	They *were wearing black clothes.*
YOU	Was *ist dann passiert?*	**RANGER**	Thank you for your help.
TOURIST	Ich sah zwei Männer. Sie waren gerade dabei, Taschen zu stehlen.	**YOU**	Danke *für Ihre Hilfe.*

evtl. selbst erstellte Kopien oder Folie

S.103

WORTSCHATZ *Who can teach me?* • *she has put an advert in the newspaper* • *anything* • *Subject: ...*

TEST PRACTICE
DIDAKTISCH-METHODISCHER HINWEIS
Sie finden einen Hinweis zum Umgang mit dem *Test Practice*-Abschnitt auf HRU-S.53.

12 At Disneyland with Peter Pan: What can you see in the picture?
Die S entscheiden sich für die Verwendung des *present progressive* zur Beschreibung von Aktivitäten, die zum Zeitpunkt des Sprechens geschehen bzw. abgebildet sind.
Lösungsbeispiel:
1 The picture shows ... *Disneyland.*
2 Some children are ... *playing with a ball.*

3 I think that ...   *they are all feeling happy.*
4 It's ...   *sunny.*
5 One boy is wearing ...   *a T-shirt.*
A girl is wearing ...   *a skirt.*
A woman ...   *is wearing jeans.*
Peter Pan ...   *is wearing a hat.*

13 Who can teach me?
a) Sarah Green can't surf. So she has put this advert in her school newspaper:
b) Now write Brad's advert.

Die S lesen sowohl Sarahs Annonce als auch die Beschreibung von Brads Problem. Die Übung bietet durch das Anzeigenbeispiel eine klare Vorgabe zur Textproduktion und eignet sich daher auch für lernschwächere S.
Lösungsbeispiel:

I have got a new surfboard and surfing gear.
I don't live near the beach but I have a car.
I'm not a very good swimmer and I can't surf!
So who can teach me?
Phone number: 1850-777-6534   **HELP!**
Please phone after 4 pm

14 An e-mail to an American friend
You were in LA last month for a holiday. Your friend Mike has sent you an e-mail.
a) First read Mike's questions.
b) Write an e-mail to Mike. Write 50–80 words.

Die S lesen zuerst Mikes E-Mail und notieren seine Fragen. Um Aufgabe b) zu lösen, beginnen sie in Einzelarbeit und mithilfe des SB, sich Antworten auszudenken, nachzuschlagen und sich Notizen zu machen. In lernschwächeren Klassen arbeiten die S in Partnerarbeit. Schwierigere Fragen *(Did anything happen?)* können beispielhaft gemeinsam beantwortet werden.
Nachdem jede/r S seine E-Mail vollständig verfasst hat, was auch als Hausaufgabe geschehen kann, finden Sie eine besondere Form der Präsentation, wie z.B. eine Art Ausstellung der einzelnen Blätter an den Wänden des Klassenzimmers, wo Sie gut lesbar sind, aber auch das eigentliche Versenden der E-Mails als solche innerhalb der Klasse ist möglich. Dafür können die S nach dem Prinzip der *pyramid discussion* (siehe HRU-S. 50) in Paare und Gruppen aufgeteilt werden, die jeweils eine „schönste E-Mail" auswählen, weiterleiten und so am Ende eine/n Klassensiegerin/-sieger bestimmen.
Lösungsbeispiel:
Hi Mike,
Thanks for your e-mail. I had a great holiday. I spent three weeks in LA and visited lots of different places, e.g. Santa Monica Place, the stalls in Venice and Disneyland. I loved the roller coasters! Everybody I met was really friendly and it was sunny all the time. And guess what happened while I went skating on boardwalk one day! I met Tom Cruise! I was so excited! Take care!

Zugang zum Computerraum und dem Internet

EXTRA READING UNIT 2

S.120–121

WORTSCHATZ	S.120: *reading log • comic • copy (n.) • work experience • office • alarm clock • battery • file • photocopier • dumb • print out • crash (v.)*
	S.121: *ate (s. past) • out of order • scan in • scanner • she felt sorry for him • if • know • put • beep (v.)*
MEDIEN	Kopie der KV 36 auf Folie und Kopien der KV 34 und 35 in Klassenstärke, Folienstift, Tageslichtprojektor

ISN'T TECHNOLOGY AWESOME?

DIDAKTISCH-METHODISCHER HINWEIS

Die beiden fakultativen Texte unter dem Titel *Extra Reading* enthalten eine Text-Bild-Geschichte zum Thema „*Technology and the workplace*" und einen biografischen Text über Harriet Tubman, die im 19. Jahrhundert anderen Sklaven zur Flucht verhalf und Zeit ihres freien Lebens wohltätig wirkte, nachdem sie selbst dem Dasein als Sklavin entflohen war (siehe dazu auch die Info-Box auf HRU-S.181). Wie schon in vorangegangenen Bänden sollen die verschiedenen Textsorten den Spaß am Lesen fördern sowie die Vermittlung von Basisfertigkeiten für das Verstehen von Texten fortsetzen. Die S werden aufgefordert, kreativ auf das Gelesene zu reagieren und ihre eigenen Wahrnehmungen und Gedanken zu äußern. Das Führen eines Lesetagebuchs ist dafür ein geeignetes Instrument. Lexikalisch sind beide Texte nach den angegebenen Units behandelbar. Während anhand der Text-Bild-Geschichte das Versprachlichen von Bildinformationen fokussiert wird, übt der biografische Text das Entnehmen von Detailinformationen und regt mithilfe von *reading logs* zur Äußerung von eigenen Meinungen an.
Die Aufgabe, ein *reading log* anzulegen, kennen die S bereits aus dem vorangegangenen Band *New Highlight*. Zum Umgang mit und Führen eines *reading logs* finden sich weitere Informationen im didaktisch-methodischen Hinweis in *New Highlight*, Band 3, HRU-S. 212.

Einstieg

Reading log
Read the story. Then make a comic: ask your teacher for a copy of the story. Write what Taylor and Alexa say in the pictures.

Folie von KV, Folienstift

Kopieren Sie die Tabelle von KV 36 auf Folie, decken Sie die linke Seite ab, lassen Sie die S die rechte Seite lesen und klären Sie deren Bedeutung dabei mündlich. Erläutern Sie dann die Aufgabe und ordnen Sie im Plenum die Ereignisse einander zu.

Kopiervorlage 36

L *Let's look at a couple of things that can go wrong. Read the sentences, please. Now look on the left side where you can find activities that have gone wrong. Let's match both sides.* (Sprechen Sie eine/n S an.) *Imagine you want to get up early. What can go wrong?*
S *The alarm clock doesn't ring.*

Lösungen:

You get up early in the morning.	The alarm clock doesn't ring.
You use the photocopier.	It doesn't stop copying and makes too many copies.
You browse the internet to find information.	The computer crashes.
You go to the drinks machine.	"Sorry, no drinks. Machine out of order."
You want to scan pictures.	The scanner uses a software you don't know.
It's your lunch break.	You eat your sandwich alone. Nobody talks.
You wait for a text message on your cellphone.	It's not charged up!

Wenn alle Ereignisse einander zugeordnet sind, decken Sie nacheinander die folgenden Fragen der KV auf und lassen die S eine Antwort geben, die Sie auf der Folie notieren.
Lösungsvorschlag:
If these things go wrong,
- what kind of day do you have?   *I have a bad / a normal day.*
- where do you think you work?   *I work in an office / at a bank / in a big company.*
What do you think the story is about?   *The story is about someone who works in an office and who has a bad day when many things go wrong.*

Die S öffnen nun das SB auf S. 120f. und lesen den Text still (in lernschwächeren Klassen im Plenum). Klären Sie im Anschluss unbekannten Wortschatz und fragen Sie die S nach ihren eigenen Erfahrungen, die sie auch auf Deutsch äußern können.

L *Have you ever done work experience? Where? When? Was your work experience difficult like Taylor's or easy like Alexa's?*

Kopien von KV

Teilen Sie nun Kopien der Vorlagen 34 und 35 aus. Die S notieren noch einmal eine kurze Inhaltsangabe zur Bildgeschichte, die Sie dem gemeinsam erarbeiteten und überprüften Folienanschrieb entnehmen können. Danach finden Sie in Einzel- oder Partnerarbeit Bildunterschriften, die auch in Form von Gedankenblasen notiert werden können. In lernschwächeren Klassen erarbeiten Sie die ersten vier Bilder gemeinsam.

Kopiervorlage 34   Kopiervorlage 35

Lösungsvorschlag:
Bild 1 *It's my first day and I'm late!*
Bild 2 *These jobs are really easy. And Alexa's nice.*
Bild 3 *I can't believe this. Photocopying is for children!*
Bild 4 *Why does the computer crash? It's a new model.*
Bild 5 *I wonder if I like office work, it's quite difficult. And the colleagues are not very nice to me.*
Bild 6 *Now I have to ask Alexa for help. Maybe she knows the software.*
Bild 7 *I'm looking forward to this. At least something nice that happens today.*
Bild 8 *This is a really bad day. Next time I use a pen to wrote down the number.*

Unit 3

At Sullivan High

Themen Das Leben an einer amerikanischen High School – Gemeinsamkeiten und Unterschiede im Vergleich zu Schulen in Deutschland – Basketball und andere Mannschaftssportarten, Markenbewusstsein bei Teenagern – Fairplay im Sport – die Schulfächer – Regeln und Verbote in der Schule – Nachrichten am schwarzen Brett – der Beruf des Rettungssanitäters

In dieser Unit lernen die S eine High School in Chicago kennen, die tatsächlich existiert. Die S können die Schule im Internet aufsuchen, wodurch ein hoher Grad an Authentizität gewährt wird. Sie lernen Candice kennen, Schülerin an der Sullivan High und eine sehr gute Basketball-Spielerin. Candice steht vor dem Problem, dass sie für ein wichtiges Basketballspiel neue Sportschuhe benötigt. Ihre Mutter hat jedoch nicht genug Geld für teure Schuhe und Candice findet die billigen schrecklich. Die S können an dieser Stelle diskutieren, wie wichtig ihnen teure Kleidung und bestimmte Marken sind. Das wichtige Basketballspiel endet dann zwar für das Team der Sullivan High mit einer Niederlage, Candice wird jedoch von ihrem Trainer für ihr gutes Spiel und vor allem für ihr faires Verhalten auf dem Spielfeld gelobt.

Kommunikative Sprechabsichten

Fotos beschreiben und zuordnen	*Photo A shows a student at her locker.*
Das amerikanische Schulleben mit dem in Deutschland vergleichen	*At Sullivan High School there are lockers. At our school we don't have lockers.*
Über Basketball sprechen	*Players must get the ball in the hoop.*
Sich zu einem Song äußern	*I think it's great/cool/OK/bad/terrible.*
Über Markenkleidung sprechen	*Brands show that you're cool.*
Über Fair Play sprechen	*It's important to win.*
Anweisungen erteilen	*Put your tray back. Don't forget, please.*
Jemandem raten, etwas zu tun / nicht zu tun	*You must turn your cellphone off. / You mustn't be late.*
Sagen, was man tun muss / nicht tun darf	*You should play to win. You shouldn't worry.*

Sprachliche Mittel/ Strukturen

Sprachliche Strukturen, die von den S angewendet werden sollen:

Die Modalen Hilfsverben should/shouldn't, must/mustn't, can/can't: Modale Hilfsverben werden immer in Verbindung mit einem Infinitiv gebraucht. Bei Fragen und Verneinungen werden sie nicht mit *to do* umschrieben und sie tragen kein *-s* in der dritten Person Singular. Das Modalverb *must* drückt aus, dass jemand etwas tun muss. Alternativ dazu kann das Verb *have to* verwendet werden, das die S bereits in Band 3 aktiv verwendet haben. Die verneinte Form, *must not* bzw. die Kurzform *mustn't* [ˈmʌsnt], drückt ein absolutes Verbot aus (*You mustn't do that!* – Das darfst du nicht tun!). Wenn man hingegen ausdrücken möchte, dass jemand etwas nicht tun muss, wird die verneinte Form von *have to* benutzt: *We don't have to wear a school uniform.* Must hat keine Vergangenheitsform. Daher wird die *simple past*-Form von *have to* benutzt.

Das Modalverb *should* wird bei Ratschlägen oder Verpflichtungen verwendet. Es drückt aus, dass jemand etwas tun sollte: *You should go to bed earlier. You should drive carefully in bad weather.* Das modale Hilfsverb *can* drückt aus, dass man etwas tun kann. Es wird außerdem verwendet, wenn man um etwas bittet, um Erlaubnis fragt oder jemandem etwas erlaubt (*You can have an apple ...*) bzw. etwas verbietet (*... but you can't have an ice cream*).

Have to / don't have to wird verwendet für etwas, das jemand tun muss – alternativ zum Modalverb *must* (s. o.).

Der Imperativ (Befehlsform) hat im Englischen dieselbe Form wie der Infinitiv. Sie ist im Singular und Plural gleich (*Put your tray back!*). Bei der Verneinung des Imperativs steht *don't* vor dem Verb im Infinitiv (*Don't leave anything in the car!*).

Sprachliche Mittel, die nicht fokussiert werden:
Die S kennen bereits das *simple past* (z. B. aus *New Highlight*, Bd. 3, Unit 3) sowie *present progressive* (z. B. aus *New Highlight*, Bd. 2, Unit 1). Im *Story*-Abschnitt begegnen die S vielen, auch unregelmäßigen Verben in der *simple past*-Form; im Rahmen des *Revision*-Abschnitts verwenden sie die *present progressive*-Form im Zusammenhang mit einer Bildbeschreibung. Dort werden außerdem Verben fokussiert, die bestimmte Präpositionen erfordern *(tell about, be good at, go by)*, sowie die Verwendung einzelner Präpositionen wie *in, near, on* im Textzusammenhang geübt.

Kompetenzerwerb

1. Hören
- Fotos/Bilder für das Erschließen von Hörtexten nutzen
- Allgemeine und spezifische Informationen in gehörten Texten identifizieren
- Den groben Handlungsverlauf aus einem Song heraushören und kurz zusammenfassen

2. Sprechen
- Sich zu Gemeinsamkeiten und Unterschieden zwischen Schulen in den USA und Deutschland äußern
- Seine Meinung zu den Themen Markenbewusstsein und Fairplay im Sport in einer Diskussion vertreten
- Jemandem einen Rat geben
- Verbote aussprechen und Anweisungen geben
- Einem amerikanischen Austauschschüler Informationen über die eigene Schule geben

3. Lesen
- Die Lesetechniken *reading for gist* und *reading for detail* anwenden
- Mit verschiedenen Textsorten umgehen (Broschüre, Werbetext, Website, kurze Nachrichten)

4. Schreiben
- Einen Text über eine Mannschaftssportart verfassen
- Eine Nachricht für das schwarze Brett schreiben

5. Sprachlernkompetenzen
- Das Ergebnis eines Miniprojekts präsentieren
- Eine *Mindmap* zum Thema Sport anfertigen
- Informationen im Internet beschaffen

6. Medienkompetenz
- Eine US-amerikanische Schule kennen lernen.
- Gemeinsamkeiten mit dem und Unterschiede zum deutschen Schulsystem feststellen.

LEAD-IN

S. 38/39

WORTSCHATZ	S. 38: **high school • student** *(AE)* **• grade** *(AE)* **• English as a second language • extra classes • medical • locker • cheerleader • security check** S. 39: **first aid**
SPRECHABSICHT	Fotos beschreiben und zuordnen: *Photo A shows a student at her locker.* Das amerikanische Schulleben mit dem deutschen vergleichen: *At Sullivan High they have got a medical classroom. / We don't have security checks at our school.*
MEDIEN	S. 38: Daten über die eigene Schule und eine Broschüre, CD, CD-Spieler S. 39: Kopien der KV 10 in Klassenstärke

Vorbereitung

Notieren Sie sich einige Daten über Ihre Schule (z. B. Gründungsjahr, Anzahl der S, Anzahl der Lehrer, spezielle Angebote, Arbeitsgemeinschaften – in Anlehnung an die Broschüre der Sullivan High auf SB-S. 38).

Einstieg
falsche Broschüre

Das SB ist geschlossen. Zeigen Sie etwas hoch, das wie eine Broschüre aussieht (aber keine Schulbroschüre ist). Die S sollten nicht erraten können, dass es sich um eine Schulbroschüre handelt. Lesen Sie daraus Informationen vor, aus denen nicht auf Anhieb auf die eigene Schule geschlossen werden kann.
Beispiel:

L *I've got a brochure here and I want you to guess what it's about. I am going to read parts of it to you: "754 students, 43 teachers, special lessons in …, you can learn English and French here, there is a big gym, we have a very good football team, …, etc."*

S *This is / is about our school.*
L *That's correct. What else could you write in a brochure about our school? What is interesting and special about our school?*
S *We've got many after school clubs at our school, e. g. chess, computer, football. / You can have lunch at our school. / We've got a partner school in ... / ...*

Überleitung zum Schülerbuch:
L *There's a school brochure in our English book. Let's have a look at where it is and what it's like.*

INFO-BOX

Die Roger C. Sullivan High School (SHS) in Chicago/Illinois ist eine *senior high school* im Nordosten von Chicago mit etwa 1100 Schülern und 46 Lehrkräften. Die Schule feiert im Jahr 2008 ihr 75-jähriges Bestehen, wurde aber in den 1920er Jahren ursprünglich als *junior high school* gegründet. Die Gebäude wurden in den 1970er Jahren komplett saniert.

Die Schüler der SHS haben sehr verschiedene ethnische Hintergründe und kommen mit etwa 14 Jahren von *junior high schools* oder *middle schools*, um dort bis zu ihrem Highschool-Abschluss die Jahrgangsstufen neun bis zwölf absolvieren. An der Schule wird ganztags unterrichtet, und nach der offiellen *closed campus*-Philosophie der SHS dürfen die Schüler das Schulgelände während der Unterrichtszeiten zwischen 7.45 Uhr und 15.30 Uhr nicht verlassen. Für die Mittagspause steht ein *Lunch Room* mit schuleigener *School Cafeteria* zur Verfügung. Neben Englisch, Geschichte, Mathematik, dem naturwissenschaftlichen *Science*-Unterricht, Kunst, Musik, Sport und Informatik gibt es an der SHS ein *Department of World Languages*, von dem Spanisch- und Französisch-Kurse, aber auch Kurse in *English as a second Language* angeboten werden.

Eine Besonderheit der SHS ist die *Medical Careers Academy*, ein Programm, für das sich seit dem Jahr 2000 besonders qualifizierte Schüler aus ganz Chicago bewerben können, die dann gezielt auf ein Studium an einem *Medical College*, einem *College of Nursing* oder einem *College of Pharmacy* vorbereitet werden. Neben den regulären Unterrichtsfächern besuchen diese Schüler bereits ab der neunten Jahrgangsstufe auch Kurse in Krankenpflege und medizinischen Fächern und werden in den schuleigenen Laboren und Lehrkrankenzimmern, aber auch vor Ort in Krankenhäusern und an den jeweils fachbezogenen Colleges von praktizierenden Fachkräften angeleitet.

Wie an allen amerikanischen Schulen spielen auch die Nachmittagsaktivitäten an der SHS eine große Rolle. Die Schüler organisieren sich z.B. in verschiedenen Clubs und geben ein Schulmagazin und ein Jahrbuch heraus. Besonders die Sport-Teams sind aber von zentraler Bedeutung für das Gemeinschaftsgefühl der Schule: Die SHS hat u. a. Volleyball-, Fußball-, Basketball- und *American Football*-Teams für Mädchen und für Jungen und auch ein Team von Cheerleadern, die das *American Football*-Team, die *Sullivan Tigers*, unterstützen.

Weiterarbeit

1 Read the school brochure.
– Where is Sullivan High?
Geben Sie den S Zeit, die Schulbroschüre zu lesen und die Bilder von der Sullivan High School zu betrachten. Die SB-Frage schult das Detailverstehen *(reading for detail)*.
Lösung: *Sullivan High is in Chicago (North Bosworth Avenue).*

– Find AE words for pupils and years.
Die S haben bereits in Unit 1 eine Liste angelegt mit *AE words*. Diese wird nun durch *pupils (AE: students)* und *years (AE: grades)* ergänzt.

2 Listen to the tour of the school. Put the photos A–E in the right order.
Die S hören dann die *guided tour*, bei der ein deutscher Austauschschüler von Kyle, Schülerin der Sullivan High, durch die Highschool in Chicago geführt wird. In lernschwächeren Klassen bereiten Sie auf die Höraufgabe vor, indem Sie die Bilder beschreiben lassen.
Nach einmaligem Hören benennen die S die Reihenfolge, in der über die Fotos gesprochen wird, und notieren die entsprechenden Buchstaben in ihrem Arbeitsheft.

Hinweis: Achten Sie darauf, dass die S untereinanderschreiben, damit die Lösungen für *Ex. 3* ergänzt werden können.
Lösungen:
photo **C**, photo **B**, photo **E**, photo **A**, photo **D**

Tapescript

KYLE	Hi Max! My name's Kyle. Welcome to Sullivan High.
MAX	Hi, nice to meet you.
KYLE	I'm going to give you a tour of our school. Let's start right here at the door. Every student comes through here. They put their bags and jackets through this machine and then they walk through this security check.
MAX	It's like at the airport.
KYLE	Yeah, that's right. It's the same system. It's to stop students bringing knives or guns to school. We don't really have a problem with things like that here, though. We have two police officers at our school to help with any problems.
MAX	Police at school? Really? We don't have police officers at my school.
KYLE	Now we're in the history classroom. This is Mr Osman. Mr Osman, this is Max. He's a student from Germany.
MR OSMAN	Hi, welcome to Sullivan High, Max. I'm the history teacher and this is the history classroom.
MAX	The history classroom? So pupils ... I mean students, go to different classrooms for different lessons?
MR OSMAN	Yes, that's right. Is it different in Germany?
MAX	Yes, our class has its own room and all the teachers come to our class to give the lessons.
MR OSMAN	OK, well, that's different here. Our students can choose courses so these are students from different classes. ... I can see you're looking at our American flag over there. There's one in every classroom in our school ... OK, class, quieten down ...
KYLE	Thanks, Mr Osman ... we're going to another classroom now.
KYLE	Now this is a very special classroom. We have a program at our school for students who want to work in medical jobs – nurse, doctor, dentist or whatever. They have special classes here.
MAX	I've never seen beds in a classroom before!
KYLE	Yes, it's like being in a hospital ... The medical program is very popular. Students come from all over Chicago to our school for this program.
KYLE	Here are the student lockers.
MAX	Does every student have a locker?
KYLE	Yes – don't you have lockers at your school? We have lots of heavy books and sports equipment, so we keep our things in here. We get books when we need them.
MAX	That's a good idea. My school bag's always really heavy!
KYLE	OK, let me show you the big gym – we have two gyms, this is the big one. This is where we play basketball. We practise here and this is where we have games against other schools.
MAX	Boys' and girls' teams?
KYLE	Sure. Our cheerleaders are all girls, though. They get the teams and the people who are watching ready for the game.
MAX	Cool. I've seen cheerleaders on TV but we don't have them at my school.

3 Match the photos with the phrases from the box. Then listen again and check.

Vor dem zweiten Hören notieren die S die Stichwörter aus dem grünen Kasten hinter den richtigen Buchstaben (d. h. der Lösung zu *Ex. 2*) und überprüfen deren Zuordnung während des Hörens. Wenn sich die S unsicher sind, nehmen sie einen Bleistift.
Lösungen:

A locker   **C** security check   **E** medical classroom
B flag   **D** cheerleaders

4 Write sentences for the photos. Use the words in exercise 3.

Die S können zusätzlich kurze Sätze zu den Bildern notieren. Zur Kontrolle tauschen die S ihre Aufzeichnungen und korrigieren sie (mit Bleistift) gegenseitig. Lassen Sie

ausgewählte S ihre Texte vorlesen und die Klasse entscheiden, welche Zusammenfassung sie am besten findet.
Lösungsbeispiele:
Students put their books in lockers.
There is an American flag in every classroom.
There is a security check at the entrance.
Sullivan High has got a cheerleader team.
There is a medical classroom for students who want to work in medical jobs.

Erweiterung Lernstärkere S können auch noch weitere Informationen, die sie aus dem Hörtext behalten haben, notieren.
Beispiele:
The security check stops students from bringing knives and guns to school.
There are two police officers at the school.

▶ W 25, 1

5 Compare your school with Sullivan High School. What's the same? What's different? Make lists with a partner.
Die S übertragen zunächst die Tabelle aus dem SB und vervollständigen sie in Partnerarbeit. Anschließend werden die Punkte im Klassengespräch genannt und die S ergänzen ggf. ihre Tabelle.
Individuelle Lösungen.

Weiterführung
Kopiervorlage
Kopien von KV

An dieser Stelle können sich die S durch das Ausfüllen des *feedback sheet* (KV 10) noch einmal auf persönliche Weise mit den Bildern und dem Hörtext befassen. Sie werden dazu angeregt, über ihre eigene Schule und die Vorzüge und evtl. Nachteile einer amerikanischen Schule nachzudenken. Die Antworten können in einem Partnergespräch oder im Plenum vorgetragen werden und als Gesprächsgrundlage dienen. Später kann das *feedback sheet* in den Arbeitsmaterialien der S verbleiben.

Kopiervorlage 10

▶ W 25, 2–3

S. 40/41

WORTSCHATZ	S. 40: **court** • **hoop** • **equipment** • **shorts** • **free throw** • **shot** • **touch** (v.) • **kick** (v.) • **foul** (n.) • **YMCA** • **happy ending** • *I spent* (p.) • *I have no clue* • *I got* • *gotta find me a place* • **shoot** • *dreams of being like* • *a ball's no good* • *till* • *it so happened to me* • **score** (n.) • *it was tied* • *three on the* **clock** • *it's up to me* • *sky-high* • **release** (v.) • *everything for young men to enjoy* • *hang out* • *you can get yourself clean* • **meal** • *you can do whatever you feel* S. 41: **sneaker** (AE) • **available** • **royal** (blue) • **navy** (blue) • **exactly** • **market** • **ever** • **NBA** • **quality** • **local** • **full** • **line** • **brand** • **each** • **baseball** • **football** • **soccer** • **softball** • **expert** • **print out**
SPRECHABSICHT	Über Basketball sprechen: *There must be two teams of five players.* Sich zu einem Song äußern: *I think it's great/terrible.* Über Markenkleidung sprechen: *Brands show that you're cool.*
MEDIEN	S. 40: vorbereitete Beschreibungen mehrerer Ballsportarten, CD, CD-Spieler S. 41: L: CD, CD-Spieler, vorbereitete Folie mit Präsentationsregeln, Kopien von KV 11 oben *(Feedback)* in Klassenstärke S: Papier oder Karton für die Poster, dicke Filzstifte

BASKETBALL DREAMS

Auf den Seiten 40 und 41 geht es um das Thema Basketball. Die S beschäftigen sich mit den Regeln des Sports, hören einen Song zum Thema und lernen Candice kennen, die dann auch Protagonistin der Story *Fair Play* ist.

Einstieg

Beschreibungen mehrerer Sportarten

Das SB ist geschlossen. Lassen Sie die S verschiedene Sportarten erraten, zuletzt auch das Wort Basketball. Hinter der Tafel schreiben Sie alle gesuchten Begriffe an. Die S sind aufgefordert, die erratene Sportart still in ihrem Heft zu notieren. Nachdem Sie alle Beschreibungen vorgelesen haben, decken Sie die Tafel auf, lesen noch einmal vor und vergleichen die Lösungen:

L *I've got a riddle for you. You need to find out what sport I'm talking about. When you find out, write it down but don't tell your neighbour.*
– It's a team sport. You usually play it outdoors. There are men's teams and women's teams. The German national women's team is very good! They are the world champions! Many boys are interested in it and it's a very popular sport. You need eleven players and you need a ball. Write down what kind of sport it is.
– The next sport is a team sport too. You usually play it indoors. You need a smaller ball and two teams with seven players. They try to throw the ball into the other team's goal. The German national team are European champions at the moment.
– That's another team sport. You can play indoors or outdoors, but it's very popular to play it on the beach in summer. You also need a ball, but there have to be six players on each side and a net in the middle. What do you call this kind of sport?
– This is also a team sport. You can play indoors or outdoors. You must run fast. You must throw the ball, you mustn't kick it. You need five players per team. You must get the ball in the hoop. The ball is orange and quite big. The game is often played by very tall men.

Nachdem Sie die Lösungen verglichen (*football, handball, volleyball, basketball*) und evtl. Verständnisschwierigkeiten ausgeräumt haben, gehen Sie zum SB über:

L *I think you know all of these sports. I'm especially interested in basketball today. On page 40 in your books you'll find more questions and answers about basketball. Please open your books.*

1 Is basketball popular at your school? Do you watch it on TV?

S äußern sich im Unterrichtsgespräch, ob es eine Basketball-AG an der Schule oder eine Schulmannschaft etc. gibt. Finden Sie außerdem heraus, wer Basketball im Fernsehen schaut, wer Fan eines bestimmten Teams ist etc.
Mögliche Antworten: *Yes, basketball is popular at our school. / I watch important games on TV.*

2 Work with a partner. Look at the pictures and finish the file.

Die S begegnen in dieser Aufgabe erstmals den Modalverben, die sprachlicher Schwerpunkt der Unit sind. An dieser Stelle findet jedoch keine Bewusstmachung statt, da die Bedeutung der Wörter aus dem Kontext bzw. aus den Illustrationen klar wird.
Lösungen:
There must be *two* teams of *five* players.
You need a basketball *court* and two *hoops*.
Players must get the ball in the *hoop* to get points.
Players mustn't touch other players and they mustn't kick the *ball* (these things are fouls).

Erweiterung

Die kurze Beschreibung kann als Modelltext dienen für andere Ballsportarten. Die S erstellen in Partnerarbeit eine ähnliche Beschreibung für eine Ballsportart ihrer Wahl. Sie können sich dabei an den Texten orientieren, die Sie den S zum Einstieg als Rätsel präsentiert haben und die Sie bei Bedarf noch einmal vorlesen.

> **LANGUAGE AWARENESS**
>
> *Must not* oder *mustn't* ['mʌsnt] heißt übersetzt „darf nicht". *You mustn't do that* bedeutet also ein klares Verbot „Das darfst du nicht tun" und nicht etwa „Das musst du nicht tun".

3 SONG *YMCA*

INFO-BOX

Zum Song: YMCA von Touché feat. Krayzee: Die vierköpfige deutsche Boyband Touché existierte von 1996 bis 2002. In dieser Zeit wurden in Zusammenarbeit Produzent Dieter Bohlen drei Alben und eine Compilation ihrer Hits veröffentlicht. Der vorliegende Song „YMCA" ist auf ihrem zweiten Album „Kids in America" von 1998 zu finden. Der gebürtige Kalifornier Krayzee übernahm den Rap-Part für den Song „YMCA". In den 1990er Jahren beteiligte sich Krayzee als Rapper und Choreograf an Projekten auf dem deutschen Musikmarkt, u. a. für Dieter Bohlen und Jürgen Drews, veröffentlichte aber auch eigene Titel.

Der Song bedient sich des Refrains des bekannten Disco-Klassikers „YMCA" der Band Village People von 1978. Dieses Lied ist auch als Hymne der schwulen Kultur bekannt. Im Song der Village People wird die christliche Organisation junger Männer YMCA als Dating-Treffpunkt für Homosexuelle beschrieben, eine Entwicklung, die sich schon in den 1980er Jahren mit der immer öffentlicheren Präsenz der homosexuellen Szene überholt hatte (s. anschließenden Abschnitt zur Organisation YMCA). Dennoch hat der Song der Village People weiterhin Kultstatus und wird meistens mit dem typischen YMCA-Tanz zelebriert, bei dem die Tanzenden beim Refrain die Buchstaben YMCA mit ihren Händen nachformen.

In der Adaption von Touché und Krayzee wird die Organisation des YMCA dagegen in einem anderen Licht gezeigt, nämlich als Forum für Jugendliche, die keinen anderen Anlaufpunkt haben, dort, auch im sportlichen Bereich, ihre Fähigkeiten austesten können. Der Protagonist interessiert sich für Basketball und träumt davon, ein Star zu werden wie Michael Jordan (im Song Michael J.). Er langweilt sich jedoch zunächst, da er keinen Platz zum Spielen hat. Eines Tages trifft er einen alten Mann, der ihm den Weg zum YMCA zeigt. Von nun an kann er dort trainieren. Fünf Jahre später findet ein wichtiges Basketballspiel dort statt, in dem der Protagonist den letzten entscheidenden Punkt erzielt und von nun an ein Star ist. Der Refrain des Songs der Village People erweckt durch den Text des Rap-Teils vollkommen andere, nämlich ernst gemeinte positive Assoziationen. Angespielt wird auch auf die ursprüngliche Verknüpfung des Sports Basketball mit dem YMCA (s. anschließenden Abschnitt zur Organisation YMCA).

Zur Organisation YMCA: Die Abkürzung YMCA steht für Young Men's Christian Association, eine weltweite Bewegung, die in Deutschland „Christliche Vereinigung Junger Männer" (CVJM) heißt. Am 6. Juni 1844 wurde der erste YMCA von George Williams in London gegründet. Er hatte das Ziel, jungen Männern in der Großstadt Glaubens- und Lebensorientierung zu geben. Diese wurde im eigenen Vereinshaus auf biblischer Grundlage erteilt.

Zu den Errungenschaften des YMCA gehören u. a. die Erfindung von Basketball (1891 in Springfield, Massachusetts, USA) und Volleyball (1895 in Holyoke, Massachusetts, USA). Der Hausmeister Pop Stabbins befestigte damals Pfirsichkörbe an den Balkonen der YMCA Training School in Springfield.

Heute ist das YMCA eine eher familienorientierte Organisation, die viele Freizeitaktivitäten für Kinder und Jugendliche, aber auch Kurse im Bereich Bildung anbietet. Weiterhin vertritt das YMCA dabei zentral christliche Werte. Das Symbol des YMCA ist ein rotes Dreieck, dessen Schenkel die Prämissen der Organisation symbolisieren, nämlich einen gesunden Geist, Verstand und Körper zu fördern.

> **DIDAKTISCH-METHODISCHER HINWEIS**
>
> **Zum Umgang mit Liedern:** Lieder sind für das Lernen einer Fremdsprache besonders gut geeignet, da sie die affektive Seite der S ansprechen, wodurch das Lernen begünstigt wird. Songs haben eine auflockernde Wirkung und können der Entspannung dienen. Gleichzeitig prägen sich Wortschatz, Strukturen und besonders auch die fremde Aussprache gut ein.
> Im Folgenden sind einige Möglichkeiten umrissen, wie mit einem Song im Unterricht umgegangen werden kann.
>
> **Aktivitäten vor dem Hören** *(Pre-listening activities)*
> - Titel des Songs geben und in einem Brainstorming eine Wortsammlung anlegen
> - eine Wortsammlung zu einem *keyword* aus dem Song anlegen
> - L erzählt eine Geschichte zum Song
> - Gespräch/Diskussion (z. B. *What is friendship?*)
> - mehrere *keywords* aus dem Song vorgeben und die S die Geschichte vermuten und aufschreiben lassen
> - Kopie des Songtextes mit Lücken an die S geben; die S spekulieren vor dem Hören über fehlende Wörter
>
> **Aktivitäten während des Hörens** *(While-listening activities)*
> - den Liedtext zeilenweise zerschneiden und die S ordnen lassen
> - jeweils Zeilenanfänge und -enden vorgeben; die S ordnen diese einander zu
> - den Text in Großbuchstaben ohne Lücken zwischen den Wörtern vorgeben, S markieren Wortgrenzen mit einem Bleistift
> - den Text leicht verändern: einzelne Wörter durch ähnlich klingende ersetzen („Have you been the old man ..."); S hören die Fehler heraus und markieren sie im Text
> - Lücken ergänzen lassen (die fehlenden Wörter evtl. vorgeben)
> - die S hören auf ein bestimmtes Wort, das der L vorgibt, und zählen, wie oft es vorkommt
> - einzelne Wörter heraushören (z. B. aus vorher erstellter Wortsammlung)
> - *last but not least:* mitsingen lassen
>
> **Aktivitäten nach dem Hören** *(Post-listening activities)*
> - die S beantworten *right/wrong questions*
> - der Song kann als Schreibanlass dienen für eine Geschichte, einen Brief an den Interpreten oder Komponisten, ein Gedicht oder neue Strophen
> - ein Bild, Bilderfolge / einen Cartoon zum Song malen

Das SB ist geschlossen. Im Klassenverband werden noch einmal Wörter zum Thema Basketball an der Tafel gesammelt, die das folgende Hören entlasten. Sie notieren die Wörter an der Tafel.

L *In a moment we're going to listen to a song that has to do with basketball. What words do you think you will hear in the song? Guess!*
S *Shot, shoot, team, ball, hoop, score, jump, high, ...*
L *I'm now going to play the song. Please tell me afterwards which of the words you actually heard in the song. If you like you can note them down.*

a) Listen to the song. Do you know it? Do you like it? Tell the class.
Die S hören den Song bei geschlossenem SB. Danach sagen sie, welche der vorher gesammelten Wörter sie im Song gehört haben. Diese werden an der Tafel abgehakt. Zur Überprüfung schlagen die S jetzt das SB auf und lesen den Songtext.
Die S können sich jetzt frei und im Plenum zum Song äußern, wobei sie sich an den Fragestellungen des SB orientieren. In lernstärkeren Klassen kann diese Phase in Partnerarbeit erfolgen.

b) Listen again and read the words. Does the song have a happy ending? Find the lines in the song that tell you.
Spielen Sie den Song ein zweites Mal vor und lassen Sie die S diesmal den Text mitlesen. Die S sollen nun den im Song enthaltenen Handlungsverlauf erfassen (s. dazu die Info-Box auf der vorhergehenden Seite).
Lösungsbeispiel:
I think the song has a happy ending: "Now I'm a star and it's OK." / "It's fun to stay at the YMCA."

c) Finish the summary of the song.

Die Aufgabe kann mündlich im Klassenverband oder mit einem Partner bearbeitet werden. Möglich ist auch, dass die S die Zusammenfassung des Songs aufschreiben. (Weitere Möglichkeiten des Umgangs mit dem Lied finden Sie im didaktisch-methodischen Hinweis auf der vorhergehenden Seite.)

Lösung:

The singer had a problem. He wanted to *play basketball* but he didn't have *a place to play*. Then *an old man* helped him. The singer played at *the YMCA*. One day there was a *big game*. The singer made *the last shot*. Now he's a *star*.

▶ W 26, 4

S. 41

 4 Candice from Sullivan High
Listen: What's Candice's problem?

Thematisch führt diese kurze Hörsequenz zur Geschichte auf SB-S. 42/43 hin. Zunächst wird jedoch der Anstoß zu einer Diskussion über das Markenbewusstsein bei Jugendlichen gegeben.

Bitten Sie die S vor dem ersten Hören das Bild zu betrachten und erarbeiten Sie die Situation:

L *Look at the picture. Who is Candice?*
S *She is the girl on the left / the girl with the green pullover.*
L *Who are the two other girls?*
S *They are her friends.*
L *Why are they talking to each other? Have a guess.*
S *Candice has a problem. Her friends are listening to her / helping her.*
 L *Listen to the text and find out what her problem is.*

Die S hören den Text und füllen danach mündlich die Lücken im Text aus.

Lösung:

Her basketball shoes are *too small*. But good shoes are really *expensive* and cheap shoes are *terrible*.

Tapescript
APRIL	Hi Candice. How ya' doin'?
TAMARA	Hi Candice!
APRIL	Hey, are you OK, Candice?
CANDICE	Yeah, fine. – Well, you know, we've got an important game on Saturday. And I don't have any basketball shoes! My old ones are too small, they really hurt my feet. But my mom says she can't buy me any new ones. The good shoes, the best brands, are really expensive and the cheap ones are terrible.
TAMARA	Yeah, but you need them. You can't play basketball without good shoes, can you?
CANDICE	Of course I can't – but what should I do?
TAMARA	Candice, you're the best player on the team. You should tell your mom the game is important.
CANDICE	She knows that, Joel. But she says she can't pay a hundred dollars for basketball shoes. What should I do?
APRIL	You shouldn't worry, Candice. I think I have an idea. Let me look at my computer.

Erweiterung

Der Text kann noch ein zweites Mal abgespielt werden und die S nennen weitere Details, die sie herausgehört haben.

L *What else do we find out about Candice and her problem?*

Mögliche Schüleräußerungen:

S *Her mum can't buy her new shoes. Good shoes cost a hundred dollars. There is an important game on Saturday against Illinois College. Candice is the best player on the team.*

Weiterführung Die S denken selbst über Lösungsmöglichkeiten für das Problem nach, bevor die Anzeige betrachtet wird.

L *What do YOU think Candice should do?*
S *She should tell her mum that it's an important game.*
She should ask her mum if she can pay the money back to her later.
She should try to get a loan from someone/somewhere.
She should try to get a small job.
She should buy cheap shoes.
She should wear her old shoes.
L *On page 41 you find the answer to Candice's problem. Read the advert in Ex. 5.*

5 Read the website advert.
Die S lesen die Anzeige und schreiben selbstständig die Antworten zu den Fragen auf.
Lösungen:
1 *The shoes are $14.98.*
2 *They are quality sneakers but very cheap.*
3 *You can buy the shoes at Steve and Barry's.*
4 *In American English "trainers" are called "sneakers".*
   Die S notieren das Wort auf ihrer *AE*-Liste.

INFO-BOX

Im Schülerbuch ist eine nur leicht veränderte Original-Anzeige abgedruckt. Es handelte sich um eine Werbekampagne des Basketballspielers Stephon Marbury, in der Qualitätsschuhe zu einem ungewöhnlich niedrigen Preis angeboten wurden. Die ersten Turnschuhe der Marke Starbury, die Marbury gemeinsam mit seinem Partner und Spielerkollegen Ben Wallace ins Leben gerufen hat, wurden 2006 produziert. Neben dem Basketballschuh *Starbury One* hat Marbury auch andere Turnschuhe in aktuellen Designs im Angebot, die teilweise sogar unter 10 Dollar kosten. *Starbury* produziert und vertreibt auch eine Sportbekleidungslinie, die demselben Ideal der Preisgünstigkeit verpflichtet ist. Die Kampagne kam bei Jugendlichen so gut an, dass 2007 bereits eine zweite Produktionslinie u. a. mit dem Schuh *Starbury Two* angeboten wurde. Marbury wendet sich mit seiner Kampagne direkt gegen die Preispolitik der großen Schuhkonzerne, die Basketballstars gerne zu Aufhängern ihrer Werbung für überteuerte Markenprodukte machen, wie z. B. die Firma Nike mit ihrem Werbeträger Michael Jordan seit den 1990er Jahren. Diese Produkte sind für die meisten Jugendlichen, so wie für Marbury selbst in seiner Jugendzeit, unerschwinglich.

6 AND YOU? Tell the class: How important are brands for you?
Leiten Sie zu *Ex. 6* über, indem Sie fragen:

L *Would you buy these shoes? – Why? / Why not? Think about an answer and use the sentences in Ex. 6. Then tell your partner what you think.*

Die S überlegen sich ihre Antwort und tauschen sich danach kurz mit einem Partner über die Frage aus, wobei sie die vorhandenen Sprechblasen zu Hilfe nehmen. Um die Schüleraktivität zu erhöhen, kann die Partnerarbeit ausgedehnt werden und z. B. in einen Doppelkreis bzw. der Karussellform organisiert werden. (Siehe dazu HRU-S. 50) Im Anschluss daran werden einige Meinungen im Plenum gesammelt.
Individuelle Lösungen.

PROJECT Team Sports

Im Rahmen des Projekts werden wichtige Kompetenzen trainiert, wie das *note-taking*, das Visualisieren von Informationen (z. B. in Form eines Posters oder einer Powerpoint-Präsentation) und das mündliche Präsentieren von Informationen.

Internetzugang **Gruppenbildung**: Im Rahmen eines Mini-Projekts befassen sich die S in Gruppen mit einer Teamsportart. Es stellt kein Problem dar, wenn sich mehrere Gruppen für die gleiche Sportart entscheiden. Wichtiger ist, dass die S nach ihren Interessen arbeiten können. Es können bei Bedarf auch andere Teamsportarten gewählt werden (z. B. Hockey, Handball). Gehen Sie mit den S die einzelnen Aufgabenpunkte durch. Auf der angegebenen Website finden die S aufbereitete Informationen zu den angegebenen Ballsportarten. Die Basketball-Beschreibung auf SB-S. 40 dient als Vorlage.

Erweiterung

Recherche: Die S werden jedoch bei ihrer Recherche noch weitere Informationen finden, die sie ebenfalls festhalten können. Ermuntern Sie die S jedoch, selbst noch aus anderen Quellen Informationen zusammenzutragen oder Bilder mitzubringen. Außer den Regeln, wie sie in der Kurzbeschreibung festgehalten werden, wird berücksichtigt, wo und wann die Sportart entstanden ist, in welchen Ländern sie verbreitet ist, welche berühmten Teams und Sportler es gibt, welches Land die letzte Weltmeisterschaft oder die Olympischen Spiele gewonnen hat und Ähnliches.

Präsentation der Ergebnisse:
Stellen Sie den S die Regeln für eine gelungene Präsentation vor. Halten Sie verdeckt auf einer Folie folgenden Anschrieb bereit:

vorbereitete Folie

- Structure your presentation.
- Tell your audience what you are going to talk about.
- Explain difficult words.
- Speak clearly and slowly.
- Show your pictures or photos.
- Make eye-contact with your audience.

Sammeln Sie zunächst die Meinungen der S darüber, was eine gelungene Präsentation beinhaltet und decken Sie allmählich den Folienanschrieb auf. Als Hilfestellung geben Sie die Verben *structure, tell, explain, speak, show* vor.
Die Regeln können von den S erweitert und z. B. auf einem Plakat festgehalten werden. Für die Dauer des Projektes sollten diese Regeln sichtbar bleiben.

Erläutern Sie den S zuerst, wie ein Gruppenpuzzle funktioniert (s. den didakt.-method. Hinweis auf HRU-S. 99), damit sie verstehen, dass jede/r von ihnen die gewählte Sportart einer anderen S-Gruppe vorstellt. Zur Vorbereitung der Präsentation entwirft jede S-Gruppe mithilfe der Wortgruppen auf der inneren Umschlagseite und der vorgegebenen Satzbausteine auf SB-S. 41 einen Text über ihre Sportart. Geben Sie Ihren S etwas Zeit, ihren Entwurf festzuhalten und zu üben.

SB-Umschlagseite

Nach dem Gruppenpuzzle-Prinzip finden sich im Anschluss an die Stammgruppenarbeit neue Gruppen zusammen, in denen jeweils eine Person (Experte) eine Sportart präsentiert.

Kopien von KV

Feedback: Nach jedem Vortrag füllen die Zuhörer das *feedback grid* von KV 11 oben aus, das die Kriterien für einen guten Vortrag entsprechend dem erarbeiteten Tafelbild auflistet. Nachdem alle Präsentationen erfolgt sind, geben die S sich gegenseitig mündlich eine Rückmeldung darüber, wie gut die erarbeiteten Regeln umgesetzt wurden. (*Your presentation was well structured. You spoke clearly.* Etc.). Dabei nehmen sie das *feedback grid* zur Hilfe.

Besonders gelungene Arbeitsergebnisse können Eingang in das Portfolio der S finden.

Kopiervorlage 11

DIDAKTISCH-METHODISCHER HINWEIS

Das **Gruppenpuzzle** (auch genannt *Jigsaw*-Methode) ist eine Form der Gruppenarbeit, bei der Lernende gleichzeitig auch als Lehrende agieren. Es werden so genannte Stamm- und Expertengruppen gebildet. Zuerst erarbeiten sich die Lerner der Stammgruppen gemeinsam, eigenverantwortlich und exemplarisch Wissen über einen ausgewiesenen Teil des zu bearbeitenden Themas, welches sie dann in einer nächsten Phase ihren Mitlernern in den neu zu bildenden Expertengruppen vermitteln. Jedes Stammgruppenmitglied ist in der neuen Konstellation ein Experte auf dem zuvor erarbeiteten Gebiet und dafür verantwortlich, das Gruppenwissen weiterzugeben. Alle S erarbeiten sich so ein gemeinsames Wissen, zu dem jeder einen Beitrag leistet, sodass eine positive gegenseitige Abhängigkeit (Interdependenz) entsteht, bei der alle Beiträge wichtig sind.

Problematisch kann die Einteilung der Gruppen sein, wenn die S-Zahl nicht 9, 16 oder 25 beträgt (Gruppen zu 3×3, 4×4 oder 5×5 S). In diesem Fall ist Flexibilität gefragt, d.h., einige S können ein Team bilden und gemeinsam präsentieren oder S mit Spezialinteressen bilden eine Extra-Gruppe.

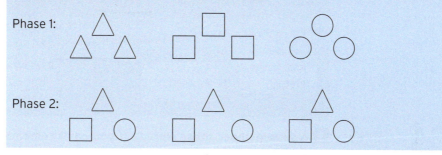

Wenn die S noch keine Übung im Präsentieren haben bzw. darin, ein Feedback zu geben, können die Mini-Präsentationen auch im Klassenverband gehalten werden. Nach der Stammgruppenarbeit werden zunächst einige Präsentationen als Beispiel im Klassenverband abgehalten, um gemeinsame Maßstäbe für eine gute Präsentation zu besprechen.

▶ W 26, 5–6

STORY

S. 42/43

WORTSCHATZ	S. 42: **fair play** • she felt **confident** • **move** (v.) • **throw: I threw (at)** • **cheer** • **half-time** • **score** (v.) • **it was 24-18** to North • **Too bad!** • **Well done!** • **Good luck!** • **hit: I hit** S. 43: **referee** • **miss** • **play by the rules** • **self-control**
SPRECHABSICHT	Über Fairplay sprechen: *Fair play is he most important thing in sport.*
MEDIEN	Karteikarten oder Folien-Stücke mit Wortgruppen zu *fair play*, Tageslichtprojektor, *Dictionary* im SB, CD und CD-Spieler, KV 12 *(reading log)* in Klassenstärke

Fair play

Einstieg
vorbereitete Karteikarten oder Folie

Schreiben Sie folgende Wortgruppen auf größere Karteikarten oder auf Folien-Stücke und verteilen Sie sie gemischt an der Tafel oder auf dem Projektor:

be nice	play by the rules	use swearwords	shout at the referee
foul people	listen to the referee	fight with other players	be honest	provoke opponents

Schreiben Sie *fair play* und *unfair play* an die Tafel und lassen Sie die S die vorgegebenen Begriffe zuordnen. Da es sich teilweise um unbekanntes Vokabular handelt, lesen Sie die Wortgruppen vor und umschreiben ggf. die Bedeutung.

L *Remember: We talked about basketball, football and other sports. In these games it is important to play fair. Do you know what fair play means?*
S *You must play by the rules / not foul other players.*
L *Does it mean to use swear words, that means to talk badly or to scream at others in the game?*
S *No, you shouldn't do that.*

Ordnen Sie die Karteikarten allmählich den beiden Oberbegriffen zu. Anschließend öffnen die S ihre SB und lesen Aufgabe 1.

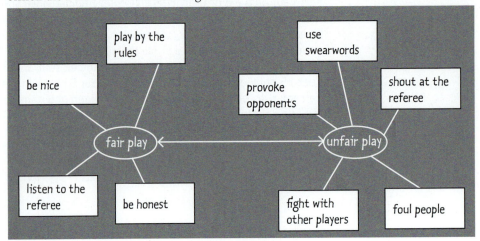

 1 You remember these words? If you can't remember, check them in the *Dictionary*.
Versuchen Sie, die Bedeutung der Wörter zuerst im Plenum zu erschließen. Ermuntern Sie die S, die Vokabeln auf Englisch zu umschreiben.
Lösungen:
court – Spielfeld *(That's where you play.)*
hoop – (Basketball-)Korb *(You need to throw the ball into the hoop.)*
shot – Wurf *(That's when you throw the ball.)*
score – Nomen: Spielstand, Verb: einen Punkt erzielen, punkten *(In the score you can see how many points the team have.)*
on the clock – auf der Anzeigetafel *(There you can see the score.)*

Leseverstehen (Scanning)

Vor dem ersten Lesen sollen die S eine grundlegende Information aus dem Text herauslesen (Lesetechnik *Scanning*):

L *Which school does Sullivan High School play against in the story? Quickly find the answers in the text.*
S *They play against North High School.*
L *Who do you think is going to win the game?*

Es kann auch ein Abstimmungsergebnis an der Tafel festgehalten werden. Lassen Sie die S weiter vermuten, wen sie auf den Bildern sehen.

L *Who are the people in the pictures?*
S *They are Candice and April. There's also a girl from North High School. The coach is there as well.*

 2 Read the story. Who won the game?
Nach dem ersten Hören (und Lesen) beantworten die S die Frage.
Lösung:
North High School won the game.

Für den ersten inhaltlichen Austausch wird noch einmal das Tafelbild betrachtet.

L *Was it a fair game?*
S *No, it wasn't.*
L *Who didn't play fair?*
S *Lana Hill didn't play fair. She fouled Candice.*

3 Who's who? Match the names with the people in the story.
Die S vergegenwärtigen sich durch die Aufgabe, wer die Personen in der Geschichte sind.
Lösungen:
1 b   2 c   3 d   4 a

Leseverstehen/ Reading Log

Kopien

Die S lesen die Geschichte ein zweites Mal und bearbeiten dabei das *Reading Log* (KV 12). Durch die Zuordnung der zentralen Aussagen zu den jeweiligen Personen der Geschichte wird der Inhalt weiter gefestigt.
Beispiellösungen:
1 Before the game: What is Candice thinking?
   I want to be a basketball star. It'll be a good game.
   After the game: What is Candice thinking?
   Basketball star? Forget it.

2 Who says what?
   Foul!   April
   It'll be a good game.   Candice
   Don't be sad.   coach
   Too bad! We're going to win.   Lana
   You played well – but you must move faster!   coach

Kopiervorlage 12

3 After the basketball game, April gives ...
   Individuelle Lösungen.

4 A report about the game
a) Finish the sentences.
Ähnlich wie bei der Bearbeitung des *Reading Log* müssen die S noch einmal den Text genau lesen, um die entsprechenden Sätze vervollständigen zu können *(reading for detail)*.
Lösungen:
1 Sullivan High School played *North* High School.
2 The game was *fast*.
3 At half-time the score was *24:18 to North*.
4 When the game started again, the Sullivan team played *faster*.
5 Lana's arm hit Candice *in the face*.
6 Candice had two free throws. Her shots *missed*.
7 In the end, the score was *44:42 to North*.
8 The coach said Candice shouldn't *be sad and she shouldn't give up* her dream.

b) Write a report about the game for the Sullivan School website.
Die Sätze aus a) werden u.a. mit *sentence linkers* (aufgeführt im gelben Kästchen) zu einem Text verbunden.
Lösungsbeispiel:
Yesterday Sullivan High School played against *North* High School. The game *was very fast, so* at half-time the score was 24:18 to North. When the game started again, the Sullivan team played faster, *but suddenly* Lana's arm hit Candice in the face. *It was a foul, so* Candice had two free throws, *but* her shots missed. In the end, the score was 44:42 to North. *Mr Harris*, the coach, said Candice *is the best player that she has trained and that she has a good future*. It was an interesting game, but not always fair.

5 What is fair play?
Put the sentences together.
Lösungen:
1 You play by the rules.   3 You don't fight with the referee.
2 You help other players.

Transfer

6 AND YOU? What do you think?
Die S tauschen sich zunächst mit einem Partner über die Fragen aus und äußern sich dann im Plenum noch einmal dazu.

L *Did you agree with your partner on all the statements? Why? / Why not?*
S *No. X thinks the most important thing is to win but I don't agree.*

Die S sollten versuchen, ihre Meinung zu begründen.
Mögliche Schüleräußerungen:

S *I think fair play is the most important thing in sport, because if you don't play by the rules you can hurt someone.*
S *Fair play is important, but you don't always have to play by the rules because nobody always plays by the rules.*
S *The most import thing is to win. I don't agree. I think the most important thing is to play a good game that is fun.*

In lernschwächeren Klassen schreiben Sie einige Beispielantworten an die Tafel. Abschließend hält jede/r S seine begründete Meinung schriftlich fest.

▶ W 27, 7–9

WORDPOWER

S. 44

WORTSCHATZ *imperative*

> **DIDAKTISCH-METHODISCHER HINWEIS**
>
> **Zum Umgang mit dem *Wordpower*-Abschnitt:** Auf bekannte Art und Weise werden die S hier aufgefordert, das neue Vokabular der vorangegangenen Seiten zu suchen, zu benutzen und zu festigen. Die ersten drei *Exercises* auf SB-S. 44 greifen noch einmal das gesamte Sport-Vokabular aus der Unit auf. Das *sport network* kann statt mit einem Partner auch in Einzelarbeit angefertigt werden und ermöglicht den S einen individuell differenzierten Zugang und die bessere Verankerung des Wortmaterials.
> In *Exercise 4* wird der Imperativ (bejaht und verneint) als sprachliche Nebenstruktur fokussiert. Die S kennen ihn schon aus vergangenen Schuljahren, hier wird die Struktur aber erstmals bewusst gemacht. Im *Extra Practice*-Abschnitt und auf den *Summary*-Seiten wird der Imperativ weiter geübt und beschrieben.

1 Match the phrases with the pictures.
Lösungen:
1 Good luck!   **2** Well done!   **3** Too bad!

2 Sport Words
Die S ordnen in Partnerarbeit die richtigen Verben zu. Nachdem im Plenum verglichen wurde, lösen die S schriftlich und weiterhin in Partnerarbeit die Aufgabe b). In lernschwächeren Klassen erarbeiten Sie die ersten Sätze gemeinsam.
a) Match the words with the pictures.
Lösungen:
1 score   **2** cheer   **3** hit   **4** miss   **5** throw   **6** kick

b) Write sentences for the pictures.
Mögliche Lösungen:
1 The football player has scored!
2 The people are *cheering*.
3 The baseball player is hitting the ball.
4 The basketball player missed the hoop! Too bad!
5 The basketball player is throwing the ball.
6 The girl is kicking the ball.

3 A sport network
Work with a partner. Put in words from pages 38–43, then find more words.

Wordbank 4
Die S können *Wordbank 4* auf SB-S. 128 zu Hilfe nehmen, um weiteres Wortmaterial in das Netz einzubauen.

Lösungsbeispiel:

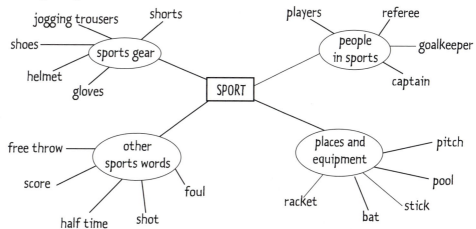

4 WORD SEARCH Imperative
a) Find these sentences on pages 42 and 43.
Die S müssen noch einmal in der Geschichte nachlesen, um die entsprechenden Sätze zu finden. Lernstärkere S sollten ermuntert werden, die Sätze aus dem Gedächtnis zu ergänzen. Sie sollten dann zur Selbstkontrolle auf den entsprechenden Seiten nachsehen.
Lösungen:
1 *Do* your best, Candice!
2 *Wait* a minute.
3 *Forget* it!
4 *Don't be* so sure.
5 *Don't do* anything stupid.
6 *Don't be* sad.

b) What the coach says.
Lösungen:
1 Drink lots of water.
2 Wear good shoes.
3 Get the right equipment.
4 Don't hurt other players.
5 Don't do dangerous things.
6 Don't lose your self-control.

▶ W 28, 10–13

REVISION

S. 45

STRUKTUR	Present progressive: Some students are looking at the board.
MEDIEN	Leerfolie, Folienstift, Kopien der *flow chart* von KV 11 unten in Klassenstärke

Wordbank 5

1 School subjects and activities
Hier werden die verschiedenen Schulfächer wiederholt. Lassen Sie die S aus dem Gedächtnis möglichst viele Fächer aufschreiben, dann die fehlenden mithilfe der *Wordbank 5* auf SB-S. 129 ergänzen und in kommunikativem Kontext verwenden, indem sie ihrem/r Partner/in gegenüber ihre Vorlieben und Abneigungen äußern.
a) Work with a partner. Make a list of school subjects and activities.
Individuelle Lösungen.

b) Talk to your partner about school subjects and activities. Use the phrases in the box.
Tipp: Falls Sie in einer differenzierten Lerngruppe unterrichten, bieten die unterschiedlichen Stundenpläne der S einen authentischen Sprechanlass.
Individuelle Lösungen.

2 At school
a) Look at Sullivan's timetable and finish the sentences.
Lösungen:

1 School starts at *7.45 (quarter to eight)*.
2 School finishes at *3.30 (half past three)*.
3 Lessons are *45* minutes long.
4 There are *four* minutes between lessons.
5 Lunch is at *11.20* or at *12.10*.

b) Write about your school.
Zur Vorbereitung entwerfen die S ihren eigenen Stundenplan nach dem vorgegebenen Beispiel. Zu diesem Anlass können im Klassengespräch sprachliche Lösungen für spezifische Probleme gefunden werden (wie täglich variierende Anfangs- und Endzeiten). Im Anschluss benutzen die S die Sätze aus a), um über ihre Schule zu schreiben. Hier können sie noch einmal die grundsätzlichen Unterschiede zwischen einem Schultag an einer amerikanischen und einer deutschen Schule feststellen.
Individuelle Lösungen.

3 About school and me
a) Put the words in the box.
Mündlich setzen die S die Präpositionen in den Text. Ziel ist es, dass sich einige Wendungen als sogenannte *chunks* einprägen *(tell about, go by bus, I'm good at, in the future)*. In lernschwächeren Klassen schreiben Sie die *chunks* an die Tafel.
Lösungen:
I'm Mack. Let me tell you *about* me. I live *near* my school. I usually walk there, but sometimes I go *by* bus. My favorite sport at school is baseball. I'm not *on* the school team. At school I'm good *at* art and computers. *In* the future, I'd like to be a detective.

b) Make notes about you. Then tell a partner. Talk about:
Mack's Text dient nun als Modell. Hier sollte darauf geachtet werden, dass es sich um eine Aufgabe zur Schulung der Sprechfertigkeit handelt. Die S sollten sich nur Stichpunkte machen und keine kompletten Sätze ausformulieren. Lernstärkere S versuchen, ohne die Hilfe der Stichpunkte zu sprechen.
Individuelle Lösungen.

4 In the classroom
a) WORD LINK Work with a partner. Find words or phrases that come after each of these verbs.
Die S können das Bild zu Hilfe nehmen, um eigene Wortgruppen zu formulieren, wodurch sich der Wortschatz besonders gut einprägt. Die Wortgruppen werden in einer Tabelle (Tafel oder Folie) gesammelt, die alle S in ihre Heft übernehmen.

look at	play	play with	(don't) sit	(don't) talk to	wear
the board	games	Mike	on a chair	your partner	a school uniform
the teacher	football	your classmate	on the floor	your teacher	your sport dress
your book	basketball	your partner	on the table	your neighbour	a raincoat
me	tennis	words	straight	your friends	jeans

b) Look at the photo for a minute. ... Then close your book and write sentences about the photo.
Die S verwenden hier die in a) reaktivierten Verben in spielerischer Form. Weisen Sie darauf hin, dass alle Verbformen im *present progressive* stehen und visualisieren Sie die Form an der Tafel (Form von *to be* + Verb + *-ing*).
Mögliche Lösungen:
Some students are writing on the board. One girl is sitting on the table. She is wearing a blue T-shirt and jeans. The teacher is wearing a red T-shirt. Two girls are sitting at a table. ...

c) Compare your sentences with a partner.
Die S vergleichen ihre Sätze und ergänzen ggf. noch nicht vorhandene.

Weiterführung/ flow chart
Kopien von KV

Sie können die S zu einer sprachlich-kreativen Aufgabe anregen. Kopieren Sie die *flow chart* von KV 11 unten für alle S auf ein Arbeitsblatt. Alle S übersetzen den deutschen Teil des Dialogs ins Englische und klären evtl. auftretende Probleme mit der Partnerin / dem Partner. Danach wird der Dialog durch lautes Lesen im Tandem geübt. Lernstärkere S können ihren Part auswendig lernen. Zum Schluss wird die kleine Szene der Klasse vorgespielt. So werden die in der Unit dominierenden Sprechabsichten noch einmal umgewälzt und interaktiv verwendet.

Lösungsbeispiele:
Hi. Can I help you?
I'm in class 8a too. I can show you the way.
I'm ... What's your name? Where are you from?
My school is great / quite nice / OK. My classmates are nice/OK.
My favourite subject are biology and maths. And my favourite teacher is Mrs ...
At school you can play basketball, football ...
Shall we meet at the weekend?
We can go to the cinema. Shall we meet on Saturday at 3 p.m. at ... ?

Kopiervorlage 11

▶ W 29, 14–16

SKILLS TRAINING

S. 46/47

WORTSCHATZ	S. 46: giving orders • in the school car park • tray • leave • over there • exchange
	S. 47: video game • player • skateboard • *respectful* • *drug-free* • *zone* • *hate-free*
SPRECHABSICHT	Anweisungen erteilen: *Put your tray back. / Don't forget, please.*
MEDIEN	S. 46: CD, CD-Spieler
	S. 47: CD, CD-Spieler, Kopien von den Rollenkarten auf SB-S. 95, Folie und Kopien von KV 13

LISTENING   Giving orders

1 American school scenes
Listen to six texts. Pick the right answer. Then listen again and check.
Fordern Sie die S vor dem Hören auf, sich die Bilder genau anzusehen und die Überschrift sowie die Fragen und Antworten durchzulesen (s. Tipp). Machen Sie den S auch noch einmal deutlich, dass es nicht darauf ankommt, jedes einzelne Wort zu verstehen.
Lösungen:
1 c   **2** d   **3** c   **4** d   **5** b   **6** c

Tapescript
1
TEACHER Good morning. This morning I want to talk to you about lunchtime. Now, the lunch room people aren't very happy. They say you aren't putting your trays back and you're leaving them on the tables. So after you've finished eating, please put your tray back! ... OK? Now, get your math books out, please. We'll start with your homework from yesterday ...

2
ASHLEY   ... So what are you going to wear tomorrow evening at the party, Jenna?
JENNA   I don't know, maybe my new jeans and that pink top.
ASHLEY   Oh, don't wear that pink top. Wear the blue one, it looks great on you.
JENNA   Oh, OK. What about you?
ASHLEY   I'm going to wear my black jeans ... oh, Ashley don't forget the CDs.
JENNA   I won't. Don't forget the popcorn.

3

TEACHER OK, let's start. ... Hey, Nelson, why are you wearing those shoes? You know you can't wear those in the gym. They're walking shoes.
NELSON But I forgot my sneakers.
TEACHER Well, I'm afraid you'll have to take them off. You'll have to play without shoes. ((other boys laughing)) ... Go on, put your shoes over there. And hurry up!

4

TEACHER OK, before we start, just let me remind you of a few things. Answer all the questions. Read the questions and answers carefully but don't spend too long on one question. If you can't answer a question, then guess and come back to it later. The main thing is don't worry and try your best. Right, good luck everybody!

5

SAM Hey Sarah!
SARAH Hey Angelo. Hey Gina. Didn't ride the bus today? Is that your car, Angelo?
ANGELO Nah, I borrowed it from my uncle. Cool huh?
SARAH Yeah, nice. Don't leave anything in the car though. Somebody stole things from here last week. – Oh, that's the bell. Hurry up, first period's starting.

6

TYLER Oh, c'mon. No one will know. Just tell a few people you feel ill and then don't go to class.
NICK What if someone sees us?
TYLER Don't worry, Nick. Just walk out of school, look confident – and no problem.
NICK OK, but I hope my dad doesn't find out.

2 **Match the phrases from the listening texts in exercise 1 with the right pictures.**

Hier werden noch einmal einige Anweisungen (Imperativ) aus den Hörtexten von Aufgabe 1 durch Bilder gefestigt.
Lösungen:
1 B   **2** D   **3** A   **4** C

3 **INTERPRETING** An American exchange student at a German school has a problem. Listen. Then practise the conversation.

Lassen Sie Ihre S vor dem Hören die deutschen Teile des Dialogs ins Englische übersetzen und anschließend mit dem Hörtext überprüfen. Alternativ dazu kann der Text auch erst gehört werden und dann als Modell für die S dienen. Die Sätze aus Aufgabe 2 dienen als Unterstützung.
Anschließend üben die S den Dialog ein. Denkbar wäre auch eine spielerische Umsetzung in einem Rollenspiel für drei Personen, da sich so die Phrasen besonders gut einprägen.
Lösungen:
YOU She says put *your tray back*. And *don't leave your things on the table*.
YOU Sie *entschuldigt sich. Sie wusste das nicht.*
YOU She says OK, but *don't forget to throw your rubbish in the bin.*

▶ W 30, 17–18

S. 47

SPEAKING What you must do and mustn't do

Auf dieser Seite werden schwerpunktmäßig die Modalverben *can* und *must* (bejaht und verneint) angewendet, um über Verbote und Gebote zu sprechen.

1 **An exchange student**
Read the dialogue or listen to it. Which of theses things (1–5) can you wear or bring to Sullivan High?

Ein deutscher Austauschschüler, der zur Sullivan High kommt, wird von Candice darüber informiert, welche Kleidung und welche Gegenstände in der Schule verboten sind.

Lösungen:
You don't have to wear anything special (a school uniform) but you mustn't wear T-shirts with bad messages or pictures on them. (pictures 2 and 3)
You can bring your cellphone to school but you must turn it off and put it in your locker. (picture 4)
You can use your MP3 player in class but you must turn it off if the teacher asks you. (picture 5)

Das Wort *cellphone* wird in die *AE*-Liste eingetragen *(BE: mobile phone)*.

2 A new student
Finish the dialogue. Then read it with a partner.
Nach dem obigen Modell führen die S noch einmal mit einem Partner einen Dialog, in dem es um Verbote an einer Schule geht. Dabei müssen die Bilder entsprechend versprachlicht werden.
Lösung:
MIGUEL What do you want *to know about school?*
DAN What about *clothes*? What *must you wear*?
MIGUEL Well, you *don't have to wear* anything special.
But you *mustn't wear* baseball caps.
DAN OK. *Can I bring* my video game player to school?
MIGUEL Yes, but you *must turn it off* and put it in your locker.

3 ROLE PLAY You're going to talk about what you must do and mustn't do at your school. First make two lists with your partner.
Zur Vorbereitung des Rollenspiels erarbeiten die S paarweise zwei Listen, in denen sie festhalten, was an ihrer Schule erlaubt ist und was nicht. In lernschwächeren Klassen führen Sie diese Arbeit im Klassenverband durch.
Danach arbeiten die S mit ihren Rollenkarten auf SB-S. 95, die Sie idealerweise als Kopien bereithalten. Mithilfe der Listen, die vor jedem S-Paar liegen, ist es möglich, die Lücken in den Sätzen fließend zu füllen. Zur Durchführung lesen Sie bitte den Kommentar auf HRU-S. 45 und den didaktisch-methodischen Hinweis auf HRU-S. 46.
Individuelle Lösungen.

Kopien vom SB

4 SAY IT IN GERMAN What do these signs at Sullivan High mean?
Die Schilder werden für die S vermutlich ungewöhnlich sein. Diskutieren Sie die Bedeutung ggf. auf Deutsch (z. B. warum Pünktlichkeit Respekt bedeutet).
Lösungen:
Be respectful. Don't be late *Die S werden aufgefordert, aus Respekt vor Lehrern und Mitschülern nicht zu spät zu kommen.*

No e-mail. Internet for school projects *Der Computer-Raum darf nur für Schulprojekte und nicht für private E-Mails genutzt werden.*

Drug-free zone. Hate-free zone *An diesen Ort dürfen keine Drogen gebracht werden und es soll niemand beleidigt werden.*

Erweiterung
Folie von KV

Do's and Don'ts
Fertigen Sie eine Folie der beiden Schilder von KV 13 an. Lassen Sie die S spekulieren, welche Gebote bzw. Verbote hier ausgesprochen werden.
Lösungen:
Don't leave your dog in the locker.   *Wear a helmet in class.*

Kopien von KV

Im Anschluss entwerfen die S einfache Schilder für Verbote oder Gebote, die in ihrer Schule gelten. Sammeln Sie auch gemeinsam Ideen für lustige/absurde Gebote bzw. Verbote. Schnell arbeitende S entwerfen dann entsprechende Schilder. Alle Zeichnungen können ausgeschnitten und auf ein Poster aufgeklebt werden. Unter dem Motto *Wer hat die beste Idee für ein lustiges Schild?* kann über das einfallsreichste Schild abgestimmt werden.

Kopiervorlage 13

▶ W 30, 19

SKILLS TRAINING

S.48/49

WORTSCHATZ	S.48: fountain • fix • watch • silver • valuable • call
	S.49: fix • if
MEDIEN	S.49: Zettel oder Karteikarten für die S

READING Messages

1 Match the messages with the photos.
In dieser Aufgabe wird der Umgang mit verschiedenen Textsorten geübt. Es geht darum, dass die S den wesentlichen Inhalt entnehmen können (Globalverstehen / *reading for gist*). Die Aufgabe wird in Einzelarbeit, in lernschwächeren Klassen in Partnerarbeit gelöst.
Lösungen:
1 D   2 A   3 B   4 C

2 Pick the right answer a) or b).
Die S lesen die Nachrichten aus *Ex.* 1 noch einmal genau und entnehmen gezielt Informationen (Detailverstehen). Die Kontrolle erfolgt mündlich im Plenum.
Lösungen:
1 b   2 b   3 a   4 b   5 b   6 b

▶ W 31, 20

3 What is it in German?
Find these words on page 48. Pick the right German word. Then check in the *Dictionary*.
An dieser Stelle wird der Fokus auf einige Wörter aus den Nachrichten von Aufgabe 1 gerichtet. Dem Tipp entnehmen die S, dass sie aus dem Zusammenhang von Text und Bild auf SB-S. 48 Informationen entnehmen können, die bei der Lösung behilflich sind.
Lösungen:
1 c   2 b   3 c   4 c

4 SAY IT IN ENGLISH
Find these phrases in English in messages 1-4 on p. 48.
Die S müssen ein weiteres Mal die Nachrichten genau lesen, um die entsprechenden Wendungen zu finden.
Lösungen:
1 Can we meet?   3 Can you help me?
2 Please don't forget.   4 Have you found it?

S.49

WRITING Messages

Einstieg

1 You're an exchange student at Sullivan High. Pick a) or b).
a) You want to find someone who can speak English with you.
Write a message for the school noticeboard.
b) You've lost your bag. Write a message for the noticeboard.
Die Nachrichten aus *Ex.* 1 dienen dabei als Hilfe. Die S schreiben ihre Anzeigen auf

Karteikarten

Zettel oder Karteikarten, die später ausgehangen werden können. Sie folgen dabei den Fragen unter a) und b) und können das vorgeschlagene Sprachmaterial verwenden. Ermuntern Sie die S, ganz genau zu beschreiben, wie ihre Taschen aussehen und was sie für Hilfsleistungen anbieten können (s. Erweiterung).

Besonders gelungene Anzeigen können in das Portfolio der S aufgenommen werden.
Individuelle Lösungen.

Erweiterung Sammeln Sie die Zettel der S ein und lassen Sie sie raten, von wem welche Anzeige stammt. Die S finden heraus, von wem die *message* stammt. Gleichzeitig können sie Rückmeldung über die Güte/Qualität der Beschreibung geben.

2 Put your message on the board in your classroom. Read the other messages.
Die Texte der S werden durch das Aushängen an einem Brett veröffentlicht und gewürdigt. Die Aktivität erhält dadurch einen authentischen Rahmen.
Individuelle Lösungen.

3 Pick one message from exercise 2 and write an e-mail.
Die S sollen nun auf die Nachrichten reagieren und entsprechende Antworten verfassen, die neben den Nachrichten angebracht werden. Auch dieser Text kann bei entsprechender Qualität für das Portfolio in Frage kommen.
Individuelle Lösungen.

▶ W 31, 21

LOOK AT LANGUAGE

S. 50/51

WORTSCHATZ	S. 50: *paramedic* • *academy* • *give first aid* • *become sick* • *on the weekend* • *panic* • *difficult* • *emotional* • *earn*
STRUKTUR	*should/shouldn't, must/mustn't*

**1 Read the information about paramedics.
Say if the sentences are true or false.**
Lösungen:
1 true **2** false **3** false **4** true **5** false **6** false

INFO-BOX

Dem *paramedic* in den USA oder in Großbritannien entspricht in etwa die Berufsbezeichnung „Rettungsassistent" im Deutschen. Wie ein Rettungsassistent muss auch ein *paramedic* eine bestimmte Ausbildung durchlaufen haben, bevor er diesen Titel führen darf. In den USA lautet die genaue Berufsbezeichnung: *Emergency Medical Technician-P(aramedic)*. Eine von Bundesstaat zu Bundesstaat unterschiedliche Ausbildung befähigt einen *paramedic* dazu, verletzte oder erkrankte Personen vor Ort, also z. B. an einem Unfallort und beim Transport zu einem Arzt oder in ein Krankenhaus medizinisch zu betreuen. *Paramedics* arbeiten z. B. für die Feuerwehr oder den Notfalldienst von Krankenhäusern, aber auch für private Rettungsunternehmen. Zu den Aufgaben eines *paramedics* gehört es sowohl erste Untersuchungen durchzuführen, um den Zustand des Patienten einschätzen und dann später Informationen darüber an einen behandelnden Arzt weitergeben zu können, als auch lebensrettende und lebenserhaltende Maßnahmen einzuleiten, sogar kleine Notfalloperationen muss er im Ernstfall durchführen. Die Arbeit eines *paramedic* untersteht jedoch letztlich immer der Kontrolle von Ärzten.

2 WORD SEARCH
Must *or* ***mustn't****? Put in the words. Then check on this page.*
Die Aussagen befinden sich im Lesetext über der Aufgabe. Die Bilder unterstützen das Verständnis.
Lösungen:
1 You *must* work in the evenings.
2 You *must* be very fit.
3 You *mustn't* be nervous.
4 You *mustn't* panic when things are difficult.
5 You *mustn't* be too emotional when somebody dies.
6 You *must* do 1,000–2,000 hours of training.

3 WORD SEARCH
***Should* or *shouldn't*? Guess, then check on pages 40–41.**
Die S versuchen zuerst, allein das richtige Lösungswort einzusetzen. Mit ihrer Partnerin / ihrem Partner vergleichen sie dann die Lösungen. Bei Unstimmigkeiten suchen sie die richtige Antwort an der angegebenen Stelle.
Lösungen:
1 You *should* have a T-shirt, …
2 What *should* I do?
3 You *shouldn't* worry, Candice.
4 You *shouldn't* pay lots of money for a name.
5 Clothes *should* look good.
6 You *shouldn't* wear them because they have …

4 OVER TO YOU!
Finish the checkpoint.
Nachdem die S die Hilfsverben *should* und *must* in verschiedenen Texten und Aufgaben angewendet haben, formulieren sie nun zusammenfassend eine Regel und übernehmen sie anschließend in ihre Arbeitshefte.
Lösungen:
Mit *should* rätst du jemandem, etwas zu tun.
Mit *shouldn't* rätst du jemandem, etwas nicht zu tun.
Mit *must* sagst du, was jemand tun muss.
Mit *mustn't* verbietest du jemandem, etwas zu tun.

NACH DIESER UNIT KANN ICH …
Die S decken die rechte Spalte mit den Beispielsätzen ab und versuchen allein oder zu zweit, zu den aufgelisteten Sprechabsichten geeignete Äußerungen zu formulieren. Wenn sich Defizite zeigen, bieten folgende Stellen im SB geeignete Hilfsangebote: der *Summary*-Abschnitt ab SB-S. 132, die *Extra practice*-Seiten auf den SB-S. 104 ff. sowie die *Test yourself*-Seite im *Workbook*. Außerdem können ausgewählte Übungen des *Look at language*- und des *Skills Training* wiederholt werden.
Hinweis: Unter www.new-highlight.de können die S weitere Übungen finden.

▶ W 34 (Test yourself)
▶ W CD-ROM

EXTRA PRACTICE

S. 104–107

WORTSCHATZ	S. 104: *Lake Michigan • landmark • double-decker bus • get on the bus • jump on and off • any • vehicle • Greektown • field*
	S. 105: *sell • **hot dog** • library*
	S. 106: *advice • yearbook*
	S. 107: *homecoming • dance* (n.) *• decorate • king • object • shirt*
MEDIEN	Leerfolien, Folienstift

DIDAKTISCH-METHODISCHER HINWEIS

Wenn die S die *Extra Practice*-Seiten des SB in selbstständiger Arbeit erledigen, weisen Sie sie darauf hin, vor Bearbeitung eines jeden Abschnitts den dazugehörigen *Summary*-Abschnitt zu konsultieren. Fordern Sie die S weiterhin zum eigenverantwortlichen Organisieren ihrer Arbeit auf, die an manchen Stellen Partnerarbeit erfordert oder eine Entscheidung zwischen mündlichem oder schriftlichem Vorgehen.

REVISION *present progressive*

1 **In Chicago: Match the sentences with the pictures.**
Fordern Sie die S auf, den *Summary*-Abschnitt auf SB-S. 135 zu lesen und danach selbstständig die Bilder den Sätzen zuzuordnen.
Lösungen:
1 D   2 F   3 B   4 C   5 A   6 E

2 **Sightseeing**
a) Read the advert. Finish the sentences with *can* or *can't*.
Die S lesen den Text in der Box und vervollständigen danach schriftlich die Sätze 1–6. In lernlangsameren Klassen lesen Sie den Text im Plenum und lösen den ersten Satz gemeinsam.
Lösungen:
1 You *can* go sightseeing ...   4 You *can't* go on a tour ...
2 You *can* start the tour on ...   5 You *can* use different ...
3 You *can't* travel without ...   6 You *can* visit immigrant ...

Transfer
b) What can or can't you do in your area? Compare it with Chicago. Write 5–8 sentences.
Die S wählen aus *Ex. 1* verwendbare Redewendungen und sammeln einige Ideen ihre eigene Gegend betreffend, die sie stichpunktartig notieren. Sie verwenden anschließend die Textbausteine in *Ex. 2b)* und formulieren eigene Sätze.
Individuelle Lösungen.

REVISION *Have to / Don't have to*

3 **Put these sentences in two lists: basketball or American football.**
Bevor die S die Sätze den Sportarten zuordnen, erfragen Sie noch einmal die Übersetzung der Begriffe *you have to* und *you don't have to*. Wenn die S nicht sicher sind, ziehen Sie den *Summary*-Abschnitt auf SB-S. 135 heran. Das Zuordnen kann mündlich oder in sehr verknappter Form (siehe Lösungen) erfolgen.
Lösungen:
basketball: sentences 2, 4, 5, 7
American football: sentences 1, 3, 6, 8

S. 105

4 **The Chicago Bulls: Finish the sentences with *you have to* / *you don't have to*.**
Diese Aufgabe erledigen die S schriftlich und in Einzelarbeit.
Lösungen:

If you're in Chicago, *you have to* see a Chicago Bulls game! But *you have to* buy tickets early because they sell quickly. *You don't have to* pay lots of money for tickets – the cheapest tickets are only $10. And *you don't have to* go to the United Center for tickets, you can buy them online. The United Center is always busy, so *you have to* get there early before the game starts. And remember: *You don't have to* take your own food – you can buy hot dogs and potato chips there.

5 Write about Ben Gordon and the Chicago Bulls players. Use (*not*) have to.
In lernschwächeren Klassen bearbeiten Sie die ersten zwei Sätze gemeinsam. Bilden Sie zuerst Einzelsätze, die die S dann miteinander verbinden. Verdeutlichen Sie das Vorgehen mithilfe eines Tafel- oder Folienanschriebs.
Lösungen:
Ben Gordon doesn't have to *get up early*, but he *has to* go to the gym every day. The players *have to* stay healthy, but they *don't have to* eat special food. Ben Gordon *has to* relax between games, but he *doesn't have to* play in every game. The players *have to* play together as a team, but they *don't have to* practice together every day.

Imperative

6 What adults say to pupils at school
Match the sentences with the places.
Die S arbeiten in Paaren und lösen die Aufgabe mündlich.
Lösungen:

You hear | sentence 1 in the classroom.
sentence 2 on the playground.
sentence 3 in the gym.
sentence 4 in the swimming pool.
sentence 5 in the music room.
sentence 6 in the library.

7 Classroom phrases
a) What pupils say to other pupils: Make five sentences.
Die S formulieren fünf mögliche Aufforderungen, wofür sie das vorgegebene Wortmaterial benutzen. In lernschwächeren Klassen arbeiten die S mit einer Partnerin / einem Partner.
Lösungsbeispiele:
Please don't talk to me in German. Please give me the dictionary. Don't look at my answers, please. Please don't kick my bag.

b) Work with a partner. Write more classroom phrases.
Collect the phrases on the board and write them in your exercise book.
In Partnerarbeit verwenden die S so viele der vorgegebenen Verben wie möglich. An der Tafel oder auf Folie entsteht eine Sammlung der gelungensten oder ungewöhnlichsten Aufforderungen, die die S dann in ihre Arbeitshefte übernehmen können.
Individuelle Lösungen.

S.106

Should / Shouldn't

8 Candice's advice
a) April has a problem. Read Candice's advice.
b) Pick the right answer.
Lassen Sie den Text in der Sprechblase laut lesen und finden Sie im Plenum eine Antwort auf die Frage.
Lösung:
Candice has a problem with *her* parents.

9 The school yearbook
Every year a team of students makes a yearbook. Candice is giving ...
Die S lösen die Aufgabe schriftlich in Einzelarbeit. Sie ergänzen die passenden Verben.

Lösungen:
You know the yearbook should *help* students to remember their school days. So the yearbook should *have* everybody's photos and names in it. And of course you shouldn't *forget* the teachers! There should be something about sports, special school activities and parties. The book should *look* good but it shouldn't *be* expensive.

10 Advice for Candice
Pick one of Candice's problems. Give her advice.
Fordern Sie die S auf, in mehr als einem Satz zu Candices Problemen Stellung zu nehmen und auch über Ursachen oder mögliche Konsequenzen zu mutmaßen.
Lösungsbeispiele:

I don't like the food at school.	*You should bring your own food.*
I can't sleep.	*Maybe you worry too much.*
	You should try to relax and get help.
I need new clothes.	*You should talk to your parents. If they can't help, maybe you should get a job.*
My mom has lost her job.	*She probably feels bad now. You should be nice to her and help her.*

Must / Mustn't

11 Match the school rules with the pictures.
Lösungen:
1 You mustn't use cellphones. **D**
2 You must have the right books and pens. **F**
3 You mustn't eat or drink in class. **A**
4 You must listen when others speak. **E**
5 You mustn't be late. **C**
6 You must turn off the lights when you leave. **B**

S.107

12 Homecoming
a) Read this report by an exchange student about homecoming. Put in *must* or *mustn't*.
Lösungen:
In homecoming week, old students visit their school. Students at the school *must* do lots of activities. At Sullivan High students wear different clothes: one day girls *must* wear boys' clothes and boys *must* wear girls' clothes. On another day students *must* come to school in the school colours: blue and gold. This is the day of the big homecoming game. You *mustn't* miss it!

b) Finish the report about the homecoming dance. Use the notes.
Lösungen:
Students must decorate the school in the school colours. *The students must pick the homecoming king or queen. The students must wear nice clothes. They mustn't wear jeans. Teachers and parents must be there too. Students from other schools mustn't come.*

> **INFO-BOX**
>
> *Homecoming* wird traditionell im Herbst an nordamerikanischen High Schools, Colleges und Universitäten begangen, um Schüler, Studenten, Schulangehörige und auch Absolventen willkommen zu heißen. Der Brauch ist im Zusammenhang mit Sportereignissen, oft dem letzten Heimspiel des heimischen Football- oder Baseball-Teams, entstanden. In den 20er Jahren des letzten Jahrhunderts hat das Fest nationale Verbreitung gefunden. Meist ist *Homecoming* mit einem zentralen Ereignis, wie eben einem solchen sportlichen Wettkampf oder einem Bankett, verbunden. Häufig findet eine Parade des schulischen Fanfarenzuges statt, und auf dem *Homecoming Dance* werden *Homecoming Queen and King* gekürt.

TEST PRACTICE

DIDAKTISCH-METHODISCHER HINWEIS

Zum Umgang mit dem *Test Practice*-Abschnitt lesen Sie bitte den methodisch-didaktischen Hinweis auf HRU-S. 54.

13 Sport and me
a) **Find an object for a sport that you do or that you like watching ...**
b) **Make notes about the object: ...**
c) **Show a partner your object and talk about it. Use your notes.**

Die S entscheiden sich für ein Sport-Objekt und eine Sportart. In Einzelarbeit beschreiben sie das Objekt und die Sportart, wobei sie sich an den Aufgabenstellungen und Tipps unter b) orientieren. (In lernschwächeren Klassen können die S Aufgaben a) und b) paarweise bearbeiten.) Wenn es den S schwerfällt, sich in Notizen zu äußern, formulieren sie in einem ersten Arbeitsgang vollständige Sätze, die sie in einem zweiten Schritt zu kurzen Stichpunkten verdichten. Bei der Gestaltung der Stichpunkte können sie sich wieder am SB-Beispiel unter c) orientieren.

Geben Sie den S Zeit, ihren Beitrag zu üben. Eine anschließende hohe Präsentationsrate ermöglicht den S das Überwinden von Scheu und Sprechschwierigkeiten sowie die Beseitigung von Fehlern. Gewährleisten Sie dafür viele Sprechgelegenheiten, wie z. B. durch die Organisation eines Doppelkreises oder das gesteuerte Wechseln der Gesprächspartner (vereinbartes akustisches Zeichen).

Lassen Sie am Ende einige S vor der Klasse präsentieren, um Prüfungssituation und -anforderungen mit allen S zu üben und das Ergebnis fair zu diskutieren.

Unit 4
The Evergreen State

Themen Washington State und seine Sehenswürdigkeiten – Nationalparks in den USA – die Makah Indianer zwischen Tradition und Moderne – Die Arbeit der Ranger in den Nationalparks – Anacortes: Geschichte und Gegenwart

Washington State ist Schauplatz dieser Unit. Die S lernen sowohl die natürliche Schönheit des amerikanischen Staates als auch das städtische Leben kennen. Der Olympic National Park ist dabei vielfältiger Ausgangspunkt. Am Beispiel der Makah Indianer erhalten die S einen Einblick in Vergangenheit und Gegenwart der amerikanischen Ureinwohner.

Kommunikative Sprechabsichten

Über Urlaubspläne sprechen	*I want to go to Neah Bay.*
Über Nationalparks sprechen	*National parks are protected by the state.*
Paraphrasieren	*100 years are a "century".*
Über Parkranger sprechen	*A park ranger looks after the animals.*
Über die Makah Indianer sprechen	*The Makah people can hunt whales.*
Bilder beschreiben	*In the picture there are mountains.*
Über den Heimatort sprechen	*My hometown is great for tourists.*
Ein Gespräch im Reisebüro führen	*What can you recommend?*
Über Berufe sprechen	*I'd like a job us a sales assistant.*
Sich zum Thema Walfang positionieren	*Whale hunting is bad.*

Sprachliche Mittel/ Strukturen

Sprachliche Strukturen, die von den S angewendet werden sollen:
Im *Look at language*-Abschnitt wird der Gebrauch (nicht die Bildung) des Gerundiums bzw. der *-ing*-Form fokussiert. Besonders vertieft wird dessen Funktion als Subjekt (*Smoking is dangerous.*), die Verwendung nach bestimmten Verben (eigentlich die Objekt-Funktion: *Do you like learning about horses?*) und nach Wendungen mit Präpositionen (*It's a great place for fishing.*).

Sprachliche Mittel, die nicht fokussiert werden sollen:
Innerhalb einer wiederholenden Übung bilden die S die *simple past*-Form regelmäßiger (Verb+ *-ed*) und unregelmäßiger Verben (z. B. *go – went*). Verneinte Aussagen und Fragen werden nicht gebildet.

Kompetenzerwerb	1. **Hören**	– Einen Lebenslauf und ein Bewerbungsschreiben verfassen
	– Gehörtes und Gesehenes einander zuordnen	5. **Sprachlernkompetenzen**
	– Einem Hörtext Informationen entnehmen	– Informationen in *Mind maps* sammeln und strukturieren
	– Die Stimmung eines Songs erfassen	– Mithilfe von *Mind maps* Sachverhalte darstellen
	2. **Sprechen**	– Redemittel ohne Wörterbuch erschließen
	– Über Urlaubspläne sprechen	
	– Fragen zu einer Wandzeitung beantworten	6. **Medienkompetenz**
	– Paraphrasieren	– Informationen im Internet beschaffen
	– Dialogisches Sprechen üben	7. **Interkulturelle Kompetenzen**
	– Sprachmittlung Englisch-Deutsch und Deutsch-Englisch	– Eine Region in den USA kennen lernen und sie mit der eigenen vergleichen
	3. **Lesen**	
	– Textinhalte durch Bilder antizipieren	– Das Leben der amerikanischen Ureinwohner am Beispiel der Makah Indianer kennen lernen
	– Die Lesetechniken *reading for gist* und *reading for detail* anwenden	
	4. **Schreiben**	– Touristische Auskünfte einholen und sich auf Englisch Informationen beschaffen
	– Einen Lesetext in einen Dialog umschreiben	

LEAD-IN

S. 52/53

WORTSCHATZ	S. 52: evergreen • Washington State • north-west • forest • bear (n.) • deer • cougar • (on a) reservation • festival • tree
	S. 53: (go) whale watching • island • festival • hike/ hiking
SPRECHABSICHT	Über Urlaubspläne sprechen: *First we want to go …*
MEDIEN	Tageslichtprojektor, Folie von KV 8, CD und CD-Spieler, evtl. einen Preis für *Ex. 2b*, Kopien von KV 14 in Klassenstärke, Kopien des *Feedback Sheets* von KV 15 in Klassenstärke

Welcome to Washington State, in the north-west of the USA.

Einstieg

Beginnen Sie die Unit mit einem Wettbewerb. Gewähren Sie dazu Ihren S zwei Minuten Zeit, um sich noch einmal mit der Karte (S. 6/7) zu beschäftigen. Lassen Sie dann alle S aufstehen. Setzen darf sich die-/derjenige, die/der ein richtiges Statement im Zusammenhang mit der Karte, die jetzt natürlich nicht mehr benutzt werden darf, machen kann. In leistungsschwachen Klassen können Sie auch fehlerhafte Statements auf Folie vorgeben, um sie von den S berichtigen zu lassen. Erläutern Sie die Aufgabe wie folgt:

L *Today we´re going to have a little competition on the USA. In 2 minutes' time you must try to remember as much as you can. Open your books at pages 6/7. Do you remember the map of the USA? Look at it for 2 minutes. Then shut your book and make a correct statement. Here are some examples:*

> California is in the west of the USA.
> South Dakota is between North Dakota and Nebraska.
> VT is short for Vermont.
> Indianapolis is a city in Indiana.

Folie von KV

Leiten Sie nun zur Kopiervorlage 8 (auf Folie) über, die die S über die Spitznamen einiger ausgewählter Staaten zum Thema der Unit führen soll. Es handelt sich hierbei um eine Zuordnungsübung: Name des Staates – Spitzname – Erläuterung des Spitznamens. Da die S die US-Staaten nicht sehr gut kennen, hilft ihnen zusätzlich zum erläuternden Satz aus der letzten Spalte ein Blick auf die SB-Seiten 6 und 7. Schneiden Sie die mittlere Spalte aus der Folie und trennen Sie die einzelnen Begriffe voneinander, bevor Sie sie auf dem OH-Projektor verteilen.

In lernschnelleren Klassen können Sie zusätzlich auch die
letzte Spalte zerschneiden und von den S zuordnen lassen.

L *Look, there are six states on my transparency here.*
What are their names?
S *One state is Arizona.*
L *Can you tell something about Arizona?*
(Look at the map again.)
S *Arizona has a border with New Mexico.*
L *And what about California?*
S *It's on the Pacific Ocean.*
L *There are six nicknames, too. Do you know what a nickname is? Some people have got nicknames. These aren't real names, but names that your family or friends give you.*
Is there somebody with a nickname in our class? (...)
– Well, the states in the USA also have nicknames.

Kopiervorlage 8

Lesen Sie die Spitznamen vor. Beachten Sie die Aussprache von Sioux [su:]. Semantisieren Sie *forest* und *tribe*. Lassen Sie nun die Zuordnungen finden.

L *Can you find out Arizona's nickname and why it has got that name? / Look at the map on page 6 and 7. What is Arizona famous for?*
S *Arizona has great landscapes. / There's the Grand Canyon. / ...*

Lösung:

ARIZONA	Grand Canyon State	Many tourists come to see the big canyon there.
CALIFORNIA	Golden State	People found gold there in 1848.
FLORIDA	Sunshine State	The weather is always nice there.
NEW JERSEY	Garden State	Many vegetables come from there.
NORTH DAKOTA	Sioux State	An Indian tribe lived there.
WASHINGTON	Evergreen State	You can find large forests there.

Weiterarbeit Steigen Sie jetzt in die Arbeit mit den *Lead-In*-Seiten ein.

L *Our new unit, Unit 4, is all about one of those states. Pages 52/53 will tell you which state it is. So open your books at pages 52/53 and have a look at the brochure.*

Die S haben nun etwas Zeit, die SB-Seiten zu studieren. Helfen Sie ihnen beim Verstehen der Bildunterschriften. Schreiben Sie alle in den Bildunterschriften vorkommenden *place names* an die Tafel. Sichern Sie die korrekte Aussprache (Chor- und Einzelsprechen) von *Makah reservation* [mə'kɑː], *Neah Bay* ['niːə'beɪ], *Anacortes* [ænə'kɔːtes] sowie *Cape Flattery* [keɪp'flætəri] und evtl. die Bedeutung der Wörter und lassen Sie die S Informationen zuordnen.

Tafelanschrieb

Hinweis: Achten Sie auch hier auf die korrekte Aussprache der neuen Wörter. Schwierigkeiten könnte die Unterscheidung *bear* [beər] und *deer* [dɪər] bereiten. Verweisen Sie auf Analogien zu bereits bekanntem Wortschatz: *bear* und *wear / deer* und *here*.

L *Which state are we talking about?*
S *It's Washington, the "Evergreen State".*
L *Right, there are many place names here on these pages.*
Let's practise their pronunciation. ...

Stellen Sie Fragen zu den Bildern:

L *There are islands in Washington. What can you do there?*
S *They're great for boat trips and fishing.*
L *Fine, what about Neah Bay?*
S *You can see a reservation and in August you can visit a big festival. / ...*

Als Überleitung zum Hörtext eignet sich:

L *Of course Washington is great for holidays: beautiful nature, history and lots of activities. Devon, the girl you can see in the photo here on page 52, went to Washington. She's talking to two teenagers now. Listen to their dialogue.*

1 A holiday trip

a) Read the two questions. Then listen and look at the brochure.

Beim ersten Hören konzentrieren sich die S nur auf die beiden Fragen im Buch. Die Fotos der Broschüre helfen ihnen bei der Auswahl der Fakten.

Lösungen:
1 *She visited Olympic National Park, Neah Bay, Anacortes and Seattle.*
2 *She saw some deer.*

b) Listen again. Are these sentences true or false?

Leistungsstarke S können die falschen Aussagen nicht nur auffinden, sondern auch korrigieren.

Lösungen:
1 False. (It started in Olympic National Park and it ended in Seattle.)
2 True.
3 False. (Neah Bay is by the sea.)
4 True.
5 True.
6 False. (She forgot her camera.)
7 True.

Tapescript

BOY	Hi, Emma. How was your vacation? Where did you go?
EMMA	It was great. We were in Washington State.
GIRL	Oh, where in Washington?
EMMA	Lots of places. Well, first we went to Olympic National Park.
BOY	Was it nice?
EMMA	Amazing! A million acres of forests. Half of Washington State is covered by forest! Imagine!
GIRL	Wow!
EMMA	There's lots of wildlife there too. They have black bears, cougars and deer.
GIRL	Did you see any wildlife?
EMMA	We saw lots of deer. But no bears or cougars!
BOY	Lucky you! Where else did you go?
EMMA	We went to Neah Bay. It's in the North-West. It's a small town on the coast, but the cool thing is that it's a reservation – for the Makah Indians. It was really interesting. We went to a Native American festival there – Makah Days.
GIRL	That sounds fun.
EMMA	Yeah, it was. There was lots of traditional singing and dancing.
GIRL	Neat! Where did you go after that?
EMMA	Er … we went to Anacortes. It's a nice old town. And we went whale watching there.
BOY	Did you see any whales?
EMMA	Sure. We saw some orca whales – they're called killer whales. That was really exciting.
GIRL	Hey! Did you take any photos?
EMMA	Na! I forgot my camera!
BOY	What about Seattle? Did you go there?
EMMA	Yep, we were there for two days at the end of our trip. It's a nice city. Lots of cool shops.
BOY	So where are our presents?
EMMA	Er, presents, er … I had no money left. Sorry!
BOY AND GIRL	Yeah, sure! Right! We'll remember that.

Erweiterung

Eine minimale, aber sehr motivierende Erweiterung ist die Frage nach „Any more facts?", die den S die Möglichkeit gibt, das Aufspüren von vermeintlich Unbedeutendem anzuzeigen.

Lösungsvorschläge:
Orca whales are killer whales. • *There are lots of cool shops in Seattle.* • *Anacortes is a nice old town.* • …

Wortschatzarbeit

2 Brochure game

a) First write all the things that you can see in the brochure.

Die S notieren zunächst möglichst viele Dinge/Erscheinungen/Lebewesen, die sie dem

Bildmaterial entnehmen können. Stellen Sie sicher, dass auch lernlangsamere S eine Sammlung von Worten haben.

Lösungsvorschlag:

mountains, trees, animals, cars, roads, houses, islands, the sea, cliffs, two women (a tourist and a ranger), a map, a brochure, a bridge, ships, a reservation, ...

b) Then play this game with your partner.

Um den spielerischen Aspekt hervorzuheben, können Punkte vergeben werden. Die Spielregeln sollten an der Tafel festgehalten werden. Die S raten abwechselnd, wobei sie jeweils drei Versuche haben, erst dann gibt es einen Punkt Abzug. Überlegen Sie sich

Spielpreis ggf. eine nette „Belohnung" für den/die *brochure game king/queen* pro S-Paar.

> **RULES OF THE BROCHURE GAME**
> – Every correct answer scores a point.
> – Three wrong answers in a row lose a point.

3 Your Washington holiday
a) Work with a partner. Plan your holiday. Pick three places...
b) Tell the class.

Diese Übung stellt die S vor eine anspruchsvolle Aufgabe.

Kopien von KV Das auf Kopiervorlage 14 gesammelte Material, das Sie in Klassenstärke kopieren, soll ihnen bei der Bewältigung dieser Aufgabe helfen und sie schrittweise auf den in b) angestrebten Vortrag vorbereiten.

Die S wählen zunächst individuell drei Ziele aus und stellen diese ihrem Partner unter Zuhilfenahme der Redemittel im SB vor (1). Dann versuchen beide Partner, sich auf drei gemeinsame Ziele zu einigen. Wiederum steht Sprachmaterial zur Verfügung (2). Um den S Sicherheit für den Vortrag vor der Klasse zu geben, verfassen sie zunächst einen geschlossenen Text (3). Sie können in lernschwächeren Klassen folgendes Beispiel zur Verfügung stellen:

Kopiervorlage 14

> EXAMPLE: This is our trip to Washington:
> First we want to go to Neah Bay because we are both interested in Indian history.
> There we want to talk to some real Indians and learn about their way of life.
> Then we want to visit Anacortes.
> Our plan is to go whale watching there.
> Last but not least we think Seattle
> is a good idea because big cities are always exciting.
> That sounds fun, doesn't it?

Anschließend können die S zur weiteren Vorbereitung Stichpunkte verfassen und das monologische Sprechen gemeinsam mit ihrem Partner üben.

INFO-BOX

Der **Olympic National Park** liegt im Nordwesten des Bundesstaates Washington und wurde 1938 als Nationalpark etabliert. Auf einer Fläche von mehr als 3700 Quadratkilometern beherbergt er drei unterschiedliche Ökosysteme: zerklüftete, schneebedeckte Berge, 80 km wilde Pazifikküste und – aufgrund der feuchten pazifischen Luftmassen – gemäßigten Regenwald. 95 % des Parks sind Wildnis, die fast ausschließlich zu Fuß erkundet wird. Die Tierwelt ist artenreich. Den Besucher erwarten vielfältige Aktivitäten wie Klettern, Wandern, Bergsteigen, Bootfahren, Angeln und Reiten.

Der **Hurricane Ridge** (eine ca. 1500 m hohe Erhebung) bietet den schönsten Ausblick auf die Olympic Mountains (höchster Berg: Mount Olympus, 2428 m). Viele Wanderwege und Lehrpfade beginnen an diesem Gebirgskamm, aber auch bei Skifahrern und Snowboardern ist das Gebiet sehr beliebt, zumal ganzjährig mit Schnee gerechnet werden kann.

INFO-BOX

Seattle [siːˈætl] – die „Smaragdstadt" – liegt im Nordwesten Washingtons und ist mit rund 370 Quadratkilometern und ca. 600 000 Einwohnern die größte Stadt des Bundesstaates. Gegründet im Jahre 1852, wurde sie durch den *Gold Rush* wohlhabend. Heute ist sie vor allem für ihre Boeing Aircraft Company berühmt. Besucher und *Seattleites* (die Bewohner Seattles) schätzen die Stadt wegen ihrer sauberen Luft und der wundervollen Landschaft, die sie umgibt.

Anacortes [ænəˈkɔːtes] ist eine Stadt auf Fidalgo Island [fɪˈdælgoʊ ˈaɪlənd], der östlichsten der San Juan Islands [sæn hwaːn ˈaɪləndz] (Inselgruppe im Pazifik, dem Festland westlich vorgelagert). Anacortes hat einen Hafen und bietet eine Vielzahl an Outdoor-Aktivitäten wie Powerbootfahren, Tauchen, das Beobachten von Walen …

Der Stamm der **Makah** [məˈkɑː] ist einer von vielen Indianerstämmen an der Nordwestküste Nordamerikas und auf der Olympic Peninsula in Washington ansässig. Von den ca. 1600 Makah leben etwa 1000 im Reservat in Neah Bay [ˈniːəˈbeɪ], in einem Fischerdorf. Die Makah („die Menschen, die bei den Felsen und den Möwen leben") leben vom Meer und sind ausgezeichnete Fischer und Seeleute. Sie sind der einzige Indianerstamm in den USA, dem es gesetzlich erlaubt ist, auf Walfang zu gehen. Die Makah teilen das Schicksal anderer Indianerstämme: der Kontakt mit den Europäern, die Krankheiten und Seuchen einschleppten, hatte für sie verheerende Folgen. Im Jahre 1855 traten die Makah große Teile ihres Landes an die Regierung ab und erhielten 1893 ihr eigenes Reservat. Auch sie haben mit Arbeitslosigkeit und Armut zu kämpfen. Das Makah Days Festival findet jedes Jahr Ende August statt. Es gibt Paraden, Jahrmärkte, Kanurennen, traditionelle Spiele und Tänze, ein spektakuläres Feuerwerk und vieles mehr.

Cape Flattery [keɪpˈflætəri] ist einer der beeindruckendsten Plätze der Makah Indian Reservation. Entlang des Cape Flattery Trails kann man herrliche Aussichten genießen.

Erweiterung
Kopien

Das *Feedback Sheet* auf Kopiervorlage 15 bietet in bekannter Weise eine weitere Möglichkeit, sich im Rahmen einer Stillarbeit individuell mit den *Lead-In*-Seiten auseinanderzusetzen. Alle S füllen auf ihrer Kopie die Angaben aus. Die fertigen *Feedback Sheets* werden an der Pinnwand ausgestellt und als Leseanlass genutzt. Sie können die *sheets* auch einsammeln, neu verteilen und die S über den Verfasser spekulieren lassen.

▶ W 35, 1–2

Kopiervorlage 15

S. 54

WORTSCHATZ	fire • concerned (about) • wildfire • smoke/smoking • it can start a fire • campfire • campground • junior (ranger) • noise • keep/kept • be prohibited
SPRECHABSICHT	Über Nationalparks sprechen: *The Park is near Port Angeles. You can go hiking and camping.* Paraphrasieren: *Left is he opposite of right.*
MEDIEN	Folie von KV 16, Tafelanschrieb oder Folienstreifen mit Redemitteln zu KV 16, Umschläge mit Teilen der KV 16 in Anzahl der Arbeitsgruppen, Folie von KV 17

IN A NATIONAL PARK

Einstieg

KV auf Folie

Um die S auf das Thema „National parks" und das dazu vorgeschlagene Projekt (SB-S. 55) sprachlich und inhaltlich vorzubereiten, arbeiten Sie mit der Abbildung von Kopiervorlage 16, mit deren Hilfe sich neuer Wortschatz einführen lässt.

| vorbereiteter Folien- oder Tafelanschrieb | Die in der folgenden Box aufgelisteten Redemittel schreiben Sie auf Folienstreifen oder alternativ an die Tafel. In lernschwächeren Klassen ist das Material für alle S einsehbar, in lernschnelleren wird es nach und nach aufgedeckt, während die S zuerst selbst vermuten. Während Sie die Abbildung besprechen und die S zu Antworten auffordern, können Sie dieses Sprachmaterial verwenden bzw. von ihren S verwenden lassen. Die Folienstreifen werden an passender Stelle auf dem oder um das Bild platziert. Das folgende Unterrichtsgespräch sollte sich entwickeln: |

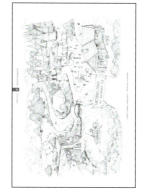

Kopiervorlage 16

L *Look at this picture. It shows a national park.*
  – What is a national park?
S *A national park is a large piece of land.*
  It is protected by the state.
L *How many national parks are there in the USA? You can find the number on the picture.*
S *There are 49 national parks.*
L *Why do people go to national parks?*
S *They go to enjoy the beautiful nature. / Some spend their holidays there. / ...*
L *Which activities can you do in such a park?*
S *Hikers walk along the paths. / You can go boating or fishing. / ...*
L *What about the nature?*
S *There are rocks, mountains, forests, rivers, lakes and waterfalls.*
L *Are there animals too?*
S *Deer, bears, beavers, cougars and many more are free to come and go.*
L *Are there hotels in national parks?*
S *There are campgrounds, where you sleep in tents.*
L *Are there any rules you have to follow?*
S *Picking flowers and hunting animals is prohibited. / You must pay an entrance fee. / ...*
L *Where can you get help?*
S *At the visitor centre. Park rangers can help you.*

Mögliche Redemittel:

- Hikers walk on paths.
- go boating and fishing
- People sleep in tents on campgrounds.
- Animals are free to come and go: bears, deer, beavers, cougars.
- a large piece of land
- protected by the state
- Enjoy the beautiful nature, spend holidays here.
- rocks, mountains, forests, rivers, lakes, waterfalls
- picking flowers prohibited
- hunting prohibited
- pay entrance fee
- visitor centre
- park rangers help
- There are 49 national parks.

Sichern Sie die korrekte Aussprache des neuen Wortschatzes.

| **Erweiterung** | Um das Sprachmaterial in einer Gruppenarbeit umzuwälzen und alle S zum Sprechen zu bewegen, teilen Sie Ihre S in Kleingruppen, kopieren Sie KV 16 in der gewünschten Gruppenanzahl und übergeben das Bildmaterial zerschnitten in Briefumschlägen. Die Anzahl der Umschläge richtet sich nach der gewünschten Anzahl der Gruppen. Die S innerhalb einer Gruppe ziehen nun jeweils einen (oder mehrere) Zettel und wiederholen, was sie im Zusammenhang mit diesem Gegenstand gelernt haben. Die S sollten dann versuchen, sich mit Hilfe mehrerer Zettel zusammenhängend zum Thema „National parks" zu äußern. |
| Briefumschläge mit Teilen der Kopiervorlage | |

Beginnen Sie nun die Arbeit mit den (teilweise) authentischen Texten im SB.

L *We have learned a lot about national parks. In our books on page 54 you can see parts of national park brochures and signs. Let's find out about the information. Open your books.*

1 Pick the right sign or brochure:

Da es sich um eine *scanning*-Aufgabe handelt, sollten die S zum schnellen Auffinden der Lösungen aufgefordert werden und auch den Mut haben, weiterführende Informationen und neue Vokabeln vorerst zu ignorieren.

L *Read out the sentences in 1.*
S *Lesen laut.*
L *Now pick the right sign or brochure as quickly as possible. Don't worry about new words.*

Lösungen:
a) 4   **b)** 2   **c)** 1   **d)** 3

2 National park words

Diese Aufgabe widmet sich der genaueren Auseinandersetzung mit sprachlichen Elementen der Ausgangstexte.

a) Find the words in the text that mean:

Lösungen:
1 wildfire
2 campground
3 the junior rangers
4 bear
5 rangers

Erweiterung I   Diese Aufgabe kann erweitert werden, indem die S bei geschlossenen Büchern versuchen, die Paraphrasierungen zu reproduzieren.

L *Can you explain in English now what a wildfire is?*
S *A wildfire is a fire in a forest. / ...*

Erweiterung II   Sie können hier auch eine umfangreichere Übung zum Paraphrasieren anbinden und beispielsweise auf neuen Wortschatz (KV 16 oder in der Unit bisher eingeführtes Sprachmaterial) zurückgreifen.

> **DIDAKTISCH-METHODISCHER HINWEIS**
>
> **Paraphrasieren:** Die Fähigkeit, Wörter paraphrasieren zu können, erhöht die Sicherheit im Umgang mit der Fremdsprache erheblich. Es ist für den S nicht zwingend notwendig, ein einzelnes Wort zu wissen, sondern es kommt darauf an, sich – wenn auch auf „Umwegen" – verständlich zu machen und seine kommunikativen Ziele erreichen zu können. Um Ihre S für das Paraphrasieren fit zu machen, sollten Sie ihnen ein paar „How to paraphrase"-Wege aufzeigen. Diese Vorschläge werden im Hefter oder gut sichtbar im Klassenzimmer (z. B. auf einer Posterrückseite) festgehalten, damit die S immer wieder darauf zurückgreifen und sie schließlich automatisieren können. Vielleicht arbeiten Ihre S ja auch weiterhin mit der *Checkpoint Box*.

Erläutern Sie die Aufgabe:

L *Let's practise paraphrasing a bit more. To paraphrase means to explain something, to say something using different words. If you can paraphrase, nothing can happen to you in English!!! You do not know a word – no problem, you can paraphrase it. Your partner must know what you mean – that's all. Paraphrasing seems difficult, but it isn't. Here's how to do it.*

Kopien Kopiervorlage 17 stellt wichtige Hinweise zum Paraphrasieren zusammen. Besprechen Sie die Vorschläge mit den S und üben Sie diese jeweils mit einem weiteren Beispiel. Geeignet wären

Synonym: *humbug (and nonsense)*
Gegenteil: *worse (and better)*
Oberbegriff: *tomato (vegetable)*
Situation: *helmet (You need it when…)*
Definition: *weekend (Saturday and Sunday…)*
Wortfamilie: *train / training*

Kopiervorlage 17

Weiterarbeit b) **Find nouns for these verbs:**
Lösungen:
1 car
2 forests
3 wild animals
4 environment
5 noise

● **3 Look at the texts and finish these sentences.**
Hier erwartet die S eine anspruchsvollere Aufgabe, weil sie teilweise sprachliche Strukturen umwandeln müssen *(Gerund-Infinitive)*. Der Hinweis „Find as many examples as you can." weist die S auf die Möglichkeit hin, neue Verknüpfungen herstellen zu können.
Lösungsvorschlag:
1 In a national park you shouldn't smoke, *drive a car on grass, make campfires in the forest, hike alone, feed wild animals, leave rubbish on the campground. You should be quiet when you hike and leave children alone.*
2 In a national park you can *make campfires in campgrounds, find out about forests, learn about the environment, watch wild animals, join the junior rangers.*
3 In a national park you should *drive on roads only, hike in groups and make lots of noise, keep children near you, keep the campground clean.*

Erweiterung Vielleicht macht es künstlerisch begabten S ja auch Spaß, diese Hinweise zeichnerisch umzusetzen und so aus dieser Übung ein Element für die *wall newspaper* im Projekt (SB-S. 55) entstehen zu lassen.

▶ W 36, 3–4

S. 55

WORTSCHATZ	wall • beaver • entrance fee • person • visitor centre
MEDIEN	L: evtl. Muster der *brochure* auf Folie
	S: Internetzugang, Tapetenrollen o. Ä., Fotos/Bilder/Karte, Leim, Scheren

PROJECT A wall newspaper about national parks

Anhand des Musters für den Olympic National Park erarbeiten die S eine Wandzeitung für einen anderen Nationalpark. Sichern Sie zunächst eine inhaltlich und sprachlich intensive Auseinandersetzung mit dem Muster im SB.

Einstieg a) **Look at this wall newspaper about Olympic National Park.**

L *In our project you will become an expert on a national park in the USA, and you can be really creative because you will make a wall newspaper. A wall newspaper?, you might ask. Yes, a wall newspaper like the one in your books on page 55.*
A *wall newspaper presents information, news and pictures on a board on the wall.* (Semantisierung durch Zeigen) *Here you have a wall newspaper on Olympic National Park. What information can you get from it?*
S *It tells us where it is.*
S *It gives information on the environment and animals.*
S *You can find out about activities. / …*
L *There are some new words on the wall newspaper. "Beaver" is new. It's an animal. You*

have got a photo, so it shouldn't be difficult to guess ."Person" is another new word, but that's so easy, it's like the German word, you just pronounce it differently. And then the wall newspaper says "entrance fee" – what can that be? / ...
L *Now look at the wall newspaper and find out: How much is a ticket for a person?*
S *It's $5.*
L *Which animals can you see in Olympic National Park?*
S *There are bears, cougars, beavers and deer.*
L *Where can you look for more information?*
S *In the internet. / At visitor centres.*

Tipp: Die Rolle des Fragenden kann hierbei auch von leistungsstärkeren S übernommen werden. Möglich wäre auch die erste Frage zu formulieren, sie durch einen S beantworten zulassen, der dann eine neue Frage stellt und sich einen S zur Beantwortung aussucht. Nach der Antwort entsteht die nächste Frage usw.
Die S beantworten nun die Fragen zu *Ex. 1a)*.
Individuelle Lösungen.

b) Make groups of three or four.
Tipp: Wenn Sie vor dem Problem stehen, dass sich immer wieder dieselben S in Gruppen zusammenfinden, könnten Sie folgende Vorgehensweise wählen: Lassen Sie die S einen ersten Einblick in die zur Auswahl stehenden Nationalparks gewinnen und ihre Entscheidung fällen. Teilen Sie dann für den jeweiligen Park Interessenten zu.

Alternative
Mustertext auf Folie

Sollten Ihnen die Gestaltung und Präsentation der Wandzeitungen zu raumgreifend sein, könnten Ihre S ihren *national park* auch in Form einer *brochure* präsentieren. In diesem Fall müssten zusammenhängende, ausformulierte Texte entstehen. Ein (Minimal-)Muster für den Olympic National Park finden Sie untenstehend. Auf Folie kopiert und für alle S sichtbar, dient es als Beispiel für Texte über andere Nationalparks.
Beispiellösung:
OLYMPIC NATIONAL PARK
Olympic National Park is in Washington, in the north-west of the USA. It's near the Pacific Ocean. You can see beautiful mountains, forests, rivers and lakes there. There are lots of wild animals in Olympic National Park, like bears, deer, beavers and sometimes cougars. You can do interesting activities there, like hiking, boating and camping. You can get information at the visitors centres or on the Internet: www.nps.gov/olym. The entrance fee is $5 for a person or $15 for a car.

▶ W 36, 5

STORY

S. 56/57

WORTSCHATZ	S.56: **root** (n.) • **tent** • *they were looking forward to -ing* • **after -ing** • drive: *I drove* • **put up a tent** • eat: **late** • **Native American** • **grandparents** S.57: *the Makah people* • **tepee** • **longhouse** • **uncle** • **hunt** (n.) / **hunting** • bring: *I brought* • **illness** • **prohibit** • **fish** (v.) • **ocean** • forget: *I forgot*
SPRECHABSICHT	Über die Makah Indianer sprechen: *The Makah people lived in longhouses.*
MEDIEN	Kopien von KV 18 in halber Klassenstärke, CD und CD-Spieler, evtl. Folie mit Verbformen aus dem SB

Einführung neuer Lexik

Kopien in halber Klassenstärke

Information-gap-Übungen sind immer eine motivierende Aufgabe. Schlagen Sie deshalb zwei Fliegen mit einer Klappe und semantisieren Sie gleichzeitig den neuen Wortschatz. Kopiervorlage 18 beinhaltet das Arbeitsblatt für die Partner A und Partner B. Sichern Sie zunächst das Verständnis der Aufgabenstellung des „Living Dictionary". Hierfür eignet es sich, beispielhaft einige der nicht abgebildeten neuen Vokabeln zu erläutern *(late, fish, illness, prohibit, look forward to)*:

L *Midnight is late. „Late" is the opposite of ... ?*
S *"Early"?*

L Paraphrasieren oder übersetzen Sie die anderen Wörter:
A fish is an animal that ... / Many fish live in the ocean. / Today I am well. But last month I had a terrible illness. / ...

Ermutigen Sie die S, sich nicht vor Fehlern zu scheuen. Es geht hierbei nicht um Perfektion, sondern lediglich darum, dass ein Partner den anderen versteht. Verweisen Sie auf die Fertigkeiten, die sich die S bereits beim Paraphrasieren angeeignet haben. Wichtig ist, dass die jeweiligen Partner-Arbeitsblätter absolut geheim gehalten werden.

Tipp: Vor der eigentlichen Partnerarbeit sichern Sie die korrekte Aussprache der Wörter und geben den S dann einige Zeit, sich auf die Beschreibung ihrer Wörter vorzubereiten. Ist die Partner-Arbeitsphase der S abgeschlossen, üben Sie den neuen Wortschatz noch einmal frontal.

Kopiervorlage 18

Weiterarbeit

1 Look at the pictures. What do you think happens in the story?
Die S betrachten die Bilder und machen sich so mit der Thematik des Textes vertraut.
Lösung:
The story is about two *boys*.
They live in *Anacortes*.
First they go camping in *Olympic National Park*.
Then they drive to *Neah Bay*.
They hear stories about whale *hunting*.

Die S hören und lesen nun den ersten Teil des Textes. Um die Textlänge ein bisschen überschaubarer zu machen und das Interesse der S zu erhöhen, präsentieren Sie den Text abschnittsweise. Stoppen Sie dazu die CD in Zeilen 10, 30 und 40 und geben Sie den S die Anweisung, die jeweils folgenden Passagen abzudecken. Ermutigen Sie die S, auf das Gehörte und Gelesene zu reagieren (*Anything goes!*) oder auch Fragen zu stellen.

L *You had some really good ideas in exercise 1. Let us now find out if you were right. We will listen to the text and you can read it. When I stop the CD, please cover the next sentences. (Semantisieren durch Zeigen). This is your time to tell us what you think or feel. You can also ask a question. Then we will go on with the next part of the text.*

Beispieldialog:

L Zeile 10: „*...and ate some food.*"
S *Toby can drive a car. How old are the boys? / I hate camping. You always feel dirty. / I love it when the weather is nice. / What is "gear" in line 3? / ...*

2 True, false or not in the text?
Diese Übung dient der Sicherung des Detailverständnisses.
Lösungen:

| 1 | true | 3 | true | 5 | true | 7 | true |
| 2 | not in the text | 4 | false | 6 | false | 8 | not in the text |

Alternative
vorbereitete Folie

Der Anspruch dieser Übung lässt sich für lernstärkere S leicht variieren, wenn Sie die im Lehrbuch abgedruckten Sätze auf einer Folie ohne Verbformen präsentieren und durch die S passende Verben finden lassen.

Erweiterung

Um die S für das Leben der nordamerikanischen Indianer zu sensibilisieren, fokussieren Sie das Augenmerk auf die Frage „What do we learn about the Makah people?" Gewähren Sie Ihren S hier noch einmal Zeit für eine erneute Rezeption des Textes. Als Hausaufgabe bietet sich die Frage an: „Find one more fact about the Makah people." (Tipp S. 57)
Mögliche zusätzliche Fakten:
– *A longhouse was 30 feet wide and 70 feet long.*
– *The Makah people had summer camps.*
– *They had many different canoes, like whale canoes, war canoes or small canoes for children.*

- *The Makah Indians had contact with other tribes.*
- *The fishermen don't make much noise when they paddle.*

Weiterarbeit Zu Beginn der folgenden Stunde tragen die S noch einmal zusammen, was sie über die Makah gelernt haben.
Leiten Sie dann zum zweiten Teil der Geschichte und damit zu Aufgabe 3 über.

3 Neah Bay today
a) Listen to the end of the story.

L *You know a lot about the Makah people. In our story, old Halma tells about them. And there's some more information. The ending is on my CD, so you will just listen to it. In your books (p.57/3) there are some questions for you.*

Fordern Sie die S vor der Präsentation der CD zum Spekulieren auf. Ein S liest die SB-Frage vor. Die Ergänzung „What do you think?" löst die Vermutungen der S aus. Sie hören nun das Ende der Geschichte und lösen die Aufgabe. Leistungsstärkere S sollen wiederum aufgefordert werden, über einfache Ja/Nein-Lösungen hinauszugehen.
Lösungen:
- *No, they don't. / The longhouses are all gone, people live in small houses or mobile homes.*
- *No, there isn't. / There is a lot of unemployment. People have to go away to find work.*
- *No, they don't. / They fish in modern boats. But when they hunt whales, they use canoes.*
- *Yes, they do. / They can hunt whales again – 4 every year.*
- *A lot of tourists. / Lots of tourists come every summer because of the Makah Days.*
- *Yes, he will. / He knows that he has to come back to Neah Bay – back to his roots.*

Tapescript
Everybody was quiet. You could hear the waves on the beach and the noise of the fire. Toby smiled at Halma. Then he asked, "And what about now? How are things in Neah Bay today?" Everybody looked at Halma again.
"Oh, things are different now," she answered. "Well, we don't live in longhouses, as you can see. They're all gone. People live in smaller houses, like this one. Or they live in mobile homes. People don't have a lot of money, you know!"
"And is there enough work here?" Mark asked.
"No. That's the problem. There's a lot of unemployment. And some people still have to go away to find work."
"What about fishing? Do you still fish in canoes?" Toby asked.
"No. We fish in modern boats. Fishing is still very important. And we can hunt whales again –
4 every year. We use canoes for that."
"Do you get a lot of tourists?" Toby asked.
"Yes, in the summer. And every August we have a big festival here – Makah Days. There's traditional Makah music – singing and dancing too. It's great. Lots of visitors come. You boys should come back in August!"
The next day Toby and Mark left Neah Bay. They had to go back to Anacortes – back to school on Monday! They drove along the little road near the sea. Toby took out a CD that his cousins had given him. It was 'Native American', by Little Steven. He put it in the CD player. He knew then that he'd come back to Neah Bay again – back to his roots!

b) Listen to Little Steven's song about Native Americans.
Is it happy or sad?
Die S begründen ihre Entscheidung, ggf. auf Deutsch.
Lösung:
It's a sad song.

> **INFO-BOX**
>
> **Liedtexte** lassen sich leicht im Internet recherchieren. Geben Sie in einer Suchmaschine den Titel des gesuchten Liedes und das Schlagwort *lyrics* ein, evtl. auch noch den Interpreten, zum Beispiel: „Native American" + Little Steven + lyrics.

4 Back in Anacortes: Finish the dialogue between Toby and his mom.

Die S wandeln den im Lehrbuch abgedruckten Text in einen Dialog um. Die Szene könnte nach der Erarbeitung mit Requisiten vorgespielt werden. (Mom könnte bei einer Beschäftigung im Haus sein, Toby hat vielleicht Fotos mitgebracht etc.)
Lösung:

MOM Hi, Toby. How was your trip?
TOBY Hi, Mom. It was *really* cool.
MOM What places did you visit?
TOBY First we *went to Olympic National Park. We hiked and had a campfire.* Then we *visited Neah Bay.*
MOM Did you meet the Parkers?
TOBY *Yeah, we met all the family and some neighbours, too.*
MOM Where did you stay in Neah Bay?
TOBY *In our tent in the Parkers' garden.*
MOM What's Neah Bay like?
TOBY *Well, it's a small, quiet town. But every summer lots of tourists come to see the festival.*
MOM Do you think that you'll go back?
TOBY *Sure I will, Mom. My roots are there.*

Erweiterung

Geben Sie den S eine Möglichkeit, sich auf persönliche Art und Weise mit den inhaltlichen Aspekten der Story auseinanderzusetzen, indem Sie das Thema „Wurzeln" aufgreifen. Das Zitat Halma Parkers aus der Story bietet einen Sprechanlass, der in Partnerarbeit genutzt werden kann.

▶ W 37, 6–8

WORDPOWER

S. 58

WORTSCHATZ	adjective
MEDIEN	L: sechs Zettel für die Erweiterung in *Ex.1*

1 Hobbies: What are they saying?

Diese Übung dient der Automatisierung von *gerund*-Konstruktionen, die später im Checkpoint verinnerlicht werden sollen. Wenn Sie die Erweiterung durchführen wollen, schreiben Sie die sechs Satzanfänge groß an die Tafel und bearbeiten Sie die Aufgabe mündlich.

Tafelanschrieb

Lösungen:
1 Let's go *camping*.
2 I love *hiking*.
3 My hobby is *fishing*.
4 They like *dancing*.
5 He's good at *singing*.
6 I don't like *hunting*.

Erweiterung
sechs Zettel

Eine spielerische Erweiterung bietet sich an. Bereiten Sie sechs Zettel vor, auf denen Sie notieren: *jogging, shopping, sleeping, reading, skiing, arguing.* Bitten Sie nun jeweils einen (für das 6. Beispiel zwei) S, die Aktivität zu paraphrasieren (und/oder pantomimisch darzustellen). Verweisen Sie je Tätigkeit auf den dazu passenden Satzanfang, der noch an der Tafel steht (s. *Ex.* 1). Die Aufgabe wird wie folgt erklärt.

L *Now look at what these students are doing. What can you say about them? Use the start of the sentences in exercise 1 again.*

Lösungen:
1 *Let's go jogging.*
2 *I love shopping.*
3 *My hobby is sleeping.*
4 *They like reading.*
5 *He's good at skiing.*
6 *I don't like arguing.*

Weiterarbeit

2 Signs
a) What do these signs mean in German? Tell a partner.
Die S lesen die Schilder abwechselnd und äußern ihre Vermutungen.
Lösungen:
Campen ist hier verboten.

Hier leben / gibt es viele Pumas.
Lagerfeuer dürfen nur auf dem Zeltplatz angezündet werden.
Herzlich willkommen in Anacortes, im wunderschönen Bundesstaat Washington.
Werde jetzt Mitglied bei den Junior Rangers.
Jagen verboten.

b) What do these signs mean in English? Tell a partner.
Mithilfe der englischsprachigen Muster in a) übertragen die S die Schilder ins Englische. Andere Varianten sind dabei durchaus zulässig.
Lösung:
Boating is prohibited   The campground is closed.   Entrance fee € 10.   No fishing.

3 WORD SEARCH   Find the missing adjectives.
Diese Übung, genau wie die folgende, steht ganz im Zeichen der Wortart Adjektiv.
Lösungen:
1 wild   **3** big, old   **5** narrow, lonely   **7** nice, old
2 young   **4** beautiful, blue   **6** small, quie   **8** small

Um den Tipp verständlicher zu machen, lassen Sie jeden Satz einmal ohne und einmal mit Adjektiv(en) vorlesen. Die Veränderungen werden dann ganz offensichtlich. Zur Festigung dieser Erkenntnis ist Aufgabe 4 geeignet, wobei die Anforderung in b) erhöht wird, da die S hier die Adjektive in den passenden Satzzusammenhang einordnen müssen.

4 Make it interesting.
a) Put the adjectives in the right place.

Tafelbild

Zunächst wird mit geschlossenem Buch gearbeitet. Es erscheinen die Gegenteile der Adjektive an der Tafel (z. B. *warm, lively, big, bad, old, great, white*). Die S finden die gesuchten Wörter.
Alternative: Für Klassen, deren S keine Lese-Rechtschreib-Probleme haben, bietet es sich auch an, die gesuchten Adjektive in Form eines Buchstabensalats anzubieten und entwirren zu lassen (z. B. cldo für *cold*).

L *Look at these strange words. They are adjectives, too. Can you find them?* (S antworten)
   Now open your books again and put the adjectives in the right place.

Lösung:
It was a *cold night* in March. Toby and Mark were at a *lonely campground*. They were in their *small* tent. Toby was reading a *good book*. Mark was listening to his *new MP3 player*. Then Toby heard a *terrible noise*. The boys looked out and saw a *big, black bear*.

b) Put in: old, tired, nervous, black, lonely, funny, quiet.
Lösungsvorschlag:
black, nervous, quiet, funny, tired, old, lonely

Erweiterung

Die S experimentieren mit dem Inhalt einer der beiden Geschichten, indem Sie die Adjektive an eine andere Stelle setzen oder auch neue Adjektive verwenden. In lernstärkeren Klassen führen Sie die Übung mündlich durch, in lernschwächeren schriftlich. Es ist auch möglich, einzelne Substantive im Sinne der neuen Geschichte zu ändern oder das Ende fortzuschreiben. Eine gelungene Arbeit eignet sich für die Aufnahme in das Portfolio.

Lösungsbeispiel:
It was a *warm* night in *lovely* March. Toby and Marc were at a *quiet* campground. They were in their *clean* tent. Toby was reading a *boring* book. Mark was listening to his *cool* MP3 player. Then Toby heard an *exciting* noise. The boys looked outside and saw a *dirty, little* bear.

▶ W 38, 9–11
▶ W CD-ROM

TRAINING

S. 59

WORTSCHATZ mind map • look after • lead: led, led • hiker • get lost
SPRECHABSICHT Über Parkranger sprechen: *A parkranger has to be fit and sporty.*
MEDIEN Kopien vom Rückmeldebogen für Kurzvorträge, Rekorder

USING MIND MAPS

Einstieg

1 A good job?
Would you like to be a park ranger?
Lassen Sie die S zu dieser Frage zunächst ihre Gedanken äußern.

L *What do you think about being a park ranger? Would you like to be one? Think about it and complete these sentences.*

Geben Sie dazu folgende Satzanfänge vor, die die S individuell schriftlich vervollständigen:

> A park ranger can ...
> Another good thing is ...
> But he must also ...
> And I think ... is not so much fun / is not easy.
> All in all I would / wouldn't like to be a park ranger.

Weiterarbeit

Semantisieren Sie die neuen Wörter aus dem Kontext heraus und sichern Sie deren Aussprache. Die S lesen danach den Text. Helfen Sie ggf. auch mit zusätzlichen Informationen, z.B. "When you are new at a place and you take the wrong way, you get lost."

L *In your books there's an interesting text about park rangers. Read it and find out about their job.*
There are some new words in the text: look after, lead, hiker, get lost. You can see them on the board here. Guess what they mean. (Die S erarbeiten die Bedeutung mit Hilfe durch L.)

Tafelbild

Nach dem Lesen setzen sich die S noch einmal mit ihren anfänglichen Einschätzungen auseinander und können diese bestätigen, ergänzen oder korrigieren.

2 Main points
a) What is this text saying? Pick two main points.
Diese Aufgabe erfordert eine erneute Rezeption des Textes. Sollten sich hier Kontroversen ergeben, weisen Sie die S darauf hin, dass der Text wertfrei die Aufgaben eines Parkrangers beschreibt. Dabei sollten abweichende Äußerungen aber nicht pauschal verworfen werden. Deshalb ist es günstig, die Aussagen durch die S begründen zu lassen. Zwei S stellen ihr Ergebnis der Klasse vor.
Lösungsvorschlag:
A ranger does many jobs (because he must look after the park, give information...).
Rangers have to be fit and sporty (because they have to be good at hiking, boating, skiing ...).
Alternative:
A ranger has a great job (because he can do lots of different thing and always sees beautiful nature).

b) Does your partner agree?
Die S vergewissern sich, ob der Partner die Aufgabe genauso gelöst hat. Bei Übereinstimmung können sie ihr Ergebnis sicherer vortragen, bei Unterschieden diskutieren sie.

Einstieg

3 A ranger's mind map
Gestalten Sie den Einstieg mithilfe eines Rätsels. Aufgrund Ihrer Beschreibungen finden die S die zu erratenden Begriffe (zum großen Teil Umwälzung von bisher in der Unit neu erlerntem Wortschatz). Alle Anfangsbuchstaben ergeben das Wort „mind map".

L *I have a riddle for you. Find the words I'm looking for:*

* name of an Indian tribe that lives in Neah Bay	**M**akah
* a piece of land with water all around	**I**sland
* on a highway or at a disco there's a lot of	**N**oise
* kind of animal that lives in Washington National Park, it is brown and has long legs, it eats grass	**D**eer
* a picture that shows you where mountains, rivers or streets are	**M**ap
*" beautiful", "nice", "old", "boring" are all	**A**djectives
* when you go camping and you want to sleep in a tent, you must first	**P**ut the tent up

Weiterarbeit Leiten Sie nun zur in *Ex. 3* begonnenen *mind map* über. Lassen Sie die S auf Deutsch erklären, was sie sehen, welchen Sinn eine *mind map* hat und wie es funktioniert. Sicherlich kennen die S diese Methode aus anderen Unterrichtsfächern. Geben Sie ihnen – falls erforderlich – zusätzliche Informationen (siehe didaktisch-methodischer Hinweis). Die S folgen dann den Arbeitsanweisungen im Lehrbuch.

L *The word we were looking for is "MIND MAP" – well, there's one in our book. Open it at page 59 and look at number 3. Eine mind map – eine „Landkarte der Gedanken". Könnt ihr erklären, was das ist?*

**First draw this mind map in your exercise book.
Then read the text again and finish the mind map.**
Lösungsvorschlag:

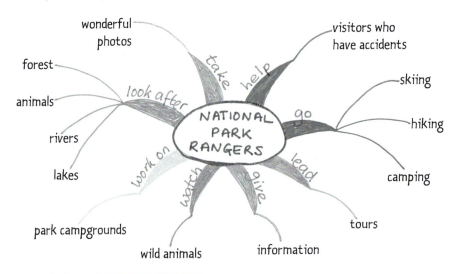

> **DIDAKTISCH-METHODISCHER HINWEIS**
>
> *Mind maps* sind grafische Darstellungen, die die Zusammenhänge zwischen einzelnen Aspekten darstellen. Das Thema ist dabei immer zentral angeordnet und hier beginnt auch das Lesen einer *mind map*. Unterordnungen (und Sub-Unterordnungen) finden sich in Verästelungen wieder und machen somit eine Gliederung deutlich. Das Gestalten und Lesen von *mind maps* fördert die Verknüpfung von linker und rechter Gehirnhälfte und unterstützt somit kognitive Prozesse des Verstehens und Behaltens. Die Verwendung von Bildern und unterschiedlichen Farben hilft dabei, im Gehirn Vernetzungen auf kreative Weise herzustellen. Im Fremdsprachenunterricht sind *mind maps* vielseitig einsetzbar, z. B. beim Systematisieren grammatischer Erscheinungen, bei der Wortschatzarbeit oder bei der Überprüfung des Hör- und Leseverstehens.

4 Remembering
Close your book and look at your mind map. What can you remember from the text? Write it down. Then tell a partner.
Nachdem die S diese Arbeitsschritte ausgeführt haben, sollten sie Gelegenheit bekommen, aufgetretene Lücken oder Unsicherheiten bei der Formulierung eines Sachver-

haltes im Buchtext noch einmal nachlesen zu dürfen. Es wäre ratsam, die S zu Hause erneut mit der *mind map* üben zu lassen und die Folgestunde mit einem oder mehreren Schülervorträgen zu beginnen. Ermutigen Sie die S, zu Hause laut vor einem Spiegel oder zusammen mit einem Partner zu üben.

Erweiterung
Aufnahmegerät
Kopien (Folie)

Nehmen Sie die Schülervorträge auf einem Tonträger auf und werten Sie diese dann gemeinsam mit ihren S aus. Die im Folgenden angegebenen Kriterien sollten den S als Rückmeldebogen gegeben werden, ggf. können die Fragen auch als Folie projiziert werden. Diese können Sie bei Präsentationen immer wieder einsetzen.

Feedback für:	am:
Was there enough information?	❏ Yes. ❏ Some info was missing. ❏ No, there wasn't.
The pronunciation was	❏ good. ❏ not so good.
The speed was	❏ OK. ❏ too fast. ❏ too slow.
The volume was	❏ OK. ❏ not loud enough. ❏ too loud.
The speaker looked	❏ at the audience. ❏ didn`t look at the audience.
He/She could answer questions.	❏ Yes. ❏ Some. ❏ No, he/she couldn't.
Did you like the presentation?	❏ Yes, very much. ❏ It was OK. ❏ No, not at all.

▶ W 39, 12–13
▶ W CD-ROM

Hinweis: Beachten Sie, dass der Einstieg in den *Skills*-Teil eine vorbereitende Hausaufgabe voraussetzt.

SKILLS TRAINING

S.60

WORTSCHATZ	European • hunter
MEDIEN	L: Urlaubspostkarte oder Urlaubsfotos, CD und CD-Spieler, evtl. Kopien von KV 19 oben
	S: Urlaubspostkarten oder Urlaubsfotos

LISTENING   Talking about a town

Einstieg

Fordern Sie die S in einer vorbereitenden Hausaufgabe dazu auf, ein Urlaubsfoto oder eine Urlaubspostkarte mitzubringen und sich eine Bildunterschrift dazu auszudenken. Lassen Sie zu Beginn der Stunde die Ergebnisse (oder einige davon) an die Tafel schreiben. Legen Sie die Fotos und Postkarten auf den Lehrertisch. Lassen Sie nun jeweils eine/n S nach vorn kommen, ein Bild auswählen und kurz beschreiben, was darauf zu sehen ist. Die S können dann gemeinsam entscheiden, welche Bildunterschrift zum jeweiligen Bild passen könnte.
Erklären Sie die Hausaufgabe wie folgt; am besten, indem Sie den S ein Beispiel demonstrieren:

L *When you go on holidays you often take pictures or you buy holiday postcards. Perhaps you also have some nice postcards your friends wrote to you. Bring a holiday photo or a holiday postcard to class and invent a caption. A caption is what is written for a photo or picture or cartoon to explain or describe it. Look, here's a holiday photo I took ... and the caption I invented is ...*

In der Folgestunde erklären Sie die Aufgabe. Wiederholen Sie ggf. Redemittel zur Bildbeschreibung.

L *Put your pictures on the desk and write your captions on the board. Ella, come to the front, choose a picture and tell us what you can see. Now, let's try to find the right caption for the picture.*

Weiterarbeit

Leiten Sie nun zu den Fotos auf S. 60 über. Die S sollen hier zunächst eigene Bildunterschriften *(Anything goes!)* erfinden, um sie auf die erste Höraufgabe einzustimmen.

L *Now look at the photos in your books on page 60. They were all taken in Anacortes. In groups of four, think about some nice captions for the pictures.*

Beispiellösungen:
*People spend time in Anacortes.
A dream comes true: a chocolate factory.
The coolest club in town: The Key Club.*

1 Anacortes adverts
Look at the pictures. Listen to the CD. You'll hear three adverts for each picture. Pick the right advert – a), b) or c).

Die S lösen die Aufgabe wie im Buch beschrieben. Stoppen Sie die CD nach jedem Bild.
Lösungen:

1 a)   **2** c)   **3** b)

Tapescript
Look at the pictures and listen. Which advert is right – a, b or c?
First look at picture number one.
a) Anacortes has everything the shopper could want – modern supermarkets, interesting old stores, lots of free parking. So come to Anacortes today!
b) Do you need a break? Do you enjoy kayaking, boating, fishing? Visit Washington's islands – in the beautiful north-west!
c) America's National Parks – with wonderful mountains, rivers, forests and lakes. Great places for holidays.

Now look at picture number two.
a) Come to the Anacortes Chocolate Factory. Get all your fruit and vegetables here today!
b) Everything comes with chocolate at the Anacortes Chocolate Factory. Chocolate salads, chocolate sandwiches, chocolate soups!
c) At Anacortes Chocolate Factory we sell great food – healthy salads, homemade soups, our special ice-cream. And of course our famous Anacortes chocolate!

Look at picture number three. What are the people saying?
a) **GIRL** Come on everybody! Get your drinks here – orange juice, apple juice, banana juice. We do great smoothies too! It's all good and healthy!
b) **BOY** Ice cream – the best ice-cream in town. Only $1.50! Popcorn too – only 50 cents!
c) **GIRL** Sweets, biscuits, chocolate. It's all good. It's all cheap. Come and get your goodies here!

Knüpfen Sie an das in *Ex. 1* Erlernte an und leiten Sie so zu *Ex. 2* über. Ein SL-Dialog wird entwickelt.

L *Anacortes is great for shopping and even has a chocolate factory. What about your hometown? What do you like about it?*
S *... is nice because we have ....*
S *... is really cool.*
S *But sometimes it's really boring here, because we don't ...*
S *... is great for tourists. / ...*
L *Let's listen to a survey now. It's a survey about Anacortes. Toby Brown has done it for the school radio. People tell him what they like and what they don't like about their town.*

Weiterarbeit

2 A survey about Anacortes
Toby Brown has done a survey for the school radio.
a) Listen to the five people. Pick a), b) or c).
Lösungen:

1 c)   **2** b)   **3** b)   **4** a)   **5** a)

b) Listen to the survey again. Pick the right words in the box.
Lösungen:
1 BOY It's *good* for water sports.

2 GIRL The people here are *nice*.
3 BOY In winter it's *quiet*.
4 GIRL It's a *great* place to make money!
5 TEENS Anacortes is *uncool*.

Tapescript

TOBY Hi. I'm Toby Brown and I'm reporting for Anacortes Highschool Radio. I went into the streets of Anacortes and asked people what they think of our town. And here's what they said:

BOY 1 Do I like Anacortes? Well, … I guess I like it. I was born here. All my friends are here. We have fun … … it's good for water sports. I love water skiing – so yeah, Anacortes is a cool town.

GIRL 1 Anacortes is OK. The people here are nice - really friendly! Like, people here have more time … I think that the people here are the best thing about the town!

BOY 2 Anacortes? Oh, it's different every season! In the winter it's quiet and lonely. But in the summer it's really busy. Lots of visitors, you know … people taking the ferry to the islands. People looking for whales and things, you know, like … it's mad! But I prefer it in summer! I really do!

GIRL 2 I don't live here, ya see. But I come here every summer in the school holidays. I have family here … and I stay with them. I work in a restaurant for the summer. It's OK. It's a busy town in the summer so it's a great place to make money.

BOY 3 It's OK here – for old people!

GIRL 3 Yeah, not a lot happens here. It's OK if you like a quiet life. But there isn't much for young people … no concerts! No cinema! It's boring!

BOY 4 That's right. Anacortes is uncool! And it's terrible for shopping … I prefer Seattle.

GIRL 4 Yeah, Seattle is cool … It's more fun there.

3 The story of Fidalgo Island and Anacortes

Tafelanschrieb

An der Tafel erscheinen drei fehlerhafte Aussagen über den Heimatort (oder die nächste größere Stadt).
Beispiel: In 1882, 1 000 people lived in Düsseldorf. (100,000)
Today 5 million people live here. (ca. 580,000)
Düsseldorf is the capital of Bavaria. (capital of North Rhine-Westphalia)

Die S werden aufgefordert, die falschen Aussagen zu erraten und zu korrigieren.

L *Read the sentences. In every sentence there's a mistake. Can you find and correct them?*

Leiten Sie wie folgt zur Höraufgabe über:

L *We will now listen to the story of Fidalgo Island and Anacortes and learn about their history. Open your books at page 60.*

Weiterarbeit

First copy this table in your exercise book. Then listen to the CD and put in the years.

Neu sind die Wörter „hunter" und „European". Die Verwandtschaft zu „hunting" und „Europe" ist so offensichtlich, dass die Semantisierung den S keine Probleme bereiten dürfte. Achten Sie auf die richtige Aussprache von „European" [jʊərə'piən].
Lösung:

10,000 years ago	Native Americans lived here.
1790	The first Europeans came.
1790–1840	Hunters came.
1876	The town got a post office and a name.
1890	200 people lived in Anacortes.
1910	4000 people lived here.
1950–1970	Lots of businesses came to the town.
Today	About 15,000 people live here.

Alternative
Kopien

Die Höraufgabe kann auch mithilfe Kopiervorlage 19 oben gelöst werden. Da die Zeit für das Abschreiben der Tabelle entfällt, ist eine kurze Übung vorgeschaltet, in der die S versuchen, die richtigen Lösungen durch Spekulieren vorwegzunehmen.

Tapescript
For more than 10,000 years people have lived on Fidalgo Island. The first people here were the Native Americans, of course. And there are still lots of Native Americans on the island today. Then the first Europeans came. The year was 1790. They were Spanish explorers and that's why lots of places have Spanish names today. Between 1790 and 1840 lots of people came to hunt wild animals. They wanted the animals' fur. In 1876 Amos Bowman came to Fidalgo Island and he started the first post office there. His wife's name was Anna Curtis, so he called the new town Anacortes. 200 people lived in Anacortes in 1890. In 1910 4 000 people lived there! Lots of businesses came to Anacortes between 1950 and 1970 and the town got bigger and bigger. And today about 15,000 people live here.

Kopiervorlage 19

▶ W 30, 17–18

S. 61

WORTSCHATZ	Can I help you? • recommend • kayaking
SPRECHABSICHT	Personen und Orte näher beschreiben: *There are lots of things to do here.* Informationen erfragen: *Where ist he museum?*
MEDIEN	L: Reiseprospekte oder Flyer, CD und CD-Spieler, Folie von Dialog 1 aus dem SB

SPEAKING   What you must do and mustn't do

Dieses *Skills*-Training befähigt die S, ein Gespräch im Reisebüro zu führen. Auf der Grundlage eines Beispieldialogs lernen die S wichtige Redewendungen kennen, üben diese auf unterschiedliche Art und Weise (Vervollständigen eines Lückentextes, Mediation) und gestalten schließlich selbst ein Informationsgespräch mit Hilfe von *role-play cards*.

Einstieg
Reiseprospekte/Flyer

Das Einführungsgespräch stimmt die S auf die Aufgaben im Buch ein und kann gleichzeitig genutzt werden, um neuen Wortschatz zu vermitteln.
Hinweis: Achten Sie auf die richtige Betonung bei *recommend* [ˌrekə'mend].

L *Last year I was in Paris. Look, I've got a brochure here. There are lots of things you can do in Paris. You can look at churches, climb the Eiffel Tower, ... When you want to go away and you want to find out about a town, city or country, what can you do?*
S *You can ask friends.*
S *You can read books.*
S *You can look at sites on the Internet. ...*
L *Right, and you can also go to a visitor centre. The people can help you there. They can recommend interesting places and nice activities. Let's go to Anacortes visitor centre now. What activities will people recommend there – what do you think?*
S *Perhaps visiting the Chocolate Factory.*
S *I think whale watching must be fun. ...*
L *Now meet Rita at the visitor centre.*

Weiterarbeit

1 Rita works at the Anacortes visitor centre.
a) What are these visitors going to do?
Die S hören den Dialog vom Tonträger und lesen ihn still im Buch mit.
Lösung:
They're going to go kayaking.

b) Practise the dialogue with two partners.
Achten Sie darauf, dass Ihre S so rollengetreu (freundlich, hilfsbereit, dankbar etc.) wie

möglich lesen. Das gestattet es ihnen nicht nur, sich in die Situation hineinzuversetzen und das Sprachmaterial zu verinnerlichen, es trägt auch zur natürlichen Verwendung der Fremdsprache bei und hilft den S, in Aufgaben 2 und 4 lebendige Dialoge zu gestalten. Spielen Sie den Dialog ggf. noch einmal vor.

2 Another tourist needs help.

Die S sollen hier Sprachmaterial aus dem Dialog in *Ex. 1* wiederverwenden. Helfen Sie ihnen beim Memorieren des Ausgangsdialogs, indem Sie diesen vergrößert auf Folie kopieren. Zeigen Sie die Folie noch einmal für 1 Minute. Lassen Sie anschließend einzelne Büroklammern (oder andere Kleinteile) auf die Wörter fallen, die nach dem Zufallsprinzip zuerst Wörter, dann Satzteile und zum Schluss ganze Sätze bedecken, und fordern Sie die S auf, diese aus dem Kopf zu wiederholen. Erklären Sie die Aufgabe:

L *Look, here's the dialogue again. Look at it for one minute and try to remember what the people say. / Oops, now I can't read the dialogue properly anymore. Can you help me?*

a) Look at the brochure and finish the dialogue.
Lösung:
RITA Hi. Can I *help you?*
BOY Hi. We'd like to do something *interesting*. What can you *recommend?*
RITA What about *whale watching?*
GIRL That *sounds* good. Where can you *do it?*
RITA At *San Juan Safaris*. They're in *Roche Harbour*. Here's *a brochure*.
BOY Great. *Thanks very much.*

b) Act the dialogue with a partner.
Die S spielen den Dialog. Gestalten Sie im Klassenzimmer ein „Reisebüro". Verwenden Sie Reisebroschüren und Flyer oder Imitate davon, ggf. auch die im Projekt entstandenen *wall newspapers*.

3 INTERPRETING
You're at the visitor centre with your grandma. Help her.
Führen Sie die S wie folgt in die Situation ein:

L *Who in your family can speak another language?*
S *My mother speaks …*
L *And what about your grandparents?*
S *…*
L *Well, your grandma can't speak English. But that's no problem. You can speak the language. Let's go to the visitor centre again and help grandma.*

Lösung:
YOU Hi. We'd like to *do something interesting. What can you recommend?*
YOU Willst du etwas über die Makah Indianer lernen? Es gibt *da ein tolles Museum.*
YOU That *sounds interesting. Where is the museum?*
YOU Es ist *in Neah Bay. Jeden Morgen um 10 fährt ein Bus dahin.*
YOU *Thanks very much. Goodbye.*

4 ROLE PLAY
Partner A: You work at the visitor centre. Look at your role card on p.95.
Partner B: You're a tourist. Look at your role card on p.95.
Funktionieren Sie auch bei dieser Aufgabe das Klassenzimmer zum „Reisebüro" um. Gewähren Sie den S einige Minuten Zeit, um sich mit ihrer Rolle vertraut zu machen. Entwickeln Sie vor der Präsentation mit den S eine Rollenbiografie. Zwei (lernstärkere) S nehmen im „Reisebüro" Platz und werden zunächst interviewt. (Siehe dazu auch den didaktisch-methodischen Hinweis unten.)
Beispieldialog für Partner A:

L *Hi. What's your name?*
S *My name is Tom Miller.*
L *You work at the visitor centre. Do you like your job?*
S *Oh yes, it's really interesting.*

L *How many people come to the centre every day?*
S *Well, sometimes only 5 or 6, but in the summer we have 40 to 50 people every day.*
L *That's a lot. What time does the centre open in the morning?*
S *...*

Beispieldialog für Partner B:

L *You're a tourist. Where are you from?*
S *I'm from Germany.*
L *What's your name?*
S *My name is ...*
L *When did you come to Anacortes?*
S *We came on Monday.*
L *We? Are you here with your family or friends? ...*

DIDAKTISCH-METHODISCHER HINWEIS

Rollenbiografien helfen dem S, sich in eine Situation hineinzufühlen. In einer dem eigentlichen Rollenspiel vorgeschalteten Interviewsituation wird der S in seine Rolle „hineingefragt". Häufig entwickeln sich dabei die Fragen spontan in der Kommunikation. Die Rolle des Interviewers kann dabei zunehmend von den Mitschülern übernommen werden. Der Situation wird damit die Künstlichkeit genommen und die S werden auf sehr motivierende Art und Weise zum spontanen Sprachgebrauch angeregt.

Anschließend üben die S ihren Dialog in Partnerarbeit.
Bei der Präsentation des Dialogs sollte wieder die Natürlichkeit der Sprachverwendung im Mittelpunkt stehen. Um die Schwierigkeit der Aufgabe zu erhöhen, können S gemeinsam präsentieren, die vorher nicht zusammen geübt haben.
Lösungsvorschlag:

A *Hi. I'd like to do something interesting in Anacortes. What can you recommend?*
B *There are lots of interesting things you can do in Anacortes. What about going to our Farmers Market?*
A *That sounds fun. Where is it?*
B *It's in 7th Street in Old Town.*
A *And what can you buy there?*
B *They have fresh fruit and vegetables. You can buy cakes, cheese and bread too.*
A *What day is it open?*
B *On Saturdays.*
A *What time is it open?*
B *It's open from 9 in the morning till 2 in the afternoon.*
A *Is there a market every month?*
B *No, it's only there from May to October.*
A *Great. Thanks very much.*
B *You're welcome. And remember: come hungry!*

Erweiterung Dieses Rollenspiel lässt sich beliebig erweitern, indem von den S zusätzliche *role-play cards* erstellt werden. Hierfür können Sehenswürdigkeiten oder interessante Aktivitäten des Heimatortes oder die *brochures* auf SB-S. 61 thematisiert werden.

▶ W 40, 15–16
▶ W CD-ROM

S. 62		
WORTSCHATZ	part-time • baker • cleaner • movie theatre • babysitter • library • assistant • pay (n.) • sales clerk • coffee shop • cashier • tip • work experience • résumé • cover letter • interview (n.) • smart • interviewer	
SPRECHABSICHT	Über Jobs sprechen: *I'd like a job as a shop assistant.*	
MEDIEN	evtl. vorbereitete Folie, Zettel oder Karteikarten und Magnete	

READING   A school magazine article

Einstieg

Taschengeld ist für alle Teenager ein Thema. Motivieren Sie deshalb Ihre S mit einem Gespräch, das zum Thema *part-time jobs* und damit zum Lehrbuch überleitet.

L *Do you know what "pocket money" is? It's money that you can put in your own pockets. (Semantisieren durch Zeigen), money that you can spend the way you want. You can go to the cinema or you can buy a book, when you've got pocket money. Do any of you get pocket money?*
S ...
L *How often do you get it? Every week or every month?*
S ...
L *How much money do you get a month?*
S ...
L *Now pocket money is never enough, right? Often your pockets are empty. Then you can get a part-time job. You don't work all the time because you go to school, but in the afternoon or at the weekend you can work in a part-time job. Do any of you have such a job?*
S ...
L *In our books there's an article from the school magazine. It's about jobs too.*

1 **Read the article and pick a title.**

Zunächst lösen die S die Aufgabe laut Arbeitsanweisung und erfassen das Thema des Artikels.
Lösung:
b) Job tips for teens

Erweiterung Wortschatzarbeit

Der Artikel enthält eine große Anzahl neuer Wörter; viele von ihnen lassen sich jedoch über einfache Wortbildungsregeln oder über Erschließen aus dem Kontext semantisieren. An diesem Beispiel können Sie Ihre S hervorragend dazu motivieren, vor unbekanntem Vokabular nicht zu kapitulieren, sondern sich das zunutze zu machen, was sie schon wissen.

Tafelanschrieb oder Folie

Erarbeiten Sie gemeinsam mit den S das unten gezeigte Tafelbild (auch als Folienanschrieb möglich). Angaben, die die S nicht allein machen können, werden durch den L ergänzt. Fordern Sie dabei die S zum logischen Kombinieren auf (z. B. *When you work at a clothes shop, what kind of work do you do?*). Weisen Sie dann auf wiederkehrende Wortbildungselemente hin (z. B. *bake* in *baker*, *to bake*, *bakery*).

L *The article is about job tips for teens. Britany, Brad and all the other teenagers talk about their jobs. What jobs do they do and where do they work?*

JOB	DO WHAT?	WHERE?
baker	bake bread and cake	bakery
cleaner	clean	movie theatre
babysitter	look after children	people's homes
helper	put books back on shelves	library
sales clerk	sell clothes	clothes shop
cashier	take people's money	coffee shop

2 **Read the first part of the article. Who could say these things?**

Die S arbeiten zu zweit, lesen jeweils einen Satz und nennen einen Namen. Gegenseitig achten sie darauf, dass der Text dabei mit einem Blatt verdeckt wird.
Lösungen:
1 Britany   **2** Hassan   **3** Brad   **4** Ashley   **5** Calina

Wortschatzarbeit	**3** **Now read the second part of the article and correct these sentences.**
	Vertiefen Sie zunächst das Erschließen von Wortschatz ohne Wörterbuch. Zuerst lesen die S den zweiten Absatz. Die noch unbekannten Wörter *(pay, tip, work experience, résumé, letter of application, interview, smart, interviewer)* erscheinen auf Zetteln, die Sie mit Magneten an die Tafel heften. Wenn ein S glaubt, ein Wort erschlossen zu haben, kommt er nach vorn, nimmt das Wort von der Tafel und äußert seine Vermutung. Darüber hinaus erläutert er seine Erschließungsstrategie. Diese Phase sollte muttersprachlich erfolgen. In lernschwächeren Klassen geben Sie ein erstes Beispiel selbst.
Zettel, Magnete	

L Auf diesen Zetteln findet ihr neue Vokabeln, die im Text verwendet werden. Versucht, diese Wörter ohne Wörterbuch zu erschließen. Kennt ihr vielleicht schon verwandte Wörter oder verwenden wir ähnliche Wörter auch im Deutschen?

S Wenn jemand etwas tut, findet man häufig die Endung „-er", z. B. „teacher", „cleaner" oder „baker", deshalb denke ich, dass das (Zettel: *interviewer*) jemand ist, der ein Interview führt. Interview (Zettel: *interview*) benutzen wir auch im Deutschen, das ist ein Gespräch.

Wörter, die bis zu diesem Zeitpunkt noch nicht semantisiert worden sind, können nun aus dem Kontext heraus erschlossen werden. Die S lesen den Text noch einmal.

S *Ich denke, dass dies* (Zettel: letter of application) *ein Bewerbungsschreiben ist. Ich kenne „letter" = Brief, und wenn man sich bewirbt, muss man ein Bewerbungsschreiben verfassen.*

Sichern Sie die Aussprache der Wörter *rèsumè, interview, interviewer*, da die S sie zur Korrektur der Falschaussagen in *Ex. 3* benötigen. Die S lösen die Aufgabe analog Lehrbuchauftrag.
Lösungsvorschläge:
1 There *are five* job tips.
2 *You must write a good résumé.*
3 *The interview is important.*
4 *Don't forget to ask the interviewer for information about the job.*
5 *Don't work too much. School work is the most important thing.*

	4 **What do you think? Finish these sentences.**
	Die S lesen den Tipp und suchen Jobs im Artikel auf SB-S. 62. Zusätzlich erweitert die *Wordbank 6* auf S. 130 die den S aus *Ex. 1* bekannte Liste.
Wordbank 6	

L *What do you think about the jobs mentioned in the article? Would you like to work as a babysitter or as a cleaner? Of course there are many more part-time jobs you can do. There are some more ideas on p. 130. Let's have a look.*

Sichern Sie zunächst die korrekte Aussprache der Wörter und Wortgruppen. Wälzen Sie dann das Sprachmaterial im L-S-Gespräch um.

L *Where can you stack shelves?*
S *You stack shelves at a supermarket.*
L *Which jobs can you do in a restaurant?*
S *In a restaurant you can serve food and drink and you must clear the tables.*

Die S vervollständigen nun die im Lehrbuch abgedruckten Sätze. Bei entsprechender Qualität können die Arbeitsergebnisse Eingang in das Portfolio der S finden.

S. 63	
WORTSCHATZ	apply (for/to) • outdoor store • part-time • sales clerk • per • rèsumè • family name • first name • (work) experience • cashier • cover letter • Yours truly, … • cleaner • assistant
SPRECHABSICHT	Über Berufe sprechen: *I'd prefer a job at a library because it's quiet.* Sich um eine Stelle bewerben: *I'd like to apply for a job as …*
MEDIEN	Folie von KV 19 unten

WRITING Applying for a job in the USA

Einstieg	Reaktivieren Sie das Wissen, das sich die S im Unterrichtsabschnitt "Reading a school magazine" erworben haben, indem Sie eine „Top 3-Liste" der beliebtesten *part-time jobs*

Tafelanschrieb der Klasse erstellen. Halten Sie die von den S gebrachten Vorschläge an der Tafel fest und lassen Sie dann die S die beliebtesten Jobs wählen. Führen Sie wie folgt ein:

L *We talked about part-time jobs. Which jobs can you remember?*
S *You can work as a cleaner or a babysitter.*
S *You can clear tables in a restaurant.*
L *And which jobs are hot, which are not? What do you think? Let's vote.*

Leiten Sie nach der Auswertung der Wahl zur Arbeit mit dem Lehrbuch über.

L *When you're looking for a job, you can ask parents or friends, but you can also read the newspaper and try to find a job advert there. There's a job advert in your books. Open your books at page 63.*

1 A job advert
Read the advert. Would you like this job?
Die S lesen das Stellenangebot und positionieren sich. Leistungsstarke S sollten ihre Entscheidung auf Englisch begründen. Sichern Sie das Verständnis der S durch Detailfragen:

L *What kind of shop is ANACORTES ADVENTURES?*
S *It's an outdoor store.*
L *Where is it?*
S *It's in 933 Commercial Avenue.*
L *What kind of job can you do there?*
S *You can work as a part-time sales assistant.*
L *How much money do you get?*
S *$ 8 per hour.*
L *If you want the job, you must apply for it. You must write your résumé, and a letter of application. Look at numbers 2 and 3 in your books and find out: What is a résumé and what is a cover letter?*

Die S lösen nun Aufgaben 2 und 3 wie im Lehrbuch vorgeschlagen.

2 A résumé
Read Toby Brown's résumé. Do you think he'll get the job?
Die S finden heraus, dass Toby für den Job geeignet ist, insbesondere aufgrund seiner Hobbys und der Arbeitserfahrung, die er schon sammeln konnte. Weisen Sie die S in diesem Zusammenhang auf die richtige Übersetzung von „eine Erfahrung machen" hin: *to have / to gain an experience.*

3 A cover letter
Read Toby's letter. Find the missing words.
Lösung:
Dear Ms *King,*
I saw your *advert* in the newspaper last week and I would like to apply for the job of *a part-time sales assistant.* I am *16* years old and I am in *10th* grade at Anacortes High School. I am interested in outdoor activities like *hiking* and *camping.* I have some work experience – I was *a part-time cashier* in a shoe store for one year. And was a Junior *Ranger* for three years.

Weiterarbeit

4 More job adverts
Which job would you prefer?
Auf Grundlage der Informationen in den Anzeigen artikulieren die S Vorlieben und begründen diese. Sie können sich dazu Notizen machen.
Individuelle Lösungen.

Transfer

5 AND YOU?
Apply for a job in exercise 4.
a) Write your own résumé.
b) Then write a cover letter.
Aufgabe 2 zeigt den S ein übersichtliches Muster für das Verfassen ihres Lebenslaufes.

Über das Beispiel in Aufgabe 3 hinausgehend befähigt die erweiternde KV 19 die S zum Verfassen eines individuellen Bewerbungsschreibens. Weisen Sie Ihre S darauf hin, dass insbesondere in diesem Rahmen eine saubere Form unabdingbar ist.

L *You have learned a lot. You can write your résumé and you can apply for a job in English now. When you solve exercise 5, make sure that your products are neat and tidy. Keep to the examples in the book.*

Erweiterung
Folie von KV

Mithilfe von Kopiervorlage 19 unten erarbeiten Sie mit den S ein "How to" für das Verfassen eines Bewerbungsschreibens. Kopieren Sie diese auf Folie. Anhand des Beispiels in Aufgabe 3 vollziehen die S Aufbau und sprachliche Gestaltung der Textsorte nach. In leistungsschwachen Klassen kann diese Phase muttersprachlich erfolgen.

▶ W 41, 17–18
▶ W CD-ROM

Kopiervorlage 19

LOOK AT LANGUAGE

S. 64

WORTSCHATZ	**animal rights** • **tradition** • *oil* • **cook / cooking** • *lamp* • *nearly* • *extinct* • **trouble** (n.) • *lots of activity* • **protest** (v.) • *save* • *grey whale*
SPRECHABSICHT	Über Walfang diskutieren: *All hunting is bad. / It's okay for the Makah people.*
STRUKTUR	Kopien von KV 20 A und B in halber Klassenstärke, evtl. die Spielregeln auf Folie, evtl. Leerfolie für *Ex. 5*

WHALE HUNTING

Einstieg
Kopien von Bild A in halber Klassenstärke

Das Foto von SB-S. 64 (rechts oben) finden Sie als Grafik auf Kopiervorlage 20 wieder. Geben Sie zuerst Bild A aus und lassen Sie die S paarweise arbeiten. Partner A beschreibt das Bild, während Partner B eine dementsprechende Skizze anfertigt. (Wiederholen Sie ggf. Redemittel zur Bildbeschreibung.) Erläutern Sie die Aufgabenstellung wie folgt:

L *In today's English lesson you can draw pictures.
Well, partners B can draw. But you must work together.
Partners A describe the picture in detail and partners B will try to draw it. The better your teamwork is, the better your picture will be.*

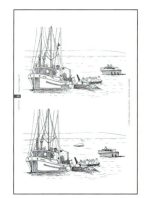
Kopiervorlage 20

Kopien von Bild B in halber Klassenstärke

Die Ergebnisse können an der Tafel ausgestellt werden. Machen Sie im Anschluss daran die S mit dem zweiten Teil der Aufgabenstellung vertraut. Die S lösen die beliebte Aufgabe „Spot the difference", indem sie Original (Partner A) und Fälschung (Partner B) miteinander vergleichen. Die Spielregeln sollten zur besseren Orientierung der S an der Tafel oder auf einer Folie stehen. In lernschwächeren Klassen führen Sie mit einer/m S den Anfang des Dialogs gemeinsam durch.

L *Now I have got a photo for partners B too. But their pictures are fakes because there are 7 differences and together you are to find what has been changed. This is called "Spot the difference." And here's how it works:* (Erläutern Sie die Spielregeln, s. nächste Seite oben.)

Leiten Sie danach zum SB über:

 L *And which picture is in your book – the original or the fake? Please open your books at page 64 and tell me.*

> SPOT THE DIFFERENCE
>
> 1. Partner A only looks at the photo. Partner B only looks at the fake.
>
> 2. Partner B: Try to find a detail that's different from what you remember from the photo and tell your partner about it.
>   In my photo there are / There is ···
>
> 3. Partner A: Check if the two of you have found a difference.
>   Yes, that's different. In my picture there are / there is ···
>   No, sorry. In my picture there are / there is ··· too
>
> 4. If B hasn't got any more ideas, A asks him/her about the fake.
>   How many ···   Where ···
>
> 5. When you have found 7 differences, you have won.

Lösungen:
a whale, two people in the boat, two flags, a big ball on the side of the ship, the ship's name, a lamp, three rings on the small boat

Weiterarbeit

vorbereiteter Tafelanschrieb

1 Which of these texts comes from...

Sichern Sie das Verständnis des neuen Wortschatzes (unterstrichen), den Sie vor dem kurzen L-Vortrag an die Tafel schreiben, und leiten Sie damit gleichzeitig zu einer kritischen Auseinandersetzung mit dem Thema Walfang über. **Hinweis:** Beachten Sie die Aussprache von *protest* ['prəʊtest] als Substantiv und [prə'test] als Verb.

L *For the Makah people whaling is an old tradition. They eat the whale meat and use whale oil for cooking and for lamps. But lots of people say that's not fair. They protest against whaling and fight for animal rights. Some whales are nearly extinct, that means not many of them are left. So activists try to save them.*

Die S lesen die drei Texte und beantworten im Anschluss die Frage.
Lösungen:
– a newspaper article?   **C**
– an animal rights brochure?   **B**
– a book about the Makah people? **A**

2 For or against whale hunting?

a) Put these sentences in two lists: for whale hunting / against whale hunting.

Die S sollten zunächst alle Äußerungen laut vorlesen. Sichern Sie Verständnis und korrekte Aussprache. Die S lösen die Aufgabe schriftlich.
Lösung:

For whale hunting	Against whale hunting
Four animals per year is OK.	I don't like whale hunting.
There are lots of grey whales again.	There aren't many whales in
It's OK for the Makah people.	the world – we have to save them.
I have no problem with whale hunting.	All hunting is bad.
People have always hunted, so hunting is OK.	We don't need whale oil.
It's an old tradition and traditions are important.	Whales are beautiful animals.

b) What do you think about whale hunting? Talk about this question in your class.

Die S positionieren sich zunächst räumlich und dann sprachlich zum Thema. Suchen Sie in Klassenzimmer oder Schulflur eine Linie, längs derer sich die S aufstellen können. Befestigen Sie an einem Ende der Strecke einen Zettel mit der Aufschrift „FOR WHALE HUNTING", am anderen Ende einen, auf dem „AGAINST WHALE HUNTING" zu lesen ist. Die S stellen sich entsprechend ihrer Haltung zum Thema Walfang entlang dieser Linie auf. Sie benutzen nun die in 2a) gesammelten Ideen, um ihre Meinung zu begründen. Erläutern Sie die Aufgabenstellung:

L *Now what do you think about whaling? I've got two sheets of paper here. One says "FOR*

WHALE HUNTING", the other one says "AGAINST WHALE HUNTING". Where do you stand? On the left, on the right or somewhere in the middle? But perhaps you think close to the left or between the right and the middle? Move to the position that shows best how you feel about the topic. (…) Anna, you are against whale hunting. Why? (…)

Weiterarbeit

3 SENTENCE SEARCH
Find sentences in the texts on this page for the pictures.

In altbekannter Weise werden die S hier als „Sprachdetektive" tätig. Sie spüren Sätze auf, in denen die *-ing*-Form verwendet wird.
Lösungen:
1 The Makah people can go *whaling*.
2 After killing *a whale, the Makah people took it to the beach*.
3 Stop *whale hunting*.

4 WORD SEARCH
Look at the pictures. Can you guess the missing words? Check on pages 56–57.

Die „Sprachdetektive" suchen im Story-Text nach *gerund*-Konstruktionen.
Lösungen:
1 The teenagers were looking forward to *getting out of town*.
2 After *leaving* Port Townsend, the boys drove to Port Angeles.
3 Toby loved outdoor activities like *camping* and *hiking*.
4 What about *going* to Neah Bay?
5 There was lots of great Makah *singing* and *dancing*.
6 *Fishing* was very important.

5 OVER TO YOU!
Look in the unit and find more examples for the rules.

Tafel- oder Folienanschrieb

Den S soll die Verwendung der *-ing*-Form bewusst gemacht werden. Die hier thematisierten drei Regeln erscheinen an der Tafel oder auf einer (Folie). Aufgrund des Umfangs der Unit ist es günstig, einzelnen S/S-Gruppen bestimmte SB-Seiten zuzuteilen. Die Beispiele werden dann zur Bewusstmachung an der Tafel der jeweiligen Regel zugeordnet. Arbeiten Sie auch mit farbiger Kreide (Unterstreichen aller *-ing*-Formen als Subjekt, aller Verben, die das *gerund* nach sich ziehen, der Präpositionen).
In lernschwächeren Klassen können in den gefundenen Sätzen zuerst folgende Wörter unterstrichen werden: 1) *-ing*-Formen am Satzanfang, 2) *-ing*-Formen in der Satzmitte / am Satzende, und Präpositionen vor diesen *-ing*-Formen. Danach erst erfolgt die Zuordnung der Überschrift.
Lösungen:

1. -ing-Form als Subjekt des Satzes:	2. -ing-Form nach bestimmten Verben:
– <u>Feeding</u> wild animals is prohibited.	– You want to <u>go</u> camping in a national park.
– <u>Whale hunting</u> was the most important thing.	– I <u>love</u> hiking.
– <u>Going</u> to Neah Bay was Toby's idea.	– They <u>enjoy</u> dancing.
	– I <u>don't like</u> hunting.
	– I'm <u>looking</u> forward to hearing from you.
	– <u>Stop</u> whale hunting today.

3. -ing-Form nach Wendungen mit Präpositionen:
– Cape Flattery is popular <u>for</u> hiking.
– Are you interested <u>in</u> finding out about forests?
– Thank you <u>for</u> keeping the campground clean.
– They were good <u>at</u> whale hunting.
– What <u>about</u> kayaking?
– <u>After</u> killing a whale, we took it to the beach.

▶ W 42–43

NACH DIESER UNIT KANN ICH ...
Die S decken die rechte Spalte mit den Beispielsätzen ab und versuchen allein oder zu zweit, zu den aufgelisteten Sprechabsichten geeignete Äußerungen zu formulieren. Wenn sich Defizite zeigen, bieten folgende Stellen im SB geeignete Hilfsangebote: der *Summary*-Abschnitt ab SB-S. 134, die *Extra practice*-Seiten auf den SB-S. 108 ff. sowie die *Test yourself*-Seite im *Workbook*. Außerdem können ausgewählte Übungen des *Look at language*- und des *Skills Training* wiederholt werden.

- W 44 (Test yourself)
- W 44–46 (Portfolio)
- W CD-ROM

EXTRA PRACTICE

S.108–110

WORTSCHATZ	S.108: table • infinitive • building • raven • crow
	S.109: think of -ing • Bavaria • ski
	S.110: raven • crow

REVISION *Simple past*

1 Natalie's first trip to America
a) What two things did Natalie like?
Das *simple past* wird geübt. Regelmäßige und unregelmäßige Verben finden Verwendung. Die S lesen einen Erlebnisbericht im Erzähltempus *simple past*. Sie suchen zunächst gezielt nach einer Information.
Lösung:
Natalie liked the centre of Seattle and her first American hamburger.

b) Draw this table in your exercise book. Put in all the simple past forms in the text. Then put in the infinitives.
Die S sammeln die im Text enthaltenen Verbformen im *simple past* und stellen sie tabellarisch dem entsprechenden Infinitiv gegenüber.
Lösung:
moved – move, wrote – write, invited – invite, said – say, went – go, took – take, picked up – pick up, drove – drive, was – be, fell – fall, visited – visit, ate – eat

Erweiterung Eine differenziertere Bewusstmachung bietet sich durch folgende Gruppierung an:

Regular verbs		Irregular verbs
(+ ed)	(+ d)	
picked up	moved	wrote
visited	invited	said
		went
		took
		drove
		was
		fell
		ate

c) Now find the time words.
Lösung:
Many years ago, last June, on July 10th, 13 hours, that evening, 7 p.m., the next day

2 Natalie's work experience: Put the infinitives in the simple past.
Im Schwierigkeitsgrad steigend, suchen die S hier die richtigen *simple past*-Formen der Infinitive. Die Liste der unregelmäßigen Verben auf S. 197 f. steht dem S bei Unklarheiten als Hilfsmittel zur Verfügung. Die in *Ex. 1* vorgeschlagene Erweiterung kann hier fortgeführt werden.
Lösung:
I was, I worked, I got up, I took, I walked, I went, we bought, I helped, we ate, the restaurant was, we had, we made, I finished

Transfer

3 NOW YOU
Den S wird ein Wahlangebot zum gelenkten Schreiben gemacht. Bei dieser anspruchsvollen Aufgabe sollten die S nutzen, was sie in den beiden vorangegangenen Aufgaben wiederholt haben. Machen Sie die S vor der Bewältigung der Aufgabe auf drei Aspekte aufmerksam: 1. *Use the simple past.*
2. *Use time words.*
3. *Answer all the questions in a) or b).*

Der entstandene Text eignet sich zur Aufnahme in das Portfolio.

Pick a) or b) and write a paragraph (60–80 words).
a) Think of a special trip that you did. When was it? Where? How did you travel? Who went with you? What happened?
Lösungsbeispiel:
Last year I went to London. My whole family, my father, my mother, my sister and I flew to London Stanstead. Then we travelled by tube. We stayed in a hotel in Bayswater. Every day we walked through the city and we visited many sights. I liked the London Dungeon best – that was scary! On the last day we bought souvenirs for our friends. That was a fantastic trip.

b) Have you had a part-time job? Where was it? What was the job? What did you have to do? Did you like the work?
Lösungsbeispiel:
When I wanted to buy a new bike last year, I worked in a restaurant every day from 2 to 8 p.m. I cleared the tables and washed the dishes. That was really boring. But I also worked as a babysitter in July and August and I enjoyed it very much. I played with the kids and when they went to bed, I could watch TV and the family even paid me money for playing and watching TV!

REVISION *Adjectives*

4 All about Seattle
Pick the right adjectives and finish the paragraph about Seattle.
Die S üben die Verwendung der Wortart Adjektiv.
Lösung:
Seattle isn't the capital of Washington (that's Olympia) but it's the *biggest* city in the state. There are lots of new buildings, so the city looks very *modern*. There are lots of shops, people and traffic in the centre, so it's always very *busy*. And it's a very *interesting* city because it has great museums, restaurants and clubs. The area near Seattle is *beautiful* with its mountains, sea, islands and lake.

S.109

5 All about Anacortes
Put some of the adjectives into this text about Anacortes.
Die S suchen selbst nach passenden Adjektiven. Mehrere Zuordnungen sind möglich.
Lösungsvorschlag:
I live in Anacortes. It's a *beautiful* town in Washington. It's on a *small* island – Fidalgo Island. There are lots of *interesting* buildings from the 1880s. Only 15,000 live in Anacortes, so it's very *quiet* in winter. But in summer there are lots of visitors, so the town is very *busy*. There's a *new* supermarket here, where you can get everything. But there are lots of *nice, old* shops too. Come to Anacortes – it's an *exciting* town.

Transfer

6 All about your town or village
Now write about a place that you know (60–80 words).
Der Schwierigkeitsprogression folgend, sollen die S nun unter Verwendung von Adjektiven selbst einen anschaulichen Text verfassen. Das Arbeitsergebnis kann Aufnahme in das Portfolio der S finden.
Lösungsvorschlag:
Cologne is a fantastic city. You can do lots of interesting things there: you can visit the Cathedral – it's so big and really famous. In Cologne there are many modern shops where you can buy cool things. The Old Town is lovely with its pubs and restaurants. If you like music, you shouldn't miss "We will rock you" – it's an exciting musical with songs by the band "Queen".

-ing-form

7 Leavenworth, Washington

Dieses zusätzliche Übungsangebot steht ganz im Zeichen des *gerunds*. In den Beispielen finden *-ing*-Formen als Substantive, nach bestimmten Verben und nach Präpositionen Verwendung.

a) Write the text in your exercise book. Put the verbs in the *-ing* form.
Lösung:
Living, Finding, leaving, looking, making, changing, visiting, listening, skiing, hiking, eating, singing

b) Joel and Leanne have no plans for the weekend. Finish their dialogue.
Lösung:

LEANNE	JOEL
– Hey, Joel, do you want to go *fishing*?	– No thanks. *Fishing* is boring!
– What about *going* to the sea?	– It's too far! And I hate *sitting* in the car when it's hot.
– Well, are you interested in *seeing* Leavenworth?	– Leavenworth? What can you do there?
– You can go *hiking*!	– No thanks!!!
– It's a great place for *shopping*.	– OK, let's go! I love *shopping*.

c) Make an advert for Leavenworth. Use phrases like:
Lösungsvorschlag:
Do you like *listening to German music*?
Are you interested in *visiting a German town in the USA*?
Do you want to try *skiing in the mountains*?
What about *eating some German food*?
Come to Leavenworth and enjoy a taste of Bavaria in the middle of Washington!

S. 110

8 A native American story

Eine Geschichte der Ureinwohner Washingtons dient als Grundlage für das Üben der *-ing*-Form. Gleichzeitig wird das Textverständnis der S überprüft.

a) April has a problem. Read Candice's advice.
Aufgrund der Ähnlichkeit der Wörter im Englischen und im Deutschen dürfte es den S nicht schwerfallen, „Rabe" und „Krähe" zu vermuten. Dem Tipp folgend, überprüfen sie ihre Vermutungen im Wörterbuch.

b) Read the story and put these pictures in the right order.
Nach dem Lesen der Geschichte einigen sich die S in Partnerarbeit auf die richtige Reihenfolge.
Lösung:
e   a   d   b   c

c) Answer these questions about the text.
Lösungen:
1 *Telling stories is an important tradition.*
2 *He didn't like looking for food and working.*
3 *Crow liked singing.*
4 *They started eating.*

9 What about your hobbies? Finish these sentences.
Lösungsvorschläge:
1 Playing *football* is my favourite sport.
2 I think *watching* TV is stupid!
3 I like reading *and dancing*.
4 I love listening *to ...*
5 I often go *swimming*.
6 I'm not very good at *playing chess*.
7 I never go *fishing*.
8 I hate t*idying up my room*.

S. 111

WORTSCHATZ natural • destination • vacation • resort • come see • view (v.) • coast • Pacific • subject • Dear Sir, ... / Dear Madam, ...

TEST PRACTICE

10 SAY IT IN GERMAN
Pick one of the brochures and tell your partner about it – in German, of course.
In Partnerarbeit entscheiden sich die S für eine Prospektseite und übertragen sie ins Deutsche.
Lösungsvorschlag:
ANACORTES ist ein sehenswertes Reiseziel, wenn man im Nordwesten der USA Urlaub macht. Freizeitmöglichkeiten sind u. a. Kajak oder Boot fahren, Angeln, Wale beobachten und Wandern. Man kann hier aber auch gut essen, einkaufen gehen oder Strandgut sammeln.
HOBUCK BEACH CAMPGROUND AND RESORT ist ein Urlaubsort mit Campingplatz in Neah Bay, gelegen in Washington direkt an der Pazifikküste. Freizeitbeschäftigungen, mit denen geworben wird, sind Schwimmen, Angeln, Surfen, Wandern und das Beobachten wilder Tiere. Man kann sich aber auch einfach nur erholen.

11 Port Townsend: Pick a) or b).
Die S wählen eine Schreibaufgabe aus. Bevor sie mit der Textproduktion beginnen, sollte noch einmal zusammengetragen werden, welche Merkmale beide Textsorten haben sollten.

a) Write an advert for Port Townsend (30–40 words).
Bei a) handelt es sich um einen Werbetext, der den Leser nach Port Townsend einladen soll und somit muss die Stadt natürlich auch als attraktiv dargestellt werden. Positive Konnotationen sollten genauso Verwendung finden wie anschauliche Adjektive und Imperative. Sprache darf und soll elliptisch verwendet werden.
Lösungsbeispiele:
Port Townsend – come and see one of Washington's best places!
Boating, fishing, swimming, hiking, kayaking, cycling or whale watching. Port Townsend – great for those who like sports!
A walk along our fantastic waterfront. Port Townsend – great for those who like the sea!

b) Write a short article about Port Townsend for a tourist magazine (60–80 words).
Unter b) entsteht ein in sich geschlossener Informationstext, der dem Leser, der sich wahrscheinlich schon für das Reiseziel interessiert, detailliertes Hintergrundwissen vermittelt. Er ist neutraler als der Werbetext, wird Port Townsend aber trotzdem als lohnenswertes Reiseziel darstellen.
Lösungsbeispiel:
Port Townsend lies on the Pacific Coast in Washington and has a population of 8,800. It offers lots of activities: you can go fishing, boating, swimming, hiking, whale watching, kayaking and cycling. You shouldn't miss a walk along the waterfront to see the pier or go shopping in one of the lovely boutiques and souvenir shops. Port Townsend has a visitor centre in 2437, E Sims Way. And you can also get information on ptguide.com.

12 An e-mail to a visitor centre
You want to visit Port Townsend next summer. Write an e-mail to the visitor centre there (60–80 words).
Lösungsbeispiel:
Dear Sir / Madam,
I'm planning a holiday in Port Townsend next summer. I'm travelling with my parents and my little sister. We want to stay for one week and we are interested in whale watching and a boat tour. Can you help me and answer my questions: What's the weather like in June? What can we do and see in Port Townsend? Is there a campground?
Thank you very much for your help. Best wishes, XXX

Unit 5
Music in Miami

Themen

Florida mit seinem Klima, seinen Sehenswürdigkeiten und Besonderheiten – Miami und seine kulturelle Zusammensetzung mit dem Schwerpunkt *Hispanics* (und als „Gateway to Latin America") als Ursprung verschiedener Musikrichtungen und Feste – Musik als Bestandteil von Lebensqualität, Profession und Träumen

Über das Thema „Musik", mit dem Jugendliche in jedem Alter begeistert werden können, werden in dieser Unit die kulturellen Besonderheiten von Florida und Miami erschlossen. Die Einbeziehung von Idolen der Jugendlichen sowie die Auseinandersetzung mit aktuellen Liedtexten und Internetseiten ermöglicht eine Reflexion über verschiedene Bereiche des Themas, wozu die Auseinandersetzung mit der Musik-Industie und Fernseh-Shows gehört. Auf der anderen Seite erfolgt die Bewusstmachung, dass die Musik einen wichtigen Bestandteil des täglichen Lebens eines jeden Einzelnen, aber auch der ethnischen und nationalen Kultur darstellt. In der Geschichte „A life without music", in der über ein Mädchen berichtet wird, das im 12. Lebensjahr ihr Gehör verliert und seit 3 Jahren schmerzlich erfährt, was ihr tagtäglich fehlt, wird das Thema Behinderung aufgegriffen. Am Beispiel der *Hispanics* wird weiter über Einwanderung gesprochen, deren volkswirtschaftliche und kulturelle Zusammenhänge dargestellt werden.

Kommunikative Sprechabsichten

Über *Songs* sprechen	*The song is about love. I like the rhythm.*
Über einen Tag als Gehörlose/r sprechen	*I can't listen to music.*
Sagen, wo sich etwas oder jemand befindet	*There's a sign above the door.*
Höfliche Konversation führen und um Redepausen bitten	*Nice to meet you. / Do you mind if I ...? / I'm afraid ... / Just a minute.*
Sich selbst korrigieren	*What I'm trying to say ...*
Eine persönliche Meinung äußern	*I like ... / In my opinion, ... / I believe ... / I don't think ...*
Beschreiben, wie etwas passiert	*They come illegally.*

Sprachliche Mittel/ Strukturen

Sprachliche Strukturen, die von den S angewendet werden sollen:
In dieser Unit liegt der Fokus auf Übung und Bewusstmachung von Adjektiven und Adverbien. Adverbien dienen dazu, ergänzende Informationen über das Verb zu liefern und zu beschreiben, auf welche Art und Weise etwas geschieht. Die S erfahren, dass die meisten Adverbien durch Hinzufügen der Endung *-ly* an das Adjektiv gebildet werden können, wobei sie darauf aufmerksam gemacht werden, dass das Anfügen dieser Endung zu orthografischen Veränderungen am Wortende führen kann (*-y* wird zu *-ily* und *-l* wird zu *-lly*: *happy – happily; illegal – illegally*). Es gibt Sonderformen von Adverbien, die sich z. B. gegenüber dem Adjektiv nicht verändern (wie *fast, hard*) oder anders gebildet werden (*good – well*) und die die S ebenfalls kennen lernen.

Sprachliche Mittel, die von den S verstanden werden sollen:
Der *Revision*-Teil fokussiert die Bildung der *will-future* sowie die Anwendung von *prepositions of place* als lexikalische Struktur.
Die S treffen Aussagen über die Zukunft (das Wetter, eigene Wünsche), indem sie Aussagesätze mit *will* oder den Kurzformen *-ll* bzw. *won't* bilden.
Es werden Präpositionen verwendet, deren Übersetzung dem Deutschen entspricht. In eigenen Bildbeschreibungen üben die S, sich damit präzise auszudrücken.

Kompetenzerwerb	1. **Hören**	4. **Schreiben**
	– Dialogische Hörtexte verstehen und Bildern zuordnen	– Auf Fragen schriftlich antworten
	– Einen monologischen Text beim ersten Hören global verstehen	– Die begrenzten Aktivitäten eines tauben Mädchens beschreiben
	– Einem monologischen Hörtext Details entnehmen	– Einen Brief an ein Jugendmagazin schreiben
	– Einen Songtext global und hinsichtlich seiner Emotionalität verstehen	5. **Sprachlernkompetenzen**
	2. **Sprechen**	– Höflichkeitsformeln erkennen und anwenden
	– Ein Gespräch mit Höflichkeitsformeln führen	– Wortschatz in Listen gruppieren
	– Eine eigene Stellungname zu einem Song abgeben	– Ein *network* erstellen
	– Über eigene Fernsehgewohnheiten berichten	6. **Medienkompetenz**
	– Innerhalb eines Rollenspiels Kontakte knüpfen	– Informationen mithilfe des Internets suchen
	3. **Lesen**	– Einen eigenen *blog* erstellen
	– Erschließungstechniken für Texte anwenden	7. **Interkulturelle Kompetenzen**
	– Die emotionale Stimmung eines Textes erfassen	– Über das eigene Verhältnis zum Berühmtsein nachdenken und sich dazu äußern
	– Einen Brief an ein Jugendmagazin verstehen	– Die eigene Einstellung zu Musik in den Medien äußern
		– Sich in das Leben eines stummen Mädchens hineinversetzen
		– Die Wirkung von Höflichkeitsformeln in Gesprächen erkennen

LEAD-IN

S. 66/67

WORTSCHATZ	S. 66:	Spanish • Little Havana • men playing games • crime • on stage • award
	S. 67:	Hispanic • % = per cent • musician • umbrella
SPRECHABSICHT		Ein Bild beschreiben: *There are … / I can see … / There's a …*
MEDIEN		Landkarte von Mittel- und Südamerika, Karte von Florida, CD, CD-Spieler, Karteikarten für die Präpositionen oder Flipchart, Realia

Einstieg

Zum besseren Verständnis der lateinamerikanischen Einflüsse und Lebensweise in Miami bietet sich als motivierende *pre-reading activity* an, das Vorwissen der S zu aktivieren. Die S können diejenigen Staaten Mittel- und Südamerikas nennen, von denen sie wissen, dass dort Spanisch offizielle Landessprache ist. Präsentieren Sie dazu eine Karte von Mittel- und Südamerika (als Wandkarte oder Folie).

Landkarte

L *Look at the map of Central America and South America. Do you know any countries where Spanish is the first language?*

Folgende Nennungen sind möglich:
Equatorial Guinea [ˌekwəˈtɔːriəlˈgɪni], Argentina [ˌɑːdʒənˈtiːnə], Chile [ˈtʃɪli], Bolivia [bəˈlɪvɪə], Costa Rica [ˌkɔstəˈriːkə], Ecuador [ˈekwədɔː], El Salvador [ˌelˈsælvədɔː], Guatemala [ˌgwɑːtəˈmɑːlə], Honduras [hɒnˈdjʊərəs], Colombia [kəˈlɒmbɪə], Cuba [ˈkjuːbə], Mexico [ˈmeksɪkəʊ], Nicaragua [ˌnɪkəˈrægjuə], Panama [ˈpænəmɑː], Paraguay [ˈpærəgwaɪ], Peru [pəˈruː], Puerto Rico [pwˌeːrtoˈriːkɒ], Uruguay [ˈjʊərəgwaɪ], Venezuela [ˌvenəˈzweɪlə]

Unabhängig von den genannten Staaten sollten die Staaten Kolumbien, Mexico und Kuba sowie die Hauptstädte Mexico City und Havanna genannt werden. Dazu können Sie auch folgende Tipps geben:

L *Tip 1: The biggest Spanish speaking country is next to Texas.*
S *Mexico.*
L *Do you know the capital of Mexico?*
S *Mexico City.*

L *The capital of another Spanish speaking country is Bogota. Which country is it?*
S *Columbia.*
L *Tip 2: A big island where Spanish is the first language is close to Florida.*
S *Cuba.*
L *Do you know the capital of Cuba?*
S *Havana.*

Nachdem den S bewusst geworden ist, dass unmittelbare Nachbarstaaten von Florida Spanisch als Landessprache sprechen, sollten Sie mit einer generellen Information über Miami beginnen.

Karte von Florida

Steigen Sie mit einer Karte Floridas ein (ähnlich wie im SB-S. 66 oben) und präsentieren Sie folgende Stichpunkte: (s. Tafelbild)

L *Our topic today is Miami – Magic Miami. Miami has a population of about 400 000 people from many different countries. Because of its wonderful beach, "South Beach" is very famous. And everybody knows "Little Havana", a part of Miami. Guess why it's called "Little Havana":*
S *Many Spanish speaking people live there. / Many people from Cuba live there. / Many people from Havana live there.*

– Miami
– about 400 000 people
– famous South Beach
– many Spanish speaking immigrants
– Little Havana
– Calle Ocho festival

L *Many Spanish speaking immigrants from Cuba live in Miami, most of them in one part of Miami. That's why it's called Little Havana. Imagine typical things that you find in Little Havana that make it different from other parts of Miami.*
S *Spanish music. / Spanish radio programmes. / Spanish TV programmes. / Information about Cuba in Newspapers. / Spanish names. / Spanish names (signs) in the street. / Spanish adverts everywhere.*
L *And every year there is a big festival in Little Havana – the Calle Ocho festival. It's the biggest street party in the country.*

Leiten Sie nun zum SB über und geben Sie den S Gelegenheit, sich die Fotos auf der Doppelseite in Ruhe anzusehen.

L *There are photos of Miami on pages 66 and 67 in your book. Let's have a look at them. Which picture do you like best? Why?*
S *I like photo C best because I see a party in the street. / I like photo D best because it shows an interesting painting. / I like photo A best because it makes me think of a nice holiday.*

1 Match the sentences in the box with the photos.

Die S arbeiten paarweise.
Lösungen: **A** Miami's famous South Beach
  B A Miami rapper on stage
  C The Calle Ocho festival
  D A picture on a wall in Little Havana
  E Spanish signs in Little Havana
  F Old men playing games
  G Crime in Miami
  H MTV music awards in Miami

INFO-BOX

Little Havana – wird auch als das kubanische Herz von Miami bezeichnet. Die „Calle Ocho" (8. Straße) ist der Eingang zu „Little Havana".
Spanisch ist hier die Sprache, mit der sich die Einwanderer aus spanisch sprechenden Ländern Mittel- und Südamerikas wie Kuba, Honduras, Nicaragua verständigen. Jeden März findet das Calle-Ocho-Festival statt, mit typisch kubanischem Essen, Musik und lateinamerikanischer Kultur. Weitere ausführliche Informationen sind im Internet zu finden, z. B. unter:
http://www.magazinusa.com
http://www.usa.de/ReiseZiele/Staaten/Florida/Staedte/Miami/
http://www.usa.usembassy.de/gesellschaft-hispanics

Hispanics: Es sind derzeit mehr als 27 Millionen Menschen in den USA, deren Muttersprache Spanisch ist. Ungefähr 50 Prozent von ihnen kommen aus Mexiko. Die anderen stammen aus einer Vielzahl anderer Länder wie z. B. El Salvador, der Dominikanischen Republik, Kolumbien, oder sie sind Kubaner, die vor dem Castro-Regime geflohen sind. Es gibt in Miami so viele Kubano-Amerikaner, dass der Miami Herald, die größte Tageszeitung der Stadt, auch als spanische Ausgabe erscheint.
Mit „Hispanic" werden alle Amerikaner bezeichnet, die aus den spanisch-sprechenden Ländern Mittel- und Südamerikas eingewandert sind, und diejengen, die ihre Herkunft nach Spanien oder in die früheren spanischen Kolonien zurück-verfolgen können. Das entspricht einer großen Anzahl von Ländern und ethnischen Gruppen. Die meisten *Hispanics* verstehen sich aber nicht als Mitglieder einer von Amerikanern definierten Volksgruppe, sondern je nach ihrer individu-ellen Herkunft als Mexiko-Amerikaner, Kubano-Amerikaner, etc. Andere Gruppen, wie die Puerto Ricaner, sind aufgrund der amerikanischen Expansionen des 19. Jahrhunderts keine Einwanderer, sondern amerikanische Staatsbürger.
http://www.usa.usembassy.de/gesellschaft-hispanics.htm

2 Listen to the radio programme. Match the speakers and the photos.

In dem längeren Hörtext erfahren die S, warum Miami auch Magic Miami genannt wird. Insbesondere die lateinamerikanisch geprägten kulturellen Besonderheiten von der spanischen Sprache über die Musik *(Latin Rap, Calle Ocho festival)* bis zum Stadtteil Little Havana, bilden den inhaltlichen Schwerpunkt.

Der Text sollte zur Bearbeitung von *Ex. 2* mindestens zweimal vorgespielt werden.
In lernschwächeren Gruppen ist es sinnvoll, vor dem Hören folgende Begriffe kurz zu erläutern und als Hilfe zum Textverständnis an der Tafel zu notieren: *sign, chess, crime, award.*

Tafelanschrieb Legen Sie vor dem Hören an der Tafel eine Tabelle an, die von den S in ihr Heft übertragen wird. Beim Hören können dann die jeweiligen Sprecher eingetragen werden.

	photo	photo	photo	photo
Mariela	E	F	D	G
Ramon	A	B	C	H

Tapescript

PRESENTER Hello and welcome to Radio Sunshine. Well, you all know people call Miami "the Magic City". Well, today we're asking you what makes Miami magic. Call in and let us know on 555-6464. And out first caller is – Mariela. Hi, Mariela. What do you like about Miami?

MARIELA Hi! Well, I think it's great that a lot of people here speak Spanish.

PRESENTER OK, so you're a Spanish speaker?

MARIELA My family's from Cuba. My parents came here when I was a baby and we speak Spanish at home.

PRESENTER Right. By the way listeners, Miami now has 66% Hispanic population – yes, 66%! People from Cuba, Nicaragua, Colombia, Puerto Rico, Mexico – and lots of other countries. So in New York you might hear Spanish, Italian, Chinese – in Miami it's nearly always Spanish.

MARIELA That's right and there are Spanish signs everywhere in Little Havana. I can't remember Cuba but I love Little Havana. You know, people sitting in cafes and playing dominoes and chess in the park.

PRESENTER	Yes, you're right about that. You know, what I love in Little Havana are those amazing murals, you know, the pictures on walls everywhere.	
MARIELA	Yeah, my favorite is the one about Varadero. It shows people at the beach, playing music, having a good time. I feel happy just when I look at it. The only thing in Little Havana that I don't like is the crime. There's too much crime, there are always police officers here.	
PRESENTER	Yes, I agree, there's way too much crime in Miami. Thanks for your call, Mariela. And now let's speak to Ramon. Ramon, what do you think makes Miami magic?	
RAMON	Definitely the weather and the beaches! I love the beach. And here it's warm all year.	
PRESENTER	That's right. It gets hot here in the summer, but the winter is great.	
RAMON	Yeah and the music scene is awesome. There are concerts all the time, and, you know, there are lots of different types of music.	
PRESENTER	That's right – classical, jazz, salsa, Latin pop. Do you often go to concerts?	
RAMON	No, not very often because they're too expensive but last year I went to a concert with Pitbull and Lil Jon, you know, the Latin rappers. That was amazing. And every year I go to the Calle Ocho festival.	
PRESENTER	Calle Ocho, the music festival in Little Havana – the biggest street party in the country! Did you know there were 30 stages with bands and musicians last year. Thirty stages! It's a great festival, isn't it Ramon?	
RAMON	Yeah, I never miss it, it's just awesome. Oh, and the MTV music awards were in Miami last year. They were awesome too.	
PRESENTER	Yes, that was a fantastic show! Famous musicians everywhere you looked. Yes, we just have it all in magic Miami! Let's take a short break now. Especially for Ramon, this is Pitbull ...	

3 Work with a partner and pick a), b) or c).

Da die S bereits zweimal den Text gehört haben, sollen sie jetzt aus der Erinnerung die Sätze korrekt bilden.
Anschließend spielen Sie den Text noch einmal vor, und die S vergleichen ihre Lösungen.
Lösung:

1 a 2 c 3 c 4 a 5 b 6 b

4 GAME Pick a photo. Write a description. Write one wrong thing. Partner reads it and says what's wrong.

Diese Aufgabe ist für leistungsstärkere S konzipiert.

Einstieg

Wenn Sie es für notwendig halten, diese Aufgabe als sinnvolle Erweiterung auch mit lernschwächeren S durchzuführen, bietet sich folgender Einstieg an, der einerseits der Entlastung dient, andererseits eine intensive Wiederholung der Anwendung bekannter Präpositionen ermöglicht, wie *in – under – above – on – next to – at – behind*. Die verwendeten Präpositionen lassen Sie von einem S auf A5-Karten schreiben und auf eine vorbereitete Flipchart oder ein leeres Poster kleben.

Karteikarten und Flipchart oder Poster
Realia

Bringen Sie dazu Realgegenstände (oder Bilder von Gegenständen) mit, die in dieser Unit eine Rolle spielen, wie zum Beispiel: *trumpet, recorder, umbrella, mirror, papers* (Ausweispapiere). Legen oder stellen Sie die Gegenstände als stummen Impuls an verschiedene Stellen im Klassenraum und lassen Sie die S Sätze bilden.
Beispiel:
Halten Sie einen Regenschirm hoch (stummer Impuls) und warten Sie darauf, ob ein S das englische Wort nennen kann. Wenn kein S das englische Wort kennt, bringen Sie es selbst ein. Lassen Sie die S das Wort mehrfach wiederholen (im Chor, gruppenweise, partnerweise, einzeln). Legen Sie den Regenschirm auf einen Tisch (stummer Impuls) und warten Sie darauf, dass die S einen Satz bilden.

S *The umbrella is lying on the table.*
(Achten sie auf die richtige Aussprache von *the umbrella* [ði ʌmˈbrelə]).

Bei lernschwachen S legen Sie anschließend den Regenschirm auf einen Stuhl, auf den Boden etc. und lassen Sätze bilden. Anschließend legen Sie den Regenschirm unter einen Stuhl (stummer Impuls).

S *The umbrella is lying under the chair.*

Wiederholen Sie auf diese Weise die Präpositionen *in – under – above – on – next to – at – behind* und führen *in front of* neu ein.

> **LANGUAGE AWARENESS**
>
> Um eine Interferenz der deutschen Bedeutung von *in front of* mit dem englischen Begriff *before* zu verhindern, sollte eine Gegenüberstellung vermieden werden. Wenn die S in vielfältigen Zusammenhängen und intensiven Wiederholungsphasen die Präposition *in front of* anwenden, steigt die Wahrscheinlichkeit der richtigen (imitativen) Anwendung bei zukünftigen Sprachanwendungen. *In front of* bezeichnet grundsätzlich das räumliche Verhältnis von Gegenständen/Personen zueinander. *Before* wird aber sowohl für das zeitliche als auch für das räumliche Verhältnis von Gegenständen/Personen zueinander verwendet. Eine detaillierte grammatische Herleitung und Erklärung ist aber im Rahmen der Sekundarstufe I nicht angebracht.

Game

Leiten Sie nun zu *Ex. 4* über. Zur Demonstration der Aufgabe lassen Sie eine/n S den Beispieltext von S. 67 vorlesen.
Lösungsbeispiel:

S *"There are lots of people. I can see two musicians. They're playing instruments. Here's a table behind one of the musician. Five people are sitting under an umbrella."*
L *Stop. "Five" is wrong. Three people are sitting under an umbrella.*
S *Right.*

Erweiterung

Lassen Sie die S ihre Texte in Partnerarbeit in großer Schrift auf DIN-A4-Papier schreiben. Nachdem jeder S seinem/r direkten Partner/in die Bildbeschreibung vorgelesen hat und der Fehler gefunden wurde, werden beide Texte an die Nachbarpartner weitergeleitet und dort vorgelesen. Dadurch wird eine intensive Zeit des Vorlesens und der Aufmerksamkeit erreicht. Zum Abschluss erhält jeder S seinen Text zurück, korrigiert ihn und kann ihn nach entsprechender Prüfung in sein Portfolio heften.
Tipp: Zur Verdeutlichung des *present progressive* können Sie die S beauftragen, diese Formen in ihren Texten zu unterstreichen oder farbig zu markieren.

▶ W 47, 1–3

S. 68/69

WORTSCHATZ	S. 68: like • **male** • general • R & B • punk • metal • piano • hip • lie • Columbia • spend (verbringen) • **in front of** • download • fantastic • dancer
SPRECHABSICHT	S. 69: he sings **sadly** • **slow** • **voice** • **rhythm** • **female** • Write about yourself. Über Songs sprechen: *The song is about love. I like the rhythm*
MEDIEN	L: S. 68: Wortkarten, Flipchart, Kopien von KV 21 in Klassenstärke, selbst erstellte Folie S. 69: CD und CD-Spieler, Karteikarten in Klassenstärke, Karteikarte oder Papier, Computer- und Internetzugang, vorbereitetes Template S: S. 69: Plakatkarton, Stifte, Kleber

MY MUSIC

Hinweis

Hinweis zur Wortschatzarbeit auf diesen Doppelseiten 68/69:
Die neuen englischen Begriffe *piano* und *fantastic* werden die S aufgrund der Ähnlichkeit mit den deutschen Wörtern erschließen können. *Columbia* wurde im Rahmen der Einführung der Unit thematisiert (s. vorn). *In front of* wurde bei *Ex. 4* auf S. 67 eingeführt. *Download* ist inzwischen ein Wort, das jeder S kennt. Die Begriffe *male* und *female* sind neu und sollten gemeinsam eingeführt werden (s. unten).
Die übrigen neuen Begriffe können von den S selbst mithilfe des Textes, mit dem Glossar oder einem Wörterbuch erschlossen werden. Zum Textverständnis und zur Bewältigung der Aufgaben müssen die S allerdings vorab wissen, was ein *blog* ist (s. die nachfolgende Info-Box).

Wortkarten

Vor Einstieg in die Doppelseite führen Sie die Begriffe *male* und *female* ein.
Bereiten Sie Karteikarten mit folgenden Beschriftungen vor:

Tafelanschrieb oder Flipchart

Fertigen Sie eine Tafelanschrift wie im nebenstehenden Beispiel an und lassen Sie die S die Karten zuordnen oder aufkleben.

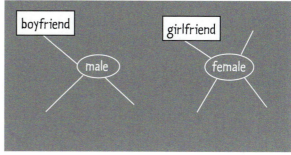

Tipp: Für eine nachhaltige Präsenz dieses Ergebnisses ist es sinnvoll, statt einer Tafelanschrift eine entsprechende Flipchart vorzubereiten.

Lassen Sie weitere Begriffe durch die S ergänzen:

L *Do you know more words we can add to male and female?*
S *grandfather, aunt, daughter, son.*

Tipp: Wenn die Begriffe *teacher*, *cousin* oder andere geschlechtsneutrale Begriffe genannt werden, teilen Sie den S mit, dass dann die Zuordnung nur in Verbindung mit einem Namen möglich ist, wie z. B. *teacher Mrs. Brown, cousin James, cousin Susan.*

1 Look at Ramon's page on a website for friends. Do you have a page like this or use websites for friends?

Im Unterrichtsgespräch teilen die S ihre Erfahrungen mit dem Medium mit. Nutzen Sie die Gelegenheit, das Wort *blog* zu erläutern:
Individuelle Lösungen.

L *We call such a website a "blog". It's a new English (and even German) word made of "web" and "log". "Blogging" means you make your own website and you can chat with other people on this site. Do you have your own website?*
S *I have my own website. / I don't have a website. It's too difficult for me. / It's too expensive for me. / My friend ... has a website.*

INFO-BOX

Das Wort „Blog" ist eine Verbindung der Wörter „web" und „log" zu weblog ['weblɒg]. Dabei stellt „log" – wie im Deutschen das aus der Seefahrt bekannte Logbuch – ursprünglich ein Tagebuch dar.
Ein Weblog *(blog)* ist eine persönliche Internetseite mit einem Tagebuch, von den meisten Einrichtern erweitert zu einer individuellen Kommunikationsplattform für den Austausch von Informationen und Meinungen, ähnlich einem Internetforum. Die Kommunikation über ein Blog wird in der deutschen Sprache als „bloggen", die Anbieter als „Blogger" und „Bloggerin" bezeichnet. Die englischen Begriffe sind: *blog, blogging, blogger.*

Wortschatzarbeit

2 Read about Ramon. What would he like to be when he leaves school?

Lassen Sie die S in Partnerarbeit die *Ex. 2* und *3* bearbeiten. Setzen Sie dazu die Kopien der Vorlage 21 ein.

Kopien von KV

Lösungsbeispiel:
Ramon would like to be a singer in a band.

Zum Abschluss teilen Sie die Klasse in zwei Gruppen und bilden zwei Sitzkreise, in denen die bisherigen Partner der jeweils anderen Gruppe angehören.
In diesen beiden Gruppen werden die Begriffe wiederholt, die von den einzelnen S herausgesucht (KV 21, *Ex. 1*) wurden und die Sätze der *Ex. 3* (SB und KV 21) vorgelesen. Be-

Kopiervorlage 21

stimmen Sie eine/n S, die/der beginnt. Anschließend legen die S selbstständig die Reihenfolge der Beiträge fest. Geben Sie dazu Impulse und Hilfen durch folgende Tafelanschrift:

> Question: What does 'male' mean in German?
>
> Answer: 'Male' means … in German.

Anschließend lassen Sie die Sätze noch einmal im Klassenverband vortragen, indem abwechselnd aus jeder Gruppe ein S einen Satz präsentiert.
Sichern Sie die korrekte Aussprache des neuen Wortschatzes.

3 What do you know about Ramon: Finish the sentences.

Kopien von KV

Die S lösen diese Aufgabe auf dem Arbeitsblatt von KV 21.
Lösung:
1 Ramon's general interests: *music, dancing, friends and blogging.*
2 Ramon's favourite music: *pop, rap and R & B*
3 Ramon plays *the guitar and the piano.*
4 He uses his computer to *look at music websites, watch videos and download songs.*
5 He listens to music on his *MP3 player.*
6 He listens to music when he does *homework.*
7 He'd like to meet *Shakira because she's from his country and she's a fantastic dancer.*
8 He'd like to meet *Justin Timberlake too.*
9 Yesterday he went to *an audition for a new boy band.*

4 What do you know about your partner: Write the answers to the questions. Then check your answers with your partner.

Diese Aufgabe orientiert sich an den Vorgaben und Beispielsätzen von *Ex. 3*. Stellen Sie dazu die aus der vorigen Aufgabe bekannte und angepasste Vorlage als Folie zur Verfügung oder schreiben Sie die folgenden Hilfen an die Tafel:
Individuelle Lösungen.

Tafelanschrieb oder Folie

> My partner is …
>
> 1 …'s general interests: …, …, … and …
> 2 …'s favourite …
> 3 … plays …
> 4 He/She uses …
> 5 He/She listens to …
> 6 He/She listens to …
> 7 He'd/She'd like to …
> 8 He'd/She'd like to …
> 9 Yesterday …

Wordbanks 7, 8

Die S fragen sich in Partnerarbeit gegenseitig und halten die Ergebnisse in ganzen Sätzen fest. Weisen Sie die S auf mögliche Hilfen im Buch hin, z. B. auf *Ex. 3*, SB-S. 68 und auf die *Wordbanks* 7 und 8 auf SB-S. 130 f.
Individuelle Lösungen.

> **DIDAKTISCH-METHODISCHER HINWEIS**
>
> Sie können anschließend die Ergebnisse in Kleingruppen vorlesen lassen oder auch ein Ratespiel daraus machen. Bedenken Sie allerdings, dass sich Schüler in dieser Altersgruppe sehr häufig nicht außerhalb einer Partnerarbeit identifizieren oder einer bestimmten Meinung öffentlich zuordnen lassen.

▸ W 48, 4–5

S. 69

5 SONG Hips don't lie.

Bei den folgenden Aufgaben wurde bewusst auf eine intensive Auseinandersetzung mit dem Text verzichtet, den die S voraussichtlich weder sprachlich noch inhaltlich in voller Länge verstehen können noch sollen. Der Song ist im Zusammenhang dieser Unit besonders interessant, weil er Elemente der spanischen Sprache enthält und inhaltlich viele Aspekte dieser Unit thematisiert.

a) Listen to the song.
Lassen Sie die S den Song mit Blick auf das Bild auf SB-S. 69 hören, ohne eine Aufgabe zu stellen. Nach dem ersten Hören sollen die S äußern, wovon der Text handelt:

b) What's the song about?
Auf Grundlage des Gehörten beantworten die S die Frage mündlich. Klären Sie dabei die Bedeutung von *hip* und *lie* und fragen Sie nach Textbelegen *(no fighting / body moving / dancing / dance floor / move your body)*.
Lösung: *The song is about love and dancing.*

c) How do they sing?
Schreiben Sie die Adverbien an die Tafel und klären Sie die Kenntnis der deutschen Bedeutungen. Stellen Sie den S außerdem folgende Redemittel zur Verfügung:

> sadly – happily – confidently – angrily – quickly – slowly – wildly
>
> I think – I don't think – In my opinion – I agree – I don't agree

Anschließend äußern die S ihre Meinungen zuerst in Partnerarbeit und dann in einer Meldekette. (Wer einen Satz gesagt hat, ruft den nächsten S auf.) Achten Sie darauf, dass die S ihre Meinungen in ganzen Sätzen äußern, damit sich die Verwendung der Adverbien einprägt.
Individuelle Lösungen.

d) Do you like the song? Why? Why not?

Wordbank 7

Die S äußern ihre Meinung mithilfe der Vorschläge im SB. Sie können auch *Wordbank 7* auf SB-S. 130 zu Hilfe nehmen.
Mögliche Ergänzungen: *The music doesn't sound sad/happy/.... / The music is not good for dancing/singing/relaxing.*
Individuelle Lösungen.

INFO-BOX

Hinweis: Songtexte können Sie leicht im Internet recherchieren, indem Sie den „Titel des Songs" + *lyrics* in eine Suchmaschine eingeben.
Die Sängerin **Shakira** wurde am 02.02.1977 in Barranquilla (Kolumbien) mit dem bürgerlichen Namen Shakira Isabel Mebarak Ripoll geboren. Ihr erstes Album „Magia" veröffentlichte sie bereits im Alter von 14 Jahren; nach anfänglichen Misserfolgen widmete sie sich jedoch wieder ihren schulischen Verpflichtungen. Im Jahr 1995 kehrte Shakira ins Musikgeschäft zurück. Auf dem spanischsprachigen Markt konnte sie erste Erfolge verbuchen. Der internationale Erfolg stellte sich mit dem Wechsel auf die englische Sprache und dem einhergehenden Album „Laundry Service" ein. Im Laufe ihrer Karriere konnte sie bereits mehrere Grammys ergattern, einen z.B. für „Hips don't lie", die zweite Single ihres Albums „Oral Fixation" (2006), die sie gemeinsam mit dem haitianischen Rapper Wyclef Jean aufführt, der die Originalversion des Songs geschrieben hatte. „Hips don't lie" ist ein internationaler Erfolgshit, der in mindestens 45 Ländern die Charts anführte. Im Sommer 2006 wurde „Hips don't lie" die best verkaufte Single aller Zeiten und der heißeste Sommerhit.

Transfer

6 Pick a song that you like. Tell the class about it.
Mit dieser Aufgabe werden die S motiviert, einen kleinen Text in englischer Sprache monologisch zu präsentieren.
Individuelle Lösungen.

Alternative
Karteikarten

Mit lernschwächeren S erarbeiten Sie gemeinsam an der Tafel vollständige Sätze analog zu den Satzanfängen von *Ex. 5d)* und mithilfe des Tipps auf SB-S. 69. Die S schreiben die Sätze auf eine Hälfte einer A5-Karteikarte, die in der Mitte geknickt wird.
Auf der zweiten Hälfte der Karte schreiben die S die Sätze noch einmal, lassen aber nach eigener Wahl Lücken. Auf der 3. Seite (Rückseite) werden die gleichen Sätze mit noch größeren Lücken geschrieben, und auf der 4. Seite (Rückseite) stehen dann nur noch von den S gewählte Stichpunkte.
Beispiel: s. nächste Seite oben
Lassen Sie die S erst paarweise, dann in Kleingruppen ihren Text präsentieren. Sie können jeweils wählen, welche Seite der Karteikarte sie als Hilfe in Anspruch nehmen möchten.

The title of the song is „Hips don't lie". It's by Shakira and Wyclef Jean. It's about dancing. I like the rhythm. The music sounds happy and wild. The song is good for dancing. And I think Shakira is a fantastic singer.	The title of the ··· is ··· It's by ··· ··· dancing. I like the ··· The music sounds happy and ··· The ··· is good for dancing. And I think Shakira is a fantastic ···
··· title of ···is ··· ···by ··· ··· about ··· I like ··· ··· music sounds ··· and ··· The ··· is good for ··· And I think ··· is a ···	title by about I like sounds ··· and ··· ··· good for ··· ··· fantastic ···

Projekt

PROJECT My page

Das Projekt bietet die Möglichkeit einer „imitativen" Projektarbeit, indem die Vorgaben von Ramons *mypage* von den S durch eigene Daten und Informationen ersetzt werden.
Durch die im SB vorgegebenen Hilfen wird es auch lernschwächeren S gut gelingen, Ergebnisse zu erzielen und zu präsentieren.
Zur Erarbeitung bieten sich folgende Vorgehensweisen an:

A Erstellung von Postern

Plakatkarton, Stifte, Kleber

Für lernschwächere S bereiten Sie Plakatvorlagen vor, die sich in der Struktur an „Ramon's page" auf S. 68 anlehnen (vgl. auch die Tipps).

L *Make a page that looks like "mypage" Use the same headings. / Use Ramon's sentences to help you. / Exercises 4 and 6 can help you too.*

Karteikarte oder Papier, PC

Jeder einzelne Text wird von den S nicht direkt auf das Plakat, sondern auf eine Karteikarte oder ein A4-Blatt geschrieben. Bieten Sie auch die Möglichkeit an, den PC zu nutzen (zu Hause, im PC-Raum der Schule, im Nachmittagsangebot etc.), um die einzelnen Texte zu schreiben. Dadurch sind Korrekturen schneller durchzuführen.
Die einzelnen Texte werden vom Lehrer auf sprachliche Richtigkeit überprüft, von den S korrigiert und anschließend auf dem eigenen Plakat fixiert.
Zu einem Projekt gehört immer auch eine abschließende Präsentation der Ergebnisse, die nicht nur innerhalb der Gruppe durchgeführt werden sollte.
Dazu bieten sich Möglichkeiten wie
- Ausstellung der Plakate in den Fluren der Schule, in Schaukästen oder im Lehrerzimmer
- Ausstellungsflächen außerhalb der Schule (Sparkassen, Einzelhandelsgeschäften etc.)
- Präsentation in Jahrgangsstufenfeiern oder in Nachbarklassen
- Präsentation in Nachbarschulen
- Präsentation auf einer Lehrerkonferenz oder auf einem Elternabend

B Projekt mit PC und Internet

Computer- und Internetzugang, vorbereitetes Template

Wenn Sie die Möglichkeit haben, dieses Projekt mit PC und Internet durchzuführen, bereiten Sie eine Internetseite vor, die wie „Ramon's page" gestaltet ist:
- gleiche Überschriften
- Platzhalter für Foto

Jeder S erhält dieses Template auf seinen Rechner und trägt seine Texte ein. Nach Kontrolle und Korrektur der Texte können diese auf der Homepage der Schule veröffentlicht werden.

▶ W 48, 6

STORY

S. 70/71

WORTSCHATZ	S. 70: **wake up • moon • above • light switch • mirror • deaf • hearing • they had come • loud • shake: she shook me • I see her mouth moving • mouth • frightening •** *closet* **• sigh •** *I've been thinking that* **• kiss • key • she shouts something at him • ear • opposite • alarm** S. 71: **talk show • feeling**
SPRECHABSICHT	Über die Auswirkungen und Einschränkungen von Taubheit sprechen und Gefühle in einfacher Form verbalisieren: *I can't talk to people! / I can't listen to music.*
MEDIEN	Karteikarten in zwei verschiedenen Farben, Magnete oder Reißzwecken, CD, CD-Spieler, vorbereitete Tabelle auf Folie oder Tafel für *Ex. 5*, Tafelbild oder Folie mit Smileys, vorbereitete Folie für *Ex. 6a*, Tageslichtprojektor, vorbereitete Tabelle auf Folie für *Ex. 6b*, Poster oder vorbereitete Folie zum Thema Behinderungen

Hinweis: In dieser Kurzgeschichte wird am Beispiel eines Mädchens, das im Alter von 12 Jahren ihr Gehör verliert, verdeutlicht, wie wichtig das Hören in der Bewältigung alltäglicher Situationen und für die zwischenmenschliche Kommunikation ist. Davon ausgehend wird mit den S erarbeitet, welchen Stellenwert das Hören in der eigenen Lebensqualität einnimmt und wie sie Gefühle in englischer Sprache ausdrücken können.

Einstieg

1 **What are the most important things and activities in your life?**

Entlasten Sie den Text, indem Sie in die Thematik „Sinnesbehinderung" einführen. Dazu bietet sich die Einbeziehung der *pre-reading*-Aufgabe (*Ex. 1*, SB-S. 70) an. Bereiten Sie die folgenden Textstreifen auf Pappkarton/Karteikarten vor und heften sie sichtbar an die Tafel.

Karteikarten oder Karton in zwei Farben

The most important <u>activities</u> in my life	The most important <u>things</u> in my life

Außerdem halten Sie weitere Karteikarten in zwei verschiedenen Farben bereit, auf denen die Antworten notiert werden – entweder von L oder S.

Tipp: Bei den *activities* benutzen die S möglicherweise das *gerund (meeting friends, listening to music, …)*. Achten Sie jedoch darauf, dass auf den Karten nur die Grundform notiert wird, damit bei den folgenden Aufgaben keine Transferleistung gefordert werden muss.

Eine Farbe wird für *important things* verwendet, die andere Farbe für die *activities*. Nachdem Sie die individuellen S-Antworten notiert haben, legen Sie die Karten wahllos sichtbar für alle S aus (auf dem Boden) oder fixieren Sie die Karten ungeordnet an eine andere Tafel oder Fläche. Anschließend werden die Überschriften auf jeweils einer Flipchart (oder Tafelseite) fixiert und alle beschrifteten Karten von den Überschriften zugeordnet. Mit der sichtbaren Darstellung im Klassenraum stellen diese Poster beim anschließenden Lesen und Hören und besonders für die Bearbeitung der Übungen 3–6 eine Hilfe für das Textverständnis dar.

Magnete oder Reißzwecken

Beispiel:

 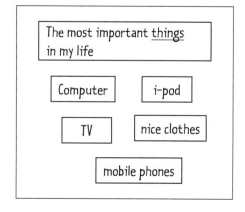

Leiten Sie nun zum SB über:

L *Today we're going to read and listen to a story about a girl who cannot do things like you can do them. Of course she likes all the things you like and all the activities you like to do. Let's read the beginning of the story and listen to it. Find out why there is no music in the girl's life.*

2 Read the story. Why is there no music in the girl's life?
Spielen Sie die Geschichte bis Zeile 15 ohne Unterbrechung vor und lassen Sie die S im Buch mitlesen.
Unterbrechen Sie nach Zeile 15 und stellen Sie noch einmal die Frage: *Why is there no music in the girl's life?* Schreiben Sie Antworten an die Tafel und heben sie die wichtigsten Wörter durch Unterstreichungen oder andersfarbige Schrift hervor:

Tafelanschrieb

She can't hear; she lost her hearing; she's deaf.

3 Find the information about the girl in the story.
Lassen Sie die S in Partnerarbeit *Ex. 3* bearbeiten.
(Zu Vorschlägen für die Partner- und Gruppenbildung siehe HRU-S. 48)
Lösung:
Age: *15*
She can't hear, she's *deaf.*
She lost her hearing when she was *twelve* years old.
Her brother's name and age: *Kyle, he's eleven (11) years old.*
Her sister's name and age: *Sophie, she's two years old.*

4 Put the sentences in the right order.
Die S arbeiten weiterhin in Partnerarbeit.
Lösungen:

| 1 d) | 2 b) | 3 a) | 4 e) | 5 f) | 6 c) |

Wortschatzarbeit

5 Feelings: Pick a word from the box.
Vor *Ex. 5* müssen alle Bedeutungen der angegebenen Begriffe nachhaltig bekannt sein. Es ist deshalb sinnvoll, ein Wortfeld zum Thema „*emotions and feelings*" anzulegen, das jederzeit ergänzt werden kann. Auch wenn außerhalb eines thematischen und inhaltlichen Rahmens eine deutsche Bedeutung nicht immer klar definiert werden kann, erscheint es an dieser Stelle sinnvoll, den englischen Begriffen die deutsche Bedeutung zuzuordnen.

L *The girl in the text is not very happy. How can we say in English how she´s feeling?*
How can we express feelings in English?
For a start you get an alphabetical list of 10 words expressing emotions and feelings. Find the German meaning. You can use your book or a dictionary.

Tafel oder Folie Beispiel:

Emotions and feelings		
alphabetical order	English	German
a	angry	
b	bored	
c	confident	
f	frightened	
h	happy	
n	nervous	
s	sad, stupid	
t	tired	
u	uncool	

Hinweis: Alle eingetragenen Begriffe werden in dieser Unit im SB oder im Workbook verwendet. Diese Form einer alphabetischen Liste wird in *NHL 5* fortgesetzt! Die S legen für die Liste ein neues Blatt in ihrem Vokabelheft an. Sammeln Sie erst so viele Wörter wie möglich an der Tafel, bevor Sie sie ordnen.

Lösung:
1 *frightened* **2** *stupid* **3** *sad*

Alternative

Tafelbild oder Folie

Nachhaltiger prägen sich natürlich Begriffe im Zusammenhang mit Fotos, kleinen Zeichnungen oder in spielerischer Verwendung ein.
Dazu folgender Vorschlag:
Für lernlangsamere S zeichnen Sie einfache Gesichter nach untenstehendem Beispiel und lassen die Begriffe aus *Ex. 5 (confident – bored – frightened – angry – sad – stupid – uncool)* den entsprechenden Zeichnungen zuordnen.

6 Deaf

a) What things can't the girl in the story do? Make a list with a partner.

Folie

Für lernschwache S bereiten Sie eine Folie mit Satzanfängen und weiteren Hilfen vor (siehe die Abb. unten). Die S übertragen die Folie in ihr Heft und ergänzen die Sätze in Partnerarbeit.
Lösungsvorschlag:

A life without music (by Elizabeth Urban)

She can't hear (line 3–4, line 6–7, line 7–8)
  the door when she goes to the bathroom.
  the light switch.
  her sister laugh, her brother read or her own voice.

She can't listen   to music on the radio or to talk shows
She can't talk on a   cellphone.
She can't use   an MP3 player.

Nach der Fertigstellung können die S diesen Text dem Partner, einer kleinen Gruppe oder der gesamten Klasse präsentieren.
Leistungsstarke S werden ermutigt, die Sätze frei zu präsentieren, eventuell in Kooperation mit einem Partner, der die jeweiligen Stichpunkte (leise) vorgibt.

b) Imagine you are deaf like the girl in the story. Write about your day.
- **What can you do? (with friends, alone)**
- **What can't you do?**
- **How do you feel?**

Einstieg

vorbereitete Folie

Zur Vorbereitung fertigen die S in Partnerarbeit jeweils eine Liste an, in der Inhalte zu den Fragen gesammelt werden.
Bereiten Sie dazu auf einer Folie eine dreispaltige Liste vor, in der Sie die linke Spalte vorgeben. (Das Beispiel nächste Seite oben zeigt die vollständig ausgefüllte Tabelle.)

> **L** *We talked about your favourite things and activities. Imagine you're deaf. Make a list of about 8–10 activities you can do (with friends, alone), 8–10 activities you can't do and how do you feel about it.*

Im nächsten Schritt entwerfen die S auf Grundlage des gesammelten Wortschatzes einen Text.
Lösungsbeispiel:
I'm Salina and I'm 15 years old. I'm deaf.
Like all boys and girls I can read magazines and newspapers or write letters, e-mails and text messages. I'm glad about it and I feel very lucky.
Of course I can meet friends and go shopping. That's nice and it makes me happy.
But I'm deaf and I can't go to a regular school. I go to a special school. I'm sometimes unhappy about that. Most of my friends go to a regular school.
And I can't listen to the radio, I can't listen to music and I can't hear people talking in TV programmes. I'm often sad and unhappy about that.
(about 100 words)

Lösungsbeispiel:

	in the morning	my feeling
I can (like all boys and girls)	read news in the newspaper	
I can't	go to school with friends hear the alarm to get up listen to the radio talk to my mother go to a regular school	happy unconfident bored sad sad
	in the afternoon	my feeling
I can	read and write text messages read magazines write e-mails play (football, volleyball,..)	glad happy lucky very happy
I can't	phone friend listen to music	miserable miserable
	in the evening / at night	my feeling
I can	go shopping meet friends	lucky very happy
I can't	watch (or listen to) TV talk with my family	bored sad

Erweiterung
vorbereitetes Plakat oder Folie

Ohne großen Zeitaufwand kann an dieser Stelle folgender Wortschatz zum Thema Behinderung eingeführt werden, den Sie auf einem Plakat, einer Folie oder als Tafelanschrieb festhalten:

L *People who can't hear, see or speak need special help. They have special needs because they are handicapped. Another word for handicapped is disabled.*

When you can't hear, you're deaf.   When you can't see, you're blind.   When you can't speak, you're dumb.

people with special needs

handicapped people

When you can't hear or speak, you're deaf and dumb.

disabled people

▶ W 49, 7–8

WORDPOWER

S. 72

WORTSCHATZ preposition
MEDIEN L: Internet- oder Bibliothekszugang, Arbeitsanweisungen für die Projektarbeit, Kopien der Vorlage 22 zum *feedback of a lesson*
S: vorbereitete Wortfelder

DIDAKTISCH-METHODISCHER HINWEIS

Die *Wordpower*-Seite greift den Wortschatz der SB-S. 66–71 auf, wo die S alle Lösungen finden können.
Lernstärkere S werden die Aufgaben allein oder in Partnerarbeit bewältigen können und auch wollen. Unter der Zielsetzung des eigenverantwortlichen Lernens sollten Sie das sowohl fördern als auch die Selbstkontrolle einfordern.

Einstieg/ Vorentlastung

Um das Aufgabenformat *Odd word out* besonders lernschwächeren S intensiv bewusst zu machen, lassen Sie sie vor der Beschäftigung mit *Ex. 1* paarweise (oder allein als Hausaufgabe) Wortfelder in Form von *Mind Maps* zu folgenden Begriffen oder Inhalten erstellen, wobei die Sammlung von Präpositionen auf *Ex. 3* vorbereitet:

- speak
- in the bed
- parts of the body
- feelings
- prepositions
- in the bathroom

Die Ergebnisse werden mündlich vorgestellt.
Tipp: Wenn die S diese Aufgabe als Hausaufgabe anfertigen, fügen sie kleine Zeichnungen oder Bilder hinzu, wo es möglich ist.

1 ODD WORD OUT Which word is wrong ?

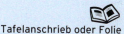
Tafelanschrieb oder Folie

Bereiten Sie nebenstehendes Tafelbild (auch auf Folie) vor und erarbeiten Sie für die erste Aufgabe eine gemeinsame Lösung, die anschließend als Beispiel dient. Die S erarbeiten in den Arbeitsgruppen, in denen sie die *Mind Maps* erstellt haben, die Lösungen und üben sie mündlich ein. Mithilfe der erstellten *Mind Maps* werden alle S in der Lage sein, die Lösung in englischer Sprache zu äußern. Anschließend werden die Ergebnisse im Plenum mündlich vorgestellt.

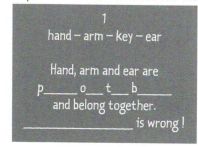

Lösungsvorschläge:
2 *Happy, sad and frightened are feelings and belong together. Deaf is wrong.*
3 *Sleep, wake up and get up belong together. Feel is wrong.*
4 *Voice, mouth, talk belong together. Shake is wrong.*
5 *Next to, opposite, above are prepositions. Loud is wrong.*
6 *Mirror, closet and light switch are in the bathroom. Car alarm is wrong.*

2 A music fan blog
a) Put in the words in the box.
Die S schreiben die Wörter aus der grünen Box zunächst in alphabetischer Reihenfolge in ihre Arbeitshefte und notieren die deutsche Bedeutung. Danach lösen sie *Ex. 2a)* schriftlich.
Lösung:
1 *male*   2 *awards*   3 *piano*   4 *musicians*   5 *rhythm*   6 *stage*

b) Write a fan blog about another singer or musician.
Planen Sie für ein kleines Miniprojekt in Partnerarbeit eine Doppelstunde oder schaffen Sie andere zeitlich zusammenhängende Organisationsstrukturen (z. B. Freiarbeit als Partnerarbeit, kleine Projektarbeit als Partner-Hausaufgabe). Evtl. ist eine kurze Recherche am Computer oder in anderen Medien notwendig. Bereiten Sie folgende Arbeitsanweisungen auf Folie oder einem Plakat vor. (Die Arbeitsanweisungen sind die gesamte Arbeitsphase über sichtbar.)

Internet- oder Bibliothekszugang

Instructions
1 Work with a partner. 2 Take your exercise book and write a fan blog about another singer or musician (p 72, No 2 b). 3 Check your text (correct spelling). 4 Present your fan blog to your partner and check your partner's text.

Um eine intensive Lese- und Aussprache-Übungsphase zu erreichen, präsentieren anschließend alle S ihren Text mehrfach in einem Doppelkreis.
Jeder S liest dem gegenüber sitzenden Partner seinen Text vor. Anschließend rücken alle S des inneren Kreises eine Position weiter.

Erweiterung Kopiervorlage
Kopien von KV

Zum Abschluss geben die S eine Rückmeldung über den eigenen Lernerfolg der Stunde. Dazu geben Sie ihnen die Möglichkeit auf einem Arbeitsblatt (KV 22).

Kopiervorlage 22

WORD SEARCH Prepositions
a) Look at the pictures and finish the sentences. Then check on pages 67–71.
Die S vervollständigen die Sätze schriftlich und lesen sie anschließend vor.
Lösungen:
1 behind   3 in front of   5 opposite
2 under   4 above   6 between

PRONUNCIATION

Achten Sie besonders auf das *word linking*, z. B. bei:
under an umbrella, high above, car opposite, there are ..., tables in front of ...

Erweiterung

b) You're talking about a holiday picture. Use the words in a).
Lösungen:
1 *under* two trees   3 *behind*   5 *next to*
2 *above* the door.   4 *in front of*   6 *under*

▶ W 50, 9–11
▶ W CD-ROM

REVISION

S. 73

WORTSCHATZ	link (n.)
MEDIEN	L: Internetzugang und Wörterbücher, vorbereitete Folie mit *jobs*, Folie für *Ex. 3* S: Bildmaterial über drei Berufe, A5-Karteikarten

1 Jobs
a) Write the music jobs
Die S übertragen die Sätze in ihr Heft und ergänzen die fehlenden Berufe.
Lösungen:
1 singer   3 DJ (Disc Jockey)   5 musician
2 dancer   4 stylist   6 producer / director

b) What other jobs do you know? Make a list with the class.
Lassen Sie die S in Partner- oder Kleingruppenarbeit, auch als vorbereitende Hausaufgabe, eine Liste von Berufen erstellen, die sie später alphabetisch ordnen. Sie können dazu die *Wordbank 6* auf SB-S. 130 verwenden sowie Eltern und Freunde befragen oder im Internet recherchieren. Geben Sie eine Mindestanzahl (z. B. fünf Berufe) vor und weisen Sie auf den Tipp im SB hin. Die einzelnen S-Beiträge werden dann in

Wordbank 6
Internetzugang und Wörterbücher

vorbereitete Folie	einer Liste zusammengetragen, die Sie auf Folie präsentieren, vervollständigen und die alle S übernehmen (siehe nebenstehende Abb.). Das Ziel besteht darin, Berufe mit so vielen Anfangsbuchstaben wie möglich zu finden. Die S dürfen für die Suche Wörterbücher und auch das Internet benutzen. Individuelle Lösungen.

	Jobs	
	English	German
a		
b		
c		
d		
e		
…		

c) Pick three of the jobs in b).
Write short definitions like in a).

Bildmaterial
DIN-A5-Karteikarten

Die S suchen zuhause zu drei gewählten Berufen Bilder aus Zeitschriften oder drucken sich Bilder aus dem Internet aus. Sie werden auf eine DIN-A5-Karte geklebt und auf der Rückseite dazu die Sätze, wie in *Ex. 1a)* geschrieben. Lassen Sie die S abschließend ihre Beschreibungen vorlesen und sammeln Sie alle Karten auf einer Präsentationsfläche.
Tipp: Regen Sie die S an, eine der Karten für die folgende Aufgabe zu verwenden.

2 Your job
a) What job would you like to do?
b) Say why:

DIN-A5-Karteikarten

Die S schreiben einen Beruf in großen Buchstaben auf eine Karte (oder benutzen eine der Karten von *Ex. 1c*). Auf der Rückseite der Karte beschreiben sie ihre Vorstellungen mithilfe der Textbausteine unter 2a) und 2b). Anschließend präsentieren sie ihren Text einem Mitschüler – zuerst lesen sie vor, anschließend versuchen sie den Text frei zu sprechen.
Wenn die S eine gewisse Sicherheit (im fehlerfreien Lesen oder in einer freien Präsentation) haben, präsentieren sie ihren Text einer Gruppe oder der ganzen Klasse.
Bei lernschwachen S empfiehlt sich die Vorgabe eines Beispieltextes, der dann nur in wenigen Bereichen umgewandelt werden muss.
Beispieltext:
I'd like to be a plumber.
I'd like to work in a big company or at an airport.
I'd like to work with (lots of) people indoors or outdoors on (big) planes.
I'd like to repair things and help people.
I'd like to get lots of money (because I want to travel around the world).
(about 50–60 words)

Erweiterung
Karteikarten

Sammeln Sie die Karten ein und verteilen Sie sie neu. Die S nehmen nun Stellung zum neu erhaltenen Beruf und sagen, ob sie ihn ausüben möchten oder nicht, und warum. Dabei können Sie sich am Text auf der Rückseite der Karte orientieren.

3 The music business
a) Put the verbs in the article.
Lassen Sie die S die Begriffe aus dem Reservoir alphabetisch ordnen (als wiederkehrende Übung zur Sicherung des Alphabets bei lernschwachen S) und sichern Sie die Kenntnis der deutschen Bedeutung. Das kann durch eine Tafelanschrift oder durch schriftliche Partner- oder Einzelarbeit erfolgen.
Hinweis: Beim Verb *deal* ist zur Suche der richtigen Bedeutung die Ergänzung *deal with sth.* notwendig, damit das anschließende Textverständnis gesichert wird.
Zur Ergebnissicherung schreiben die S den Text ab und heben die eingesetzten Verben hervor.
Lösungen:
1 dream   **2** sleep   **3** relax   **4** follow   **5** take   **6** deal

Transfer

Tafelanschrieb oder Folie

b) AND YOU? Would you like to be famous? Why/Why not?
Entwickeln Sie unter Verwendung des vorgegebenen Sprachmaterials mit den S eine Tabelle an der Tafel. Lösungsbeispiel:

Would you like to be famous ?	
Yes, because ...	**No, because ...**
your life is *interesting*	You're never alone
you meet lots of *nice people*	you always have to *look nice*
you get lots of *money*	you're often away from home
you can travel to interesting places	you often have to sleep in other towns
you can go to interesting parties	you sometimes have trouble with fans
people know you everywhere	photographers often follow you
...	...

Anschließend befragen sich die S gegenseitig in Partnerarbeit und geben individuelle Antworten, für die sie die gesammelten Sätze nutzen.

Hinweis: Bei der Formulierung der eigenen Meinung ist ein Perspektivenwechsel notwendig. Zur Verdeutlichung der erwarteten Sätze schreiben Sie die Frage und eine excmplarische Antwort an die Tafel:

Partner A Would you like to be famous ?

Partner B I'd like to be famous because then my life is interesting and I can get lots of money.

4 Music websites

Bei lernschwachen S sollte das Verständnis der Begriffe *store*, *mobile* und *media* gesichert werden. Dazu kann *Ex. 4b)* vorgezogen werden. Die S, die einige Begriffe nicht kennen, sollten diese paarweise im Wörterbuch oder im Glossar des Buches nachschlagen oder erklären lassen.

a) You're online on your favourite singer's website. You see ...

Lösungen:

Which link do you use if you want to ...

1 Tour	**3** Fan Club	**5** Home	**7** News
2 Mobile	**4** Photos	**6** Store	**8** Media

b) SAY IT IN GERMAN Tell a partner what the links mean.

Die S beschreiben sich abwechselnd und mündlich, was die Menüpunkte bedeuten.

Lösungsbeispiele:

Home	*Das ist die "Homepage". Die Ausgangs- oder Startseite.*
News	*Da findet man die neuesten Nachrichten.*
Photos	*Auf der Seite gibt es die neuesten Fotos.*
Tour	*Die Termine und Orte der nächsten Konzerte findest du unter „Tour"*
Media	*Alles, was in letzter Zeit in der Zeitung stand, findest du hier.*
Mobile	*Da kannst du dir Klingeltöne für dein Handy herunterladen.*
Fan Club	*Wenn du einen Fan-Club in der Nähe suchst, findest du ihn unter dieser Überschrift.*
Store	*Auf der Seite kannst du alle möglichen Fanartikel bestellen.*

▶ W 51, 12–13

▶ W CD-ROM

SKILLS TRAINING

S.74

WORTSCHATZ	hurricane • theme park • 12° Celsius (=12 degrees Celsius) • space • astronaut • Just a minute. • shuttle
SPRECHABSICHT	Gesprächsstrategien anwenden (um eine Redepause bitten, sich selbst verbessern, etwas umschreiben): *Just a minute. / Sorry, I mean… / It's sth. like …*
MEDIEN	CD, CD-Spieler, Karteikarten für *Ex. 3*

LISTENING   Useful prases

INFO-BOX

Als **Hurrikan** wird ein tropischer Wirbelsturm mit einer Windgeschwindigkeit über 118 km/h bezeichnet, wenn er im Atlantik, in der Karibik, im Nord- oder Südpazifik entsteht. Tropische Wirbelstürme im Westpazifik werden Taifune oder auch Willy-Willy genannt, im Indischen Ozean Zyklone. Ein Hurrikan entsteht, indem feuchtwarme Luft über dem Meer aufsteigt und Unterdruck erzeugt. In der Mitte des Hurrikans entsteht ein trichterförmiges Gebiet, in dem Luft absinkt, sich dabei erwärmt und abtrocknet. In diesem sogenannten Auge, das einen Durchmesser von zehn bis 30 Kilometer hat, herrscht fast Windstille und der Himmel ist heiter. An seinem Rand steigt die feuchtwarme Luft spiralförmig auf. Hier findet man die höchsten Windstärken von bis zu 350 km/h. Ein Hurrikan reicht viele tausend Meter in die Höhe und kann einen Durchmesser von bis zu 1000 km haben. Ihre zerstörerische Wirkung entfalten Hurrikane durch die hohen Windgeschwindigkeiten und die enormen Niederschläge. Darüber hinaus können sie zu Flutwellen von zehn Metern und mehr führen.

1 Salina is going to Florida. Listen and pick the three topics that Salina talks about.

Die S betrachten zunächst das obere Foto auf SB-S. 74. Lassen Sie die S möglichst viele Informationen zusammentragen, ohne eine neue Frage zu stellen.

L *Look at the picture and read task 1. What do you get to know?*
S *There is a girl in a classroom. Her name is Salina. / There is a map on the board. / It's a map of the USA. / Salina is going to Florida. / Salina is wearing ….. a black and white shirt, a necklace. / Salina has black hair. / Salina is pointing at Florida on the map.*

Vor dem Anhören des Textes klären Sie die Begriffe im Reservoir, insbesondere die Wörter *hurricanes* und *theme parks*.
Lösungen: *warm winters, hurricanes, theme parks*

Tapescript

SALINA   You know, I am going to visit Miami in Florida. So I am going to tell you something about Florida. …, just a minute … Florida is famous for its good weather. It is hot in the summer, but it is also very warm in the winter – about 21 degrees C. But there is a problem with – what's the word - yes, hurricanes. The hurricane season is from June to November. Hurricanes have hit lots of houses in Florida and killed lots of people… What I'm trying to say is that Florida has warm weather but it can be dangerous too. Florida is also famous for its theme parks. A theme park is … something like a *Freizeitpark*, but much bigger. One of the most famous theme parks is Sea World. You can see sea animals like whales in water shows here. Epcot is a theme park where you can learn about the environment and "Technologie", sorry, I mean "technology". Another famous theme park is the Kennedy Space Center where you can learn all about space. You can go in a space shuttle and you can be an astronaut for a day.

2 Listen again. Pick the right answers.

Die S schreiben die Überschriften von 1 bis 5 in ihr Arbeitsheft. Während des Hörens ergänzen sie die Überschriften nur mit den Lösungsbuchstaben. Nach einer Kontrolle in der Klasse werden die Sätze korrigiert.
Lösungen:

| **1** c | **2** b | **3** b | **4** a | **5** c |

Karteikarten

3 Listen again and put in the missing phrases from Salina's talk.
Die S zählen erneut auf, was sie gehört haben. Die korrekten Redewendungen schreiben Sie auf jeweils eine Karte und heften sie an die Tafel.
Lösung:

1	2	3	4	5
just a minute	what's the word	what I'm trying to say	something like	sorry, I mean

In Kursen mit lernschwachen S geben Sie die beschrifteten Karten vor, und die S ordnen diese den jeweiligen Sätzen zu.
Mit dieser Hilfe leiten Sie zu Aufgabe 4 über.

4 Put the phrases from exercises 3 in the sentences. Then listen and check.
Die S versuchen paarweise, eine der in *Ex. 3* herausgearbeiteten Formen in die Sätze einzufügen. Anschließend vergleichen die S ihre Lösungen miteinander. Spielen Sie dann den Hörtext vor, damit die Antworten überprüft werden können.
Lösung:
Siehe Tapescript.

Tapescript
SALINA   Theme parks are great but they're – <u>what's the word</u>? – expensive, very expensive.
SALINA   You can see a shuttle at the Space Center. A shuttle is <u>something</u> like a plane that goes into space.
SALINA   Many people in Florida not speak English. <u>Sorry, I mean</u> they don't speak English at home.
         I'm going to talk about, <u>just a minute</u>, I'm going to talk about crime in Miami.
SALINA   I didn't explain that very well! <u>What I'm trying to say</u> is that Miami has a big problem with crime but it's a fantastic city.

▶ W 52, 14

S. 75

WORTSCHATZ	Do you mind if I sit here? • Go ahead • You're welcome.
SPRECHABSICHT	Eine höfliche Konversation führen, höflich auf ein Problem hinweisen: *Do you mind if ...?*
MEDIEN	zweifarbige Karten oder Karton, Tabelle auf Folie oder Flipchart, CD, CD-Spieler, vorbereitete Tabelle auf Folie für *Ex. 3*, Kopien vom SB als Rollenspielkarten

SPEAKING   Polite phrases

Einstieg

Bei leistungsstarken S steigen Sie direkt mit *Ex. 1* im SB ein. Um lernschwache S an das Thema heranzuführen, bereiten Sie eine Karte mit folgenden Aufschriften vor:

A:				
	Open the door!	Come to the board!	Where's your book?	I'll close the window!

Zweifarbiger Karton

Dazu fertigen Sie eine weitere (andersfarbige) Karte mit folgenden Aufschriften an:

B:				
	Open the door please.	Could you come to the board, please?	Could you tell me where your book is, please?	Do you mind if I close the window?

Geben Sie vor der Stunde einer/em S die Karte aus dem Beispiel A und trainieren Sie mit ihr/ihm eine Präsentation in deutlicher, befehlsbetonter Aussprache und Intonation. Ein/e andere/r S erhält Karte B, und mit ihr/ihm trainieren Sie eine Präsentation in bewusster höflicher Aussprache und Intonation.
Zum Einstieg in das Thema lassen Sie beide S vortragen. Stellen Sie keine weiteren Fragen, sondern lassen Sie die S reagieren. Folgende Reaktionen sind denkbar:

Zu Beispiel A: *He/she´s not nice/not polite. / He/she´s unfriendly/rude.*
Zu Beispiel B: *He/she´s nice/polite/friendly. / I like ... because she´s polite.*

L *Konrad is polite. Let's find the polite phrases.*

Legen Sie an der Tafel folgende Liste an, die von allen S in ihr Heft übertragen wird, und lassen die Karte mit dem Beispiel B *(polite phrases)* noch einmal vorlesen. Die Liste muss ca. 18 Zeilen umfassen.

Tafelanschrieb oder Folie bzw. Flipchart

Hinweis: Die Vorgehensweise ist so gestaltet, dass über die folgenden Aufgaben hinweg diese Liste in Form einer Aufbau-Liste erweitert wird. Wenn die nachhaltige Verfügbarkeit an der Tafel nicht gesichert ist, sollte diese Liste auf einer Flipchart oder Folie entwickelt werden. Siehe die vollständige Tabelle auf HRU-S. 168 unten.

L *Copy this list and fill in all the polite phrases you hear.*

Polite phrases	
	... please? *Could you come to ...* *Could you tell me ...* *Do you mind if I close ....* ...

Leiten Sie nun zum Hörtext über.

1 Salina is staying with an exchange family in Miami.
a) Listen and match the conversations and the photos.
Die S hören beide Dialoge und antworten danach mündlich.
Lösung:
Photo 1 is conversation 1. Photo 2 is conversation 2.

Tapescript
Conversation 1

WOMAN Hello I'm Barbara.
SALINA Hello, I'm Salina. I'll sit here.
WOMAN Oh, fine, yes. It's a good party, isn't it?
SALINA Yes. Give me the salad.
WOMAN Oh, here you are. It's very nice.
SALINA There's meat in it. I don't eat meat!
WOMAN Oh, well ...
SALINA Where's the bathroom?
WOMAN It's in the house, on the right, opposite the kitchen. But before you go, young lady, let me give you a tip – try and be a bit more polite!

Conversation 2

WOMAN Hello I'm Barbara.
SALINA Hello, I'm Salina. Pleased to meet you. Do you mind if I sit here?
WOMAN Go ahead. It's a good party, isn't it?
SALINA Yes, it's very nice. Lots of nice food! Could you give me the salad, please?
WOMAN Of course, here you are. It's very good.
SALINA Oh, I'm afraid there's meat in it. I'm afraid I don't eat meat.
WOMAN Oh, I'm sorry.
SALINA Could you tell me where the bathroom is, please?
WOMAN Yes, it's in the house, on the right, opposite the kitchen.
SALINA Thank you.
WOMAN You're welcome.

b) What was the problem in conversation 1?
Lösungsbeispiel:
Salina is not nice/not polite. / She's unfriendly. / She´s rude.

Fortführung

Spielen Sie den Dialog noch ein- bis zweimal vor, lassen Sie die S in Partnerarbeit die bisherige Liste ergänzen und sichern Sie die Ergebnisse als Tafelanschrift, mit deren Hilfe die S ihre Ergebnisse kontrollieren.

Hinweis: In lernstärkeren Klassen legen Sie die Liste erst jetzt an.

L *Copy this list and fill in all the polite phrases you hear*

Lösung:

Polite phrases	
	... please? Could you come to ... Could you tell me ... Do you mind if I close .... Pleased to meet you. Do you mind if I sit here? Go ahead Could you give me ... / Here you are. Oh, I'm afraid there's ... I'm afraid I don't ... / Oh, I'm sorry. Could you tell me where the ... is, please? Thank you. You're welcome.

2 Be polite!
a) Match the sentences (1–6) and the answers (a–f).

L *Read the sentences and work with a partner. One partner reads sentences 1 to 6. The other partner reads the correct sentences a to f.*

Lösungen:

| 1 c | 2 a | 3 d | 4 f | 5 b | 6 e |

b) Listen to conversation 2 again and check your answers in a).

Die S hören den 2. Dialog noch einmal und vergleichen ihre Antworten.

c) Practice the sentences and answers with a partner.

Es bieten sich in der Partnerarbeit folgende Differenzierungsmöglichkeiten an:
- Beide Partner üben das korrekte Vorlesen ihrer Sätze.
- Ein Partner liest seine Sätze vor, der andere Partner versucht frei zu sprechen.
- Beide Partner versuchen frei zu sprechen und agieren im Rollenspiel.

3 Find the right phrases in 2a).

Die S arbeiten mit der zuvor begonnenen Liste der höflichen Redewendungen und vervollständigen die rechte Spalte, indem sie die Sätze 1–5 zuordnen.

L *Look at your list of polite phrases again and fill in sentences 1–5. Work with a partner.*

vorbereitete Folie

Halten Sie eine vervollständigte Liste auf Folie bereit, anhand derer sich die Übung korrigieren lässt.

Lösungsvorschlag:

Polite phrases	
What do you say when ...	
	... please?
you ask for something?	Could you come to ...
	Could you tell me ...
you want to do something?	Do you mind if I close ....
somebody tells you his/her name?	Pleased to meet you.
you want to do something?	Do you mind if I sit here?
	Go ahead
you ask for something?	Could you give me ... / Here you are.
you say politely that there's a problem?	Oh, I'm afraid there's ...
you say politely that there's a problem?	I'm afraid I don't ... / Oh, I'm sorry.
you ask for something?	Could you tell me where the ... is, please?
somebody says thank you?	Thank you.
you ask for something?	You're welcome.

> **DIDAKTISCH-METHODISCHER HINWEIS**
> Wiederholen Sie die Thematik „polite phrases" in den folgenden Stunden immer wieder bei passenden Gelegenheiten und bestehen Sie bei allen Schüleräußerungen auf der Anwendung der passenden Höflichkeitsformeln.

4 ROLE-PLAY
Partner A: You're at a party. You sit down at a table and meet Partner B. Look at your card on page 96.
Partner B: You're an exchange student in Miami. You meet Partner A at a party. Look at your card on page 96.

Bei dieser *information gap-activity* geht es um ein Treffen auf einer Party. Die S müssen abwechselnd und lebendig Sätze auf der Grundlage der Stichwörter auf den *role-play cards* formulieren und vortragen. In einem zweiten Durchgang werden die Rollen getauscht. Siehe auch den didaktisch-methodischen Hinweis auf HRU-S. 46.

Kopien vom SB

Hinweis: Empfehlenswert ist es, SB-S. 96 zu kopieren und zu zerschneiden. Im Laufe eines Schuljahres kann aus den Angeboten des SB und der HRU eine kleine Rollenspielbibliothek erwachsen, die Sie sammeln und auch zum selbstständigen Üben zur Verfügung stellen können.

Lösungsvorschlag:
A *Hello, I'm ...*
B *Hello. Pleased to meet you.*
A *Do you mind if I sit here?*
B *Go ahead.*
A *Could you give me the bread, please?*
B *Yes, of course. Here you are.*
A *Thank you.*
B *You're welcome.*

▶ W 52, 15
▶ W CD-ROM

SKILLS TRAINING

S. 76/77

WORTSCHATZ	S. 76: **hit** (n.) • **artist** • **nominee** • category • jury • vote for • viewer • idol • talent contest • final
	S. 77: **reason** • **in my opinion** • **believe**
MEDIEN	S. 76: Kopien in Klassenstärke und eine Folie von KV 23
	S. 77: Kopien von KV 24

READING   Winners!

Auf dieser Seite geht es um die beiden Fernsehshows „MTV Music Awards" und „American Idol". Die S sollen den Texten Einzelheiten entnehmen und mithilfe der vorgegebenen sprachlichen Mittel darüber Auskunft geben, ob sie Fernsehshows regelmäßig anschauen und eine eigene Meinung zu Fernsehshows abgeben.

1 Read the article. What do the winners get?

Tafelanschrieb oder Folie

Während die S die Texte lesen, legen Sie die unten abgebildete vorbereitete Folie auf (oder bereiten Sie die Tafelanschrift vor). Sie dient als Ergebnissicherung für *Ex. 1* und als Grundlage für die darauf folgende Sicherung des Detailverständnisses.

	MTV Music Awards
The winners get	*a statue of a moon man.*

	American Idol
The winner gets	*a million dollar recording contract.*

Lassen Sie zwei S die Lösungen in die Listen an der Tafel (oder in die Folie) eintragen. (Siehe oben stehende Tabelle.) Vor *Ex. 2* wird diese Liste erweitert, um das Detailverständnis des Textes zu sichern:

Kopien von KV

Verteilen Sie dazu Kopien von KV 23 und lassen die S die Tabelle ausfüllen (in Einzel-, Partner- oder Kleingruppenarbeit). Gleichzeitig halten Sie die KV als Folie bereit. Die erste Zeile beider Listen haben die S bereits in *Ex. 1* bearbeitet.

Folie von KV

Zum Abschluss der Arbeitsphase präsentieren Sie die ausgefüllte Folie zur Ergebnissicherung.

Kopiervorlage 23

Lösung:

MTV Music Awards	
The winners get	a statue of a moon man.
MTV Video Music Awards started in the year	1984.
Nominees and winners are presented by	famous Hollywood stars.
How many categories are there?	There are eleven categories like "Male/Female Artist of the Year" or "Best Group".
How many nominees are there in each category?	There are usually five nominees in each group.
Who votes for the winners?	A jury votes for the winners.
MTV viewers can vote in the category	Best New Artist.
Madonna has won	twenty MTV awards.

American Idol	
The winner gets	a recording contract.
American Idol is the most	popular talent contest on American TV.
It tries to find the best	young singer in the USA.
The singers are	between 16 and 28 years old.
In the finals, the	twelve best singers sing on stage.
Viewers vote	for the winner.
The winner of the first American Idol was	Kelly Clarkson.
Kelly Clarkson is a big	star now.

Organisationsformen

Tipp 1:
Trainieren Sie mit den S folgende Organisationsform ein:
Jede/r S, die/er seine Aufgabe beendet hat, darf nach vorn an den Lehrerarbeitsplatz kommen und verdeckt in die vorbereitete Folie schreiben. Wenn der S fertig ist, darf nach einem vorher eingeübten Ritual der nächste S nach vorn kommen.
Mögliche Rituale dafür:
– Jeder darf gehen, wenn der Lehrerarbeitsplatz frei ist.
– Bildung einer Meldekette, wenn mehrere S gehen möchten.

Tipp 2:
Zur Verbesserung des eigenverantwortlichen Lernens und zur ökonomischen Zeitnutzung hat es sich auch bewährt, dass sich S, die eine Aufgabe beendet haben, als Experten für andere S zur Verfügung stellen. Dazu kennzeichnen sich die S, die eine Aufgabe beendet haben, durch das Aufstellen einer vereinbarten Karte als *expert* und können dann von lernschwächeren S zu Hilfe geholt werden.

Expert

Weiterarbeit

2 Read the article again. Are the sentences true or false or not in the text?

Arbeitsblätter

Die S bearbeiten paarweise diese Aufgabe, indem abwechselnd die Sätze 1–6 gelesen werden und der/die Partner/in darauf in vollständigen Sätzen antwortet und ggf. korri-

giert (z. B. 1: "That's wrong. There are *eleven* categories"). Die zuvor vorbereiteten Listen werden zuhilfe genommen.
Lösungen:
1 That's wrong. There are *eleven* categories.
2 That's wrong. A *jury* votes for the winners.
3 That's not in the text.
4 That's right.
5 That's not in the text.
6 That's wrong. Kelly Clarkson is a *big star now*.

3 Find the words in the article that mean ...
Zur erhöhten Motivation sollten Sie die S diese Aufgabe in Partnerarbeit bearbeiten lassen und die Ergebnisse anschließend im Klassenverband sichern.
Lösungen:
1 *an award* 2 *an artis* 3 *a nominee* 4 *viewers* 5 *vote* 6 *a talent contest*

Transfer
4 AND YOU? Tell the class.
a) Do you watch music TV? What do you watch?
b) Do you watch the music awards? What do you like most?
c) Would you like to be in a talent contest?

Die S befragen sich paarweise und äußern ihre eigene Meinung mithilfe der gegebenen Satzanfänge.
Individuelle Lösungen.

▶ W 53, 16

S. 77

WRITING   A letter

Bevor die S beginnen, einen eigenen Brief zu schreiben, lesen sie die Ausschreibung für einen Wettbewerb (AWARD COMPETITION).
Fordern Sie die S auf, ihnen nicht mehr bekannte Vokabeln aus dem Textzusammenhang zu erschließen bzw. im Glossar nachzuschlagen

1 Read about the competition and then read Ramon's letter. Answer the questions.
Um alle Gründe zu finden, die Ramon in seinem Brief für Shakira anführt, erarbeiten Sie mit den S an der Tafel folgendes Schema:

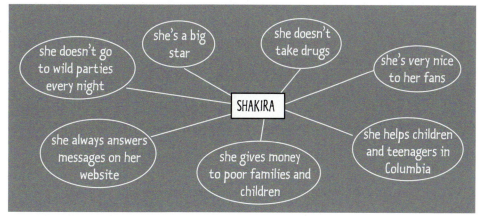

Lösungen:
– *The award is for the nicest star.*
– *Ramon thinks Shakira should get the award.*
His reasons are: Siehe Tafelbild.

2 Look at the letter again. Find four phrases that Ramon uses to say what he thinks.
Die S nehmen die vier Redewendungen in ihre Unterlagen auf.
Lösungen:
In my opinion   I believe   I think   I'm sure

3 Your letter for the competition
a) Write to Greatest *Hits* (80–100 words).
Weisen Sie lernschwache S deutlich darauf hin, die Brief-Vorlage (von Ramon) und die Tipps konsequent zu nutzen:
Individuelle Lösungen.

b) Your teacher reads the letters and picks three musicians. The class votes for the winner.
Sammeln Sie alle Briefe ein und suchen Sie drei unterschiedliche Musiker heraus. Lesen Sie diese Briefe vor und lassen Sie die Klasse eine/n der drei zum Sieger wählen.
Tipp: Die Briefe können nach der Korrektur als gelungene Arbeit Eingang in das Portfolio der S finden.

> **DIDAKTISCH-METHODISCHER HINWEIS**
>
> **Das Schreiben kohärenter Texte** stellt insbesondere für leistungsschwache S immer wieder eine große Herausforderung dar. Eine gewisse Sicherheit können diese S nur durch eine für sie offensichtliche Strukturierung des Textes erlangen sowie durch vielfältige Übungsaufgaben, die sich im Aufbau ähneln.
> Nutzen Sie die beispielhafte Vorbereitung in dieser Unit, um einen Anlass für das Schreiben eines Briefes zu schaffen und stellen Sie die Bedeutung der Brief-Vorlage auf S. 77 als Grundlage für weitere Produktion von ähnlichen Briefen sicher. Um die Vorstellungskraft und Kreativität der S anzuregen sowie sachliche Argumente zu sammeln, sollten Sie grundsätzlich verlangen, vor jedem Brief eine strukturierte Ideensammlung vorzunehmen.

Erweiterung
Kopien von KV

Auf KV 24 finden Sie weitere Vorschläge für Schreibanlässe im Zusammenhang dieser Unit. Kleben Sie je Vorder- und Rückseite zusammen, damit die S über alle Informationen verfügen. Mögliche Themen sind auch:
– best actor or actress
– best car
– best youth magazine
– best disco in town

▶ W 53, 17
▶ W CD-ROM

Kopiervorlage 24

LOOK AT LANGUAGE

S. 78/79

WORTSCHATZ	S. 78: grow • economy • illegal • papers • Mexico • employer • power
	S. 79: adverb
STRUKTUR	Adjektive und Adverbien: *They come illegally. / They work hard.*
MEDIEN	Leerfolie

> **DIDAKTISCH-METHODISCHER HINWEIS**
>
> Zum Ziel der *Look at language*-Doppelseiten und des „Nach dieser Unit kann ich …"-Abschnitts siehe den didaktisch-methodischen Hinweis auf HRU-S. 49.

Hispanic POWER!

In den Texten wird die Thematik der US-Amerikaner aus lateinamerikanischen Ländern (*Hispanics*) wieder aufgegriffen und vertieft. Die Problematik illegaler Einwanderer in die USA wird unter folgenden Gesichtspunkten beschrieben:

- illegale Einwanderung aus lateinamerikanischen Ländern
- die ökonomische Bedeutung dieser illegalen Einwanderer
- der positive Einfluss von *Hispanics* auf die Gesellschaft in den USA

Einführung neuer Lexik

Steigen Sie in die Thematik ein, indem Sie einige Inhalte aus der Unit wiederholen. Geben Sie dazu nur kurze sprachliche Impulse oder Bildimpulse, wie zum Beispiel:

L *Tell me what you know about Spanish in Miami. / What do you know about Little Havana? / What and where is the Calle Ocho festival?*

Halten Sie eine Karte von Mittel- und Südamerika (siehe Einstieg in die Unit) bereit und entwickeln Sie das folgende (oder ein ähnliches) Unterrichtsgespräch, bei dem Sie darauf achten, die unterstrichenen Wörter vorab an der Tafel zu notieren und zu verwenden.

L *Today we're going to talk and read about Hispanics.*
Hispanics – can you explain the word? (Präsentieren Sie die Karte von Mittel- und Südamerika.)
S *Hispanics are people / come from countries where Spanish is the first language. / Mexico, Cuba, ...*
L *Many of them have no papers. No passport.* (Zeigen Sie dazu einen Personalausweis, Reisepass oder ein Visum). *They came to the USA illegally. They are illegal immigrants. They live in the USA and they work in the USA. And every day more and more of them arrive. The number of Hispanics is growing. But all illegal immigrants work hard in the USA to get money. And in fact they are very important for the economy. Look up the German meaning of 'economy'.*
S *Wirtschaft.*
L *The population of the USA is about 300 million (Germany 80 million).*
Guess how many Hispanics there are in the USA! (Zeigen Sie auf das folgende Tafelbild:)

```
                a) 3
In the USA      b) 72    } million in a population of 300 million are Hispanics.
                c) 44
```

Sie halten die Vermutungen der Gruppe an der Tafel fest.
Leiten Sie nun zum SB über.

INFO-BOX

Die Vereinigten Staaten lassen mehr Einwanderer zu als jedes andere Land in der Welt. Im Jahr 2000 betrug die Zahl aller im Ausland geborenen Amerikaner 31,1 Millionen, das sind 11,1% der Gesamtbevölkerung. Der *U.S. Immigration and Naturalization Service* schätzt, dass auch etwas 5 Millionen illegale Einwanderer in den USA leben, und diese Zahl steigt jährlich um ca. 275.000.
Bis vor etwa 30 Jahren kamen die meisten Einwanderer aus Europa. Heute stammen dagegen fast 90 Prozent aller Immigranten aus Lateinamerika, der Karibik und Ost-Asien.
Der wichtigste Unterschied zur Situation von Immigranten in Deutschland ist, dass in den USA nicht das völkische Abstammungsprinzip gilt, sondern das *ius solis*, d.h., wer auf dem Territorium der USA geboren wird, ist automatisch US-Staatsbürger/in, auch wenn die Eltern nur „illegal" im Land sind.
Wer legal einwandert oder als Flüchtling anerkannt wird, bekommt als *permanent resident* zunächst eine Aufenthaltsberechtigung mit Arbeitserlaubnis (*Green Card*) und kann nach fünf Jahren die Einbürgerung beantragen. Aber auch für „illegale" Immigranten gibt es verschiedene Möglichkeiten, sich im Laufe der Zeit legalisieren zu lassen.

1 Read the website article.
How many Hispanics are there in the USA?

Die S lesen den ersten Artikel still und korrigieren ihre Vermutung.
Anschließend lesen sie auch die beiden anderen Artikel. Stellen Sie folgende Leseverständnisfrage:

L *What do many American people think about Hispanics?*

Lösungsvorschlag:
Many think that Hispanics are always illegal immigrants, poor and they only speak Spanish. They should go home. Others think the American economy needs Hispanics because they work hard.

Erweiterung Wortschatzarbeit
Tafelanschrieb oder Leerfolie

Unbekannte (nicht nur neue) Begriffe schreiben die S in ihr Heft. An der Tafel oder auf einer Folie führen Sie alle von einzelnen S herausgesuchten Begriffe in einer Tabelle zusammen.

In einem zweiten Schritt arbeiten die S in Kleingruppen, finden die deutsche Bedeutung und umschreiben die Begriffe der Liste auf Englisch. Die gesamte Arbeit kann Wettkampfcharakter bekommen. Legen Sie eine Zeit fest und erarbeiten Sie in lernschwächeren Klassen das erste Beispiel gemeinsam. Anschließend lassen Sie die Gruppen vortragen und vergeben Punkte für jede richtige Übersetzung und Erklärung (wobei Sie sich beim Tafelanschrieb für eine Version entscheiden). Die S übertragen die Tabelle anschließend in ihr Heft.

L *For each English definition/explanation you'll get 5 points and for each German meaning 1 point. You've got 5 minutes.*

Lösungsbeispiel:

Unknown words	English meaning	German
growing – grow	it's small and it gets bigger and bigger	wachsen
population	people in a country or in a town.	Bevölkerung
illegal immigrants	people who come into a country and have no papers.	illegale Einwanderer (ohne Erlaubnis)
economy	It has to do with work and money.	Wirtschaft
differently	not like other people	anders, unterschiedlich
worst jobs	bad – worse - worst	die schlechtesten Arbeiten/Berufe
parents	father and mother	Eltern
power	When you are strong you have power	Macht

2 WORD SEARCH
a) Find these words on this page
Die S arbeiten schriftlich und paarweise, indem Sie ihre Ergebnisse gegenseitig kontrollieren.
Lösungen:
1 *illegally*   **2** *safely*   **3** *badly*   **4** *easily*   **5** *differently*

b) Now find these words on this page.
Die S setzen die partnerschaftliche Arbeit fort.
Lösungen:
1 *fast*   **2** *hard*   **3** *well.*

Reaktivierung des Vorwissens

Leiten Sie über zu *Ex. 3* auf SB-S. 79:
Planen Sie eine kurze Wiederholungsphase zu Adjektiven ein, in der die S auch auf Deutsch ausdrücken können, was sie über Adjektive wissen. Gehen Sie dabei wie folgt vor:

L *Do you remember what an adjective is?*
S *An adjective describes a noun.* / Ein Adjektiv ist ein Wie-Wort. / Ein Adjektiv beschreibt, wie eine Person oder eine Sache ist.
L *Think of some examples.*
S *long hair / dirty shirt / cold water / little boy / beautiful girl / ...*
L *Let's find nouns for the following adjectives: illegal*
S1 *illegal immigrant*
L *safe*
S2 *safe way (home)*
L *bad*
S3 *bad boy*

L *easy*
S4 *easy test*
L Now look at Exercise 3a and 3b on page 79. Find the adverbs to the adjectives. Exercise 2a and 2b will help you.

3 Adjectives and adverbs.
a) Look at exercise 2a) again and find the adverbs.
b) Now look at exercise 2b) and find these adverbs.

Die Lösungen werden auf einem Poster oder im Heft notiert, damit den S möglichst über mehrere Wochen dieser Unterschied von Adjektiv und Adverb vor Augen bleibt. Zur intensiven Verdeutlichung der regelmäßigen Bildung der Adverbien in der englischen Sprache (*ly*-Endung) und der Sonderformen (*fast, hard, well*) erfolgt darüber hinaus eine deutliche farbliche Hervorhebung. Fordern Sie die S auf, sich vor Bearbeitung der Aufgabe im *Summary*-Teil auf SB-S. 137 über Besonderheiten zu informieren.

Lösungen:

3a) Adjectives	Adverbs	3b) Adjectives	Adverbs
illegal	*illegally*	fast	*fast*
safe	*safely*	hard	*hard*
bad	*badly*	good	*well*
easy	*easily*		
different	*differently*		

4 OVER TO YOU! Finish the checkpoint.
Mithilfe der Vorgaben im *Checkpoint*-Kasten erfahren die S, was Adverbien sind.
Die S ergänzen den *Checkpoint* erst mündlich und schreiben ihn anschließend ab. Sammeln sie die Ergebnisse des *Checkpoints* an der Stelle, die Sie mit der Lerngruppe / der Jahrgangsstufe / der Fachkonferenz vereinbart haben (Kartei, Mappe, Extraheft etc.).

▶ W 54–55

NACH DIESER UNIT KANN ICH …

Die S decken die rechte Spalte mit den Beispielsätzen ab und versuchen allein oder zu zweit, zu den aufgelisteten Sprechabsichten geeignete Äußerungen zu formulieren. Wenn sich Defizite zeigen, bieten sich den S folgende Hilfs- und Übungsangebote:
- *Summary*-Abschnitt auf SB-S. 137,
- *Extra practice*-Seiten auf den SB-S. 112 ff.
- Aufgaben im *Workbook*
- ausgewählte Übungen des *Look at language*- und des *Skills Training*
- ein Rückblick auf die eigenen Portfolio-Seiten
- Internet-Aufgaben unter www.new-highlight.de
- Kopiervorlagen aus „Ideas for Class Tests" für *New Highlight*, Band 4

▶ W 56 (Test yourself)
▶ W 57–58 (Portfolio)
▶ W CD-ROM

EXTRA PRACTICE

S.112–115

WORTSCHATZ	S. 112: Independence Day • hope • celebration • at 10th Street and Ocean Drive
	S. 114: *rewrite*
	S. 115: : venue • cost (n.) • event • detail • opening act • live • guest
MEDIEN	S. 113: Leerfolie, Wimmelbilder

REVISION *Will-future*

Es ist hilfreich, vor dem Bearbeiten bzw. beim Lösen der Übungen die jeweiligen Summary-Seiten (SB-S. 134 und S. 137) zu konsultieren.

Die Aufgaben und Übungen auf dieser SB-S. 112 dienen der aktiven Festigung der korrekten Anwendung des *will-futures* in der regulären Form *(will)*, der Kurzform *('ll)* und der Verneinung *(won't)*. Die Frageform wird nur rezeptiv in der Aufgabenstellung zu *Ex. 1* verwendet *(Who will be right?)*.

INFO-BOX

Independence Day: Dieser Tag wird als „Geburtstag" der Vereinigten Staaten als freie und unabhängige Nation gefeiert. Die meisten Amerikaner nennen diesen Tag einfach den „Vierten Juli" (July 4th). Er erinnert an die Unterzeichnung der Unabhängigkeitserklärung vom 4. Juli 1776 nach dem Unabhängigkeitskrieg der 13 Kolonien an der Ostküste Amerikas gegen den britischen König und das britische Parlament. In der Unabhängigkeitserklärung, unterschrieben von allen Anführern der 13 Kolonien, wurden sie in einem offiziellen Dokument zum ersten Mal als Vereinigte Staaten von Amerika *(United States of America)* bezeichnet. Heute kennzeichnen Picknicks und patriotische Paraden, Konzerte und Feuerwerke diesen Feiertag.

1 Fourth of July hopes
a) Look at the weather for July 4th and read what Ramon and his mum say. Who will be right?

Klären Sie die Bedeutung von *hopes* in der Aufgabenstellung, indem Sie die S das Wort im Wörterbuch oder im Glossar des SB nachschlagen lassen.
Lösungsvorschlag:
Mum is right. It will be cloudy. It won't be too hot.

b) Finish the Advert for Miami's Fourth of July celebrations with *will*, *'ll* or *won't*.

Weisen Sie die S darauf hin, unbekannte (oder nicht mehr bekannte) Begriffe nachzuschlagen. Der Begriff *celebration* und die Ortsangabe *at 10th Street and Ocean Drive* sind auf SB-S. 159 zu finden.
Lösungen:
1 will **2** 'll **3** will **4** won`t  **5** will  **6** `ll **7** won`t  **8** `ll

2 A Fourth of July picnic: Put in the right words.

Hier wird aktiv die Anwendung der Kurzform *('ll)* geübt, indem diese in allen Sätzen vorgegeben wird und lediglich das jeweils richtige Verb eingesetzt werden muss. Zur intensiven Nutzung lassen Sie die S diese Aufgabe mündlich und schriftlich bearbeiten.
Lösungen:
1 I'll buy **2** I'll take **3** I'll cook **4** I'll wear **5** I'll look for **6** I'll ask

3 Future hopes
a) For a Fourth of July project, Ramon is writing about his hopes for his country and family for the next year. …

Lösungen:
I hope mom will find a better job.
I hope dad won't have another accident.

I hope mom and dad will win some money.
I hope there won't be any more problems with hurricanes.
I hope the Miami Heat will win all their games.
I hope I'll learn to play the guitar better.
I hope I won't have any problems at school.
I hope I'll get a girlfriend.

Transfer

b) Write 5–8 sentences about your hopes for the future.
Mithilfe der Aufgabe 3a) wird es den S gelingen, eigene Sätze zu schreiben. Das Arbeitsergebnis eignet sich (nach Korrektur) für die Aufnahme in das Portfolio der S.
Lösungsvorschlag:
I hope I'll get a good job. I hope my parents will be happy at work. I hope school won't be too hard. I hope to get a nice girlfriend and I want to learn how to drive. I hope I'll be happy in the future.

S. 113

REVISION   Prepositions of place

4 Look at the pictures. Pick the right word.
In dieser Aufgabe werden die Präpositionen wiederholt und die richtige Anwendung geübt.
Lösungen:
1 between   **2** behind   **3** under   **4** opposite   **5** in front of   **6** above

5 Eight things are different. Write them in your exercise book.
Lassen Sie eine Tabelle anlegen, um die Gegenüberstellung beider Bilder zu erleichtern, und bespreche Sie das erste Beispiel gemeinsam. Die S arbeiten paarweise, bevor die Lösungen auf einer Folie oder an der Tafel zusammengetragen werden.

Leerfolie oder Tafelanschrieb

Lösungen:

Nr.	In picture 1, ...	In picture 2, ...
1	KC is standing between BB and TJ.	TJ is standing between BB and TJ.
2	there is a tree behind BB.	there is a tree behind TJ.
3	KC has a cap on his head.	KC has the cap in his hand.
4	there is a bag under the table.	there is a box under the table.
5	the picture on the wall is above KC (and TJ).	the picture on the wall is between BB and KC.
6	a girl is standing opposite BB, KC and TJ.	the girl is standing next to BB, KC and TJ.
7	there is a plate of fruits and a bottle on the table.	there are two glasses and a bottle on the table.
8	there is no guitar next to the girls.	there is a guitar next to the girls.

6 An interesting picture.
a) Find a picture from a magazine or the Internet with lots of things on it. Write about it. Say where things are and why the picture is interesting. Don't say people's names!
Mit dieser Aufgabe können die Präpositionen in motivierender Form eingeübt werden. Geben Sie den S an der Tafel oder auf einem Arbeitsblatt vor, welche Präpositionen in ihren Beschreibungen auf jeden Fall enthalten sein sollen. Zur Übung und Bewusstmachung sollen die S die Präpositionen in ihren Texten farbig markieren und unterstreichen.

Wimmelbilder

Tipp: Für S, die keine Bilder mitbringen, halten Sie „Wimmelbilder" bereit, die in der Schule aus Foliensammlungen des Verlages oder Kopiervorlagen anderer Jahrgänge und Units zur Verfügung stehen. Cartoons (aus dem Internet) sind häufig auch gut für diese Aufgabe geeignet.
Individuelle Lösungen.

b) Put the pictures on the board. Read out your description. Can the class guess the picture?
Um sicherzustellen, dass die Bilder auch von den S gesehen und in Einzelheiten erkannt werden, sollte diese Aufgabe als Gruppenarbeit erfolgen.

ADVERBS

7 Match the pictures with the sentences.
Lösungen:
A 5   B 4   C 6   D 2   E 1   F 3

S. 114

8 Downloading music
a) Finish the text. Use adverbs.
Zur Festigung und Bewusstmachung sollen die S diese Aufgabe schreiben und die eingesetzten Formen farbig kennzeichnen. Die S überprüfen selbstständig mithilfe des *Summary*-Abschnitts (SB-S. 137) ihre Ergebnisse.
Lösungen:
Zeile 2 *fast*
Zeile 3 *cheaply, hard*
Zeile 4 *illegally, differently*
Zeile 6 *completely*

b) What do you think?
Lösungsvorschlag:
I think downloading music is *great because you can get songs very fast and cheaply.*
In the future I think *downloading music will be the most popular way to get music and it won't be illegal.* I don't think that CDs *will disappear completely. But only a few fans will buy CDs.*

9 Rewrite the sentences for an article about a concert.
Mit dieser Aufgabe wird die Anwendung von Adverbien weiter geübt.
Klären Sie den Begriff *rewrite* und lassen Sie die S auch bei dieser Aufgabe die Adverbien farbig hervorheben. Nach Beendigung der Aufgabe kontrollieren die S selbstständig ihre Ergebnisse unter Zuhilfenahme des *Summary*-Abschnitts auf SB-S. 137.
Lösungen:
2 *The fans sang very loudly.*
3 *Bobbie danced well.*
4 *The fans screamed wildly.*
5 *Bobbie smiled happily.*
6 *He walked off the stage tiredly.*

10 AND YOU?
Say what you think your partner does …
Um die Satzstrukturen zu festigen, lassen Sie die S vorab ihre Gedanken in folgender Form sammeln. Geben Sie den S den Hinweis, dass sie nicht zu jedem Adverb einen Satz bilden müssen. Sie können aber auch andere Adverbien und entsprechende Sätze hinzufügen. Die S füllen so viele Zeilen wie möglich. Dabei kann es sich auch um erfundene Tätigkeiten handeln:
My neighbour *Alex*

… plays football	… well.
… *speaks to the class*	… *confidently.*
… *watches animals*	… *carefully.*
… *speaks Russian*	… *easily.*
… *rides his bike*	… *dangerously.*
… *plays his guitar*	… *loudly.*
… *talks to girls*	… *nervously.*
… *does his homeworks*	… *badly.*
… *sings his favourite songs*	… *loudly.*

b) If your partner agrees with your sentences, you can read them to the class.
Wenn die S eine Tabelle in 10a) angefertigt haben, können sie die Sätze auch vortragen, ohne diese vorher geschrieben zu haben.

Alternative Variieren Sie diese Aufgabe, indem Sie die S auf Grundlage einzelner, anonymer Sätze raten lassen, um welche/n Mitschülerin/Mitschüler es sich handelt.

11 SAY IT IN ENGLISH
Your American friend Pauline has a letter in German, but she doesn't understand everything. Tell her in ...

Die S folgen dem Tipp, wobei lernschwächere S die wichtigsten Informationen schriftlich ins Englische und in die neue Sprechperspektive übertragen.
Lösungsvorschlag:
Klara says thanks for your letter. The concert sounds great. She'd like to *see Gwen Stefani on stage* too. Klara thinks she sings well on her last CD. She wants to know if the tickets were expensive. Last week she bought tickets for "Tokio Hotel"- a German group. But they sing in English too. She likes them. You can download their music cheaply on the Internet. She will write again soon and sends her best wishes.

S. 115

TEST PRACTICE

12 INTERPRETING
You and your American friend have been to dinner with your grandma. Practice the dialogue with two partners.

Da diese Aufgabe als Testaufgabe gedacht ist, lassen Sie sie jeweils drei S ohne weitere Erklärungen oder Anleitungen bearbeiten. Die Kontrolle kann durch den L oder durch einen „Schüler-Experten" erfolgen.
Lösungsvorschlag:

FRIEND	Could you say thank you for dinner, please?
YOU	*Er sagt, er möchte sich für das Essen bedanken.*
GRANDMA	Keine Ursache
YOU	*She says it's ok.*
GRANDMA	Darf ich ein Bild von euch machen?
YOU	*Do you mind if she takes a photo of us?*
FRIEND	Go ahead.
YOU	*Ist in Ordnung/Ja, natürlich/Gerne.*
GRANDMA	Ich kann leider nicht so gut fotografieren, aber ich werde dir das Bild schicken.
YOU	*She isn't good at taking photos. But she'll send you the photo.*

13 Partner A: Look at the information about Beyonce's concert. Answer your partner's questions. ...
Partner B: Ask Partner A about Beyonce's concert. Then look at the information about Gwen Stefani's concert and answer ...

Sie können Partner A erst alle Fragen stellen und von Partner B alle Antworten geben lassen, um dann umgekehrt zu verfahren. Alternativ befragen sich beide Partner abwechselnd. Wenn S Probleme mit der Fragebildung oder mit der Gestaltung der Aufgabe haben, ist die Erstellung folgender Struktur hilfreich, bei der die Antworten freigelassen werden können:
Lösungsvorschlag:

PARTNER A		*Where's Gwen Stefani's concert?*
PARTNER B	*It's in the Sound Theater.*	*Where's Beyonce's concert?*
PARTNER A	*It's in the Bank Center.*	*When's Gwen Stefani's concert?*
PARTNER B	*It's on May 9th.*	*When's Beyonce's concert?*
PARTNER A	*It's on May 22nd.*	*When does Gwen Stefani's concert start?*
PARTNER B	*It starts at 7:30 pm.*	*When does Beyonce's concert start?*
PARTNER A	*It starts at 8:00 pm.*	*How much are the tickets for Gwen Stefani's concert?*
PARTNER B	*10 to 69.50 Dollars*	*How much are the tickets for Beyonce's concert?*
PARTNER A	*69.00 Dollars*	

14 Write a letter to Ramon (about 100 words). Tell him about: ...
Geben Sie den S folgende Hinweise:
- Brief-Form beachten
- Ramons Anschrift ist in Unit 5 zu finden (SB-S. 77)
- Beispiele zur Satzbildung können aus der gesamten Unit 5 als Hilfe genutzt werden
- Absätze bilden, wo es sinnvoll ist

Stellen Sie den S vorab ein Auswertungsraster zur Verfügung, aus dem ihre Anforderungen für die Bewältigung dieser Aufgabe hervorgehen. Insbesondere muss den S vorab deutlich sein, in welchem Umfang die Brief-Form, die inhaltliche Gestaltung und die sprachliche Korrektheit sich in Punkten oder in einer möglicher Zensur widerspiegeln. Der korrigierte und überarbeitete Brief eignet sich zur Aufnahme in das Portfolio.
Individuelle Lösungen.

EXTRA READING UNIT 5

S.122–125

WORTSCHATZ	S.122: *tobacco • coast • slave • granddaughter • had (past perfect) • great-grandmother • belong to • master • before • swept (s. past) • cabin • reading log • sold (s. past)*
	S.123: *sugar • made • cotton • escape (v.) • pass (v.) • strong*
	S.124: *till • quietly • North Star • excited • found • beat (v.) • slept (s. past) • moss • around • at last • pop (AE)*
	S.125: *guide (v.) • reward • war • government • built (s.past) • review (n.) • design (v.) • cover (n.) •* **interview** *• search engine*
MEDIEN	S.122: **L:** evtl. vorbereitete Folie, Kopien von Vorlagen, CD-Spieler, CD
	S: Wörterbücher und evtl. Internetzugang, einzelne Blätter für *reading log 1*
	S.123: evtl. vorbereitete Folie
	S.124: **S:** Bildmaterial für *reading log 3*
	S.125: vorbereiteter Lückentext als Arbeitsblatt, Kopien eines AB zur Selbsteinschätzung

THE ROAD TO FREEDOM
The true story of Harriet Tubman

> **DIDAKTISCH-METHODISCHER HINWEIS**
> Zum allgemeinen Umgang mit dem *Extra Reading*-Abschnitt siehe HRU-S. 86.

Der insgesamt vier Seiten umfassende Text „The Road to Freedom" kann sehr gut in einem kleinen Leseprojekt in Partner- oder Kleingruppenarbeit erarbeitet werden. Das Ergebnis ist ein aus mehreren Teilen bestehendes Lesetagebuch, dessen Inhalte von einzelnen S oder Gruppen präsentiert werden.
Für lernschwache S sollte eine gemeinsame seitenweise Vorgehensweise eingeplant werden. Leistungsstärkere S können die gestellten Aufgaben eigenverantwortlich bearbeiten.

Wörterbücher, evtl. Internetzugang

Grundsätzlich muss den S deutlich gemacht werden, dass nicht (mehr) bekannte Begriffe und Vokabeln selbstständig erschlossen werden müssen. Dazu sollte das Schulbuchglossar, ein zweisprachiges Wörterbuch und auch das Internet genutzt werden.

Einstieg
Tafelanschrieb

Schreiben Sie den vollständigen Titel an die Tafel, führen Sie mit wenigen Sätzen in die Thematik ein und klären Sie vorab auf Grundlage des S-Vorwissens das Verständnis von „Sklave" und „Sklaventum". Fordern Sie die S anschließend auf, eine Vermutung über Harriet Tubmans Leben anzustellen.

L *"The Road to freedom" is a true story. It's about a black girl and woman who was a slave and wanted to be free. – Do you remember what a slave is?*
S *A slave is not free. / Slaves have to work hard. / They don't earn any money. / Slaves were mostly black people. / …*
L *That's true. A slave was a person who belonged to a master. He or she had no rights and had to work very hard – without money. The master could sell a slave at any time. And he could beat or hit a slave if he (or she) didn't work hard.*
The woman we'll read about is called Harriet Tubman. She was born in 1820 and she was born a slave. Why do you think the text is called "The road to freedom"? What was her life like? What was special about Harriet Tubman?
S *Harriet was a slave first and then she became free. / Maybe she fought for her freedom. / She had a hard life. / She is famous now. / …*

Leiten Sie nun zum SB über. Bereiten Sie dazu folgende Tafelanschrift bzw. Folie vor, die die S während des Lesens oder Lesens und Hörens ausfüllen. Das entstehende Gerüst steht beispielhaft für die zusammenfassenden Stichpunkte, die die S auf jeder Seite erarbeiten sollen.

L *Read (and listen to) page 122 and fill the gaps.*

Tafelanschrieb oder Folie

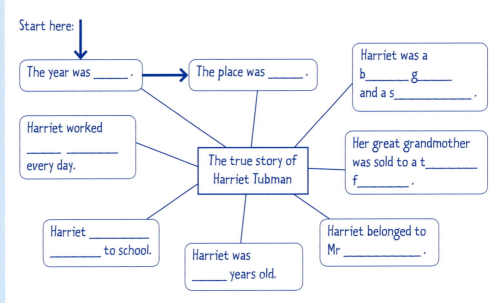

Die S übernehmen das Schema in ihre Unterlagen und tragen die fehlenden Informationen ein. Die Kontrolle erfolgt im Plenum durch Vervollständigen des Folien- oder Tafelbildes.

L *Read page 122 again and do part 1 of Reading Log 1.*
Be careful. In Reading Log 1 you have to use the simple present.

Lösungen:
The year was *1827*.
The place was *Maryland*.
Harriet was a *black girl* and a *slave*.
Her great grandmother was sold to a *tobacco farmer*.
Harriet belonged to Mr *Brodess*.
Harriet was *eight* years old.
Harriet *didn't go* to school.
Harriet worked *14 hours* every day.

INFO-BOX

Das genaue Geburtsdatum von **Harriet Tubman** ist nicht bekannt, so wie auch andere biografische Angaben divergieren. Es wird angenommen, dass sie 1820 oder 1821 in Dorchester County im Bundesstaat Maryland auf die Welt kam. Als Kind trug sie den Namen Araminta Ross, nahm jedoch später den Vornamen ihrer Mutter an. Ihre Eltern Benjamin Ross und Harriet Greene hatten zehn oder elf weitere Kinder. Sie waren die Sklaven eines Holzhändlers.
Bereits mit sechs Jahren musste Harriet ihre Eltern verlassen und wurde an eine Familie zur Säuglingspflege vermietet. Wenn das Baby aufwachte und schrie, waren Peitschenhiebe an der Tagesordnung. Auch für andere Vergehen wie den Diebstahl von etwas Zucker wurde Harriet stets hart bestraft, was neben schwerer körperlicher Arbeit auf verschiedenen Farmen, ungeachtet ihrer Jugend und auftretender Erkrankungen, ihre Kindheit prägte.
Als Jugendliche erlitt sie eine sehr schwere Kopfverletzung, als sie in eine Auseinandersetzung um einen entlaufenen Sklaven geriet und von einem Aufseher mit einem Gewicht beworfen wurde. Sie behielt einen lebenslangen Schaden zurück, der sich in narkoleptischen Anfällen und u.a. auch in lebhaften Träumen und Visionen äußerte, die Harriet jedoch als göttliche Zeichen interpretierte und die sie in ihrem ohnehin starken Glauben bestärkten.
1844 heiratete Harriet den freien schwarzen Mann John Tubman. Diese Verbindung bedeutete keineswegs, dass sie selbst der Sklaverei entkam. Im Gegenteil, sie musste fünf Jahre später befürchten, an einen neuen Besitzer verkauft zu werden, nachdem der bisherige gestorben war. Um diesem Schicksal zu entgehen, beschloss sie zu fliehen.

Auf dem Weg in den Norden wurde sie am Anfang noch von zweien ihrer Brüder begleitet, die später jedoch zu ihren jungen Familien zurückkehrten. Nachdem sie sich größtenteils allein durchgeschlagen hatte, erreichte sie Philadelphia. Dort fand sie Arbeit und konnte ihr eigenes Geld verdienen. Es war sehr außergewöhnlich, dass sie schon bald an den Ort ihrer Versklavung zurückkehrte, um Mitgliedern ihrer Familie zu helfen.

Schon während ihrer Flucht hatte Harriet Tubman die *Underground Railroad* kennen gelernt. Diese Organisation unterhielt ein ausgeklügeltes Netz von Zufluchtsorten und Kontaktpersonen, die versklavten Männern und Frauen aus den Südstaaten den „Zug" in den Norden ermöglichte, wo es keine Leibeigenschaft gab. Sie wurde die bekannteste Fluchthelferin. Innerhalb von zehn Jahren gelang es ihr, 300 Menschen – darunter ihre Eltern und Geschwister – in die Freiheit zu bringen. Es ist nur wenig über Tubmans Tätigkeit als Fluchthelferin oder organisatorische Details bekannt, da sie aus Sicherheitsgründen nie über Routen oder Helfer gesprochen hat.

Nachdem 1851 auch die Nordstaaten ein Gesetz, das *Fugitive Sklave Law*, anwendeten und die Entflohenen wieder auslieferten, führte sie die Flüchtigen weiter nach Kanada. Die Sklavenhalter wussten nicht, wer hinter so vielen Fluchtversuchen in der Gegend steckte. Eine Legende besagt, dass für ihre Ergreifung ein Kopfgeld von 40.000 $ ausgesetzt war. Dafür finden sich jedoch keine historischen Belege, und für eine Zeit, in der eine komplette Farm 400 $ kostete, ist eine solch hohe Summe nicht realistisch.

Während des amerikanischen Bürgerkriegs stellte Harriet Tubman ihre Dienste der Armee der Nordstaaten zur Verfügung. Sie arbeitete als Köchin und Krankenschwester. Aufgrund ihrer hervorragenden Ortskenntnisse und ihres hohen Bekanntheitsgrades war sie häufig als Spionin und Verbindungsfrau zur schwarzen Bevölkerung tätig. Nichtsdestotrotz erhielt sie niemals regulären Sold und hatte später große Schwierigkeiten, ihren inoffiziellen Status zu dokumentieren.

Da sie erst 1899 endlich eine Pension erhielt, litt sie wegen ihrer fortwährenden humanitären Arbeit für die Familie und ehemalige Sklaven unter ununterbrochener Armut.

Ihr Mann John hatte sich bereits zwei Jahre nach ihrer Flucht von Harriet losgesagt und eine andere Frau geheiratet. 1869 heiratete sie den um 20 Jahre jüngeren Nelson Davis, der Soldat in der Armee der Konföderierten gewesen war, und dem es gesundheitlich nicht gut ging. Sie zog mit ihm in ihr Haus in Auburn, New York, und pflegte ihn bis zu seinem Tod 1888.

In späteren Jahren setzte Harriet Tubman sich innerhalb der Suffragisten-Bewegung für das Wahlrecht der Frauen ein.

Im Alter von 75 Jahren spendete sie ihren Besitz der *African Methodist Episcopal Zion Church* in Auburn unter der Bedingung, dass in ihrem Haus ein Altersheim eingerichtet wird, das *Harriet Tubman Home for Indigent Aged Negroes*.

In diesem Haus starb Harriet Tubman am 10. März 1913 an Lungenentzündung. Auf ihrem Grabstein steht "Servant of God, Well Done".

Für weitere Informationen siehe auch:
http://bidok.uibk.ac.at/library/wzs-8-05-mayer-harriet.html
http://www.americaslibrary.gov/cgi-bin/page.cgi/aa/tubman

READING LOG 1 Write notes when you're reading the story.

einzelne Blätter

Diese Aufgabe erfüllen die S fortlaufend. Weisen Sie die S auf den Tipp hin und schlagen Sie vor, für jede Seite ein Blatt einzurichten, auf dem die S ihre Mitschriften dann sammeln können, wenn sie die jeweilige Einzelseite gelesen haben.
Lösungsvorschlag:
Page 122:
Harriet lives in a cabin *with her family.*
She works in *the big house.*
She gets up *before the sun.*
She makes *the fire in the big house.*
She helps *in the kitchen and sweeps the floors.*
She looks after *Mr. and Mrs. Brodess's baby.*

Page 123:
One day Harriet takes *some sugar.*
Mrs Brodess *hits Harriet.*
Harriet loses her job in the house.
She has to work in the fields.
Harriet doesn't complain.
She hears that slaves are escaping to the north.
She dreams of a better future.
The Brodess family plan to sell their slaves.

Page 124:
Harriet leaves *her parents' cabin.*
She walks *across the fields and goes into the forest.*
She follows the North Star.
She doesn't walk on roads.
When she hears dogs she goes across a river.
She walks for six days and nights.
When she arrives in the city of Philadelphia she is a free woman.

Page 125:
Harriet finds *a job and a flat in Philadelphia.*
She remembers *the people at home in Maryland.*
She starts to help other slaves to escape.
She helps hundreds of black men, women and children – her own family too.
In 1861 a terrible war starts between the states of the north and the states of the south.
At the end of the war all slaves are free.
Things are better for black people but they are very poor.
Harriet helps these poor black people.
She helps people all her life.

S. 123

Tafelanschrieb oder Folie

Gehen Sie ähnlich vor wie auf SB-S. 122. Das folgende Schema stellen Sie an der Tafel oder auf einer Folie zur Verfügung, die S ergänzen die Lücken im eigenen Tempo (in lernschwächeren Klassen gemeinsam). Nachdem die Lösungen verglichen wurden, widmen sich die S in Einzelarbeit *reading log 2*.

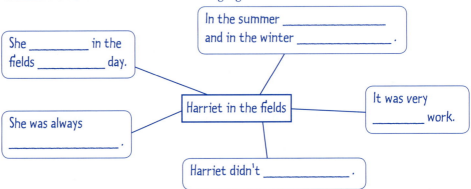

Die S tragen die fehlenden Informationen an der Tafel ein und übertragen die Tafelanschrift auf eine Seite in ihr Lesetagebuch.
Lösungen:
In the summer *it was hot* and in the winter *it was cold and it often rained.*
It was very *hard* work.
Harriet didn't *complain.*
She was always *a happy girl.*
She *sang* in the fields *every* day.

READING LOG 2 Say what you think about:
Diese Aufgabe ist als mündliche Aufgabe konzipiert. Lernschwache S werden aber einige Vorbereitungen benötigen, die in Form einer kleinen Tabelle erfolgen kann und

die dann auch in das Lesetagebuch übernommen wird. Lassen Sie die S paarweise oder in Kleingruppen folgende Tabelle erstellen und anschließend in der Klasse vorstellen:
Stellen Sie dazu den S weiteres Sprachmaterial zur Verfügung, ihre eigene Meinung auszudrücken (e.g. *in my opinion – I don't think – I don't like*).
Lösungsvorschlag:

	I think / I don't think / in my opinion / I don't like
HARRIET	*she's poor but (sometimes) happy; she seems to be very confident; but she isn't happy to be a slave*
MR AND MRS BRODESS	*they're not nice; they don't like slaves; (I don't like) them*
BRODESS'S HOUSE	*it's big*
HARRIET'S CABIN	*it's small and not very nice; (I don't like) it*
THE STORY OF HARRIET'S GREAT GRANDMOTHER	*the story is sad and terrible; Harriet's grandmother was very unhappy*
HARRIET'S LIFE AS A SLAVE	*her life is very difficult; she is unhappy because she wants to be free*

S.124

INFO-BOX

Die **Road to Freedom**, auch *Underground Railroad*, ist ein Begriff der Freiheitsbewegung der schwarzen Amerikaner, zu deren Organisation Harriet Tubman nach ihrer Flucht wesentlich beigetragen hat. Die Sympathisanten halfen geflohenen Sklaven, indem sie sie von einem sicheren Haus zum nächsten in den freien Norden führten. Das Vokabular war bewusst dem Bahnwortschatz entnommen, um unverfänglich zu sein. Der Weg von *safe house* zu *safe house* war eine *line*, die Raststellen hießen *station*, Helfer waren *conductors* und die Flüchtlinge selbst *freight*.

READING LOG 3 Harriet's diary
Imagine you're Harriet. Pick one day and write your diary for a part of the trip tot he north.

Bildmaterial

Organisieren Sie innerhalb der Klasse die Verteilung der Aufgaben in Partner- oder Kleingruppenarbeit so, dass zu allen sechs Tagen der Flucht mindestens ein Tag beschrieben wird. Zur eigenen Textproduktion fügen die S jeweils ein typisches Bild zum Text in A4-Größe hinzu (Zum Beispiel: Tag 1 – ein Sternenhimmel, Tag 2 – ein Baum, Tag 3 – Hunde, etc.), das sie selbst hergestellt oder aus einer Zeitschrift / dem Internet herausgesucht haben. Die Texte der S und die entsprechenden Bilder werden an sechs Stationen aufgehängt. Vollziehen Sie mit ihren S Harriets Flucht nach, indem Sie mit allen S die sechs Stationen entlanggehen und die S ihre jeweiligen Texte präsentieren.
Zum Abschluss übertragen die S ihren Text und das zugehörige Bild in ihr Lesetagebuch. Wenn Sie ausreichend Zeit für das Lesetagebuch eingeplant haben, können die S nach der Vorlage der Mitschüler auch zu jedem Tag einen Text in ihr Lesetagebuch übernehmen.

S.125

vorbereiteter Lückentext als Arbeitsblatt

Bereiten Sie einen Lückentext vor. Dieser Lückentext sollte bei lernschwachen S fast wörtlich von der Seite entnommen werden und die wichtigsten Informationen dieser Seite enthalten. Stellen Sie ihn den S auf Folie oder als Arbeitsblatt zur Verfügung.
Beispiel (mit Lösung):
Harriet found a (job) and a (flat) in (Philadelphia).
After a year she went back to (Maryland).
She started to help other slaves to escape (her own family too).
She helped hundreds of (black men, women and children).

In 1861 a (terrible war) started.
When the war was over, (all slaves were free).
Harriet helped (poor) black people.
She got (money from the government).
She built (hospitals, schools and homes).
She (helped people) all her (life).

READING LOG 4 Pick one of these activities.
Zum Abschluss der Lektüre lassen Sie die S die Aufgaben von *Reading Log 4* bearbeiten.
Die Ergebnisse dazu sind individuell unterschiedlich.
Hinweis: Zu Teilbereich 4 *(Imagine you can do an interview with Harriet for an American newspaper.)* sollten Sie für lernschwache Gruppen eine Anzahl von Fragen vorbereiten, da die korrekte Fragebildung für diese S eine große Herausforderung darstellt.
Beispiele:
Harriet, you were a slave. What (kind of) work did you do in the house?
What was the work like on the fields?
How did you feel when you left your family?
What did you do when you heard the dogs on your way to Philadelphia?
How did you feel when you arrived in Philadelphia?
Why did you help other slaves to escape?
Why did you build hospitals and schools?
Are you happy now?

Kopien der Selbsteinschätzung

Zum Abschluss der Lektüre beenden die S ihr Lesetagebuch mit einer kleinen Selbsteinschätzung, die die S in Einzelarbeit und schriftlich festhalten.
Beispiel:

THE ROAD TO FREEDOM
In my opinion Harriet Tubman's story was _____
I think Harriet Tubman was _____
The most interesting task was _____
My best work is _____
New English words: _____
What I've learnt about Harriet Tubman: _____

Würdigen Sie die Schülerarbeiten mit einer Präsentation. Dazu bieten sich verschiedene Möglichkeiten an, wie z. B. eine Präsentation in der Klasse, in Nachbarklassen oder auf Jahrgangsstufenfeiern sowie die Veröffentlichung von Einzelleistungen in der Schülerzeitung oder auch auf der Homepage der Schule.

Unit 6
Going west

Themen

Die Besiedlung des amerikanischen Westens – Ein deutscher Teenager in Bend – Das Leben in einer amerikanischen Kleinstadt – Oregon – Wild West Heroes

Ausgehend von einem Exkurs in die amerikanische Geschichte – die Besiedlung des Westens durch die Pioniere des 19. Jahrhunderts – zieht sich das Thema des Reisens nach und innerhalb von Oregon durch die Unit. Martin Maier, ein Junge aus Bielefeld, besucht seine E-Mail Freundin Laura Russell und deren Familie in Bend, Oregon. Vor diesem Hintergrund lernen die S das Leben in einer amerikanischen Kleinstadt kennen, sie beschäftigen sich eingehend mit Geschichte und Gegenwart des Staates Oregon und begleiten die Russells und ihren Gast auf deren Ausflügen.

Kommunikative Sprechabsichten

Über „Songs" sprechen	*The song is about love. I like the rhythm.*
Über einen Tag als Gehörlose/r sprechen	*I can't listen to music.*
Sagen, wo sich etwas oder jemand befindet	*There's a sign above the door.*
Höfliche Konversation führen und um Redepausen bitten	*Nice to meet you. / Do you mind if I ...? / I'm afraid ... / Just a minute.*
Sich selbst korrigieren	*What I'm trying to say ...*
Eine persönliche Meinung äußern	*I like ... / In my opinion, ... / I believe ... / I don't think ...*
Beschreiben, wie etwas passiert	*They come illegally.*

Sprachliche Mittel/ Strukturen

Die grammatischen Schwerpunkte der Unit sind das Passiv und die Konditionalsätze Typ II.

Passiv: Den S sollte klar werden, dass das Passiv vorrangig verwendet wird, wenn man ausdrücken will, dass mit einer Sache oder einer Person etwas geschieht. Der Urheber der Handlung hingegen ist meist nicht von Interesse oder unbekannt. Gebildet wird das Passiv mit einer Form von *be* und dem Partizip Perfekt *(past participle)*.

Bedingungssätze des Typs II (Conditional sentences II): Die S erfahren, wie Bedingungssätze des Typs II gebildet werden und welche grammatische Funktion sie beinhalten. Bedingungssätze bestehen aus zwei Teilen: einem Nebensatz mit *if*-clause, in dem die Bedingung genannt wird, und einem Hauptsatz, der die Konsequenz beschreibt. Der Sprecher hält das Erfüllen der Bedingung für eher unwahrscheinlich, drückt aber aus, was geschähe, wenn sie sich doch erfüllen würde. Gebildet werden Bedingungssätze des Typ II mit dem *simple past* (im Nebensatz mit *if*) und *would /could/ might* + Infinitiv (z. B. *If I had my mobile, I would* bzw. *I'd phone Tom.*)

Besonders bewusst gemacht werden sollte den S, dass sich Bedingungssätze des Typ II auf die Zukunft oder die Gegenwart beziehen – trotz des *simple past* im *if*-Satz!

Kompetenzerwerb

1. **Hören**
   – Gehörtes und Gesehenes einander zuordnen
   – Gehörten Texten inhaltliche Informationen entnehmen
2. **Sprechen**
   – Vermutungen über das Leben der Pioniere anstellen
   – eine Region monologisch vorstellen
   – Dialogisches Sprechen im Rahmen *At the hotel*
3. **Lesen**
   – Texte scannen
   – Textsorten erkennen
   – Texten Informationen entnehmen
   – unbekannte Wörter aus dem Kontext erschließen
4. **Schreiben**
   – ein historisches Tagebuch schreiben
   – eine Bildgeschichte versprachlichen
   – Kernaussagen in Form von *notes* zusammenfassen
   – ein *Reading log* führen
   – E-Mails schreiben
5. **Sprachlernkompetenzen**
   – neue Vokabeln aus dem Kontext erschließen
   – Wortfelder erstellen
   – Mediation aus der und in die Fremdsprache
   – Nachschlagewerke benutzen
   – Techniken zum Vokabellernen anwenden
   – aus Beispielen Regeln ableiten
6. **Medienkompetenzen**
   – Informationen im Internet beschaffen
7. **Interkulturelle Kompetenzen**
   – einen wichtigen Abschnitt der Geschichte der USA kennen lernen
   – Unterschiede im Alltagsleben in Deutschland und den USA erkennen
   – eine Region in den USA kennen lernen

LEAD-IN

S. 80/81

WORTSCHATZ S. 80: *before* • *was* • *trail* • *pioneer* • *wagon train*
S. 81: *camp* • *Indian* • *buffalo* • *California*
SPRECHABSICHT Über die Pioniere des Oregon Trails sprechen: *The pioneers had a hard life.*
MEDIEN eine Kiste mit „historischen" Gegenständen, CD und CD-Spieler,
bei Erweiterung KV 25 und KV 26 in Klassenstärke

Einstieg

Da die S häufig nur über einen relativ geringen Kenntnisstand in geschichtlichen und geografischen Belangen verfügen, bereiten Sie Ihre S etwas auf einen geschichtlichen Unit-Einstieg vor, indem Sie versuchen, deren historische Vorstellungskraft und rückwärtsgerichtetes Denken etwas zu unterstützen:

Realia

Machen Sie mit Ihrem Unterrichtseinstieg Geschichte im wahrsten Sinne des Wortes begreifbar, indem Sie den S etwas in die Hand geben. Sammeln Sie dazu im Vorfeld in einer Kiste oder einem alten Schuhkarton Gegenstände, die mit der Zeit der Eroberung des amerikanischen Westens zu tun haben könnten: eine historische Karte, ein außergewöhnlich geformter Stein, ein fast blinder Taschenspiegel, eine getrocknete Blume, eine alte Taschenuhr, eine Vogelfeder, eine – von Ihnen auf „alt" getrimmte- Tagebuchseite, ein Hufeisen, eine vergilbte Fotografie, eine kleine Stoff- oder Strohpuppe – was auch immer die Menschen auf ihrer Reise mit sich geführt, gefunden oder hergestellt haben könnten. Durch das Spekulieren über diese „persönlichen" Gegenstände können sich die S den Schicksalen der Pioniere in jener entbehrungsreichen Zeit auch persönlich nähern. Beginnen Sie wie folgt:

> **L** *At the weekend it was finally time to tidy up the attic in our house – we hadn't done it for years, and there were pictures and suitcases and books and clothes ... Many of these things were old and dirty and we simply threw them away, but then I found something exciting: I found this box. It must be very old and I don't know whose things these are, so I wanted to ask you what you think about them.*

Verteilen Sie nun die Gegenstände, wie es Ihnen am geeignetsten erscheint: Sie können jeden S einen Gegenstand aus der Kiste entnehmen lassen, ohne dass er sehen kann, worum es sich handelt. Sie können die „Schätze" aber auch vorher zeigen und benennen und dann die S wählen lassen. Erläutern Sie die Aufgabenstellung, deren Impulsfragen an der Tafel festgehalten werden:

Tafelbild

L *Now you have all got an object and I want you to think about it: give it a little story. Where is it from? How old is it? Who owned it? Why did the person keep/make it? Take notes.*

Gewähren Sie den S nun Zeit, eine „Biografie" für ihren Gegenstand zu entwickeln. Lassen Sie dann einige S mündlich ihre Ergebnisse vortragen. Sammeln Sie ggf. von den S eingebrachte Ideen, die zum Thema „Going West" hinführen, an der Tafel (z. B. *19th century, riding on horseback, river*)

S *My object is an old photo. It shows a farm and two people, an old man and an old woman. I think it is about 100 years old. My idea is that the children of the old couple kept the photo when they went away to remember their home and family.*

Erweiterung Für leistungsstärkere S können Sie den Einstieg erweitern, indem Sie jeweils vier oder fünf S in einer Gruppe zusammenführen, die versuchten, den jeweiligen Gegenständen eine gemeinsame Herkunft zuzuordnen. Dies erhöht den Sprechanteil und fordert von den S, sowohl eigene Ideen zu verteidigen als auch Kompromisse finden zu können.

Weiterarbeit Leiten Sie nun zur Arbeit mit den *Lead-In pages* über, entweder, indem Sie auf die Ideen der S zurückgreifen oder, indem Sie selbst folgenden Zusammenhang anbieten:

L *I can't help thinking that all these objects belonged to a pioneer. You don't know what a pioneer is – let's find out in our books on pages 80 and 81.*

Sichern Sie Bedeutung und Aussprache des neuen Wortschatzes beim gemeinsamen Lesen der Texte und Betrachten der Bilder.

1 On the Oregon Trail
Look at the pictures, maps and text.

Die emotionale Auseinandersetzung mit dem Thema, die durch die Einstiegsphase vorbereitet wurde, erfährt jetzt eine Vertiefung, da sich die S über die Schwierigkeiten, die dieses Abenteuer mit sich brachte, Gedanken machen. Neuer Wortschatz wird umgewälzt.

Lösungsvorschlag:
It was a very long trip.
The people had to walk.
Some people had no shoes.
It was dangerous.
There were lots of wild animals, like buffaloes or bears.
There were Indians.
The pioneers didn't have houses or real beds.
They had to put all their things in wagons.
They had to go across mountains and rivers.

2 The diary of Abi Russell
Listen to the radio programme. Look at the map. Which places can you hear?

Beim ersten Hören dieses recht langen, zum großen Teil authentischen Textes steht das Globalverständnis im Mittelpunkt. Planen Sie aufgrund des Textumfanges ausreichend Zeit für die Aufgabe ein. Mit Hilfe der Karte verfolgen die S die Route der *pioneers*. Bereiten Sie das verstehende Hören wie folgt vor:

L *On their long journey, the pioneers sometimes wrote diaries, like Abi Russell did. We will now listen to Abi Russell's diary and you can learn what life was like for the pioneers.*

Lösung:
Independence, Fort Laramie, Independence Rock, South Pass, Snake River, Oregon City, Deschutes River

Tapescript
MAN The diary of a young pioneer. This is the diary of Abi Russell, a 16 year-old girl who went on the Oregon Trail with her family in 1852. Over 300,000 people made the trip from east to west. Many of them were children. Many of them died. This is Abi' story.

ABI	December 5th, 1851, Springfield, Missouri. Mom and pop had news for us today.
FATHER	"You know that things aren't good on the farm. So we're going to leave home and go west. There's good land there – and there's gold too!"
ABI	My brothers Jamie and Tommy are very sad. They don't want to leave. And my sisters Elisabeth and Annie are sad too. They cried and cried. But I have to be strong for mom and pop. May 1st, 1852, Independence, Missouri We worked all winter. We made clothes and bedding for the trip. Then we sold the farm and bought lots of things, like tools and a tent. We bought lots of food too – beans, meat and flour for bread … And last week it was time to leave home. We said goodbye to grandma and grandpa.
KIDS	"Bye Grandma! Bye Grandpa! We'll miss you …"
ABI	That was hard. They said that they'd follow us in a year or two. But I don't know. They're very old. Maybe we won't see them again. So we came to Independence. Yesterday pop bought a wagon. It's big. We put all our things in it.
MOTHER	OK, we have our table and chair. There's all the food – beef, ham, beans … Our clothes are in that box and …
ABI	Now we're ready to go. Tomorrow we're going to cross the Mississippi River. There are lots of other families here in Independence. We're all going west together. It's quite exciting. But I'm feeling nervous too. What's it going to be like on the trail? June 20th, Fort Laramie Seven weeks on the trail now. All is going well. We get up early every morning. Our 'captain', Mr Rogers, calls us at 4.30 and we start moving at 7. Mr Rogers knows the trail – he's done this trail lots of times. It's his job.
MAN	"Wagons-ho! Giddup! Giddup!"
ABI	Everybody wants to be at the front of the wagon train. There's too much dust at the back. Only the small children and some old people ride in the wagons. Most people walk beside their wagons. We walk all day. In the evening we stop and put up our tents. The women cook. We eat lots of beans and meat. The men look after the horses and wagons. The children look after the animals. There are lots of animals. With the wagon train – cows, sheep, goats and dogs, of course (animal noises). Tonight we are here in Fort Laramie. It's a small town. We're resting here for two days and we're buying more food for the trip.

(NEUER TRACK)

July 4th, Independence Rock

It's July 4th, Independence Day, and we're at Independence Rock! That's fun. And this is a very nice place. Some people climbed up and wrote their names on the rock. Joseph Dunn said he wrote my name! That's nice. I like him. The country is very beautiful here – lots of grass, wild flowers and now we can see the mountains. We've camped together – in a ring. It's safer like that, if Indians come. Or we sometimes have problems with bears, cougars and buffaloes. This evening most people are singing and playing music (fiddle music). The children are playing. Tonight there's going to be a party in our camp – with nice food and dancing. Maybe Joseph Dunn will ask me. But what would my parents say?

July 10th, South Pass

We've been on the trail for more than two months. The captain of our wagon train says that we're half way to Oregon. That's good news. But we're in the mountains now and things are more difficult. The track is bad – there are lots of rocks. And lots of people have no shoes. For us girls it's hard to walk in long skirts … Jamie, my little brother, is ill. He lies in the wagon every day. We're worried about him. And we're worried about Indians here in the mountains. Some of the men were hunting yesterday. Joseph Dunn shot a buffalo and he gave us some meat. But I didn't like it very much!

August 20th, Snake River

It's very hot now. We walk in the sun every day and we're slow. Lots of people are tired. Mrs Dunn, Joseph's mom, died last week. She had been ill for weeks. Poor Joseph! He eats with us in the evenings … Jamie is OK again. He walks at the back of the wagon train with the cows. He's a 'cowboy' now! Yesterday we arrived here at Snake River. But there was too much water and we couldn't go across. We'll have to wait. Last night someone shouted:

MAN	"Look, Indians! Indians are coming!"
ABI	We were all very frightened. About 20 Indians came to our camp. But they were very friendly. The captain can speak some Indian languages. We gave them some sugar, flour and biscuits. They gave us beautiful shoes – moccasins. And some ponies. October 1st, Oregon City. We're in Oregon City now and we're nearly at the end of our trip. It isn't a very big town, but there are shops and we can buy lots of nice things. I got some new clothes. And we're staying in a small hotel, with real beds! That's wonderful! Yesterday I had my first bath in 5 months! Soon we're going to do the last part of the trip. Pop has got some land near a river – the Deschutes River. We'll have a farm. It'll be our new home. And the good news is that the Dunns are coming too. They'll be our neighbours!

3 Listen to the first part of Abi's diary. Are these sentences true or false?

Um den S die Suche nach Detailinformationen zu erleichtern, wird beim zweiten Hören der Text in zwei Teilabschnitte (Aufgabe 3 / Aufgabe 4) gegliedert. Leistungsstärkere S sollten dazu aufgefordert werden, falsche Aussagen mit Hilfe der richtigen Information zu korrigieren.

Lösungen:
1 False. She lived in Springfield, Missouri.
2 False. They were very sad to leave home and wanted to stay.
3 False. She said goodbye to her grandparents.
4 True.
5 False. Most people had to walk, only some old people and small children rode in wagons.
6 True.
7 True.

4 Listen to the second part of Abi's diary. Pick the right answer.

Die S wählen die richtige Antwort aus jeweils vier Vorschlägen aus.
Lösungen:
1 Independence Day is on   c) *July 4th*.
2 Abi liked Joseph   a) *Dunn*.
3 In the mountains things were more   d) *difficult*.
4 Abi didn't like   c) *buffalo meat*.
5 The Indians were very   a) *friendly*.
6 On October 1st the Russells got to   b) *Oregon City*.
7 The Russells' new farm was   b) *at Deschutes River*.

Kopien von KV

Das Arbeitsblatt auf Kopiervorlage 25 dient als Grundlage einer kreativen Schreibaufgabe, in der die S die Thematik des *Lead-In* noch einmal vertiefen. Gleichzeitig werden sie mit einem neuen Ansatz des *Feedbacks* konfrontiert. In dieser Erweiterung soll ein Tagebuch einer Familie im 19. Jahrhundert entstehen – zunächst in Gruppenarbeit und schließlich individuell. Entsprechend der Textsorte können die S hier auch gestalterisch tätig werden, z. B. könnte Wachs auf die Tagebuch-

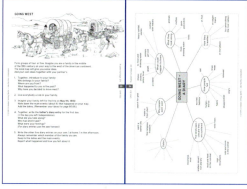

Kopiervorlage 25   Kopiervorlage 26

seiten getropft sein, da es abends am Lagerfeuer geschrieben wurde. Ein ladenneues Schreibheft, in Wasser getaucht und auf der Heizung getrocknet, sieht ganz schnell uralt aus. Auch mit dem PC kann man Papier ganz schnell „alt aussehen" lassen. Kleine Bilder können gemalt oder unterwegs gefundene Federn, Blumen etc. eingeklebt werden. Planen Sie zwei Unterrichtsstunden für die gemeinsame Arbeit in der Gruppe, die durch die vorgeschlagene *Mindmap* (KV 26) gesteuert wird. Beim individuellen Schreibprozess sollten die S nicht unter Zeitdruck geraten, damit sich ihre Kreativität entfalten kann. Gewähren Sie ihnen etwas Zeit.

INFO-BOX

Nachdem Präsident **Jefferson** im Jahre 1804 seinen Privatsekretär Meriwether **Lewis** und dessen Freund Leutnant William **Clarke** mit einer 42 Männer umfassenden Expeditionsgruppe zur Erkundung des Gebietes zwischen dem Mississippi River und dem Pazifischen Ozean ausgesandt hatte, war die **Eroberung des Westens** nicht mehr aufzuhalten. Im Jahre 1843, als die große Migration begann, machten sich ca. 1000 **Pioniere** auf den Weg entlang des Oregon Trail gen Westen. Weitere 300 000 machten sich in den folgenden 25 Jahren auf den Weg, von denen etwa 10 % nie an ihrem Ziel ankamen, da sie den harten Bedingungen oder Krankheiten wie vor allem der Cholera zum Opfer fielen. **Independence, Missouri**, war der beliebteste Ausgangspunkt für die etwa 3200 km lange Reise, die die Menschen auf sich nahmen, um ein eigenes Stück Land zu bebauen oder um ihr Glück bei der Goldsuche zu machen. Sie begannen die Reise meist Ende April / Anfang Mai, wenn genügend Gras wuchs, um die mitgeführten Tiere am Leben zu erhalten. **Planwagen** wurden gepackt, um die wichtigsten Nahrungsmittel sowie Werkzeug und Möbel zu transportieren. Von Ochsen oder Maultieren gezogen, boten die oft heillos überladenen Wagons keine Reisemöglichkeit für die Pioniere. Sie legten den beschwerlichen Weg (täglich etwa 25 km) in den meisten Fällen zu Fuß, häufig sogar ohne Schuhe, zurück. Das erste Drittel der Unternehmung durch das **Platte River Valley** bis nach **Fort Laramie**, wo man noch einmal Kraft tankte und sich mit Lebensmitteln versorgte, war noch relativ angenehm. Was dann folgte, war der Kampf gegen Präriefeuer und Schneestürme, gegen Wagen, die im Matsch versanken oder Flüsse, die durch Hochwasser kaum zu passieren waren. Die Pioniere mussten Bergpässe überwinden, und häufig wurden die Wagen zu schwer, sodass man Habseligkeiten einfach am Wegesrand zurückließ. Natürliche Wasservorräte, das für die Zugtiere notwendige Gras und die Büffel, die bis dahin als Nahrungsgrundlage genutzt werden konnten, wurden immer spärlicher. Die Angst vor Übergriffen von **Indianern** blieb in den meisten Fällen unbegründet; viele Ureinwohner begegneten den Neuankömmlingen freundlich und hilfsbereit. Nach ihrer sechsmonatigen Reise kamen die vollkommen erschöpften neuen Siedler am **Columbia River** oder in **Oregon City** an. Die glorreichen Jahre des Oregon Trail endeten, als der Bau der transkontinentalen Eisenbahn 1869 seinen Abschluss fand.

▶ W 59, 4

S. 82/83

WORTSCHATZ	S. 82: *scan • had • enough • e-pa • ranch • rodeo • county fair • coast • teach • ride • excited* S. 83: *Historical Society • built • establish • name • Farewell Bend • change to • encyclopedia • search engine • nickname • skunk • jackalope • disc golf*
SPRECHABSICHT	Eine Region vorstellen: *Oregon has lots of mountains and lakes.* Sagen, was wäre wenn …: *If I went to the USA, I'd go to a rodeo.*
MEDIEN	zweisprachige Wörterbücher, Internetzugang, KV 11 aus Unit 4 auf Folie

A SUMMER IN OREGON

Einstieg Beginnen Sie den Unterricht mit einem Gespräch über die Vorhaben der S bezüglich der bevorstehenden Sommerferien und leiten Sie zur Arbeit mit dem SB über.

L *The summer holidays are just around the corner. What are your plans for this summer?*
S *I want to do a part-time job first and then I will go camping with my friends. / …*
L *You will now learn about other people's summer plans. Open your books at page 82 and get to know Laura and Martin. Look at the photos and their names first. Is there anything you can already tell about them?*
S *Laura likes horses.*
S *Maier sounds German.*
S *Perhaps Laura's family came to Oregon with the pioneers because we listened to Abi Russell's diary and Laura's family name is Russell too.*

L *That's right, many people in the USA once had families who came to the States from other countries or different parts of America. You can see that there are also E-Mails on the page. There are three facts I want you to find out, as quickly as possible, so don't read the texts in detail, just scan them; only look for the information you need.*

1 Summer plans
Scan these e-mails. What can you find out about Laura and Martin?
a) Where are they from?
Lösung:
Laura is from Bend in the USA.
Martin is from Bielefeld, Germany.

b) Are they friends?
Lösung:
They are e-pals.

c) Who's going to travel next summer?
Lösung:
Martin is going to travel to Bend next August.

Wortschatzarbeit
Wörterbücher

2 What are these words in German?
Guess first. Then check in a dictionary.
Die S versuchen zunächst, die Bedeutung der Wörter aus dem Kontext zu erschließen. Mit Hilfe eines zweisprachigen Wörterbuchs überprüfen sie ihre Vermutungen.
Lösungen:
1 enough = genug, genügend
2 e-pal = Brieffreund im Internet
3 fair = Messe, Jahrmarkt
4 coast = Küste
5 teach = zeigen, unterrichten, beibringen
6 excited = aufgeregt, begeistert

3 Who writes about these things: Martin, Laura or nobody?
Die S lesen erneut die E-Mails und ergründen, wer sich über die angesprochenen Themen äußert.
Lösungen:
1 Martin   3 Laura   5 nobody   7 Martin
2 Laura   4 Martin 6 Laura   8 nobody

4 AND YOU? Finish these sentences.
Die *If*-Sätze (Typ II), die einen grammatikalischen Schwerpunkt der Unit ausmachen, werden in den E-Mails eingeführt. In dieser Aufgabe üben die S zum ersten Mal die Bedingungssätze, ohne dass ihnen Struktur oder Verwendung bewusst gemacht werden. Fordern Sie jeden S auf, fünf Sätze anhand der Satzmuster im Buch auf einem Zettel zu formulieren. Sammeln Sie die Zettel anschließend ein und verteilen Sie sie neu. Jeder S liest nun die Sätze vor und spekuliert darüber, wer ihr Verfasser sein könnte. Erklären Sie den ersten Teil der Aufgabe.

L *You told me what you are going to do this summer. Going to the USA wouldn't be bad, would it? Now what would you like to do there? What would you do if you had lots of money? On a sheet of paper, write down five sentences. The ideas in number 4 will help you.*

Lösungsvorschlag:
If I went to the USA, I'd visit the Grand Canyon.
If I went to the USA, I'd try surfing in California.
If I went to the USA, I'd eat lots of fast food.
If an American friend came to Germany, we'd go to the North Sea.
If an American friend came to Germany, we'd meet all my friends here.
If I had lots of money, I'd buy a new computer.
If I had lots of money, I'd give my mum and dad nice presents.

Erklären Sie den zweiten Teil der Aufgabe.

L *Now make sure that you don't write your name on the sheet, hand it in and then pick another person's sheet. Read the sentences out and guess whose sheet it is.*

5 An American e-pal
Imagine that you have an American e-pal. Write an e-mail. Invite him / her to visit you. Say what you'd do.

Die E-Mails von Laura und Martin, mit denen sich die S nun eingehend beschäftigt haben, sollten als Muster herangezogen werden, um diese anspruchsvolle Schreibaufgabe zu lösen.

Lösungsvorschlag:

Hi Michael,

Thanks for your e-mail. It was nice to hear from you so soon. How are you? I hope everything is fine.

Listen, I've got great news. My mum and dad say you can come over to Germany in the summer holidays. What do you think? If you came, we'd go to the mountains, you know, the Black Forest, the area is beautiful and we'd walk for hours and then we'd have cake – my grandma makes the best cake in the whole world. If you wanted, we'd go to Europapark Rust. That's a theme park and you can do lots of fantastic things there. That would be fun! I hope you like my ideas and your parents say it is OK.

Bye for now,
Tom

▶ W 60, 5

S. 83

6 The history of Bend
Laura sent this brochure to Martin. Read it and finish the "Short history of Bend".

Die S entnehmen dem Text Informationen, um einen Lückentext vervollständigen zu können. Die Struktur des Passivs wird geübt. Knüpfen Sie zunächst noch einmal an die E-Mails an.

L *You know that Martin is going to visit Laura in the USA. Let's see what you can remember from their e-mails. Try to answer my questions, here's the first one: Why can't Laura come to Germany?*
S *Because she has to help on the farm.*
L *How does Martin get the money for the trip?*
S *He gets money for his birthday and he has got a weekend job.*
L *When is he going to travel?*
S *In his summer holidays in August.*
L *What's the place called where the Russells live?*
S *It's called Bend.*
L *What did Martin ask for in his last e-mail?*
S *He wanted to learn about Bend and Oregon, so he asked Laura for information.*
L *That's right. Laura sent him a brochure. You can find it in your books at page 83.*

Lösung:
A SHORT HISTORY OF BEND
1813   The first *pioneers* came to the area.
1874   The first *houses* were built.
1881   The first *school* was built.
1886   A *post office* was established.
1900   Name: *Farewell Bend*
1905   New name: *Bend*

PROJECT MORE ABOUT OREGON

In diesem Projekt sollen die S ihre Fähigkeit trainieren, gezielt Informationen im Internet zu beschaffen. Angelehnt an Martins Bitte (E-Mail SB-S. 82) konzentrieren sie sich dabei inhaltlich auf Bend und Oregon. Die Arbeitsergebnisse sollen monologisch innerhalb der Gruppen präsentiert werden. Stimmen Sie die S auf die Aufgabe ein:

L *Martin asked Laura for information about Bend and Oregon. She sent him a brochure* *on the history of Bend, but of course there's much more that's interesting. Do you know what a "skunk" is, for example? Have you ever heard of "disc golf"? In our project you will learn a lot about the region. In groups of four you will deal with the following topics: Bend, Oregon's geography, Oregon's animals and Activities in Oregon. Open your books at 83 where you can find the project. It's an internet project.*

Stellen Sie sicher, dass den S der Ablauf des Projektes klar ist und verweisen Sie auf die abgebildeten Tipps. Stellen Sie zweisprachige Wörterbücher zur Verfügung.

a) Work in groups. Each pupil in the group picks one of these topics, looks for information and make notes.

Internetzugang

Sollten Ihre S Schwierigkeiten haben, die gesuchten Informationen zu finden, hier einige Hinweise:

1. www.ci.bend.or.us
   www.visitbend.com
2. www.netstate.com
   www.theus50.com
   www.city-data.com
   www.worldbook.com
3. www.sudftw.com
   www.museumofhoaxes.com
   www.projectwildlife.org
4. www.visittheoregoncoast.com
   www.osaa.org

b) Write a paragraph about your topic.

Lösungsvorschläge:

1. Bend has a population of about 78,000. There are lots of things you can do there.
   The area is great for skiing in the winter. In the summer you can go on different tours around Bend. You can go hunting and fishing, you can go on a riding and mountain bike tour.
   If you like watching the stars, you can visit the Pine Mountain Observatory.
   Historic Downtown Bend also sounds fun because this is the place where markets and music festivals take place. You can relax in nice restaurants and bars or go shopping there.
2. Major rivers in Oregon are the Columbia River, the Deschutes, the Williamette River, the John Day River and the Snake River. The highest mountain is Mount Hood in the Cascade Mountains. It's 3,425 metres high. Crater Lake is the deepest lake in the USA. It's almost 600 metres deep.
   Portland is the largest city in Oregon. The second largest city is Eugene, and Salem, the third largest city, is Oregon's capital.
   Oregon has a temperate climate with mild winters and mild summers. The climate is different in different parts of the state, that has to do with the landscape.
3. Oregon's nickname is "Beaver State". The beaver is the official state animal and can be seen on the Oregon State Flag.
   Another famous animal in Oregon is the skunk. It is an animal that is active at night. It is mostly black-and-white and it grows to 40–70 cm and most of all – it stinks.
   But the most interesting animal is the Jackalope. These animals are very rare.
   Usually Jackalopes are very shy, but when you get close you must be careful, because they can be really dangerous. You can catch a Jackalope with whiskey. But the best thing is that Jackalopes can make every sound they hear. So when you sit at a campfire and sing songs, a Jackalope could sing too!
4. There is nothing you cannot do on the Oregon coast. If you like sports, you can go surfing, play golf, go horse riding, walk along the Oregon Coast Trail or go cycling. If you are interested in animals, go whale or bird watching.
   Many public and private schools support school activities like baseball, football, wrestling, tennis, golf, soccer and cheerleading. But you can also play in a band, sing in a choir or dance. There are often competitions between the schools.
   Disc golf is a game. Players must throw a disc into a basket. There is a course in which you try to finish in the fewest number of throws. Disc golf can be played in many city parks.

c) Present your topic to your group.

Kopien von KV

Die ausformulierten Texte werden, nachdem sie mehrmals von den S studiert wurden, in Stichpunkte umgewandelt. Verweisen Sie an dieser Stelle noch einmal auf das bereits trainierte Vorgehen im Rahmen von Unit 4 (*A Washington Holiday*, SB-S. 53/3) und auf den auf Kopiervorlage 26 vorgeschlagenen Stichwortzettel. Die S sollten ihren

Vortrag vor der eigentlichen Präsentation mindestens einmal geübt haben. Zur Auswertung der Präsentationen können Sie wieder mit KV 11 aus Unit 4 arbeiten. Individuelle Lösungen der S möglich.

▶ W 60, 6–7

STORY

S. 84/85

WORTSCHATZ	S. 84: *flight • highway • speed limit • kilometre • barn • tractor • almost • typical • hot dog • diner • soda • refill*
	S. 85: *feel homesick • tubing • tube • all the time • s'mores • **marshmallows** • grill • cracker • surprised*
MEDIEN	KV 27 auf Folie, CD und CD-Spieler

Einstieg / Wortschatzarbeit

Führen Sie zunächst die *story line* der Unit weiter, um den thematischen Zusammenhang zu den brieflichen Kontakten von Laura und Martin herzustellen. Da der Text eine ganze Reihe neuer Vokabeln enthält, können Sie mit Ihren S gemeinsam Vokabeln lernen (eine Fertigkeit, auf die sich zwar vor allem in kleineren Klassen konzentriert wird, die aber auch bei größeren S hin und wieder eine Auffrischung erfahren sollte).

Folie von KV

Legen Sie die KV 27 als Folie auf, aber präsentieren Sie zunächst nur die phonetische Umschrift des neuen Wortschatzes und lassen Sie die S diese entziffern. Ergänzen Sie bei korrekter Aussprache das entsprechende Schriftbild. Trainieren Sie die korrekte Aussprache durch Chor- und Einzelsprechen. Paraphrasieren Sie nun die neuen Vokabeln in willkürlicher Reihenfolge (siehe unten) und lassen Sie die S das richtige Wort zuordnen. Jetzt sollten die S in der Lage sein, die Wörter ins Deutsche zu übersetzen. Auch diese Übersetzungen werden schriftlich festgehalten, sodass folgende Übersicht auf der Folie entsteht:

Lösung:

flight	Flug
highway	Autobahn
speed limit	Geschwindigkeitsbegrenzung
kilometre	Kilometer
barn	Scheune
tractor	Traktor
almost	beinahe
typical	typisch
hot dog	Hot Dog
diner	Restaurant
soda	Wasser/Limonade
refill	Nachfüllung/Auffüllung
(to feel) homesick	Heimweh haben
all	der / die / das ganze ...
marshmallow	Marshmallow
grill	grillen
cracker	Kräcker
surprised	überrascht

Kopiervorlage 27

Erklären Sie die Aufgabenstellung:

L *You know that Laura invited Martin to visit her in Oregon. Martin got money for his birthday and of course he went to the USA. Today we're going to read his "Oregon Diary", but before we do so I want to check how well and how fast you can learn new vocabulary. Look, on the board you can see the phonetic transcriptions. Read them out.*
(S lesen.)
Let's practise the pronunciation of the words. (…)
All right, now try to find which of the words I'm talking about. Can you say what the words mean in German? (S antworten.)

Hier finden Sie Vorschläge zur Paraphrasierung der neuen Wörter. Versuchen Sie, wann immer es sich anbietet, Ihre Erklärungen durch verstärktes Einsetzen von Mimik und Gestik zu untermalen. Dies erleichtert Ihren S das Erschließen der Wörter. (Die Bedeutung von *s'mores* und des im Text erwähnten *tubing* sollten die S aus dem Kontext erschließen.)

> - When you're away from home and you miss your friends and family you feel … **homesick.**
> - In summer when the weather is fine you take meat and sausages and you prepare them in the garden. You don't cook them, you … **grill** them.
> - 1000 metres are one … **kilometre.**
> - Lederhosen and Sauerkraut are … **typical** of Germany.
> - A main road that connects big cities, cars can go rather fast on them … **highway.**
> - A hot sausage in a long bread roll is a … **hot dog.**
> - When you fill something up again, you … **refill** it.
> - A powerful motor vehicle that is used for farming is a … **tractor.**
> - When something happens, like you get a nice present or somebody visits you, and you didn't know about it before, you are … **surprised.**
> - A large building on a farm where the farmer keeps his animals or stores grain is a … **barn.**
> - A kind of biscuit that is salty and that you usually eat with cheese is a … **cracker.**
> - This is also something that you can eat, it is a soft candy and in America people like to grill it … **marshmallow.**
> - "To fly" is the verb – what is the noun? … **Flight.**
> - When you read a book from beginning to the end you read … **all** of the book.
> - A small, usually cheap restaurant is a … **diner.**
> - It tells you how fast you can go in a village or on the highway … **speed limit.**
> - "Nearly" is a synonym for this word … **almost.**
> - This word can have two meanings: It can be water for drinking or a kind of lemonade: **soda.**

Die S erhalten nun Zeit, um die neuen Wörter zu lernen. Üben Sie das Memorieren für die ersten drei Beispiele gemeinsam. Dann arbeiten die S allein weiter. Beim Aufschreiben können die S ihre Seite in der Mitte falten, sodass eine Seiteneinteilung für die Wörterliste entsteht. Folgendes Vorgehen wird vorgeschlagen:

L *Now it's time for you to learn those words. Let's practise the first three words together. First look at the English word. Check its pronunciation again. Look at the German word and at the English word again. Now write down the English word and then the German meaning next to it. Check the correct spelling on the board.*

Wenn dieser erste Schritt vollzogen ist, falten die S ihre Heftseite in der Mitte, sodass entweder nur der englische bzw. nur der deutsche Teil sichtbar ist. Die S repetieren nun die jeweilige Entsprechung in der anderen Sprache. Sie legen dann ihre Vokabellisten beiseite und wiederholen die Wörter, z. B. indem sie sich die Wörter gegenseitig „zuwerfen":

L *Look at the German words only and repeat the English ones. Then do it the other way round. (…) Max, what is "Flug" in English?*
S *"Flight."*
L *Max, now name another pupil in class and ask for the next word.*
S1 *Lisa, what is "Traktor" in English?*
S *"Tractor", Michael, what is "beinahe" in English?*

Leiten Sie nun zur Textarbeit über:

L *You did a good job, now we can have a look at the story. Open your books at page 84 and read out the first task.*

Weiterarbeit

1 Martin's holiday: Look at the pictures and answer these questions.
Bei dieser vorbereitenden Aufgabe können Sie die S dazu auffordern, das neu erlernte Vokabular umzuwälzen und in ihre Vermutungen einzubauen.
Lösungsvorschlag:
1 *Martin went by plane. He also travelled on a highway.*
2 *He saw the ranch with the tractors and the barn and the Oregon Rodeo Competition.*
3 *I think his holiday was great because the picture with the boats looks like fun and the USA are an exciting country. He got to know many things typical of Oregon.*
He had to travel many kilometres and his flight was very long. I think he felt homesick. Perhaps he didn't like all the people he met.

L *Let's find out what really happened in Oregon.*

Die S lesen den Text und hören ihn gleichzeitig vom Tonträger.

2 Something is wrong in every sentence. Correct the sentences.
Die S korrigieren die Falschaussagen.
Lösungen:
1 His flights to Portland were *15 and a half hours* long.
2 The speed limit on highways in the USA *is only 65 miles per hour, in Germany cars can go faster.*
3 He tried riding on his *twelfth day.*
4 *Martin felt homesick in the first week.*
5 You need *tubes* for tubing.
6 His second week was *awesome.*

3 In Oregon: Finish the sentences.
Die S rekapitulieren Inhalte des Textes. Spätestens jetzt macht sich eine Zweitrezeption erforderlich.
Lösungsvorschlag:
1 *Martin liked lots of things, for example Laura and her family, the farm, Bend, that you get free soda refills at diners, playing games with Dylan, tubing, grilled marshmallows, the people and the area around Oregon.*
2 *He didn't like some food, for example hot dogs and the bread.*
3 *Some things were very different: cars on highways are slower than in Germany, the food, it's much hotter than in Germany, everything is bigger.*
4 *It was a good holiday because Martin did lots of things, he had fun, he made new friends and his English is much better now.*

4 Home again
Imagine that you're Martin. Write an e-mail to Laura. Say thanks for the holiday. Say what you learned about Oregon.
Die S schreiben eine Mail an Laura – aus Martins Sicht nach seiner Heimkehr. Naturgemäß bedanken sie sich für den Urlaub und reflektieren seine Erlebnisse. Die E-Mails auf SB-S. 82 können als Muster herangezogen werden.
Lösungsvorschlag:
Hi Laura,
It's good to be back again in good old Germany. Thanks a lot for the fantastic holiday – I enjoyed it so much! I told all my friends about you and your family, the farm and of course about tubing and riding. That was fun. Oregon really is a great place; the area is beautiful and everybody was so friendly. My English teacher liked my diary a lot and she says that my English is much better now. Isn't that "awesome"? I hope you are all well. Perhaps you can come to Germany soon and then you must try German sausages and German bread.
Say hello to all your family.
Martin

WORDPOWER

S. 86

WORTSCHATZ	*fizzy drink* • *passive*
MEDIEN	evtl. die Liste mit Wörtern aus dem *AmE* und *BE* von NHL3, Schere und Blätter mit stärkerer Papierqualität oder Pappe (bei Erweiterung)

Wortschatzarbeit

1 ODD WORD OUT
Die S filtern aus jeweils vier Angeboten den Begriff heraus, der nicht in die Kategorisierung passt.
Lösungen:
1 *river* 2 *rodeo* 3 *typical* 4 *marshmallow* 5 *refill* 6 *tube*

2 Find the missing words in these sentences.
Diese Übung veranlasst die S nicht nur, ein bestimmtes Wort zu finden, sondern hebt gleichzeitig noch einmal interkulturelle Differenzen hervor.
Lösungen:
1 "miles per hour" 3 "great" 5 "highway"
2 white bread 4 "sodas" 6 "diner"

Erweiterung
Game

Wortliste AE und BE

Diese Aufgabe können Sie erweitern, indem die S aus dem Wörterverzeichnis heraus Wortpaare im *American English* und *British English* zusammenstellen und auf *memory cards* notieren. In Gruppen spielen die S gemeinsam Memory.
Tipp: Im vorangegangenen Schuljahr haben alle S eine Liste mit amerikanischen und britischen Wortpaaren angelegt, auf die sie zurückgreifen können.

L *You have learned a lot of American words now. "Sodas" are "fizzy drinks" in Britain. Can you think of other such word pairs?*
S *Movie and film. / Subway and underground. / …*

Erklären Sie die Vorgehensweise für die Erstellung der Memory-Karten und die Spielregeln. Demonstrieren Sie dabei die Handhabung anschaulich an Ihren eigenen bereits vorbereiteten Memory-Karten. Lernschwächere S werden dann – auch weil sie sicher ohnehin schon einmal Memory gespielt haben – keine Verständnisschwierigkeiten bei der fremdsprachigen Erklärung haben. Schreiben Sie die Regeln an die Tafel.

L *You can make your own Memory game now. Check the wordlist in your books and find more word pairs. Use little sheets and write down one word on each of them. Then you can play Memory in groups of four. Here are the rules:*

> Shuffle all the cards and arrange them on the desk face down.
> Take turns. Lift one card and try to find its partner.
> When you find a pair you can keep it and have another try.
> If you can't find the right partner cover the cards again and the next player has a try.
> As soon as all word partners are found, count your cards.
> The one with the most cards wins because he/she has the best memory.

Lösungsvorschlag:

AE	BE	AE	BE	AE	BE
apartment	flat	store	shop	sidewalk	pavement
cellphone	mobile phone	subway	underground	potato chips	French fries
movie	film	movie theater	cinema	gas	petrol
student	pupil	grade	class	sneakers	trainers
campground	campsit	vacation	holiday	closet	cupboard
talk show	chat show	diner	restaurant	soda	fizzy drink

3 Finish these networks in your exercise book.
Lösungsvorschlag:

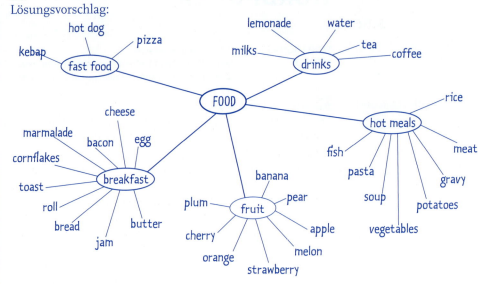

TRAVEL
- by plane: airport, flight, to fly, to land, to take off
- by car: street, road, highway, to drive, speed limit, traffic
- by train: station, platform
- by bus/tram: ticket, bus stop, driver
- by boat/ship: cabin, captain, to be seasick

FARMS
- animals: chicken, pig, cow, goose, sheep, horse, dog, cat
- buildings: barn, stable, cowshed, henhouse, farmhouse
- machines: milking machine, tractor, combine harvester
- things to do: to milk the cows, to harvest, to feed the animals, to sow, to plough

4 Useful phrases
a) First try to remember what these phrases are in English.
b) Now check your answers to a) on pages 82, 84 and 85.
Die S suchen hier nach Äußerungen, die im Sprachgebrauch häufig vorkommen. Zuerst versuchen sie, sich an diese zu erinnern, dann können sie ihre Lösungsvorschläge im Lehrbuch überprüfen.
Lösungen:
1 Would you like to come to Germany?
2 You really should come to the USA.
3 I'm really excited.
4 I can't understand much.
5 He is really funny.
6 Typical American!
7 I'm looking forward to going home.

5 WORD SEARCH The passive
a) Put in was or were. Then check your answers in exercise 6 on page 83.
Diese Übung fokussiert auf die Bildung des Passivs. Die S setzen dem Subjekt entsprechend die richtige Vergangenheitsform von *be* ein. Erneut besteht die Möglichkeit, die Richtigkeit zu überprüfen.
Lösungen:
1 In 1874 the first houses *were* built.
2 In 1881 the first school *was* built.
3 In 1886 a post office *was* established.
4 In 1900 the town *was* named Farewell Bend.
5 In 1905 the name *was* changed to Bend.

b) When do you use the passive? Make the rule.
Die S leiten aus den Beispielsätzen die Regel ab.
Lösung:
You use the passive when it *isn't* important who did it or when you *don't* know who did it.

TRAINING

S. 87

WORTSCHATZ	reading log character • review
MEDIEN	Flashcards, KV 28, KV 29 jeweils in Klassenstärke

READING LOGS

DIDAKTISCH-METHODISCHER HINWEIS

Ein *reading log* ermöglicht dem S eine sehr individuelle und intensive Auseinandersetzung mit einem längeren Text oder einer Ganzschrift und sorgt somit für eine Vertiefung der Leseerfahrung. Erfasst werden Seitenangaben (bei Ganzschriften auch Verweise auf das entsprechende Kapitel), eine knappe Zusammenfassung der Handlung im *simple present* (evtl. Handlungsorte und Zeitpunkt) und Angaben zur Befindlichkeit der Protagonisten. Somit hat der S jederzeit die Möglichkeit, den Fortgang der Geschichte zu rekapitulieren oder zu ergänzen. Das Wiederauffinden von Textpassagen wird erheblich erleichtert. Die tiefere Einsicht in Charaktere, Thema und Plot wird dadurch unterstützt, dass der Leser auf den Text reagiert, indem er festhält, was ihm gefällt oder was ihn abstößt, was ihn zum Denken anregt oder was Fragen in ihm aufwirft. Ein *reading log* kann somit zur Diskussionsgrundlage werden und gleichzeitig – falls erwünscht – auch für eine individuelle Vokabelsammlung genutzt werden, die die S im Fortgang des Leseprozesses erweitern.

Einstieg Zur kurzen Hinführung zum Thema des Trainings dient ein unvollständiger Satz, den die S richtig komplettieren sollen, um ihm einen Sinn zu geben. Halten Sie die einzusetzenden Wörter *(your/personal/story/read/write/diary/book)* schon bereit, indem Sie

Flashcards jeweils ein Wort auf eine *Flashcard* geschrieben haben. Heften Sie diese ungeordnet an die rechte Tafelseite. Schreiben Sie das folgende Satzfragment an die Tafel (Mitte) und stellen Sie die Aufgabe:

L *If you find the correct words to fill in the gaps, you will learn about our new topic: reading logs.*

> A reading log is _____ _____ _____ that you _____ when you
> _____ a _____ or a _____ .

Bitten Sie einzelne S nach vorn, die jeweils ein Wort mit einem Magneten an die richtige Stelle des Satzes heften, bis dieser korrekt und vollständig ist.
Lösung:
A reading log is *your personal diary* that you *write* when you *read* a *story* or a *book*.

Leiten Sie zur Arbeit mit dem Lehrbuch über.

L *We will learn how to write a reading log. In your books at page 87 there are lots of good tips. Let's have a look.*

STEP 1 Start a reading log.
When you read a story or a book, you can write a reading log. It's like a diary. It can help you understand and remember the story. Start a reading log for the story *An Oregon Diary* on pages 84/85.
Die S können sich ein geeignetes Heft oder einzelne Seiten anlegen und die Deckseite beschriften und gestalten.

STEP 2 Write notes on the story.
Finish these notes about *An Oregon Diary*.
Besprechen Sie gemeinsam mit den S die Tipps. Lösen Sie die Aufgabe für SB-S. 84 evtl. mit den S, um zu sichern, dass sich ein/e Jeder/Jede über Umfang und Formulierungsmöglichkeiten bewusst wird.
Lösungsvorschlag:

201 Unit Six

Page	What happens	What do the characters feel/think
84	*Martin meets Laura's friends.* *Martin stays in his room.* *Martin plays games with Dylan.*	*Martin likes Laura's friends.* *He is tired.* *He thinks that playing games was fun.*
85		*Martin feels homesick. He misses his family.*
	Martin, Laura and Dylan go tubing.	*Martin feels much better. He enjoys the day.*
	They have a campfire and s'mores. *Martin talks to Laura's friends.*	*He thinks s'mores are great.* *He says that his English is getting better now.*
	They go to the County Fair. *Martin is in Portland again and thinks about his stay.*	*Martin likes it.* *He says that Oregon is a great place, but he also looks forward to going home and eating German food.*

STEP 3 Write what YOU think and feel.
Finish these notes and write what you think about *An Oregon Diary*.

Die S sollten ermutigt werden, ihre ehrliche Meinung zu formulieren und nicht das aufzuschreiben, was L möglicherweise gern hören würde. Wichtig ist, dass die S ihre Meinung begründen und am Text belegen können.
Lösungsvorschläge:
THE CHARACTERS:
I like *Dylan because he's funny.*
I don't like *Laura because she laughed when Martin almost fell off the horse.*
I think that the Russells are *nice because Martin enjoyed his stay very much.*
THE PLACE:
I think that the ranch is boring, *because there are only tractors and barns.*
Bend sounds *good, because it's like in the films – very nice and typically American.*
I think Oregon is a *great place, because the area is beautiful and the people are friendly.*
THE STORY:
I think that the story is *not bad.*

Tubing sounds *like lots of fun.*
I like it *when Martin has fun with Laura and her friends.*
I don't like it *when Martin feels homesick.*

Erweiterung
Kopiervorlage

Gönnen Sie Ihren S an dieser Stelle eine kurze Verschnaufpause vom vielen Schreiben und Lesen und reflektieren Sie gleichzeitig die Ergebnisse der Schülerarbeiten. Kopiervorlage 28 oben fordert die S auf, zehn (wenn Sie die Schwierigkeit erhöhen wollen: verschiedene) Mitschüler zu finden, die die vorgegebenen Kriterien erfüllen. *Step 3* wird umgewälzt und die S werden spielerisch dazu angehalten, Fragen zu stellen. Die S ergänzen die Namen ihrer Mitschüler in der rechten Spalte und können dann ihre Ergebnisse in Aussagesätzen versprachlichen, z. B. *Luise would like to go tubing*. Erläutern Sie die Aufgabenstellung:

Kopiervorlage 28

L *You have written down what you think about the characters, the place and the story of "An Oregon Diary". Now, which of the characters do you like?*
S *I like the Russells because they are really nice.*
L *And what about the farm?*
S *I love farms and farm animals so I think it's great there.*
S *Never! Farms are just boring. / ...*
L *Some of you liked Martin, others liked Laura, but now you have to find 10 (different) people who agree with the sentences on this worksheet.*

Erläutern Sie die Aufgabe anhand von KV 28. Stellen Sie zunächst in der mittleren Spalte der Tabelle sicher, dass Ihre S mit der richtigen Fragebildung vertraut sind. Lösen Sie die ersten beiden Bsp. gemeinsam – es müssen hier immer wieder andere Hilfsverben verwendet werden.

Weiterarbeit

STEP 4 Pick one of these activities. Write …

Die S wählen, die Arbeit an der Textvorlage „An Oregon Diary" abschließend, eine Schreibaufgabe und können sich zwischen den Textsorten Zusammenfassung, Tagebucheintrag, Rezension, E-Mail und Werbeanzeige entscheiden. Die S sollten zunächst genau überlegen, welche dieser Aufgaben sie bewältigen wollen.

Kopien von KV

Kopiervorlage 29 stellt die charakteristischen Merkmale der angestrebten Textsorten zusammen und kann zuerst genutzt werden, um diese Charakteristika zu wiederholen und bildet dann die Arbeitsgrundlage für den individuellen Schreibprozess der S. Die Aufgabe kann wie folgt erläutert werden:

Kopiervorlage 29

L *We have taken three steps now: we have started the reading log, we have made notes on the story and we have written down what we think about the story. Before we take the fourth step, I would like to ask you what you know about these words.*

Schreiben Sie die Begriffe *e-mail, diary, summary, review* und *advert* an die Tafel und lesen Sie sie vor. Achten Sie auf die richtige Betonung von [rɪˈvjuː] und [ˈædvɜːt].

S *Many people write diaries. Some write them every day, some only write in their diaries when they are very happy or really sad. / …*
L *I have some texts and tips. Read them and try to find out which text describes the e-mail, which one the diary, etc.*

Kopien von KV

Teilen Sie Kopiervorlage 29 aus. Die S ordnen die Textsorten den Beschreibungen und Tipps zu. Sichern Sie das inhaltliche Verständnis.
Lösungen:
Text 1 Review   **Text 3** Diary   **Text 5** Advert
Text 2 Summary   **Text 4** E-mail

Die S wählen nun eine Textsorte entsprechend *Ex.* 4 im Buch.

Weiterarbeit

L *In your books on p. 87 you can choose from 6 different activities to take step 4. Open your books and have a look at these ideas. Decide which text you want to write and remember that your worksheet gives you some useful tips.*

Lösungsvorschlag:
A SHORT SUMMARY
This story is about a German boy who goes to the USA in his summer holidays. He visits the Russells in Bend near Oregon and stays at their farm for two weeks. He learns about differences between Germany and the USA and enjoys many activities. At the beginning he feels a little homesick, but in the end he thinks that it was a great holiday.

A REVIEW
*When Martin Maier went to the USA, he wrote "An Oregon Diary". I think that this is a good story because I like reading diaries. It is interesting to learn about everything that Martin does and I can understand that he doesn't like hot dogs.
But I don't like it when Laura laughs about Martin when he almost falls off the horse and when Martin misses his family and feels homesick.*

MRS RUSSELL'S E-MAIL
*Dear Mr and Mrs Maier,
Martin is having a nice time here. But he's a little homesick at the moment and misses you. Don't worry, Laura and her friends will take him tubing on the Deschutes River, near Bend, and we will also go to the County Fair, because Laura is in the rodeo competition. I'm sure that will be fun.
I hope you are all fine. Take good care. Yours, Amanda Russell*

LAURA'S DIARY FOR ONE DAY
Monday August 4th
We drove to Portland. We met Martin at the airport. He looked really tired after the long flight – 15 and a half hours! But I think he liked all the family from the first moment. When we drove home on the highway, he couldn't believe that the speed limit was only 65 miles per hour – in Germany cars can go faster. After dinner Martin fell into bed, but tomorrow I'll show him the farm.

AN ADVERT FOR OREGON
Come to Oregon. Visit Bend. It's a beautiful city with lots of attractive places to see and enjoy. Go tubing on the Deschutes River – that's fun. Join us at the Oregon Rodeo Competition and be a cowboy – an incredible experience! Don't miss Oregon.

MARTIN'S LAST DAY
Sunday, August 17th
We got up early and went to the airport. I was sad because I had to leave the Russells, especially Laura. I really like her a lot and I hope that she can come to Germany next year. Mrs Russell made sandwiches for me and Dylan gave me a game for the plane. So the flight isn't too boring. We'll land in 20 minutes and I have to finish my Oregon diary. I can't wait to see mum and dad and to tell everybody about my trip – perhaps in English!!!

STEP 5 Read the story The Road to Freedom on pages 122–25.
Write a reading log for that story. Then read other pupils' logs.
In diesem, einen weiteren wichtigen Aspekt der amerikanischen Geschichte berührenden Text wird die wahre Geschichte von Harriet Tubman erzählt, der es gelang, sich selbst und andere aus der Sklaverei zu retten. Die S erhalten hier ein zusätzliches Übungsangebot zum Erstellen eines *reading log*.
Lösungsvorschläge:

Reading log 1 Write notes when you're reading the story.
PAGE 122 Harriet lives in a cabin with *her family*.
She works in *the house of Mr and Mrs Brodess, slave owners in Maryland*.
She gets up *before the sun*.
She makes *fires in the big house*, she helps *in the kitchen*, she looks after *the baby*.
PAGE 123 One day Harriet takes *some sugar, because she is hungry*.
Mrs Brodess *is angry and hits her*.
Now Harriet has to work in the tobacco fields, but she is happy.
News comes to the farm that the slaves in northern states are free now,
so Harriet dreams of a better future.
Years later, when Harriet hears that the Brodess family plans to sell
their slaves, Harriet knows she has to do something.
PAGE 124 She leaves *the farm and follows the North Star*.
She walks *across the country*.
After six days and nights she comes to Philadelphia, Pennsylvania, and is free.
PAGE 125 Harriet finds *a job and a flat*.
She remembers *the people at home in Maryland and when she has got enough money and lots of friends, she starts to help others.*
She guides them on the Road to Freedom and becomes famous.
After the war all slaves are free, but there are still problems.
Harriet helps people all her life.

Reading log 2 Say what you think about:
HARRIET
I think she's is really brave when she leaves the farm. I can understand that she wants to be free like people in the north. Her life is really hard, but she never complains.

MR AND MRS BRODESS
If you ask me they have everything they need, but their slaves are hungry and have to work for them all day. Mrs Brodess hits Harriet when she takes the sugar. Mr Brodess is strict, he has lots of men who watch the slaves and he has dogs too. The Brodess don't really care for their slaves, and then they want to sell them. I think they are terrible people.

BRODESS'S HOUSE
I think the Brodess's house is nice and big with lots of rooms. There are expensive paintings, beautiful furniture and perhaps flowers. I can imagine that they have a piano.

HARRIET'S CABIN
If you ask me, this is a terrible place. In the photo the cabin doesn't look very friendly. It's difficult when many people live together in one room.

THE STORY OF HARRIET'S GREAT-GRANDMOTHER
That's a very sad story. How can white people "steal" black people and sell them like things at the market? Nobody can own another person.

HARRIET'S LIFE AS A SLAVE
Her life is hard. As a child she should have time to play, but she has to work 14 hours every day. Perhaps the work in the house was not too bad, but working on the fields really is too much. Harriet is often hungry.

Reading log 3   Harriet's day
Imagine you're Harriet. Pick one day and write your diary for a part of the trip to the north.

DAY 1
It was very late. Mom and pop were in bed. My brothers were in bed too. I got my bag and some food and then left the cabin quietly. I was sad, but I had to do something. First I waited, watched and listened. I was so frightened. The farm was quiet, so I walked and walked. The only help to find my way was the North Star. I had to be very careful.

DAY 2
It was early in the morning. I was tired. I looked at the trees. The moss is always on the north side, so I knew which way to go. I was very careful again and never walked on roads. When I was hungry, I stopped and ate some apples. I saw some slaves in a field. They were working hard and they looked so sad and tired. I have to go to find freedom in the north.

DAY 3
It was night. I was in a forest and it was really cold. I could see the stars, but the forest was quiet. Suddenly I heard dogs – the Master's dogs: terrible, big dogs. I was scared, but I remembered what my father told me: "If you go across a river, dogs can't find you." So what could I do – I jumped into the cold, black river and waited behind some rocks. I was cold and I felt lost, but the men with the dogs couldn't see me.

DAY 6
At last I am in the north: Philadelphia is a free state – so I'm a free woman now. The way was long and difficult. Sometimes I thought I couldn't go on. But today the sun is shining brightly. I'm so happy. My new life will be exciting. I will try to find a job and perhaps a flat. I need money to go back and help my family to walk the Road to Freedom, too.

Reading log 4   Pick one of these activities:
Die S wählen – ganz nach ihrer persönlichen Vorliebe – eine der vier vorgeschlagenen Aktivitäten. Zur Erstellung der *Summary* bzw. der *Review* können wieder die textsortenspezifischen Hinweise auf Kopiervorlage 29 genutzt werden.
Lösungsvorschläge:

Write a short summary of Harriet's story.
"The Road to Freedom" tells the true story of Harriet Tubman who was a slave on a tobacco farm in Maryland in the middle of the 19th century. She has a hard life, but one day she hears that there are no slaves in the northern states any more. She leaves the farm and arrives in Pennsylvania after six days. From there she helps many more people to be free.

Write a review of the story.
"The Road to Freedom" is a fantastic story. I like it very much because it makes me sad and happy. I was sad when I read about the hard life of the slaves in the south, but I was happy when I learned that Harriet could escape to the north. I could feel how she felt on her long way and I can understand that she was worried and afraid.

Design a cover for a book about Harriet Tubman.
Hier können die S gestalterisch tätig werden. Im Internet werden die S vielfältige Anregungen finden.

Imagine you can do an interview with Harriet for an American newspaper.
Es ist günstig, den S eine Mindestanzahl von Fragen anzuzeigen (mindestens sechs Fragen), um eine wirkliche Interviewsituation zu simulieren. Sollten Sie diese Aufgabe als Gruppenarbeit lösen wollen, könnte zunächst ein jeder S drei interessante Fragen aufschreiben, um dann im Plenum zur Auswahl der gelungensten 6–8 Fragen zu kommen. Jetzt könnte sich eine Internetrecherche anschließen, um die Fragen tatsächlich im Sinne von Harriet Tubman beantworten zu können.

SKILLS TRAINING

S. 88

WORTSCHATZ	book • motel • double room • form • fill in • leave • single room • wildfire • dry seal pup • rest (v.) • shore • disturb • law • beware of • sneaker wave
MEDIEN	Kopien von KV 28, CD und CD-Spieler

LISTENING   A family trip

Einstieg

In der Einstiegsphase entwickeln die S weitere Ideen, was Martin bei seinem Besuch in den USA erlebt haben könnte und wiederholen gleichzeitig, was sie während der Projektarbeit "More about Oregon" gelernt haben. Kopiervorlage 28 unten stellt einige solcher Ideen in Form von Stichpunkten zusammen. Die S formulieren vollständige Sätze in den *past tenses* und können noch weitere Ideen hinzufügen. Die leeren Karten sind gedacht für leistungsstarke S oder für jene, die gern andere Erlebnisse erfinden möchten. Es bleibt Ihnen überlassen, ob Sie jeden S mit der kompletten KV oder nur mit jeweils einer oder zwei Einzelkarten arbeiten lassen wollen.

Kopien von KV

Kopiervorlage 28

L *When you read Martin's Oregon diary you learned where he went, what he did and who he met. But he didn't write in his diary every day. There were more things he experienced. On these cards are some ideas. Look at them and tell me in complete sentences what could have happened. For your ideas use the past tense. Of course, you can add more ideas.*

S *Perhaps Martin went rafting near Bend. That was lots of fun. Dylan told jokes all the time and he didn't really watch what was going on, so he fell into the river. First everyone was worried, but then Dylan got out and he laughed and laughed. / …*

Nachdem die S ihre Vermutungen geäußert haben, leiten Sie zur Arbeit mit dem ersten Hörtext über, einer Konversation zwischen Mrs Russell, die für den geplanten Familienausflug telefonisch Zimmer in einem Motel bestellt, und Robert, der im Sunset Motel in Bandon arbeitet.

L *Let's now find out what else Martin did. Listen to the dialogue and find out: Who is talking? What are they talking about?*

Lösung:
Mrs Russell is talking to Robert at the Sunset Motel in Bandon. She wants to book rooms. So I think that the Russells and Martin went on a trip.

1 Booking a room in a motel

Die S hören den Dialog erneut, beantworten inhaltliche Fragen und füllen das Formular aus. Sichern Sie anhand des im Buch abgedruckten Sprachmaterials den neuen Wortschatz.

a) Listen and find out:
Lösung:
1 They need 3 rooms.
2 Yes, it does.
3 It's $75.
4 They want to stay two nights.

b) Imagine that you work at the Sunset Motel. Copy this form. Listen again and fill it in.

Lösungen:
Name: Amanda *Russell*
Arrive: Friday, *August 15th*
Leave: Sunday, August 17th

Number of rooms: *3*
Double rooms: *2*
Single rooms: *1*

Tapescript
Booking a room

MAN	Thank you for calling Sunset Motel, Bandon. This is Robert speaking. How may I help you?
MRS RUSSELL	Oh, hi. My name is Amanda Russell and I'd like to book 3 rooms, please.
MAN	Sure. When do you want the rooms?
MRS RUSSELL	Do you have rooms for Friday, August 15th and Saturday, August 16th?
MAN	Let me see ... Yes, we have some rooms free.
MRS RUSSELL	How much are they?
MAN	It's $75 per night for a double room and $45 for a single.
MRS RUSSELL	That's fine. I'd like to book two doubles and one single room, please.
MAN	OK. Can I take your name, please?
MRS RUSSELL	Russell. Amanda Russell.
MAN	Is that Russell with one or two Ls?
MRS RUSSELL	Two Ls. It's R-U-S-S-E-L-L.
MAN	Thank you, Mrs Russell. Now let me just check those details: That's two double rooms and one single. You arrive on Friday, August 15th and you leave on Sunday, August 17th. That's two nights. Is that right, Mrs Russell?
MRS RUSSELL	Yes, that's right. Thank you very much.
MAN	Thank you. we look forward to seeing you on Friday. Have a nice day.
MRS RUSSELL	Thanks. Bye.

2 On the road

Auf ihrer Fahrt nach Bandon hören die Russells *Radio Cascades*, das über die aktuelle Verkehrs- und Wettersituation in der Region informiert. Die S überprüfen die Richtigkeit der sechs Aussagen. Führen Sie mit einem kurzen Gespräch in die Situation ein.

L *When you go on holiday or on a trip, how do you travel?*
S *We often go by plane.*
S *We usually go by car.*
L *What was the longest time that you have ever spent travelling in a car?*
S *We went to Italy two years ago and there was a traffic jam. I think we were in the car for 12 hours.*
L *What do you do when you are on such a long trip?*
S *I play games with my sister.*
L *I listen to my MP3 player.*
S *Lots of people also listen to the radio when they are on the road. The Russells listened to Radio Cascades.*

Weiterarbeit

a) Listen to Radio Cascades. Are these sentences true or false?
b) Listen again and check.

Lösungen:
1 *False. There are lots of people on the roads.*
2 *True.*
3 *There's a wildfire near the town of Sisters.*
4 *False. Highway 5 is busy too. Highway 242 is closed.*
5 *True.*
6 *False. On the coast it's going to be a lot cooler.*

Tapescript
On the road
ALICIA Radio Cascades here. This is Alicia Waits and Tom Keyes bringing you the latest weather and travel news. So what's happening on our roads today, Tom? Is it going to be busy?

TOM Well, Alicia, it's the weekend and it's August. So you guessed it – there are lots of people on the road. Highway 101 on the coast is already very busy. People are going to the sea for the weekend. Lucky things! We're staying here in Bend! Highway 5 is busy too. Lots of people are heading south to California for their holidays, I guess. But the other roads are quite …
Er …, we have some news from the Bend area. There's a problem on Highway 242, near the town of Sisters. There's a wildfire up there, so that road is closed. Drivers should look for an alternative route. I hear that it's a bad fire … We'll keep you informed.

ALICIA Thanks for that, Tom. That doesn't sound good. Well, this weekend is going to be warm and dry around Bend, so we may have more wildfires here in Cascade Mountains. If you're in the forests, having a picnic or hiking, well, you should be careful! Don't make fires. And the weather in the other Oregon cities is the same as in Bend. It's going to be hot in Portland and Eugene – between 93 and 95 degrees. But on the coast it's going to be a lot cooler – in the 70s. And it won't be very sunny, I'm afraid.
Have a nice weekend, everybody. And be careful on the roads.

3 On the coast

Die S wählen aus jeweils drei Antwortmöglichkeiten die richtige aus. Für die fünfte Aussage ziehen sie die im Lehrbuch abgebildeten Schilder zu Rate und ordnen Gehörtes und Gesehenes einander zu.

Listen. Pick the right answer.
Lösungen:

1 Now the Russells are	**a)** *in Bandon.*
2 Laura and Martin are	**a)** *on the beach.*
3 Martin thinks the place is	**b)** *nice.*
4 The weather here is	**c)** *cool.*
5 Martin and Laura are talking about sign	**a)**

Tapescript
On the coast
The Russells are in Bandon now. Laura and Martin are going for a walk.

MARTIN This is a fantastic beach. It's 'awesome'!
LAURA Yes, Martin – it's awesome
MARTIN Look at those rocks. They're very big.
LAURA That rock is called 'Face rock'. It looks like a woman's face, see!
MARTIN Oh yes … I need my jacket.
LAURA Yes, it's a lot colder here than in Bend.
MARTIN No swimming for Dylan!
LAURA No.
MARTIN Look at that sign. Are there really seals here?
LAURA Yes, lots! The baby seals – seal pups – they come to the beach when they're tired. They lie here. But you mustn't go near them.
MARTIN OK. Let's find some. I've never seen a seal on a beach – only in the zoo!
LAURA Martin … I'm sorry you're going soon. I hope you've had a good time here.
MARTIN I'm sorry too that I'm going. I've had a great time with you and your family, Laura…

Weiterarbeit

4 SAY IT IN GERMAN Pick one sign in exercise 3 and explain it to a partner.

Die S wählen eines der abgebildeten Schilder aus und übertragen dessen Inhalt ins Deutsche.
Lösungsvorschlag:
a) *Robbenbabys halten sich am Strand auf. Sie dürfen nicht angefasst oder auf irgendeine andere Art und Weise gestört werden. Eine Telefonnummer ist angegeben, wahrscheinlich kann man sich dort melden, falls einem irgendetwas auffällt.*
b) *Dies ist eine Aufforderung an alle Besucher, nicht zu vergessen, dass das Entzünden von Feuerwerken am Strand und in den Parks in Oregon verboten ist.*
c) *Man sieht eine Frau beim Strandspaziergang mit ihrem Hund. Dieses Schild warnt vor Riesenwellen.*

	S.89
WORTSCHATZ	receptionist • enjoy
SPRECHABSICHT	In einem Hotel einchecken: *Hello, my name is ... I've booked a room for one night.*
MEDIEN	CD und CD-Spieler

SPEAKING   At a motel

Dieses *Skills*-Training soll die S befähigen, in einem Hotel einzuchecken. Ein Beispieldialog stellt ihnen zunächst die erforderlichen Redemittel zur Verfügung, die die S durch gestalterisches Lesen, durch Vervollständigen eines Lückentextes und durch Mediation in die Fremdsprache üben.

Einstieg

Stimmen Sie die S durch ein pantomimisches Spiel auf den situativen Rahmen ein. Ein von Ihnen eingeweihter S stellt für einen Empfangschef typische Tätigkeiten mit Gestik, Mimik und Bewegungen dar (z. B. einen Gast freundlich begrüßen, ein Telefongespräch entgegennehmen, eine Wegbeschreibung geben, den Zimmerschlüssel aushändigen etc.). Durch Entscheidungsfragen beschreiben die beobachtenden S zunächst die Aktivitäten, um sich an das Betätigungsfeld und den dargestellten Beruf heranzutasten. Erklären Sie die Aufgabe:

L *You will now see Tom do different things. He will not say a single word, so you have to find out what he is doing by watching the activities. You can ask Yes/No-questions like: "Are you reading a book?" "Are you going shopping?" He will nod or shake his head.*
S *Are you listening to music? / ...*
L *Which activities was Tom doing?*
S *He was saying hello to somebody. / He was talking to somebody on the phone. / ...*
L *Tom showed you what you have to do when you work at a special place. Do you have any idea where?*
S *I think this could be in an office. / Maybe in a hotel?*
L *Great, these were activities that a receptionist does. A receptionist works at the reception of a hotel or motel.*

Leiten Sie zur Arbeit mit dem Lehrbuch über.

L *The Russells are at Sunset Motel in Bandon now. Mrs Russell is talking to the receptionist. Listen to the dialogue and find out:*

Weiterarbeit

1 The Russells at Sunset Motel, Bandon
a) How much must Mrs Russell pay for two nights?
Lösung:
She must pay $165.

b) Practise the dialogue with a partner.
Die S sollten zunächst noch einmal Gelegenheit bekommen, den Dialog zu hören, während sie den im Buch abgedruckten Text mitverfolgen.

L *You can now open your books at p.89. You'll find the dialogue in 1. Listen again and then practise it.*

2 Mr and Mrs Brown at Sunset Motel
Mit Hilfe des Musterdialoges in *Ex. 1* vervollständigen die S den vorgegebenen Lückentext.

a) Finish the dialogue.
Lösung:

MRS BROWN	Hello. I'd like a *room* for one night, please.
RECEPTIONIST	Hello. Do you want a *single room* or a *double room*?
MRS BROWN	A double room, please. How *much* is it?
RECEPTIONIST	It's $85 *per* night.
MRS BROWN	That's *fine*.
RECEPTIONIST	You have room 359. Enjoy your *stay*.
MRS BROWN	*Thanks*.

b) Act the dialogue with a partner.

Achten Sie hier, wie auch in *Ex. 3*, auf lebendiges Umsetzen der Rollen von Seiten der S. Gestalten Sie das Zimmer zur „Rezeption" um: ein Schreibtisch, eine Grünpflanze und ein Telefon sind sicher schnell zusammengestellt. Ermutigen Sie Ihre S zur Kreativität bei der Gestaltung: Wie wäre es mit einem übertrieben freundlichen Empfangschef und einer Mrs Brown, die etwas schwer hört, oder mit einem unfreundlichen Empfangschef und einem Mr Wilson, der sich im Verlauf des Gesprächs mehrmals neu entscheidet?

3 Tom Wilson at Sunset Motel
Ein deutscher Dialog ist in die Fremdsprache zu übertragen.
a) Make the dialogue with a partner.
b) Write the dialogue and practise it.
Lösung:

MR WILSON	Hello. My name is Wilson. I'd like to book a room.
RECEPTIONIST	Hello. Do you want a single or a double room?
MR WILSON	A single room, please. How much is it?
RECEPTIONIST	It's $90 per night.
MR WILSON	That's OK. Where is the room?
RECEPTIONIST	It's on the right, next to the restaurant. Enjoy your stay.

4 SAY IT IN ENGLISH
You work at a hotel in Germany. Explain the most important information on this sign to an English tourist.

Diese Aufgabe ist anspruchsvoll, da der Musterdialog nicht ausreicht, um den Inhalt des Schildes wiederzugeben. Die S sollten ihre Fähigkeiten beim Paraphrasieren nutzen.

Lösungsvorschlag:
Welcome to Hotel Avalon. You can have breakfast between 6 and 11 in the morning. When you check out, please leave your room before 11. If you want to go on a sightseeing tour, you can get tickets here at the reception.

S. 90

WORTSCHATZ	hero • outlaw • rob • reward • catch (v.) • shot (s. past) • rich (n.) • give • poor (n.) • just • lad • many • brain • coward • wonder • for • slept • laid • wife • mourn
MEDIEN	Kopien von KV 30, 31, 32, zweisprachige Wörterbücher

READING   Heroes of the Wild West

DIDAKTISCH-METHODISCHER HINWEIS

Information gap-activities sind Übungen, in denen ein Partner über Informationen verfügt, die der andere Partner nicht hat. Aus dieser Konstellation ergibt sich ein kommunikatives Bedürfnis und somit ein – im Fremdsprachenunterricht leider nicht immer gegebener – realer Redeanlass. *Information gap-activities* beschränken sich auf wenige Partner, die alle die Fremdsprache benutzen und dies nur vor einem kleinen „Publikum" tun, ein Faktor, der oftmals vorhandene Hemmungen minimiert. Im Mittelpunkt sollte keinesfalls Perfektion im Frageaufbau stehen, sondern die Lösung des Problems mittels der Fremdsprache: die Informationslücken zu schließen

Einstieg   Knüpfen Sie an das im *Lead-In* Gelernte an, indem Sie folgende Wörter an die Tafel schreiben:

Fordern Sie die S auf, mit Hilfe dieser Wörter Aussagen zu treffen und löschen Sie dann das jeweils verwendete Wort von der Tafel. Erklären Sie die Aufgabe wie folgt:

L *At the beginning of our unit "Going west" you learned a lot about America in the 1860s. Try to remember some facts and use the words on the board for your answers.*

S *In the 1860s many people went west because they wanted a better life, these people were called pioneers. / They had a long and difficult trip on the Oregon Trail. / ...*

Kopien von KV

Um die S an das Thema des *Reading Trainings* und die im *Writing Training* vorgesehene „Wild West"-Geschichte heranzuführen, werden sie zunächst mit vier berühmten „Wild West"-Helden bekannt gemacht. Die Kopiervorlagen 30, 31 und 32 bilden die Grundlage für eine *information gap-activity*, die die Zusammenarbeit von jeweils drei S erfordert. S A, B und C erfragen entsprechend fehlende Fakten und vervollständigen ihre Informationen. Es bietet sich an, zumindest einige zum Lösen der Aufgabe benötigten Fragen vorher mit den S zu erarbeiten und an der Tafel zu festzuhalten, z. B. „When was Buffalo Bill born?" oder „Where did Buffalo Bill die?" So erhalten besonders lernschwächere S mehr Sicherheit, wenn Sie mit den beiden Partnern selbstständig arbeiten.

Kopiervorlage 30

Leiten Sie zum Thema *(Heroes of the Wild West)* über:

L *At that time the idea of the Wild West developed. I'm sure you have all seen films of cowboys and their best friend, their horse. The cowboys wear leather clothes and have guns. They often play cards or drink whiskey in the saloon. Today you will get to know some of these Wild West heroes: their names are Calamity Jane, Billy the Kid, Wyatt Earp, Buffalo Bill and Jesse James. You will all get a worksheet on which you will see a line. Here you have to find out a fact with the help of the partners in your group. Ask and answer questions in English to complete your worksheet. You can look up unknown words in the dictionary.*

Wörterbücher

Teilen Sie die Arbeitsblätter aus und jeweils einen S A, B und C in eine Gruppe ein. Stellen Sie Wörterbücher zur Verfügung.
Lösung:
WILD WEST HEROES

Name	Born	Died	Famous because	Biographical notes
Calamity Jane	1852 Missouri	1903 Dakota	She lived the hard life of the frontier men, she wore men's clothes, drank a lot of alcohol, chewed tobacco and could use a gun.	– shot a barman for not serving whiskey to women – opened a saloon, worked as a prostitute and as a nurse
Billy the Kid	Ca. 1860 New York City or Indiana	1881 New Mexico	He began his life as a criminal at a very young age, was shot when he was only 20 or 21.	– stole horses, killed four men, was arrested and escaped – could use both hands very well and was famous for his gun tricks
Wyatt Earp	1848 Illinois	1929 Los Angeles	He and his brothers fought against a gang on October 26th, 1881 in the famous gunfight at the OK Corral	– had three wives, worked for the police, moved often – earned a lot of money because he was a good gambler and he found gold
Buffalo Bill	1846 Iowa	1917 Denver	He toured the whole world with his Wild West show with real cowgirls and cowboys	– worked as a buffalo hunter and as a scout for the United States Army – founded a town named "Cody" in 1901

Lassen Sie nun noch einmal die Informationen zu den vier vorgestellten Personen durch jeweils einen S zusammenfassen und leiten Sie zur Arbeit mit dem Lehrbuch über:

Weiterarbeit

L *Let's learn about another hero of the Wild West in our books on page 90.*

1 Scan texts A and B and find out:
Das Scannen zielt auf das schnellstmögliche Auffinden von gesuchten Informationen ab. Den S wird es nicht schwer fallen, die Aufgaben zu lösen.
Who are the two texts about?
Lösung:
The texts are about Jesse James.
Which text is a song?
Lösung:
The second text is a song.

2 Work with a partner.
Die S setzen sich jetzt in Partnerarbeit intensiv mit den beiden Texten auseinander.
a) Partner A reads text A, Partner B reads text B.
b) Now try to answer all the questions together.
Lösungen:
1 *He was born in 1847.* (Text A)
2 *A gang robbed it.* (Text A) *Jesse James robbed it.* (Text B)
3 *Frank was Jesse's older brother.* (Text A)
4 *Yes, he was.* (Text B)
5 *Yes, three.* (Text B)
6 *Mr Howard was Jesse James.* (Texts A and B)
7 *He was shot in 1882.* (Text A)
8 *He was shot by Robert Ford.* (Texts A and B)

Wortschatzarbeit

3 Words in the text
a) Pick one of the texts. Find the words in the text and guess what they are in German.
Stellen Sie den S verschiedene Redemittel zur Meinungsäußerung zur Verfügung, um die Monotonie des üblicherweise verwendeten *I think* zu durchbrechen. Schreiben Sie folgende Redewendungen an die Tafel, sichern Sie Aussprache und Bedeutung. Fordern Sie die S auf, diese bei der Lösung der Aufgabe zu verwenden.
Lösungsvorschlag:

> I think
> If you ask me
> I guess
> In my opinion
> From my point of view
> As I understand it

TEXT A:
1 *I think an outlaw is "jemand, der das Gesetz bricht".*
2 *If you ask me, robbed means "raubte" or "stahl".*
3 *I guess a reward is something like "Belohnung".*
4 *In my opinion catch is "fangen", "schnappen".*
5 *From my point of view the rich means "die Reichen".*
6 *As I understand it, a hero is "ein Held".*

TEXT B:
1 *I think a lad is "Typ" or "Mann" in German.*
2 *If you ask me, robbed means "raubte" or "stahl".*
3 *I guess the rich is "die Reichen".*
4 *In my opinion a coward is "Feigling".*
5 *From my point of view slept means "schlief".*
6 *As I understand it, a wife is "eine Ehefrau".*

b) Check your words in a dictionary.
Achten Sie insbesondere bei *catch*, *hero* und *lad* darauf, dass Ihre S dem Wörterbucheintrag die in den Kontext passende Bedeutung entnehmen. Demonstrieren Sie das umfassende Studieren eines Wörterbucheintrages z. B. mit Hilfe des Wortes *hand*, das in ganz unterschiedlichen Bedeutungen Verwendung finden kann. Die S sollten hier

| Wörterbücher | auch ihre Fertigkeit üben, die richtige Aussprache der neuen Wörter im Wörterbuch nachzuschlagen. |

L *When you look up your words in the dictionary, make sure you choose the correct translation. Sometimes a word has more than one meaning, like the word "hand", for example. Let's have a look at the entry for "hand": it can be a noun and a verb. What can the noun "hand" mean in German?*
S *It can be "Hand", "Uhrzeiger", "Matrose" …*
L *That's why you must find the right meaning for our texts. You have already guessed the words – that will help you. Check the correct pronunciation of the word too.*

4 Listen to the song. Then talk about these questions in your class.
Do you like the song? Do you think that Jesse James was a hero? Why?

Die S sollten hier erneut aufgefordert werden, unterschiedliche Redemittel (siehe Aufgabe 3a) zur Meinungsäußerung zu trainieren.

Abschließend können die S analog der Tabelle der *Wild West heroes* (KV 30 bzw. 31 und 32) Notizen anfertigen.
Lösungsvorschlag:

| Jesse James | 1847 Missouri | 1882 Missouri | He robbed banks and trains with his brother. They killed many people. | – was killed by a friend who got $10,000 for his death, had a wife and three children
– changed his name to Thomas Howard |

Hinweis: Beachten Sie, dass für die Einstiegsphase des *Skills*-Training *Writing* eine Hausaufgabe vorzubereiten ist.

S. 91

WORTSCHATZ   describe • sheriff

WRITING   a Wild West story

| Vorbereitende Hausaufgabe | Stellen Sie den S vorbereitend folgende Hausaufgabe: |

L *Think of a really famous film. Write down at least 6 (and not more than 10) facts about it to help the others guess which film it is. Don't make your hints too easy, but be fair enough to choose a movie everybody can guess. Let's try my example to show you how it should work.*

Hier ein Beispiel, das Sie natürlich Ihren eigenen Vorlieben oder aktueller Kinofilme entsprechend beliebig verändern können. Lesen Sie die Hinweise so vor, dass die S nach jedem Tipp Vermutungen zum Filmtitel äußern können:

> **A famous film – ten tips:**
> 1. It is a film about friendship.
> 2. It was shot in a beautiful landscape.
> 3. There are many characters in the film.
> 4. It was produced by Peter Jackson.
> 5. Cate Blanchett plays one of the leading roles.
> 6. It shows you that a small person can achieve great things.
> 7. It's a fantasy film.
> 8. It's about something everybody wants to have.
> 9. It has three parts.
> 10. The stories that the film is based on were written by J. R. Tolkien.
>
> Lösung: The Lord of the Rings

Einstieg Führen Sie zu Beginn der Stunde in einem Unterrichtsgespräch zum Thema hin, in dem sich die S zu Filmen und Schauspielern äußern.

L *Something that we all like to do is watch a good film, don't we? Let me ask you some questions: What kind of films do you like?*
S *I like action films. / I love romances.*
L *What makes a film a good film?*
S *It should be funny. / There must be good actors in it.*
L *Who is your favourite actor/actress?*
S *My favourite actors are ...*
L *When did you last go to the cinema and which film did you watch?*
S *...*

Leiten Sie nun zur Hausaufgabe über, die sie in einer vorausgegangenen Stunde gestellt haben sollten. Die S erraten in Gruppenarbeit die vorgestellten Filme.

L *You all prepared a film quiz at home. In groups of five I want you to try to solve the quizzes. One after the other read out your tips. Stop after each tip – so that the others can guess which film you are talking about.*

Nach dieser Gruppenarbeit beginnen die S mit der Arbeit mit dem Lehrbuch:

L *What about Westerns? Do you like them? Let's have a look at page 91 in our books now because we're going to write a Wild West story for TV.*

Weiterarbeit

**1 Imagine that you're writing a Wild West story for TV.
Look at the pictures and write the story (about 100 words). Think of an interesting ending.**

Die S betrachten zunächst die sechs Bilder. Sie sollten erkennen, dass es sich hier nicht um eine blutrünstige, sondern eher um eine scherzhafte Geschichte handelt, und in der Lage sein, die Handlung in einem Satz zusammenzufassen. Erklären Sie den ersten Arbeitsschritt.

L *Look at the pictures and tell me in one sentence what the story is about.*

Lösungsvorschlag:
It's a story about cowboys who want to rob a bank, but then something goes wrong.

Besprechen Sie vor dem eigentlichen Schreibprozess gemeinsam mit den S die im Lehrbuch erteilten Tipps. Ergänzen Sie weitere zwei Hinweise:

L *Include direct speech – that makes your story livelier. Give your story a good title.*

Lösungsvorschlag:
No horses – no money!
The year was 1866. Some cowboys came to the small town of Oregon on their horses. It was twelve o'clock and the town was quiet. You couldn't see the cowboys' faces, only their eyes, because they wanted to rob a bank. At five past twelve they arrived at Western Bank. They left their horses in front of the bank and went in. One of the cowboys shouted: "I want all your money – now!!!" So the cashier gave the money to the cowboys, and they put it in bags. Some people were standing next to a wall. They were very frightened and nobody said a word. After ten minutes the gang left and ran into the street. They laughed – but what was that? There were no horses in the street, and the cowboys looked at each other – surprised and nervous. Later the sheriff found the horses in front of a shop, where they were eating vegetables. First he was surprised and asked: "What are these horses doing here?" Suddenly he heard the cashier: "Sheriff, we need the prison keys. These cowboys wanted to steal the money from the bank, but without their horses they are too slow." The cashier and the other brave people of Oregon had caught the outlaws!

Erweiterung Vielleicht haben Ihre S Lust, entsprechend dem situativen Rahmen einer Fernsehproduktion einen zu ihrer Geschichte passenden Trailer zu produzieren. Gerade S, denen es im Englischunterricht häufig schwerfällt, gute Ergebnisse zu erzielen, können sich hier durch technische Versiertheit und kreative Ideen hervortun. Das spätere gemeinsame Anschauen der Trailer ist mit Sicherheit für alle ein Vergnügen!

S. 92/93

LOOK AT LANGUAGE

SPRECHABSICHT Sagen, was wäre, wenn ...
MEDIEN KV 33 auf Folie, Fotos

DREAMING ABOUT AMERICA

Im Mittelpunkt dieser Unterrichtseinheit stehen die *If*-Sätze (Typ II). In drei verschiedenen Übungen wird deren Anwendung trainiert, um schließlich im *Checkpoint* zur Erarbeitung der Regel vorzudringen.

Einstieg

Kopiervorlage als Folie

Auf Kopiervorlage 33 finden Sie vergrößert das auf SB-S. 92 abgebildete Foto eines Mädchens, das offensichtlich über etwas Schönes nachdenkt. Ziehen Sie die KV auf Folie und präsentieren Sie diese Ihren S. Nachdem die S darüber spekuliert haben, was im Kopf des Mädchens vorgehen könnte, steigen Sie in die Arbeit mit dem Lehrbuch ein.

Kopiervorlage 33

L *I've got a photo for you. Look, there's a girl. Can you give her a name?*
S *Her name is Lisa.*
L *Alright, what – do you think – Lisa is doing?*
S *She's waiting for someone. / No, she's thinking about something. / She's in love and is thinking about her boyfriend. / She's dreaming.*
L *Exactly, she's thinking, she's dreaming and she's imagining something. Open your books at p. 92 to find out what she's imagining.*

 1 **If you won a trip to the USA, where would you go? Why? Look at the pictures and tell a partner.**

In dieser (sowie wie in der folgenden) Übung setzen die S im Verlaufe des Schuljahres über die USA Gelerntes ein, um sich Gedanken darüber zu machen, was sie tun würden, wenn sie die Chance hätten, das Land zu bereisen.

L *Can you complete Lisa's sentence?*
S *If I won a trip to the USA, I'd go to California because I love the beaches there.*
L *And what about you?*

Lösungsvorschlag:
If I won a trip to the USA, I would go to Los Angeles, because there are great beaches for surfing.
If I won a trip to the USA, I would go to New York, because it's an exciting city.
If I won a trip to the USA, I would go to Chicago to see the fantastic skyline.
If I won a trip to the USA, I would go to Washington, because I want to visit the Olympic National Park.
If I won a trip to the USA, I would go to Miami, because I want to see some alligators.
If I won a trip to the USA, I would go to Oregon to see some real cowboys in a rodeo.

2 **More dreams!**
If you went to New York, Oregon or the other places, what would you do there?

Game

Fotomaterial

Schön wäre es, diese Grammatikübung spielerisch aufzulockern. Bringen Sie dazu vielfältiges Fotomaterial mit, das Ihre S oder Sie im Verlaufe des Schuljahres gesammelt haben. Zu sehen sein sollten unterschiedlichste Aspekte der USA: geografische, kulturelle, kulinarische – worüber auch immer Sie verfügen. In Gruppenarbeit kann die grammatische Struktur wie folgt geübt werden:
Die Fotos liegen auf dem Tisch, der erste S sucht sich ein Foto aus und formuliert einen passenden Satz. Der zweite S wiederholt den Satz des Vorgängers, wählt das nächste Foto aus und formuliert einen Satz. Wer beim Wiederholen von bereits Gesagtem Fehler macht, darf sich kein neues Foto nehmen. Die Aufgabe erläutern Sie am besten, indem Sie sie mit zwei S demonstrieren.

L *Going to the USA would be great. There are so many things to see and do. Here are lots of photos of New York and Oregon, of Washington and here's one with a burger on it... Let's dream some more dreams. In groups of 6 you can play a game now. Choose a photo and make a sentence like the ones in your book: If I went to New York, I would go to see Ground Zero. Then the next pupil repeats what has been said: If Tim went to New York, he would go to see Ground Zero. Now he takes the next photo and makes a new sentence.*
S *If I went to New York, I would go to Central Park.*
L *The third pupil must repeat what Tom has said and makes a new one.*
S *If Tom went to New York, he would go to Central Park. If I went to Washington, I would go whale watching.*
L *Right, that's how it works. But you can only take a new photo if you remember the other sentences correctly.*

Lösungsvorschlag:
If I went to Los Angeles, I would meet famous stars.
If I went to New York, I would go to see Ground Zero.
If I went to Chicago, I would go shopping.
If I went to Washington, I would go whale watching.
If I went to Miami, I would go surfing.
If I went to Oregon, I would eat s'mores.

S. 93

Weiterarbeit

3 WORD SEARCH
a) Look at the pictures. Guess what the missing words are. Check the e-mails on page 82.
Die S versuchen zunächst, sich an die Mails von Martin und Laura zu erinnern, um die Sätze vervollständigen zu können. Dann können sie die Texte zur Überprüfung heranziehen. In a) sind dabei *If*-Sätze zu vervollständigen, in b) die Hauptsätze, die das Resultat des Erfüllens der Bedingung angeben. Um die Satzmuster einzuschleifen, können Sie die S nach Lösen der Aufgabe auffordern, die Sätze zu formulieren, wobei ihnen nur noch das jeweilige Bild als Gedächtnisstütze zur Verfügung steht.
Lösungen:
If I *had* enough money, I'd visit you in the USA.
If we all *went* to the USA, it would be very expensive.
If I *had* time, I'd love to go to Germany.

b) Now guess these missing words. You can check them on page 82.
Lösungen:
If you came to Bend, we*'d take* you to the fair.
If you wanted, I*'d teach* you to ride.
If you came to Portland, we*'d pick* you up.

4 OVER TO YOU!
Aus den vielfältig trainierten Beispielen leiten die S die Regel ab und übernehmen sie in ihre Hefte.
Write the checkpoint in your exercise book and put in:
If-Satz: *if* + Simple Past   Hauptsatz: *would*/*'d* + verb

EXTRA PRACTICE

S. 116–119

WORTSCHATZ
S. 116: *dune • dune buggy*
S. 117: *enjoy • permitted • designated (area) • dressing • undressing • place • trash • trash can • alcoholic • beverage • drums • percussion • audio (device) • in the 1860s • take • land •* **baby** *• shown • away • war*
S. 118: *if-clause • type*
S. 119: *photocopier • user's guide • insert • battery pack • connect • cable • telephone line • plug in • power cord • by pressing • press • power button • paper • auto feeder • lift (v.) • cover (n.) • document • penfriend*

MEDIEN zweisprachige Wörterbücher

REVISION *Simple present / Simple past*

1 On the Oregon coast: Pick the right form – simple present or simple past.

Simple present und *simple past* werden kontrastiv gegenübergestellt.
Verweisen Sie vor der eigentlichen Übung durch die Übersetzung zweier Sätze vom Deutschen ins Englische noch einmal auf Gebrauch und Bildung der beiden Zeitformen sowie auf Signalwörter, die die Verwendung des Tempus erfordern. Entwickeln Sie gemeinsam mit den S folgendes Tafelbild:

Simple Present	Simple Past
Ich gehe oft ins Kino.	Ich war gestern im Kino.
I *often* go to the cinema.	*Yesterday* I went to the cinema.
verb (s: he, she, it – das "s" muss mit)	verb + ed / 2nd column irregular verbs
– to talk about something that happens regularly	– to talk about something that happened in the past
Signalwörter: always, usually, often, sometimes, never, every	Signalwörter: yesterday, last ···, ago, in 2004

Lösung:
Every summer lots of tourists *go* to the Oregon coast. It's beautiful. There *are* beaches, rocks and forests there. Last August Laura's family *took* Martin there for a weekend. The first day *was* sunny, so they *spent* lots of time on the beach. But on Saturday morning the weather *changed*. "The weather often *changes* suddenly here," the receptionist at the Sunset Motel *told* them. "I *have* an idea," Laura *said*. "I *want* to show Martin the Oregon Dunes." "Where are they?" Martin *asked*. "You'll see," Laura *answered*.

REVISION *Simple past / Past progressive*

2 Fun in the dunes

Es bietet sich an, mit Hilfe der Summary auf SB-S. 133 Gebrauch und Bildung des *simple past* und des *past progressive* zu rekapitulieren.

a) Put the verbs in the simple past.
Lösung:
left, saw, turned, shouted, looked, heard, saw, said

b) Now put these verbs in the past progressive.
Lösung:
was going, were sitting, were having, were shouting and laughing, was taking, were riding

3 Martin's e-mail
Martin is writing an e-mail to his family. He's telling Laura what's in the e-mail. Pick the main points and explain them in English.

Mit Hilfe der – immer mehr reduzierten – Satzanfänge sollen die S den Inhalt von Martins Mail an seine Eltern für Laura verständlich machen. Schritt für Schritt soll ihnen dies ohne Steuerung gelingen.

Lösung:
I'm writing that I'm on the Oregon coast with you and your family. It's fantastic here. We're staying at a small hotel. From my room I can see the sea. On the beach there are big dunes. When we were in the dunes, we saw "dune buggies". They are little cars and they drive on the dunes – fast. Today is my last day here in Oregon.

S.117

REVISION *Mustn't*

4 Beach rules
Lassen Sie die S sogenannte *false friends* nennen und wiederholen Sie gemeinsam die richtige Übersetzung z. B. von *become* (werden) im Gegensatz zu *get* (bekommen) oder *spend* (verbringen bzw. ausgeben) im Gegensatz zu *give/donate* (spenden). Verweisen Sie nun darauf, dass auch *mustn't* („nicht dürfen" – und nicht „nicht müssen") ein solcher falscher Freund ist:

a) Look at the sign. Find six things you mustn't do:
Lösungsvorschlag:
You mustn't make *fires*.
You mustn't bring *dogs to the beach*.
You mustn't use *drums or percussion instruments*.
You mustn't *drink alcohol*.
You mustn't *camp here*.
You mustn't *dress or undress here*.

b) SAY IT IN GERMAN
Pick three rules on the sign. Tell a partner what they mean.
Da dieses authentische Schild viel für die S unbekanntes Sprachmaterial enthält, sollten Sie den S die Benutzung eines zweisprachigen Wörterbuches ermöglichen. Erinnern Sie sie noch einmal daran, einen Wörterbucheintrag sorgfältig zu studieren, um die richtige Wortbedeutung zu finden.
Lösungsvorschlag:
Am Strand darf man nicht mit dem Auto fahren.
Ballspielen ist nur an bestimmten Orten gestattet.
Abfall muss weggeräumt werden.

PASSIVE

Das Passiv wird in zwei im Schwierigkeitsgrad steigenden Aufgaben geübt. Zunächst entscheiden sich die S für die korrekten Präsens- bzw. Präteritumsformen von *be*, um dann mit Hilfe der vorgegebenen Partizipien sinnvolle Sätze zu bilden. *Was/were* müssen entsprechend dem Subjekt zugeordnet werden.

5 Native American history
Put in *is, are, was, were*.
Lösung:
When Europeans first came to America, other people were already living there. In the past they *were* called *Indians* by the Europeans. Today these people *are* called *Native Americans*. But sometimes the name *Indians is* used today too. In the 1860s the east part of America *was* taken over by Europeans. The Native Americans *were* sent west. Then more Europeans *came* to America. So more land *was* needed. In the end reservations *were* established. The Native Americans *were* sent to these reservations.

- **6 A famous Native American.**
  Put in was/were and these verbs:
  Lösung:
  In 1829 a baby *was born* in Arizona. He *was called* Goyathlay. He was Native American. As a boy, he *was shown* how to hunt, ride horses and swim. One day when Goyathlay was away, white people came to his village and his family *was/were killed*. On that day Goyathlay's life *was changed*. Later, people gave him a new name – he *was called Geronimo*. He was angry with the white people because they took Native American land. So the Indian Wars started and many people were killed. Geronimo became very famous.

S.118

If-clauses (type II)

Die S begegnen hier den Hauptakteuren der Unit, Martin und Laura, wieder. Entsprechend der Verwendungsregel für das konditionale Satzgefüge II werden in drei Übungen Situationen vorgegeben, die rein theoretisch eintreffen könnten, aber doch eher unwahrscheinlich sind.

- **7 City dreams: Laura Russell lives in the country. But she often dreams of living in the city. Finish her dreams.**
  Sollten Ihre S Schwierigkeiten haben, das Prinzip der Übung nachzuvollziehen, weisen Sie sie darauf hin, dass es sich bei Lauras Träumereien um eine Kettenreaktion handelt.
  Lösungsvorschlag:
  2 If I lived in the city, I'd go *out with friends every evening*.
  3 But if I went out with friends every evening, *I would be very tired*.
  4 And if I was tired, *I wouldn't be good at school*.
  5 If I wasn't good at school, *I wouldn't get a good a job*.
  6 If I didn't get a good job, *I wouldn't make enough money*.
  7 If I didn't make enough money, *I wouldn't go out often*.
  8 If I didn't go out often, life in the city *wouldn't be interesting*.
  9 If life in the city wasn't interesting, I'd prefer *life in the country*.

- **8 Country dreams: Martin Maier dreams of living in the country –**
  in America. Look at the pictures and write about some of his dreams.
  Lösungen:
  If I lived in America, I would   *live in Bend and have a ranch – "Maier's Ranch".*
  often see Laura.
  go swimming and tubing.
  go riding and win the rodeo competition.
  have a cool car.
  If I lived in America, I wouldn't *eat hot dogs.*
  live in Portland.

- **9 Your dreams: Pick a or b and write a paragraph.**
  a) Imagine that you could live where you wanted.
  Lösungsvorschlag:
  I would live in Australia, in the country. I would live in a big farmhouse and I would have lots of animals. I would also grow vegetables. I would go for long walks with my family. I would have barbecues every weekend and invite all my friends. In my holidays I would go to the sea and I would go surfing.

  b) Imagine that you won a million euros.
  Lösungsvorschlag:
  I would save a lot of money and I would also give some money to my family. I would buy a fast car and a nice house in the mountains. I would visit the USA and I would travel from the east coast to the west coast and maybe spend a year there. But I would also give money to the poor and I would help children in Africa.

S.119

TEST PRACTICE

10 Instructions in English
Your neighbour has bought a new photocopier and a laptop for his office.
a) Which instructions (A/B) are for the photocopier, which are for the laptop?
Lösung: A is the instruction for the laptop, B is the instruction for the photocopier.

b) SAY IT IN GERMAN
Help your neighbour and explain the instructions.
Im Vorfeld übernehmen die S die Rolle von A bzw. B, um die Aufgabe in Partnerarbeit lösen zu können.
Lösungsvorschlag:
LAPTOP *Zuerst werden die Batterien eingesetzt und die Verbindung mit dem Telefonanschluss hergestellt. Dann wird das Stromkabel in die Steckdose gesteckt. Wenn der Laptop geöffnet ist, wird er durch Betätigen des „Power button" angeschaltet.*
PHOTOCOPIER *Zunächst wird der Kopierer eingeschaltet. Dann legt man das Papier in den automatischen Papiereinzug. Wenn die Abdeckklappe geöffnet ist, kann das zu kopierende Dokument aufgelegt werden. Jetzt wird die Abdeckklappe wieder geschlossen und der „Copy button" betätigt.*

11 SPEAKING
a) Talk about the picture.
– What can you see?
– What are the people doing?
Lösungsvorschlag:
I can see some people, I think, in an office, because there are computers, shelves and many books. They are all working, some are working at the computers, some are reading and two people are talking, maybe about something on the disc.

b) AND YOU?
– Would you like to work here?
– Why? / Why not?
– Where would you like to work?
Lösungsvorschlag:
I wouldn't like to work there because I don't like sitting in a room all day. Looking at the computer screen for hours is bad for your eyes and I think there would be a lot of noise in an office with so many people. I would like to work in a shop or a restaurant where I would meet lots of people every day. I already had a part-time job in a restaurant and I enjoyed it.

12 WRITING
Life in Germany
Lösungsvorschlag:
Max Mustermann
12 Musterstraße
12345 Musterhausen   *12th June , 20_ _*

Dear Lauren,
It's already been two weeks since I got your letter, thanks a lot.
You asked me about life in Germany. Let me tell you a little about it. Well, I live in Musterhausen, it's a small town near Musterstadt. My mum, dad and my little sister (and me, of course) live in a house with a garden and lots of pets. Sometimes life is really boring here, but the people are friendly and I have got lots of friends. We often go to Musterstadt together to do some shopping or sometimes we go to the cinema. I love films, and I also like skateboarding, reading and eating Italian food. School is sometimes OK, and sometimes not, but I like going to such a small school because I know everybody. I don't know if Germany is very different from the USA because I have never been to the States. For sure Germany is much smaller ;-) Maybe you can tell me about life in the USA in your next letter – that would be great.
Bye, Max

Workbook TAPESCRIPTS

Workbook zu New Highlight 4 • Copyright Cornelsen Verlag, Berlin

Workbook, page 8, Exercise 15

1

MAN	Could I make my next appointment with the dentist, please?
WOMAN	Sure, Mr Simpson.
MAN	Do you have anything at the end of May?
WOMAN	I have May 27th. Does that sound good?
MAN	Um … yes, that sounds OK. What time?
WOMAN	What about 3.30 pm?
MAN	Yes, that's fine.
WOMAN	Good. So we'll see you on May 27th at 3.30 pm. I've written it on a card for you.
MAN	OK. See you then. Bye.
WOMAN	Bye, Mr Simpson.

2

GIRL	Hey, Alexander!
BOY	Hey, Brianna! You like the Rangers, don't you?
GIRL	Yeah, they're my favorite band.
BOY	Well, there's a concert on August 16th. Do you want to go?
GIRL	Of course! And I don't have any plans for August 16th, so there's no problem.
BOY	It starts at 8 o'clock, I think.
GIRL	Fine. Where is the concert, anyway?
BOY	It's at Westfield Hall, so we can go by bus and get there before 8 o'clock.
GIRL	Great! How much are the tickets?
BOY	They're $35.
GIRL	$35? That's not too bad!

3

GIRL	Mom, it's parents' night at school next week.
WOMAN	It's what?
GIRL	You know, parents' night, when you go to the school and talk to my teachers.
WOMAN	Oh that. When is it?
GIRL	It's on Tuesday. That's April 10th. It takes place in the school hall.
WOMAN	Sorry, honey, but I'll be very busy at work on April 10th.
GIRL	But it's quite late. Your first appointment is at 8.15.
WOMAN	Oh, that's OK then. 8.15 is fine.

Workbook, page 18, Exercise 14

1

MAN	Hello.
GIRL	Hello. Can I speak to Chris, please?
MAN	I'm sorry, he isn't here. Who's speaking, please?
GIRL	It's Kayla. I'm a friend from school.
MAN	Can I take a message, Kayla?
GIRL	Yes, please. Can he phone me back tomorrow, please?
MAN	Sure. What time is best?
GIRL	(Er), … between 7 and 9.30 pm.
MAN	OK, no problem. Bye.
GIRL	Bye.

2

MAN	Hello.
BOY	Hi. Can I speak to Chris, please?
MAN	I'm afraid he isn't here. Is that Patrick?
BOY	Yes, it is, Mr Aitken. Um … I'm going out now – could you ask Chris to phone me back later, after 6 o'clock?
MAN	After six. Of course.
BOY	I'm having a party tomorrow. I hope he can come.
MAN	Oh, that's nice.

BOY	Can you give him my new cellphone number please? It's 0792-956-8217.
MAN	0792-956-8217.
BOY	That's right. Thanks a lot. Bye.
MAN	Bye, Patrick.

3

MAN	Hello.
GIRL	Oh hello, could I speak to Chris please?
MAN	I'm afraid he isn't here at the moment. Can I take a message?
GIRL	Yes, please. Can you tell him that Anne Dawson phoned?
MAN	Anne Thompson?
GIRL	No, Anne Dawson. D-A-W-S-O-N.
MAN	Sorry. Anne Dawson.
GIRL	Can he phone me back this afternoon between 3 o'clock and half past five?
MAN	Sure. Can I take your number?
GIRL	Yes, it's 310 …
MAN	310.
GIRL	171…
MAN	171.
GIRL	8015.
MAN	8015.
GIRL	Thanks very much.
MAN	You're welcome. Goodbye.
GIRL	Bye.

4

MAN	Hello.
WOMAN	Hello, can I speak to Chris Aitken, please?
MAN	I'm sorry, he isn't here at the moment. Can I take a message for him?
WOMAN	Yes, this is Angie from the dentist's. I'm afraid the dentist is ill, so we'll have to change Chris's appointment.
MAN	Oh, OK.
WOMAN	Can he come on August 14th?
MAN	Just a moment, I'll look on the calendar … Yes, August 14th is fine. At what time?
WOMAN	At 10.15 a.m.
MAN	OK, thanks very much.
WOMAN	Thank you. Bye.

Workbook, page 30, Exercise 17

1

WOMAN	Good morning, everybody. I have some news and announcements this morning, so listen carefully, please. The first thing is that your English class this morning will be in room 24, and not in room 30. That's English in room 24. Also, your math teacher, Mr Ramage, isn't at school today, because he's ill, unfortunately. But don't worry: he's given me some work for you!

2

WOMAN	There's a basketball match here on Wednesday after school. Our team are playing Gregor High – so come and watch the match and support our team. Is anyone in the class a cheerleader? You are, Martha? Cheerleaders have to meet in the gym before the match, at half past three. OK? Don't forget to bring your gear.

3

WOMAN	Finally, there will be special lessons in first aid in the summer holidays. If you're interested, meet in the medical classroom after school on Thursday. You can find out more information then. The classes will be free, and I think they'll be fun, too. ((school bell ringing)) Ah there's the bell. Have a good day, everybody!

Workbook, page 40, Exercise 15

1
MAN 1	Where do you live, Jenna?
GIRL 1	I live in Colville, Washington. I like outdoor activities, and this area is really good for hiking. I go every weekend with my family.
MAN 1	That sounds fun.
GIRL 1	Yes, there's a really beautiful forest just next to the town. It has lots of wildlife: black bears, grizzly bears, cougars, white-tail deer … You should go there.
MAN 1	Yes, it sounds great.

2
MAN 1	Alejandro, you live in Colville too, don't you? What do you think of it?
BOY	Actually, I think Colville is pretty boring.
MAN 1	Really? Why's that?
BOY	Well, I'm not like Jenna. I don't really like outdoor activities, and there's nothing for young people in the town. I'm looking forward to leaving school. Then I'll leave here and get a job in the city.

3
MAN 1	And do you live in Colville too, Jackson?
MAN 2	No, I'm on vacation here for two weeks. I actually come from Seattle.
MAN 1	Seattle?
MAN 2	Yes. It's a great city. It's the biggest city in the North-West. It's really good for going out in the evening. There are great places for eating: lots of restaurants and cafes. But you can easily spend a lot of money there!
MAN 1	Yes, I'm sure you can!

4
MAN 1	Jamila, you're Jackson's cousin, is that right?
WOMAN	Yes, I come from Seattle too.
MAN 1	It must be a great place to live.
WOMAN	Well, it's fine if you have lots of money – but I don't! I find it too expensive. Sure, there's a lot to do in the town center, but I never go there because I don't have the money. Also, I don't like the traffic and the smog. There's too much. I'd prefer to live in the country.

5
MAN 1	Where do you come from, Layla?
GIRL 2	I come from Hot Springs, Arkansas.
MAN 1	Arkansas? That's a long way from here! What is Hot Springs like?
GIRL 2	Well, the population is about 36 thousand. I think it's a good place to live. It's not too big. And every year, in June, there's a fantastic classical music festival, so it's very popular with tourists then.

Workbook, page 52, Exercise 19

1
Dialogue A
BOY	Why do so many tourists go to Florida?
GIRL	Well, they love the great theme parks.

Dialogue B
BOY	Why do so many tourists go to Florida?
GIRL	I think it's because the weather is so good.

Dialogue C
BOY	Why do so many tourists go to Florida?
GIRL	Probably because there are lots of fantastic beaches.

2
Dialogue A
BOY	What's the weather like in Florida?
GIRL	It doesn't rain very much.

Dialogue B
BOY	What's the weather like in Florida?

GIRL	It's good, but in summer we often get hurricanes.

Dialogue C

BOY	What's the weather like in Florida?
GIRL	It's warm and sunny all the time. It's great!

3

Dialogue A

BOY	What's the weather like in winter?
GIRL	It's fine. The temperature is about 12 degrees Celsius.

Dialogue B

BOY	What's the weather like in winter?
GIRL	It's good, actually. It never snows.

Dialogue C

BOY	What's the weather like in winter?
GIRL	I don't like the winter weather. I prefer the cold, then I can go skiing.

4

Dialogue A

BOY	What's Miami like?
GIRL	Well, I don't think it's so good for young people, because, (er) … What I'm trying to say is that there too many drugs.

Dialogue B

BOY	What's Miami like?
GIRL	Well, I don't like cities. There's too much … what's the word? … smog.

Dialogue C

BOY	What's Miami like?
GIRL	Actually, I think it's too dangerous. Crime is a big problem in Orlando – sorry, I mean Miami.

5

Dialogue A

BOY	Is Miami a good place for music?
GIRL	Yes, we had the MTV music awards here not long ago.

Dialogue B

BOY	Is Miami a good place for music?
GIRL	Yes, I've seen some great bands on stage here.

Dialogue C

BOY	Is Miami a good place for music?
GIRL	Yes, there's a big music festival here.

6

Dialogue A

BOY	Do you listen to music a lot?
GIRL	Yes, I do. I often buy new CDs from the music shop near my school.

Dialogue B

BOY	Do you listen to music a lot?
GIRL	Yes. And my family and friends usually give me CDs for my birthday.

Dialogue C

BOY	Do you listen to music a lot?
GIRL	Yes. I like downloading new music.

Workbook, page 62, exercise 19

BOY	Hi, Becca.
GIRL	Hi Tom. How are you?
BOY	I'm good. Did you have a good holiday in the USA?
GIRL	Yes, I was staying with my auntie. She went to live there last year. The holiday was really great – or should I say it was awesome! That's what all the American teenagers say. Everything is awesome!
BOY	Yes, they say that all the time on American TV programmes. So what did you think of the USA?
GIRL	Well, I liked it a lot. It's funny, everything's bigger than in Britain! The cars are bigger, the highways are bigger, even the sodas are bigger!

BOY	What exactly is a soda? It's a kind of drink, isn't it?
GIRL	Yes, that's just what Americans call fizzy drinks like lemonade. And do you know what? You can get free refills of soda in a diner!
BOY	Free refills? They should do that in cafes in Britain!
GIRL	Yeah they should. My auntie hired a car, and we drove for miles down the coast.
BOY	Don't you mean kilometers? They use kilometres in the USA, don't they?
GIRL	No, they don't. It's the same as Britain: they use miles, like we do. But the speed limit is a bit lower in the USA. On a highway, the speed limit in the USA is only 65 miles per hour, and it's 70 in Britain.
BOY	Americans don't drive on the left, like in Britain, do they?
GIRL	No, they drive on the right.
Boy	Did you go to school with your cousins?
GIRL	Yeah, that was cool. The teachers were really nice. And of course the kids don't wear a school uniform in American schools – it's much better.
GIRL	Yes, I'd prefer that. I think our uniform's really stupid!

MANHATTAN

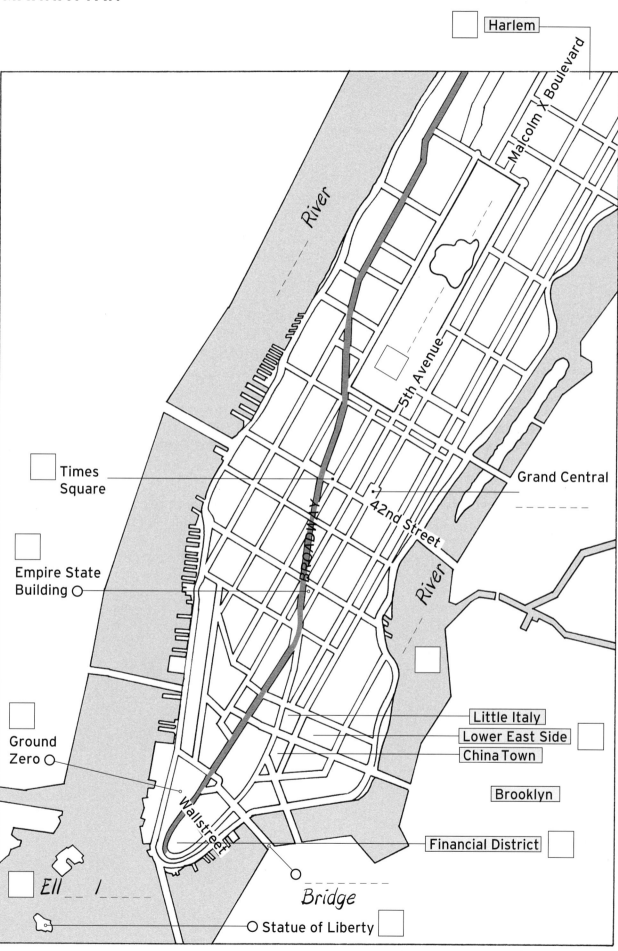

Make a poster
Cut out the information and match the text with a place on the map.
Then fill in the right number and glue the paper on the map.
Take a bigger piece of paper and glue everything on it.

1	2
In September 2001 planes flew into the skyscrapers of the World Trade Centre and they fell to the ground. This is the place where they stood. Soon a big new scyscraper will stand here.	These are immigrant neighbourhoods. People from many different countries live here. You find interesting food and shops here.
3	**4**
Seventy years ago, this neighbourhood was the cultural centre of this city.	About 17 million immigrants came through this island to the USA.
5	**6**
There are many Broadway theatres here. It's a very lively place.	This is a big park in the middle of Manhattan. All kinds of people come here to go jogging, to have picnics or to go for a walk.
7	**8**
From the top of this building you can see all of the neighbourhoods in the north and south of Manhattan. It is very famous.	Some say, this is the financial centre of the world. Until 2001, the two towers of the World Trade Center stood here too.
9	**10**
In 1886, this was a present from France to the United States.	This river has a lots of bridges that connect Manhattan with boroughs on the other side.

 potato chips

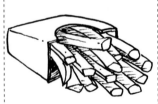 French Fries

 sandwich

 drinks

FEEDBACK SHEET – The Big Apple

This is interesting: _____
_____

This is a surprise: _____

I'd like to know more about _____
_____
_____

I think New York is

_____

➡ big • old • interesting • new • loud • cool •
boring • funny • exciting - busy • expensive •
cheap • famous • different • modern •
crowded • clean • safe • dirty • dangerous

What I like about New York: _____

What I don't like about New York: _____

My favourite place in New York is

_____

because _____
_____
_____
_____

Stick a photo of your favourite place here or draw it.

The first thing I would do/buy in New York: _____
_____

I'd like / I wouldn't like to live in a big city like New York because
_____
_____
_____
_____

FEEDBACK SHEET – The Big Apple

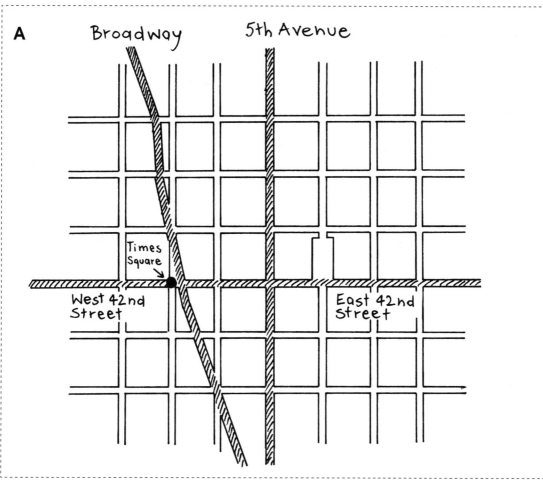

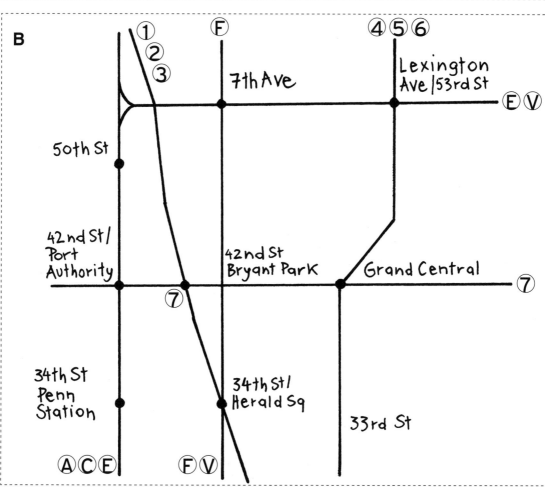

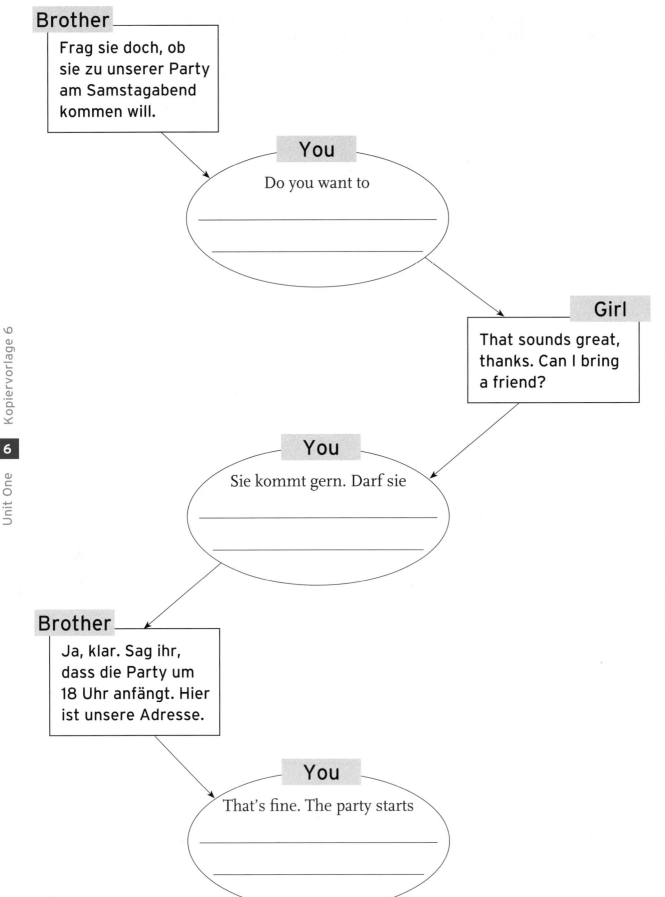

Some of these words have something to do with Los Angeles, others don't.
- Find the correct words and collect the underlined letters.
- Then use the letters to find out what California is called.

BEACHES

MOUNTAINS

EMPIRE STATE BUILDING

HOLLYWOOD

LOTS OF TRAFFIC

BIG CITY

SURFING AND SWIMMING

FLORIDA

MANY FAMOUS PEOPLE

RAINY WEATHER

PACIFIC OCEAN

ATLANTIC OCEAN

SUNSHINE

GOLDEN GATE BRIDGE

SMOG

EAST COAST

WOODFIRES

WEST COAST

NEW YORK

Collect all the underlined letters here and then put them in the right order:

G _ _ _ _ _ _ _ _ _ _

CALIFORNIA is also called the G _ _ _ E _ S _ _ T _

lines 1 to 12:

- [ ] a) Caitlin's father, Richard, wants her to go to the audition in Hollywood but she is feeling nervous. They get to Hollywood by car.
- [ ] b) Caitlin's father doesn't want her to go to the audition but Caitlin is very excited about it. They take the train to go to Hollywood.
- [ ] c) Caitlin's father, Mike, wants her to go to the audition in Hollywood but Caitlin doesn't want to go. They go to Hollywood by car.

lines 13 to 23:

- [ ] a) The two friends Lucas and Nina walk along the boardwalk carrying their surf boards. They sit on the grass and eat their sandwiches.
- [ ] b) The two friends Lee and Nina cycle on the boardwalk with their surfboards on their bikes. They sit on the grass where homeless people sleep and eat their sandwiches.
- [ ] c) The two friends Lee and Nina go surfing and afterwards they sit on the grass and eat sandwiches.

lines 24 to 30:

_____
_____
_____
_____
_____

ARIZONA	Garden State	The weather is always nice there.
CALIFORNIA	Evergreen State	Many tourists go to see the big canyon there.
FLORIDA	Sioux State	Many vegetables come from there.
NEW JERSEY	Sunshine State	An Indian tribe lived there.
NORTH DAKOTA	Golden State	You can find large forests there.
WASHINGTON	Grand Canyon State	People found gold there in 1848.

I won a ticket to see my favorite band! Nattalie, 16, won a ticket to see *My Chemical Romance*. And she met her hero, Gerard Way, the lead singer.	CD reviews Our teens recommend *The Pixies*, *Within Temptation* and the movie soundtrack for *The Chorus*.	A day that made a difference Mel Shin and her class went to Mexico for a day. They took food and clothes to orphans there.	Building hope When Christina, 17, went to New Orleans to help people build their homes again after Hurricane Katrina, it gave her a good feeling.
Is Disneyland uncool for teens? Is it only for young kids? Some people say yes. Some people say no. Write to us and tell us what you think.	Halloween tricks Three teen writers tell funny stories about this "scary" day: Fred (16), Katherine (17) and Stephanie (16).	TV or not TV? Could you give up TV for two weeks? No TV at home! No TV at friends' houses! Sue Li (16), Connie (16) and Nicole (15) try to do it.	Healthy and delicious We challenged L.A. Youth writers to turn a favourite meal into a healthy meal to show that cooking healthy food isn't hard, and that it can also be delicious.

FEEDBACK SHEET – At Sullivan High

This is interesting: _____
_____

This is a surprise: _____

I'd like to know more about _____

I think Sullivan High School is
_____
_____

> ➡ too big • old • very interesting • great •
> a good school • not a very good school •
> a good school if you ... like sports • want to
> have a medical job

What I like / I don't like about Sullivan High School:
_____

I'd like to be a student at Sullivan High School because
_____

I wouldn't like to be a student at Sullivan High School because
_____

Look at the photos on pages 38 and 39.
Which photo do you find the most interesting? Why? _____
_____

If you could take five pictures of YOUR school to present it to others,
what would you choose?

1 _____
2 _____
3 _____
4 _____
5 _____

> ➡ our classroom • the gym •
> the entrance • our football team •
> the cafeteria • the computer room •
> our headteacher • our schoolyard •
> the building from the outside

What do you think is the best thing about YOUR school? _____
_____
_____
_____

Presentation & feedback

Tipp: Strukturiere deinen Vortrag: Er sollte aus einer Einleitung *(introduction)*, einem Hauptteil *(main section)* und einem Schlussteil *(conclusion)* bestehen. Gestalte deinen Vortrag lebendig und interessant. Nutze dazu auch Mimik und Gestik. Mit Stichwörtern und Bildern hilfst du den Zuhörern, deinen Text zu verstehen. Sprich laut, deutlich und nicht zu schnell. Nimm Blickkontakt zu den Zuhörern auf.

Feedback grid

Make notes about the presentations you hear:
+ good
O o.k.
− not so good yet

name/topic	interesting	well-structured	used phrases for presentation	spoke clearly	spoke fluently	made eye-contact

AN AMERICAN EXCHANGE STUDENT

Mark is an exchange student from Chicago. You meet him in front of the school. He looks a bit lost.

You Say it in English:	Mark Read the sentences:
Frage, ob du ihm helfen kannst.	*Yes, thanks. It's my first day here and I'm looking for room number 38, class 8a.*
Sage ihm, dass du auch in die 8a gehst und ihm den Weg zeigen kannst.	*Oh that's great! Then we are in the same class.*
Stelle dich vor. Frage ihn nach seinem Namen und woher er kommt.	*I'm Mark and I'm from Chicago. Pleased to meet you.*
Sage ihm, dass er Glück hat: Du glaubst, dass diese Schule gut ist, und die Klassenkameraden sind nett.	*Oh great. I've heard many good things about the school already.*
Frage ihn, was seine Lieblingsfächer sind.	*My favourite subject is music and I also like history very much.*
Sage, dass es am Sonntag ein Schulkonzert gibt. Frage ihn, ob er mit dir dort hingehen möchte.	*Yes, that would be great! Where and when shall we meet?*
Schlage vor, dass ihr euch um 15.00 Uhr vor der Schule trefft.	*That sounds good! See you later.*

1 What is Candice thinking?

Before the game

After the game

2 Who could say what? Write down their names.

Foul!

Too bad! We're going to win.

Don't be sad.

It'll be a good game.

You played well – but you must move faster!

3 After the basketball game, April gives Candice a friendship book.
She asks her to write in it. Here are some of the questions.
What did Candice write? Fill it in for her:

My name: _____
My school: _____
My family: _____
_____
My hobbies: _____
What I like: _____
_____

That's me

What I don't like: _____
The best thing that has happened to me this month ...
_____
The worst thing that has happened to me this month ...
_____

DO'S AND DON'TS IN SCHOOL – FUNNY SIGNS

What are these signs telling you? Any idea?

_____   _____

Can you design some funny signs?

 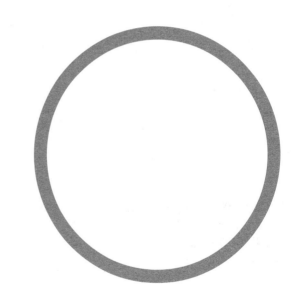

_____   _____

YOUR WASHINGTON HOLIDAY

1 Pick three places for your holiday in Washington and tell your partner about them.

Partner A   Partner B

_____   _____

_____   _____

_____   _____

> ➡ I want to go to … • I really want to see … • I must visit… • I'm dying to learn about …

2 Find a compromise.

_____

_____

_____

> ➡ 🙂 Good idea. • Fine. • I agree with you. • Me too.
>
> ☹ No way. • I don't like … • … is not interesting / exciting.
>
> 😐 OK, let's go to … then. • All right, we take … • How about going to …? • Do you like … better?

3 Talk about and write down your ideas. Use these sentence beginnings.

This is our trip to Washington:

First we want to go to _____

because we _____

_____

There we want to see / meet / visit / talk to / learn about / watch / have / go

_____

Then we want to _____

Our plan is to _____ there.

Last but not least we think _____

is a good idea because _____

That sounds fun, doesn't it? _____

FEEDBACK SHEET – The Evergreen State

This is interesting: _____
_____

This is a surprise: _____

I'd like to know more about _____

I think Washington is
_____
_____

> cool • interesting • exciting • amazing • boring • beautiful • different • clean • fantastic • wonderful • great • special ...

My favourite wild animal is _____

because: _____
_____
_____
_____

My favourite outdoor activity is _____
_____

I do it (where?) _____ (when?) _____

(why?) _____

When friends come to your home town, what places can you show them and what can you do? Make a list with ideas.

Where to go	What to do
• _____	• _____
• _____	• _____
• _____	• _____
• _____	• _____
• _____	• _____
• _____	• _____

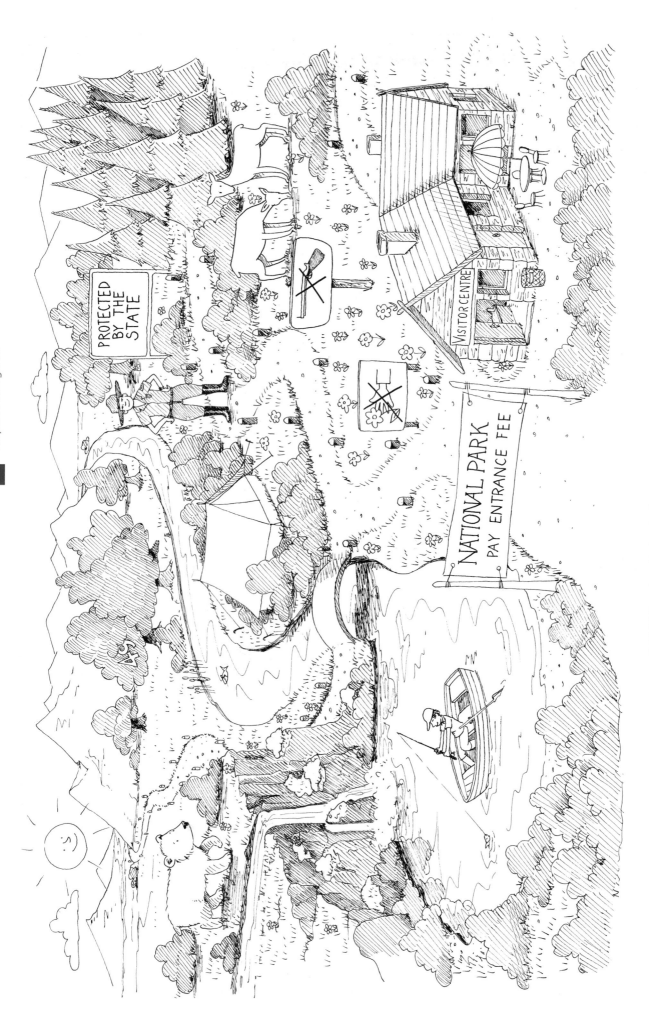

HOW TO PARAPHRASE
HOW TO SAY SOMETHING USING DIFFERENT WORDS

1 If you don't know a word, explain it.

You can ...   ... use a synonym:
"Little" and "small" are synonyms.

... use the opposite:
"Dislike" is the opposite of "like".

... find an umbrella term (and use "that"):
A "mobile" is a telephone (that you can use when you are not at home).

... give a situation:
When you are in a shop and you want to buy something
you need "money" to pay.

... use a definition:
A hundred years are a "century".

... find a word from the same "word family":
"Breakfast" is the noun, and "have breakfast" is the verb.

**2 OVER TO YOU!
Put in the right words:**

> ➔ smoker • very good • history and PE • for • grandparents

1 "Against" is the opposite of _____

2 "Excellent" and _____ are synonyms.

3 _____ are subjects you learn at school.

4 Your mother's parents are _____ .

5 "Smoke" is the verb and _____ .

6 Now pick another word and paraphrase it:

> ➔ week • flat • difficult • a paramedic

_____

_____

_____

_____

| A "living dictionary" | **PARTNER A** |

You have 10 new words on your list. For 5 words you have the German words too. These are "your" words. Explain your words to your partner, but don't use any German! Your partner must find the German words. Take turns.

1. roots — Wurzeln
2. tent —
3. drove — Vergangenheitsform von "fahren"
4. brought —
5. grandparents — Großeltern
6. uncle —
7. to prohibit — verbieten
8. Native American —
9. ate — Vergangenheitsform von „essen"
10. to hunt —

| A "living dictionary" | **PARTNER B** |

You have 10 new words on your list. For 5 words you have the German words too. These are "your" words. Explain your words to your partner, but don't use any German! Your partner must find the German words. Take turns.

1. roots —
2. tent — Zelt (to put up a tent)
3. drove —
4. brought — Vergangenheitsform von „bringen"
5. grandparents —
6. uncle — Onkel
7. to prohibit —
8. Native American — Ureinwohner Amerikas
9. ate —
10. to hunt — jagen

THE STORY OF FIDALGO AND ANACORTES

1 Match the words with the sentences. Put the right number in the box.

> ➡ came ☐ • 15 000 ☐ • Native Americans ☐ • 200 ☐ • a post office ☐ •
> 4 000 ☐ • businesses ☐ • Europeans ☐

1 10 000 years ago   *Who?*   _____ lived here.

2 1790   *Who?*   The first _____ came.

3 1790–1840   *Did what?*   Hunters _____ .

4 1876   *What?*   The town got a _____ and a name.

5 1890   *How many?*   _____ people lived in Anacortes.

6 1910   *How many?*   _____ people lived here.

7 1950–1970   *What?*   Lots of _____ came to town.

8 Today   *How many?*   About _____ people live here.

2 Listen to the CD and fill the gaps. Were your ideas right?

HOW TO WRITE A LETTER OF APPLICATION

YOUR ADDRESS
(but not your name)
THE DATE

NAME AND ADDRESS OF
THE PERSON YOU ARE
WRITING TO

STARTING PHRASE
1. Dear Mr/Ms/Mrs …
2. Dear Sir or Madam

THE MAIN PART OF THE LETTER:
– Explain why you are writing the letter.
– Introduce yourself.
– Make the people interested in yourself by naming hobbies and experiences you have already gained.

I saw your advert … and I would like to apply for …
I am interested in … I have some work experience …

ENDING THE LETTER
1. I'm looking forward to hearing from you.
2. Yours sincerely
3. Yours faithfully

Your signature
YOUR NAME (clearly typed at the bottom of the letter)

MY PAGE (New Highlight 4, page 68)

1 **When you read the text, write down at least four words you don't understand and look up the German meaning in the dictionary.**

Unknown words	German meaning
male	

When you've finished, check your partner's words (spelling, German meaning).

2 Complete the sentences:

When Ramon leaves school he w_____ .

I _____ to be a _____ .

3 What do you know about Ramon: Finish the sentences (page 68). Work with your partner.

1 Ramon's general interests: _____ , _____ , _____ and _____ .

2 Ramon's favourite music _____

3 Ramon plays the _____

4 He uses his computer to _____

5 He listens to music on _____

6 He listens to music when he does _____

7 He'd like to meet _____ because _____

8 He'd like to meet _____ too.

9 Yesterday he went to _____

FEEDBACK OF A LESSON

→ ☺ great • super • nice • fantastic • interesting

☹ ok • acceptable

☹ boring • stupid • bad

This lesson has been _____ , because _____

_____

○ I've learned a lot about …

_____

_____

○ The lesson was fun.

○ I liked … – the topic.
– the group work/the work with my partner.
– the writing.
– the story.
– the pages in the book.
– the presentation.
– the dictionary work.
– the talking to a partner.

○ I didn't like _____

○ I didn't like that … – some students were too loud. ☐
– my partner didn't work. ☐
– I didn't know many words. ☐

○ I haven't learned anything.

○ The lesson was too difficult for me.

Improvements
(Next time) we should:

• concentrate more on our work. ☐
• have more time for our work. ☐
• have all our things ready when the lesson starts. ☐

• _____

• _____

∘∘∘WINNERS∘∘∘WINNERS∘∘∘

MTV Music Awards

The winners get a_____

MTV Video Music Awards started in the year _____

Nominees and winners are presented by f_____ H_____
s_____

How many categories are there? _____
_____
_____

How many nominees are there in each category? _____

Who votes for the winners? _____

MTV viewers can vote in the category … _____

Madonna has won _____

American Idol

The winner gets a____ r_____ c_____

American Idol is the most _____
_____

It tries to find the best _____

The singers are _____

In the finals, the _____

The winner of the first American Idol was _____

Kelly Clarkson is a big _____

∘∘∘WINNERS∘∘∘WINNERS∘∘∘

WRITING A LETTER

AWARD COMPETITION

☞ Win a cell phone!

Write to Cell Phone Magazine.

Tell us which cell phone should win our "Favourite Cell Phone of the Year" award and why.

WRITING A LETTER

My favourite cell phone!

- Motosung A 300
- not very small, but …
- very good sound quality
- lots of storage space for pictures and music
- excellent built-in camera
- perfect quality of the display
- includes a palm computer

AWARD COMPETITION

☞ Win a teacher for a day.
He/she will do your homework for a day!

Write to My Teachers' Magazine.

Tell us which teacher should win our "Nicest Teacher of the Year" award and why.

WRITING A LETTER

My favourite teacher!

- always friendly
- never shouts
- can explain difficult things
- helps pupils
- always has time for us
- well dressed

AWARD COMPETITION

☞ Win a bus ticket for a year!

Write to Coach Driver Magazine.

Tell us which school bus driver should win our "Best Coach of the Year" award and why.

WRITING A LETTER

My favourite coach driver!

- always friendly
- never shouts
- helps disabled people
- says hello and bye, bye
- drives carefully/never has an accident
- says "sorry" when he is late

GOING WEST

Form groups of four or five. Imagine you are a family in the middle of the 19th century on your way to the west of the American continent. The mind map will give you some ideas.
Add your own ideas together with your partner's.

1. Together, introduce to your family:
   Who belongs to your family?
   Where are you from?
   What happened to you in the past?
   Why have you decided to move west?

2. Give everybody a role in your family.

3. Imagine your family left for the trip on **May 1th, 1852**.
   Note down the main events (about 6) that happened on your way.
   Add the dates. (Remember your ideas for page 80/81.)

4. Together, write the **father's diary entry** for the first day
   (= the day you left Independence).
   What did you take along?
   Who had which task?
   What were your feelings?
   (For diary entries use the past tenses!)

5. Write the other five diary entries on your own / at home / in the afternoon.
   Always remember which member of the family you are.
   Keep to the dates and the main events.
   Report what happened and how you felt about it.

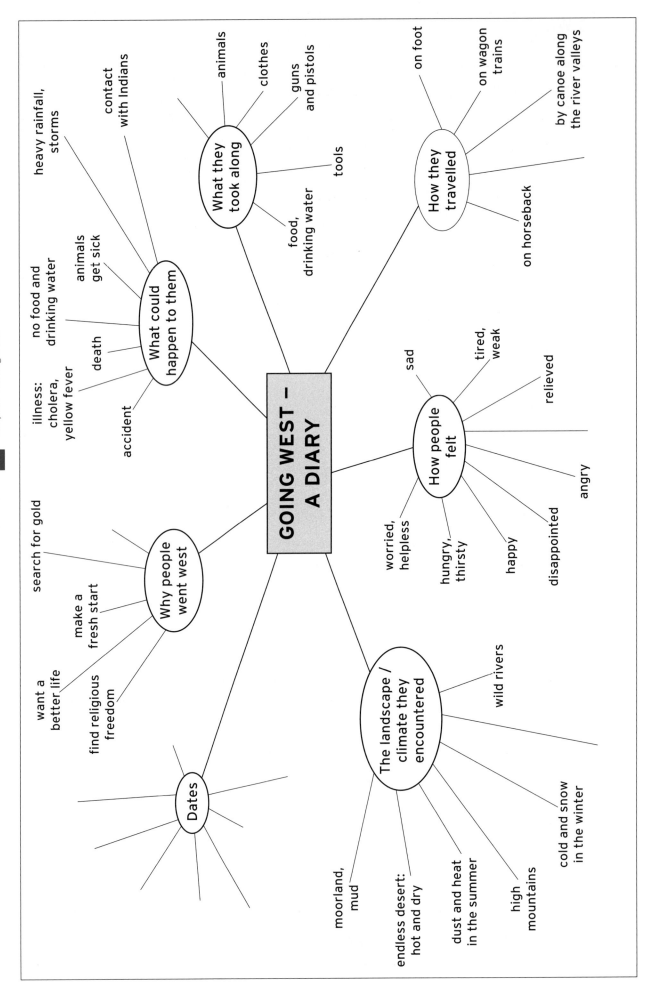

[flaɪt]	flight	
[ˈhaɪweɪ]	highway	
[ˈspiːd lɪmɪt]	speed limit	
[kɪˈlɑmɪtə]	kilometre	
[bɑːn]	barn	
[ˈtræktə]	tractor	
[ˈɔːlməʊst]	almost	
[ˈtɪpɪkl]	typical	
[ˈhɒt dɒg]	hot dog	
[dɪnə]	diner	
[ˈsəʊdə]	soda	
[ˌriːˈfɪl]	refill	
[ˈhəʊmsɪk]	(to feel) homesick	
[ɔːl]	all	
[ˌmɑːʃˈmæləʊ]	marshmallow	
[grɪl]	grill	
[ˈkrækər]	cracker	
[səˈpraɪzd]	surprised	

FIND SOMEONE WHO ...

	You ask	Name of your classmate
... thinks Dylan is funny.	Do you think that Dylan is funny?	
... doesn't like Laura.	Do you like	
... agrees with Martin that the Russells are nice.	Do you	
... thinks that the ranch is boring.		
... believes that Bend sounds fun.		
... thinks that Oregon is a great place.		
... enjoys reading stories and books.		
... doesn't like American food.		
... likes horse riding like Laura does.		

Maybe ...
- go rafting near Bend
- Dylan: fall into river

Maybe ...
- visit High Desert Museum
- talk to stagecoach driver in English

Maybe ...
- see Historic Downtown Bend
- buy presents

Maybe ...
- make a trip to the coast
- go whale watching

Maybe ...
- go on a weekend trip to West Coast Game Park
- watch animals

Maybe ...
- have a party with Laura's friends
- fall in love

Maybe ...
- help on the farm
- milk the cows

Maybe ...
- play disc golf
- Martin: best player

Maybe ...
- _____
- _____

Maybe ...
- _____
- _____

A report in which you give your personal opinion of a e.g. book or a film is

a _____ .

- Erwähne zunächst Autor und Titel des Textes (bzw. des Films), über den du schreiben willst.
- Schreibe, was du an dem Text (bzw. an dem Film) magst und was nicht. Erkläre warum.
- Verwende möglichst viele unterschiedliche Formulierungen, um deine Meinung auszudrücken. *(I think …/ I like … etc.)*

A statement in which you collect only the main points of something is

a _____ .

- Dein Text sollte die folgenden Fragen beantworten: *Was* geschieht *wem wo* und *wann*? Warum und wie geschieht etwas? *(What?/Whom?/Where?/When? Why?/How?)*
- Verwende als Zeitform das *simple present*.
- Vermeide in deinem Text Beispiele, Einzelheiten, direkte Rede usw.
- Gib nichts wörtlich aus dem Text wieder.

A book in which you write down what happened to you and how you felt about it is

a _____ .

- Beginne deinen Eintrag, indem du das Datum notierst.
- Schreibe in der Ich-Form.
- Benutze die *past tenses*, um über deine Erlebnisse zu berichten. (*I left …/ I was sitting* …etc.)
- Gib deine Gedanken und Gefühle wieder.

A letter that you write on and send via computer is an _____ .

- Beginne mit der Anrede der Person(en), der bzw. denen du schreiben willst. *(Dear …, …)*
- Verabschiede dich mit einer üblichen Grußformel. *(Take care, …/ Bye, … etc.)*

A text you produce to tell people about something and to make them interested in it is an _____ .

- Dein Text sollte ansprechend klingen! Verwende Adjektive wie *beautiful, wonderful, amazing, incredible, fantastic, awesome, attractive, excellent* …
- Überzeuge die Leser von dem, worüber du schreibst, so sehr, dass sie es haben wollen. *(You must buy it. / … watch the film /… read the book /… come and see the place).*
- Verwende *eye-catcher*, wo es sich anbietet. Fotos, Bilder, Farben usw. dienen als Blickfang.

WILD WEST HEROES

Name	Born	Died	Famous because	Biographical notes
Calamity Jane	_____ Missouri	1903 Dakota	She lived the hard life of the frontier men, she wore _____ drank a lot of alcohol, chewed tobacco and could use a gun.	– shot a barman for not serving whiskey to women – opened a saloon, worked as a prostitute and as a nurse
Billy the Kid	Ca. 1860 New York City or Indiana	1881 _____	He began his life as a criminal at a very young age, was shot when he was only 20 or 21.	– stole _____, killed four men, was arrested and escaped – could use both hands very well and was famous for his gun tricks
Wyatt Earp	1848 Illinois	_____ Los Angeles	He and his brothers fought against a gang on October 26th, 1881 in the famous gunfight at the OK Corral.	– had three wives, worked for the police, moved often – earned a lot of money because he was a good gambler and _____
Buffalo Bill	1846 _____	1917 Denver	He toured the whole world with his Wild West show with real cowgirls and cowboys.	– worked as a buffalo hunter and as a scout for the United States Army – founded a town named _____ in 1901

WILD WEST HEROES

Name	Born	Died	Famous because	Biographical notes
Calamity Jane	1852 Missouri	1903 _____	She lived the hard life of the frontier men, she wore men's clothes, drank a lot of alcohol, chewed tobacco and could use a gun.	– shot a barman for not serving whiskey to women – opened a _____, worked as a prostitute and as a nurse
Billy the Kid	Ca. 1860 New York City or Indiana	_____ New Mexico	He began his life as a criminal at a very young age, was shot when he was only 20 or 21.	– stole _____ horses, killed _____ men, was arrested and escaped – could use both hands very well and was famous for his gun tricks
Wyatt Earp	1848 _____	1929 Los Angeles	He and his brothers fought against a gang on October 26th, 1881 in the famous gunfight at the OK Corral.	– had _____ wives, worked for the police, moved often – earned a lot of money because he was a good gambler and he found gold
Buffalo Bill	1846 Iowa	_____ Denver	He toured the whole world with his _____ with real cowgirls and cowboys.	– worked as a buffalo hunter and as a scout for the United States Army – founded a town named "Cody" in 1901

WILD WEST HEROES

Name	Born	Died	Famous because	Biographical notes
Calamity Jane	1852 Missouri	_____ Dakota	She lived the hard life of the frontier men, she wore men's clothes, drank a lot of alcohol, chewed tobacco and could use a _____.	– shot a barman for not serving whiskey to women – opened a saloon, worked as a prostitute and as a nurse
Billy the Kid	Ca.1860 _____	1881 New Mexico	He began his life as a criminal at a very young age, was _____ when he was only 20 or 21.	– stole horses, killed four men, was arrested and escaped – could use both hands very well and was famous for his gun tricks
Wyatt Earp	_____ Illinois	1929 Los Angeles	He and _____ fought against a gang on October 26th, 1881 in the famous gunfight at the OK Corral.	– had three wives, worked for the police, moved often – earned a lot of money because he was a good gambler and he found gold
Buffalo Bill	1846 Iowa	1917 _____	He toured the whole world with his Wild West show with real cowgirls and cowboys.	– worked as a _____ and as a scout for the United States Army – founded a town named "Cody" in 1901

MY READING LOG – *Isn't technology awesome?*

Say what the story is about:

_____

_____

Write what Taylor and Alexa are thinking and saying in the pictures.

THINGS CAN GO WRONG ...

Match the activities (on the left) to what can go wrong (on the right).
Draw a line.

You want to get up early in the morning.	"Sorry, no drinks. Machine out of order."
You want to use the photocopier.	You eat your sandwich alone. Nobody talks.
You want to browse the internet to find information.	It doesn't stop copying and makes too many copies.
You want to buy a drink from the drinks machine.	The alarm clock doesn't ring.
You want to scan pictures.	It's not charged up!
It's your lunch break. You want to talk to your colleagues.	The scanner uses a software you don't know.
You wait for a text message on your cellphone.	The computer crashes.

In what kind of job do you think these things happen?

_____

If these things go wrong, what kind of day do you have?

_____

What do you think the story is about?

_____

ROLE-PLAY 10
Partner A – **YOU START!**
You're a student at school.

Questions to an exchange student:
1. plans for Sunday afternoon ?
2. want to / come / party?
3. in my garden
4. 4 pm / sausages, bread and …
5. bring / some fruit?

ROLE-PLAY 10
Partner B – **YOU DON'T START!**
You're a new exchange student.

Answers from an exchange student:
1. no / not really
2. thanks / where / party?
3. when / should I …?
4. bring / anything ?
5. OK / thanks for … / see you …

ROLE-PLAY 11
Partner A – **YOU START!**

Phone a friend.

You call Peter. He's not at home.
1. Hello. Can / speak to / Peter?
2. When / be back?
3. Can / phone me back?
4. / Karen. /
5. My number / 545-382-406./
6. Thank you very much. Bye

ROLE-PLAY 11
Partner B – **YOU DON'T START!**

Answer the phone.

You're Peter's father. Peter's not at home.
1. Hello.
2. Oh / isn't here. He's / at / beach.
3. After / 5 p.m. Can / take message?
4. No problem. I'll write down / your name and number. So, you're …?
5. / your number is…?
6. I'll / tell him / call you.
7. You're welcome. Bye.

ROLE-PLAY 12 ●	ROLE-PLAY 12 ●
Partner A – **YOU START!**	Partner B – **YOU DON'T START!**
SAY IT IN ENGLISH	SAY IT IN ENGLISH
Phone a friend.	Answer the Phone.

You call Katie on her mobile.
She's not at home.
1. Du bist erstaunt, dass Katies Mutter ans Telefon geht. Sage, dass du mit Katie sprechen möchtest.
2. Sage, dass du verstehst und dass es nichts ausmacht.
3. Sage ja. Sie soll dich zuhause anrufen. Deine Telefonnummer lautet 554-240-718.
4. Du bedankst dich und verabschiedest dich.

You're Katie's mum.
A friend calls.
1. Melde dich am Telefon. Sage, dass Katies Mutter am Telefon ist.
2. Sage, dass es dir leid tut. Katie hat ihr Mobiltelefon zuhause vergessen. Sie ist gerade nicht zuhause.
3. Frage, ob du ihr etwas ausrichten kannst.
4. Sage, dass das in Ordnung ist und kein Problem. Du richtest es Katie aus.
5. Verabschiede dich.

la France
de National Geographic

la France
de National Geographic

La France *de* National Geographic. La France *et* National Geographic. Si ce livre a capturé la France et les Français d'aujourd'hui, les relations entre NG et notre pays sont anciennes et profondes. Le magazine que nous connaissons aujourd'hui a, depuis sa fondation en 1888, « couvert » la France, son histoire, ses hauts faits comme ses aspects les plus modestes, et fait appel régulièrement à nos compatriotes.

En 1896, la géographie française fait des débuts un peu arides dans les pages du magazine avec une série d'articles consacrés à la Seine, la Meuse et la Moselle. Puis viennent des enquêtes sur les Acadiens ou encore l'expansion coloniale française. Ce sont en général de très longs sujets enrichis de cartes. Mais le premier vrai reportage sur notre pays est titré *Brittany, the land of the sardine*, et date de 1909. Pour la première fois dans National Geographic, notre pays est présenté en photos, noir et blanc bien sûr. Il s'agit d'images très émouvantes d'une Bretagne d'un autre temps, où les hommes semblent vivre perpétuellement en ciré, la pipe à la bouche et portant tous d'avenantes moustaches, tandis que les femmes en robe noire arborent l'inévitable coiffe.

Ce premier reportage photo est l'ancêtre de dizaines d'autres, qui feront découvrir villes et régions de notre pays, à commencer évidemment par Paris. Toutefois, l'intérêt que porte National Geographic à l'Hexagone atteint réellement son apogée en 1989. En juillet de cette année-là, le magazine sort un numéro spécial, uniquement consacré à la France, à l'occasion du Bicentenaire de la Révolution. Ce sera l'une des très rares fois où National Geographic aura consacré un numéro entier à un pays. Celui-ci passe en revue l'histoire des deux siècles qui ont précédé, brosse au passage un portrait de la révolution industrielle, et montre que les Français modernes on cessé de camper sur des barricades et de décapiter les rois. Les sans-culottes ont laissé la place aux

Avant-propos

par François Marot
Rédacteur en chef du magazine National Geographic France

étudiants intello-chics et l'échafaud aux TGV. Mais au-delà du simple portrait d'un pays et de ses régions, le magazine a puisé chez nous des talents qui ont parfois nourri son contenu. Ainsi, en 1931 et 1932, l'un des patrons du journal, Maynard Owen Williams, suit-il la célèbre Croisière jaune de Georges-Marie Haardt. En exclusivité pour les États-Unis, il partage leurs exploits entre Beyrouth et Pékin et témoigne de leurs souffrances. Il écrit : « Le mérite du succès revient à ces valeureux Français dont j'ai eu le privilège d'observer et de partager le combat. Vivre avec ces hommes, les voir en action, participer à la relation de leur exploit fut la plus belle aventure de ma vie. » Plus tard, dans les années 1960, un autre Français sera ainsi soutenu et apprécié par National Geographic : le commandant Cousteau. C'est grâce à ses travaux dans le magazine qu'il deviendra célèbre aux États-Unis et, à partir de là, dans le reste du monde.

Mais cette relation étroite et régulière s'affirme doublement par le travail en commun réalisé à partir d'octobre 1999, date de lancement du magazine en France, et par l'ancienne relation qui existe entre le National Geographic Magazine et de nombreux photographes français. Citons entre autres : les Michaud en Asie centrale dans les années 1960, Bruno Barbey, Eric Valli, ainsi que, plus récemment, Reza et Alexandra Boulat. Tous ont contribué à leur manière à apporter une *french touch* au magazine. Après tout, n'est-il pas logique que le pays qui a inventé la photo fournisse des photographes à l'un des plus grands magazines de photojournalisme ?

D'ailleurs, l'ouvrage que vous tenez entre les mains a été réalisé par ces photographes-là et par leurs camarades américains, comme David Alan Harvey et Alex Webb, qui ont apporté à leur tour leur talent à cette production française. Ils vous offrent ce que National Geographic sait faire depuis un siècle : un arrêt sur images sur un pays que vous pensiez connaître.

La France est un pays où il est possible d'entrer par sept portes différentes. Quand on a admiré ses monuments, été séduit par ses paysages et que l'on s'est laissé griser par la trépidation de ses grandes villes, il reste un monde plus secret à explorer, demandant plus d'effort pour être pénétré. Il y a soixante millions de versions différentes de ce que contient cet univers intime, parce qu'il existe en France autant de minorités qu'il y a de personnes, et qu'elles ne se comprennent pas forcément. Il faut donc les approcher chacune individuellement pour découvrir ce qui allume cette petite lumière dans leurs yeux.

Tout d'abord, il est nécessaire de préciser ce que chacun entend par l'expression «joie de vivre». La civilisation française est une invention ayant pour but de rendre les hommes vivants dans chaque partie de leur corps et de leur esprit. L'homme idéal pour la femme française est quelqu'un qui avant tout la fait rire, mais quatre sur cinq des femmes interrogées ajoutent qu'il ne doit pas ressembler à leur père. Les Français sont perpétuellement en quête de nouvelles sources d'amusement. Leur soif pour de nouveaux genres de plaisirs est aussi insatiable que leur appétit pour de nouveaux styles de cuisine. Même les figures graves des membres du gouvernement ou des hommes d'affaires ne sont souvent qu'un masque derrière lequel se cachent d'imprévisibles passions. Le plus grand privilège qui soit est de voir quelqu'un se montrer sans son masque.

L'amour du bien-vivre dépasse la simple quête de jouissances grâce à de plus subtiles ambitions. L'intelligence est la seconde porte pour entrer en France. Dans quel autre pays trouve-t-on autant de gens se réclamant du titre d'intellectuel? Dans quel autre pays l'intelligence est-elle admirée par-dessus toutes les autres vertus? Néanmoins, cela n'est pas sans poser quelques

Préface
par Theodore Zeldin

problèmes. Le débat d'idées est un sport national. Mais de même que certains sportifs prennent des stimulants, les personnes qui aspirent à être des intellectuels se gargarisent volontiers de locutions à la mode qu'ils ne comprennent pas toujours, mais qui à coup sûr les rendent incompréhensibles. En Angleterre, il est risqué de montrer son intelligence, et bien des hommes restent terrorisés devant une femme intelligente. Ici, France Culture demeure un témoignage indéniable du prestige de l'esprit, et il est significatif que cette radio soit présidée par une femme.

La troisième porte pour pénétrer le cœur des Français est l'amour. Il y a de cela une génération, deux tiers des hommes pensaient que le sexe était la base de l'amour, tandis que la moitié des femmes étaient d'un avis contraire. Aujourd'hui, la vie de famille, soudée par l'affection, représente plus que jamais le but suprême. Les Français aiment davantage leurs enfants que par le passé, quoiqu'ils les comprennent moins bien. En revanche, leurs griefs au sujet des pièges de l'amour n'ont jamais été aussi forts. Est-ce que ce sont les mêmes qui disent préférer un bon livre à la bagatelle ou plus aimer leur animal que le sexe ? La quête d'une relation amoureuse idéale est devenue l'une des préoccupations principales de ce peuple. Chacun veut être aimé pour des raisons qui lui conviennent, qui lui sont propres. L'amour repose de plus en plus sur une conversation intime où deux personnes s'écoutent parler l'une l'autre et apprennent à se respecter.

La plupart des Français reconnaissent être égoïstes. Pourtant, l'homme qu'ils admirent le plus est l'abbé Pierre, qui s'est donné pour mission d'aider les plus pauvres. La générosité est la quatrième porte qui conduit en France, car la France est essentiellement une idée, une croyance dans le fait que l'homme est perfectible et a besoin d'être amélioré. À l'extérieur, Médecins sans Frontières est à juste titre son institution la plus célèbre, aussi modeste soit-elle au point de vue du nombre de ses membres. Toute l'histoire de la France s'est construite sur un inextinguible espoir, même aux jours les plus sombres. La Déclaration des Droits de l'Homme s'appliquait à tous les êtres humains, non aux seuls Français. Durant le Bicentenaire de la Révolution, le défilé commémoratif fut mené par des étudiants chinois afin de rendre hommage aux morts de la place Tienanmen. Les Français se sont toujours cherché des modèles à l'extérieur ; leurs penseurs ont ainsi successivement idéalisé l'Angleterre au XVIIIe siècle, l'Allemagne au XIXe, la Russie soviétique et la Chine de Mao au XXe. Quant aux États-Unis, les Français ont toujours oscillé à leur égard entre fascination et répulsion. La générosité incline l'esprit à prendre les autres en compte.

L'élégance est le cinquième plaisir qui, en France, tend à rendre chaque acte et chaque objet susceptible d'être admiré. Admirer est un plaisir. L'élégance n'est pas un luxe, à moins d'entendre par là ce que Proudhon définissait comme l'art de se nourrir soi-même par la peau, par les yeux, par les oreilles, par le nez, par l'imagination et par la mémoire. Elle signifie plutôt que l'on s'efforce de devenir un être complet, ayant le temps de parfaire chaque aspect de sa personnalité. Le culte français de l'élégance perpétue la tradition de l'artisan apposant sa marque personnelle sur son ouvrage, de telle sorte que les objets ordinaires deviennent presque des êtres humains, fiers, indépendants et tous différents. L'élégance des femmes françaises est inspirée par cette attitude, celle d'une subtile affirmation de soi à travers des modes ne devant jamais être dictatoriales. L'élégance signifie aussi que l'on ne soit pas pressé, mais à même de savourer les plaisirs de chaque instant, de chaque aube, de chaque saison. L'argent à lui seul ne peut acheter l'élégance.

La langue française est la sixième porte. Bien que des millions d'étrangers soient tombés amoureux de ses rythmes et aient été éblouis par sa littérature, les Français ont fait l'erreur de croire que leur langue pouvait lutter contre la demi-douzaine d'autres grands idiomes parlés dans le monde sur la seule base de ses mérites esthétiques. L'anglais n'a pas triomphé à cause de sa beauté, mais parce qu'il est devenu la langue des affaires. Les Français aiment donc à la fois leur langue et sont profondément inquiets à son sujet. Mais ils ont tort d'essayer de la défendre. Ils feraient mieux de passer à l'offensive. La résistance à la domination de quelque langue que ce soit restera longtemps forte, aussi devraient-ils se faire les partisans du multilinguisme. Les récentes découvertes sur le cerveau montrent que les très jeunes enfants sont capables d'apprendre très facilement plusieurs langues. C'est un crime de ne pas leur permettre d'utiliser ce talent. Les écoles maternelles françaises jouissent internationalement de la plus haute réputation et devraient aller s'établir dans le monde entier, démocratisant ainsi la tradition des gouvernantes françaises, qui enseignaient jadis la langue de Molière à toute l'aristocratie européenne. Elles seraient multilingues, faisant du français l'instrument grâce auquel les jeunes auraient la possibilité de s'ouvrir également à d'autres civilisations. Cet épanouissement de talents linguistiques pourrait donner à la France une vision plus claire de sa mission : rendre les hommes aptes à découvrir toute l'étendue de leurs capacités, réconcilier les ennemis de toujours, être enfin un pont entre l'Occident et l'Islam.

La porte la plus large pour entrer en France est la liberté. La France est un pays libre, où les gens pensent constamment à leur liberté, ne sachant jamais sur quel point ils en ont trop peu ou en ont trop. C'est cette incertitude qui les préserve de toute vanité ou d'une quelconque complaisance dans le bien-vivre que mènent beaucoup d'entre eux. Sont-ils libres de se promener sans crainte dans les rues la nuit ? Ils ont conscience que la route est longue pour se libérer de leur peur : peur de la violence, de la solitude, de l'incapacité à répondre aux attentes des autres, ou de se décevoir soi-même. Et ils réalisent qu'à moins de savoir qu'en faire, la liberté peut être une source terrible d'angoisse.

Voilà pourquoi, quand on a ouvert toutes ces portes, on trouve encore d'autres portes, et des surprises sans fin…

Copyright © 2004 Theodore Zeldin.

Sommaire

La France

	à l'ouvrage	12
	qui paresse	58
	à la plage	92
	aux champs	130
	au cellier	174
	à table	224
	en fête	268
	en piste	310
	en prière	330
	qui en jette	378
	en portraits	410

En couverture : à Montsoreau, Maine-et-Loire (photo D. A. Harvey).
En 4e de couverture : affinage du comté à Saint-Antoine, Doubs (photo S. Franklin) ; criée aux poissons à Marseille (photo J-C. Coutausse) ; à Arles, en Camargue (photo J-C. Coutausse) ; coucher de soleil au Touquet, Pas-de-Calais (photo H. Gruyaert).
Page de gauche : en amont des gorges de l'Ardèche, place du village de Vallon-Pont-d'Arc, Rhône-Alpes (photo O. Föllmi).

La France

à l'ouvrage

La France à l'ouvrage

par Perrine Le Roy-Michon

Depuis 30 ans, les Français ont vu leurs métiers évoluer, leur répartition par secteur d'activité se modifier et leur rapport au travail changer. La métamorphose majeure concerne la population agricole, qui s'est totalement effondrée, jusqu'à devenir ultraminoritaire parmi les actifs : elle représente aujourd'hui moins de 4 % de la population active contre encore 10 % en 1975. Les agriculteurs ou les pêcheurs qui se sont maintenus le doivent souvent à une spécialisation poussée dans une production donnée, dont la qualité a assuré la réputation nationale, voire internationale. Ainsi les pêcheurs de la baie de Saint-Brieuc se sont spécialisés dans les coquilles Saint-Jacques, tandis que les élevages d'huîtres ou de moules font la réputation de la baie du Mont-Saint-Michel. Ailleurs, l'agriculture peut faire partie intégrante de l'identité régionale : des productions de grande qualité comme les noix ou les truffes du Périgord, ou très spécialisées comme la culture du tabac dans le Bergeracois, donnent au monde agricole un poids important en Aquitaine, où les

ALAIN KELER

PAGE PRÉCÉDENTE : si le Mont-Saint-Michel dépend aujourd'hui de la région administrative de la Normandie, sa baie est en grande partie bretonne. De Cancale à Saint-Benoît-des-Ondes, du Vivier-sur-Mer à Cherrueix, la baie perpétue les traditions d'élevage des huîtres et des moules, mais aussi de la pêche à pied.

agriculteurs sont encore deux fois plus nombreux que dans le reste de la France. Dans les zones de montagne, comme en Savoie, certains fromages bénéficient de labels de qualité qui permettent le maintien d'un savoir-faire local.

Parallèlement, cette période est marquée par la chute de l'emploi industriel : plus de 2 millions de postes ont été perdus en 25 ans, ce qui représente la disparition du tiers des effectifs du secteur secondaire. S'il s'avère qu'une partie de ces pertes est due à l'externalisation de certaines tâches relevant en réalité du secteur tertiaire (nettoyage, comptabilité), cette métamorphose du monde du travail se traduit par des mutations profondes et par la disparition de certains emplois et l'émergence de nouveaux. Ainsi, les professions intermédiaires, cadres ou professions intellectuelles, se sont-elles largement développées au détriment des catégories non salariées et des ouvriers. Parmi ceux-ci, ce sont surtout les emplois d'ouvriers non qualifiés qui ont disparu, avec le développement des processus d'automatisation.

L'appareil productif français se caractérise par un émiettement très marqué. On compte 200 000 entreprises en France, dont un dixième seulement emploie plus de 20 salariés, et on recense près de 300 000 établissements industriels. Près d'un tiers de ces établissements sont des ateliers artisanaux qui n'emploient pas de salariés et la moitié sont de petites unités qui en comptent moins de 10. En 1998, l'artisanat comptait 790 000 inscrits au répertoire des métiers. Leurs effectifs représentent 2,3 millions de personnes, soit 10 % de la population active. La place de l'artisanat est prépondérante dans le bâtiment et les services (taxi, coiffure), 19 % des artisans exercent leur activité dans la production (métaux, textile, imprimerie) et 13 % dans l'alimentation (boucherie, boulangerie). Plus de la moitié des plombiers, menuisiers, peintres travaillent seuls. Les entreprises artisanales sont nombreuses dans des régions fortement industrialisées (Franche-Comté, région parisienne, Rhône-Alpes) ou, au contraire, dans les régions restées à l'écart de la grande industrie (Languedoc-Roussillon). Les PMI (de 10 à 499 salariés) sont surtout présentes dans les industries de biens de consommation. Elles exercent une activité indépendante, ou, plus fréquemment, travaillent comme sous-traitantes, notamment dans le secteur des biens équipements, de l'automobile et de l'habillement. Les grands groupes français sont peu nombreux et l'industrie française possède des fragilités structurelles qui la handicapent sur le marché mondial, surtout vis-à-vis des États-Unis, du Japon ou de l'Allemagne. Les grandes usines sont devenues très rares depuis le choc pétrolier de 1973 : on dénombre aujourd'hui moins de 300 usines de plus de 1 000 salariés (Peugeot à Sochaux, Mulhouse et Poissy, Michelin à Clermont-Ferrand, l'Aérospatiale à Toulouse, la DGA à Brest et Toulon). Cette régression s'explique par le développement de la robotisation et la recherche d'une plus grande flexibilité, qui exige des unités de production plus petites, travaillant en flux tendus. Le déclin des grosses usines concerne surtout les secteurs de l'énergie, des biens intermédiaires et des biens d'équipement (houillère, textile).

Malgré la contraction des effectifs, l'industrie est très présente dans les échanges extérieurs. Le solde industriel a connu un redressement spectaculaire et affiche un excédent depuis 1992. Si les constructions aéronautiques et ferroviaires occupent une place très dynamique, grâce aux ventes d'Airbus et de TGV, les équipement électriques et électroniques pâtissent d'un solde déficitaire, soumis qu'ils sont à la forte concurrence des Japonais et des Américains. En revanche, les exportations agroalimentaires couvrent à elles seules près de la moitié du déficit énergétique de la France. Il faut toutefois noter que ces exportations sont le fait d'une minorité d'entreprises : les grands groupes sont responsables de la moitié des ventes, alors qu'ils ne représentent que 1 % du nombre total d'entreprises.

En un demi-siècle, l'espace productif a profondément changé. La ligne Le Havre-Marseille, qui depuis la révolution industrielle séparait une France de l'est fortement industrialisée d'une France de l'ouest sous-industrialisée, a aujourd'hui perdu de sa netteté. En 1954, les grandes régions industrielles sont concentrées à l'est de cette ligne fictive. Ce sont les bassins miniers du Nord, de Lorraine et du pourtour du Massif central, qui sont devenus aujourd'hui de « vieilles régions industrielles », suite à la crise de leurs industries traditionnelles (textile, charbon, sidérurgie). Les grands ports (Marseille, Rouen, Le Havre), dont le développement a reposé sur les importations de produits coloniaux ou de pétrole, ont également connu des difficultés, mais certains d'entre eux, comme Saint-Nazaire, ont su se reconvertir : les Chantiers navals de l'Atlantique ont renouvelé leur carnet de commandes grâce à la construction de paquebots de croisières, et Saint-Nazaire est devenu le 2e pôle aéronautique français grâce à sa participation à la construction des Airbus (A 380). Le port de Cherbourg s'est spécialisé dans la fabrication des sous-marins nucléaires, mais la vitalité de l'Arsenal dépend des commandes militaires, qui pâtissent aujourd'hui de la réduction des budgets. Enfin, Paris qui constituait une grande capitale industrielle, avec des bastions tels que l'automobile, la construction électrique ou l'aéronautique, a perdu la quasi-totalité de ses emplois de fabrication, qui ont laissé place à d'immenses friches dans le tissu de l'agglomération parisienne (usines Renault sur l'île Seguin, à Boulogne-Billancourt). La capitale demeure toutefois le centre directionnel de l'industrie française, avec le maintien des emplois de conception, de gestion et de marketing.

Dans le même temps, les politiques de décentralisation industrielle impulsées par l'État, à partir de 1955 dans le cadre du 2e Plan, puis à partir de 1963 avec la création de la DATAR, ont entraîné une poussée de l'industrie vers l'ouest et un rattrapage de régions jusque-là sous-industrialisées (Normandie, Pays de la Loire, Bretagne, Poitou-Charentes, Aquitaine). Cette politique d'aménagement du territoire reposait sur un double dispositif, à la fois incitatif et coercitif. La création d'entreprises en région parisienne était subordonnée à un agrément administratif, tandis que des primes à l'emploi, des avantages fiscaux et des aides à l'investissement étaient offerts aux entreprises qui acceptaient de se localiser en province. Citroën est ainsi allé s'implanter à Rennes, créant plusieurs milliers d'emplois sur le site de La Janais. Le Grand Ouest a été pour sa part l'un des principaux bénéficiaires de cette politique de décentralisation. Quant aux métropoles du Midi qui, dans l'entre-deux-guerres, avaient tiré profit de leur éloignement des frontières du nord et de l'est et avaient vu s'implanter des industries stratégiques, (notamment l'aéronautique à Toulouse), elles ont fondé leur développement contemporain sur les industries de haute technologie et largement participé au développement des technopoles.

Le secteur tertiaire apparaît comme le « grand gagnant » de cette période de mutation qui a suivi les Trente Glorieuses et le choc pétrolier de 1973 : il regroupe aujourd'hui 7 emplois sur 10, notamment dans les services marchands aux particuliers et aux entreprises. Des métiers comme ceux de cuisinier, d'aide-soignant, d'agent de tourisme ou des transports, de formateur, d'informaticien ou de professionnel de la communication ont vu leurs effectifs augmenter de moitié en 15 ans, tandis que ceux d'agriculteur, d'éleveur ou d'ouvrier non qualifié subissaient le mouvement inverse.

Pour beaucoup de salariés, la nature du contrat de travail a aussi changé. Si le CDI reste la forme dominante, les statuts se sont diversifiés et les formes de précarité se multiplient. À côté des risques de licenciement, qui se sont accentués après l'explosion de la bulle spéculative au début des années 1990, les contrats à durée déterminée, l'intérim ou l'apprentissage sont devenus des formes courantes d'embauche. De même, le travail à temps partiel s'est largement développé : il touche surtout les travailleurs peu qualifiés du secteur tertiaire (notamment dans la restauration) et les femmes (1/3 d'entre elles travaillaient à temps partiel en 1999). Toutefois, le temps partiel est souvent plus subi que voulu, notamment pour les femmes (30 % des emplois à temps partiel féminins sont subis).

La société d'aujourd'hui vit encore dans le souvenir des « années glorieuses » des décennies 1950-1960, au cours desquelles le plein emploi était la norme et assurait l'ascension sociale d'un grand nombre de travailleurs. Aujourd'hui, le « cercle vertueux » de la croissance d'alors a été rompu et ne semble plus de mise depuis le début des années 1980. Dans un contexte d'ouverture économique croissante et de concurrence accrue, un débat s'est engagé à l'occasion de la loi sur les 35 heures sur la place du travail dans notre société : pour certains, celui-ci ne constituerait plus la valeur centrale de notre société, et le développement des activités en dehors du temps de travail devrait concourir à l'épanouissement des individus. Toutefois les modalités d'application de cette réduction du temps de travail amène à s'interroger sur la nature du travail effectué et sur les conditions de travail.

YVES GELLIE

PAGES 20-21 : la base aérienne de Cazaux, située au milieu des pins entre le bassin d'Arcachon et le centre d'Essais des Landes, est l'une des plus grandes de France.

ALAIN KELER

PAGE PRÉCÉDENTE : l'activité portuaire reste forte à Saint-Quay-Portrieux, dans les Côtes-d'Armor, qui s'est récemment doté d'un port en eau profonde des plus modernes.

YVES GELLIE

CI-CONTRE : le Bergeracois a fait sa spécialité de la tabaculture. Quelque 300 planteurs en Dordogne produisent 500 tonnes de tabac par an.

REZA

Dans les gorges du Tarn, réfection des toits couverts d'ardoises du château de la Caze. À quelques kilomètres en aval de Sainte-Énimie, ce manoir est dominé par les falaises du cirque de Saint-Chéry.

DAVID ALAN HARVEY

Saint-Nazaire (Loire-Atlantique) reste depuis le XIXe siècle le plus important site français dans le secteur des chantiers navals. La ville s'est notamment rendue célèbre grâce à la construction des paquepots armés par les grandes compagnies transatlantiques.

BRUNO BARBEY

PAGE PRÉCÉDENTE : en Corse, un canadair tente d'étouffer l'un des nombreux incendies qui ravagent la Balagne, terre d'élevage. Ce secteur est le plus vivace de l'agriculture locale, aux dépens des cultures céréalières.

YVES GELLIE

CI-CONTRE : la noix est l'une des richesses agricoles du Périgord. Son exploitation est aujourd'hui mécanisée mais l'énoisage, qui consiste à extraire les cerneaux entiers, ne peut se faire qu'à la main.

ALAIN KELER

Douarnenez (Finistère) qui s'ouvre sur une vaste baie d'accès facile pour les nombreux bateaux, s'organise autour de trois ports. Port de pêche et port de plaisance, la ville est aussi un port breton important pour ses chantiers navals.

HÉLÈNE BAMBERGER

Le port de Cherbourg (Manche) fut construit contre vents et marées. Vauban est à l'origine de premiers aménagements militaires. Louis XVI lancera en 1776 des travaux titanesques, avec la construction d'une digue.

DAVID ALAN HARVEY

L'abbaye de Fontevraud en Maine-et-Loire veille sur le Chinonais depuis la fin du XIe siècle. Nécropole des Plantagenêts, ses bâtiments s'étendaient sur 14 hectares.

OLIVIER FÖLLMI

PAGE PRÉCÉDENTE : dans le Dauphiné (vallée du Rhône), les installations de la centrale thermique EDF du Tricastin alimentent un vaste complexe voué à l'industrie nucléaire.

STUART FRANKLIN

CI-CONTRE : la Franche-Comté demeure la région la plus boisée de France. On peut y parler d'une véritable civilisation du bois. De nos jours, sa forêt est l'objet d'une politique modèle, répondant à des critères d'exploitation, mais aussi de protection et d'accueil.

ALEXANDRA BOULAT

Mis en service le 9 mars 1974, l'aéroport de Roissy-Charles-de-Gaulle en banlieue parisienne devait relever le site d'Orly d'un trafic sans cesse croissant.

JEAN-CLAUDE COUTAUSSE

PAGE PRÉCÉDENTE : une poissonnière du quai des Belges à Marseille où la tradition méditerranéenne de la criée aux poissons, véritable vente aux enchères, a été quasiment abandonnée.

YVES GELLIE

CI-CONTRE : pêcheurs sur les eaux lourdes et lentes de l'estuaire de la Gironde, qui mènent à l'océan la Garonne et la Dordogne réunies.

OLIVIER FÖLLMI

Géantes de bronze de la fonderie Paccard, créée en 1796 à Sévrier, sur les rives du lac d'Annecy. Vendues dans le monde entier, les cloches sont fondues sur des moules en maçonnerie que l'on brise ensuite.

YVES GELLIE

PAGE PRÉCÉDENTE : tous les moyens sont bons pour dénicher les truffes, perles noires du Périgord, comme ici à la trufficulture de Saint-Laurent-la-Vallée (Dordogne).

YVES GELLIE

CI-CONTRE: au Cap-Ferret en Gironde, des cages d'huîtres sont relevées à marée basse. Elles sont aussi régulièrement retournées pour donner aux coquilles une forme régulière.

OLIVIER FÖLLMI

Fabrication et affinage du beaufort, le plus réputé des nombreux fromages savoyards. À l'aide d'un linge, le fruitier sépare du petit-lait le caillé avec lequel sera élaboré le fromage.

La France

qui paresse

La France qui paresse

par Nicolas Chaudun

La France de Daudet cherche la fraîcheur à l'ombre des platanes ; celle de Maupassant traquerait par dix degrés au-dessous de zéro la première caresse du soleil. Pour cette raison et son contraire, les Français passent leur vie dehors. À l'heure de la sieste, à l'heure de l'apéritif… À l'heure de ces riens qui seuls rendent aux hommes la mesure du temps. Cette contrée ne serait-elle peuplée que de flemmards ? On l'a souvent déploré. Ainsi Vauvenargues qui, aux premières loges d'un royaume s'éveillant aux Lumières et portant à son comble la civilisation du goût et de la douceur de vivre, se bornait, un peu vache, au constat que « la médiocrité d'esprit et la paresse font plus de philosophes que la réflexion ». C'est encore à la paresse supposée d'une multitude assistée et repue de providentiels bienfaits que certains patrons se hâteront d'imputer la responsabilité de « l'étrange défaite » du printemps 1940. Que répondre à ces censeurs, sinon qu'ils ont la vue courte et méconnaissent leurs semblables ? Il n'en demeure pas moins vrai que nulle

PATRICK ZACHMANN
PAGE PRÉCÉDENTE : un couple sur les berges bien paisibles de la Dordogne, à Beaulieu, en Corrèze.

part ailleurs qu'en France, on ne s'adonne avec autant de ferveur au culte de la pause et du dimanche à la campagne. L'Anglais prend le thé et pique-nique sous d'amples parapluies. Le Français pêche, la ligne rivée au gros orteil et le flacon de blanc immergé au bout d'une ficelle. Et quand il pique-nique lui aussi, c'est plus souvent allongé dans l'herbe qu'attablé sur un pliant. Des centaines de rengaines populaires ont chanté sa benoîte exaltation, depuis le *Dimanche au bord de l'eau* de la « belle équipe » que formaient Vanel et Gabin, jusqu'au *Lundi au soleil* de Claude François, impérissable maintenant qu'il n'est plus. Pour autant, notre prince de la journée chômée aurait fort à apprendre de ses voisins en matière de sieste. Alors que s'amorçait le débat sur les 35 heures, un sondage révélait que 74 % des Français ne la pratiquaient jamais, ou alors exceptionnellement (Ifesop/Libération). On est loin des « heures contraires » napolitaines ou de ces villes espagnoles comme désertées au plus fort de la canicule. Il est vrai qu'il n'a guère le choix. Pas une entreprise française ne se risquerait à mettre des banquettes de repos à la disposition de son personnel. C'est pourtant l'usage au Japon, et cet usage se répand aujourd'hui en Allemagne. Alors pourquoi pareille privation ? D'autant que le même sondage démontrait aussitôt que davantage de personnes interrogées (82 %) coinceraient volontiers une petite bulle quotidienne si l'organisation du travail le leur permettait.

Privé donc de divan, de méridienne, du moindre sofa comme du plus sommaire des hamacs, le Français lézarde en terrasse. Celle des cafés, bien entendu, qui lui font un salon d'été. Le trépied de fonte et les chaises en osier prolongent naturellement le mobilier de son salon. Là, notre lézard somnole, grignote, reçoit ses amis ; amoureux, il attend sa belle à toute heure du jour ; écrivain, il se remet d'une panne jusque tard dans la nuit... Et désormais, il ne craint plus les rigueurs hivernales. En effet, dès l'automne – quand précisément ? c'est affaire de latitude –, les cafetiers de Dunkerque ou de Bordeaux, de Cherbourg comme de Carpentras, équipent le bivouac de parasols chauffants qui vous crêperaient une permanente par une nuit de Chandeleur. Théâtre essentiel de la sociabilité hexagonale, la terrasse de café mériterait une protection sociale et une considération morale au moins égales à celles dont jouit le foyer, étant démontré que la première offre souvent l'asile aux exclus – ou aux déserteurs – du second.

L'autre habitude, beaucoup plus récente, de se prélasser sur les pelouses publiques reste, quant à elle, soumise aux cycles et aux caprices du ciel. Évidemment, la pratique diffère selon que l'on se trouve au sud ou au nord de la Loire. Au-delà de cette illusoire frontière climatique, l'adepte se reconnaît aux cernes de boues qui maculent ses fonds de culotte. En deçà, le familier des parcs, portant short ou jupe courte, se distingue par l'art consommé qu'il a de se gratter le gras de la cuisse ; c'est que dans le midi, voyez-vous, il suffit d'un rien pour que le gazon vire au paillasson : ça pique. Mais qu'importe au citadin en mal de verdure, à l'employé en quête de ressort ! Ni la gadoue qui gagne si souvent les abords du château de Caen, ni le chiendent taillé dru du quai de la Daurade, à Toulouse, ne le dissuadera de s'affaler là, pour bâiller aux corneilles, fumer, cancaner... Pour embrasser aussi, pour peu qu'ici la jupette et le short, là-bas la doudoune et le survêt' se trouvent des affinités.

On peut causer grand dommage, nous le comprenons bien, à moquer ainsi les travers d'un peuple. Toujours à l'affût, des voisins malveillants auraient tôt fait de se forger là un arsenal de généralités fort commodes. Versatiles et indolents, les Français n'auraient couru les mers et les continents, couvert l'Europe de cathédrales, et le monde de palais que dans le fébrile espoir d'une sieste. Leur aurait-il fallu, pour si peu, se courber sur l'ouvrage ? prendre des airs sous leurs bésicles ? se couvrir d'eczéma comme le font tant de singes besogneux ? Pourquoi se donner tant de peine, quand dans l'épitaphe que se composa le plus illustre d'entre eux, Jean de La Fontaine, gisent de si nobles préceptes :

« Jean s'en alla comme il était venu,
Mangea le fonds avec le revenu,
Tint les trésors chose peu nécessaire.
Quant à son temps, bien sut le dispenser :
Deux parts en fit, dont il souloit passer,
L'une à dormir, l'autre à ne rien faire. »

JEAN-CLAUDE COUTAUSSE

Nul ne craint rien sur le pont gallo-romain de Vaison-la-Romaine, dans le Vaucluse ; voici bientôt dix-sept siècles qu'il brave les crues dévastatrices de l'Ouvèze.

REZA

Il n'y a pas d'heure pour jouir des arcades et des platanes de la place de la République, à Limoux (Aude).

HÉLÈNE BAMBERGER

S'attendait-il à cela, Guillaume le Conquérant, lorsque, en 1060, il fit construire le château de Caen ?

JEAN-CLAUDE COUTAUSSE

Auprès des bassins de la place du Général de Gaulle, à Carpentras, on travaille parfois, mais sans affolement superflu.

HARRY GRUYAERT

Souvenir du Grand Siècle, la Vieille Bourse de Lille est aujourd'hui le lieu de rendez-vous favori des flâneurs.

JEAN-CLAUDE COUTAUSSE
PAGE PRÉCÉDENTE : l'ombre est propice à Fontaine-de-Vaucluse, à laquelle les sources de la Sorgue conserveraient sa fraîcheur au plus fort de la canicule.

STUART FRANKLIN
CI-CONTRE : une improvisation sur les berges du lac des Settons, dans le Parc naturel régional du Morvan.

JEAN-CLAUDE COUTAUSSE

À peine a-t-on quitté Marseille par le sud que commence la fameuse côte des calanques (ici celle de Goude), auxquelles un accès souvent difficile a su conserver splendeur et quiétude.

DAVID ALAN HARVEY

PAGE PRÉCÉDENTE : du sud au nord du Berry, le cours de l'Indre musarde de forêts en villages.

OLIVIER FÖLLMI

CI-CONTRE : ancienne capitale du Vivarais, Viviers pourrait se résumer à ces minauderies, un peu désuètes mais riantes.

OLIVIER FÖLLMI

CI-CONTRE : l'amour de l'art, c'est à peu de chose près ce que professe la nouvelle ville de Saint-Étienne, reconstruite après les destructions de 1944 et, depuis, reconvertie en pôle culturel d'envergure nationale.

ALEXANDRA BOULAT

PAGE SUIVANTE : les Parisiens n'ont pas tardé à s'approprier les colonnes de Buren qui, selon les avis, ornent ou défigurent la cour d'honneur du Palais-Royal.

STUART FRANKLIN

L'harmonie classique des façades du quai Vauban, sur le Doubs, à Besançon.

REZA

Havre prisé des Toulousains, la promenade aménagée sur les berges de la Garonne a, de justesse, damé le pion à un projet de voie rapide.

La France

à la plage

La France à la plage

par Jean-Marie Boëlle

La longue façade littorale française fait alterner les côtes rocheuses et parfois élevées, comme au nord de la Bretagne ou en Provence, aux côtes basses et sablonneuses, de la Vendée au Languedoc en passant par les Landes. Au total, et en tenant compte de ses sinuosités, 3 120 km baignés par la mer du Nord, la Manche, l'Atlantique et la Méditerranée. Abondance de biens ne nuit pas. Cette généreuse façade maritime a tout naturellement conduit au développement d'un tourisme balnéaire à la fois intense et diversifié. À sa disposition, 1 942 km de plages souvent superbes, comme à La Baule, à Palavas-les-Flots ou au Lavandou, dans la baie des Anges, pour n'en citer que quelques-unes. À la dimension et à la variété du littoral proprement dit s'ajoutent des paysages parfois exceptionnels, entre les falaises laiteuses de la Haute-Normandie, les dunes, les étangs et les lagunes de la côte d'Aquitaine ou les forêts de chênes verts et de chênes-lièges des Maures, qui dominent Saint-Tropez et Sainte-Maxime.

JEAN-CLAUDE COUTAUSSE

PAGE PRÉCÉDENTE : sous le soleil de la baie des Anges, les plages niçoises bordent la ville d'une frange de galets. Ce ne sont pourtant pas elles qui ont attiré sur la Riviera les premiers visiteurs, mais la douceur du climat.

Parmi les lois issues, en 1936, du gouvernement de Léon Blum et du Front populaire, les congés payés restent dans toutes les mémoires. Dès la première année, nombre de leurs quelque 600 000 bénéficiaires se tournèrent vers les côtes, souvent les plus proches de Paris, entre Dieppe et Le Touquet. «Allons au-devant de la vie», chantait la jeunesse de l'époque. La vie, c'était d'abord la mer, que beaucoup découvraient pour la première fois.

Le succès des plages de la côte d'Opale et de la côte d'Albâtre ne s'est jamais démenti depuis. De Calais au Havre, des stations délicieusement désuètes jalonnent leurs longues bandes de sable et de galets. Sous un ciel nuancé, elles sont souvent battues par de méchantes vagues et fouettées par des vents forts, même si l'été leur réserve parfois des journées idylliques. Char à voile, speed-sail, kayak de mer, pêche à la crevette : les loisirs qu'elles offrent, et qui, aujourd'hui, font leur force, ont su tirer parti de conditions climatiques médiocres, en même temps que de sites naturels préservés. L'arrière-pays, lui, cultive les chemins de randonnée et les goûters à la ferme. Tout un tourisme populaire et familial s'est mis en place. Soudain, la traditionnelle baignade, que la température de l'eau rend souvent aléatoire, apparaît simplement comme une activité parmi d'autres.

Passé l'estuaire de la Seine, le ciel se dégage et fleurissent les parasols. Les classes aisées flirtent avec le littoral de la côte Fleurie depuis le XIXe siècle. On pense à Trouville et à son sable d'or, mais aussi et surtout à Deauville, indissociable du Second Empire et d'une de ses figures tutélaires, le duc de Morny, demi-frère adultérin de Napoléon III. À l'aube de la mode des bains de mer, ce personnage complexe transforma un marécage dédaigné en plage adulée. Le spéculateur se doublait d'un visionnaire. Dès la naissance de la station, c'est par wagons entiers que les vapeurs du XIXe siècle y déposèrent artistes, capitaines d'industrie et têtes couronnées.

Peu de temps après, la Côte d'Azur connut un succès identique, villégiature de rêve pour les peintres et les écrivains, mais aussi et surtout pour les milliardaires européens et américains. De Cannes à Menton et de Nice à Juan-les-Pins, ces derniers construisirent de folles villas et des palais princiers. Ces somptueuses bâtisses, toujours en place, en annonçaient d'autres, beaucoup moins orgueilleuses.

À partir des années 1960, parallèlement à l'explosion des villes et des banlieues, les côtes françaises se bâtirent à tort et à travers, pour répondre à la demande pressante d'une population de plus en plus riche, de plus en plus disponible, et qui, en trente ans, allait s'accroître de dix millions d'âmes. Sur le littoral du Languedoc-Roussillon, la station de La Grande-Motte constitue un des témoignages les plus spectaculaires de l'urbanisation côtière née avec la Ve République. Ses « pyramides », admirées ici, décriées là, témoignent au moins d'une recherche architecturale ambitieuse, et même d'une véritable philosophie des loisirs. On ne peut en dire autant du bétonnage sauvage qui, par la suite, frappa la majorité du littoral français. Aujourd'hui, la moitié de son espace (51 %) est urbanisée. Et seulement 37 % de ses plages restent vierges. L'océan Atlantique n'annonce que 230 km d'espaces naturels continus, la Méditerranée, elle, n'en totalise que 17,5 km. La Bretagne et la Normandie aucun. Pour jouer les Robinson Crusoé, il faut chercher ailleurs.

Mais les Français sont-ils toujours aussi demandeurs d'eaux bleues, de brises iodées et de sable chaud ? Les chiffres prouvent que oui. Du 1er juillet au 31 août, les côtes reçoivent de 25 millions à 30 millions d'individus, se concentrant sur moins de 4 % du territoire national à l'occasion de leurs vacances d'été. Et, tout au long de l'année, ce sont 50 millions de personnes qui défilent du Boulonnais à la Provence, foulant les galets d'Étretat et le sable fin du Cap d'Agde avec un même enthousiasme. Après-guerre, mer et campagne faisaient jeu égal, accueillant chacune 35 % des vacanciers. De nos jours, le littoral en capte 48 %. L'été, la population côtière double, quadruple et même décuple, notamment en Vendée et dans le Var. Saint-Tropez, bourgade de moins de 6 000 habitants, reçoit alors plus de 100 000 visiteurs. Cette ruée vers les flots, cette conquête de la marée s'accompagnent de quelques paradoxes. Ainsi, 13 % des usagers des plages avouent qu'ils ne se baignent jamais !

En 1900, 1 Français sur 400 retrouvait, chaque année, la mer, le soleil et le sable du littoral. Un siècle plus tard, 1 sur 4. Cette formidable cohabitation balnéaire, qui progresse d'année en année, a favorisé le développement d'activités de toutes sortes, surtout sportives. Entre le surf à Biarritz, la régate à Nice ou à Saint-Malo, l'équitation au Crotoy ou la plongée au Cap Corse, la côte française nouvelle vague se muscle. Le fragile écosystème océanique, hélas, pâtit du phénoménal succès du littoral. Déjà, certains vacanciers abandonnent systématiquement le sable hexagonal au profit des eaux étincelantes de l'océan Indien, de la Polynésie ou des Caraïbes. Ils font encore figure de privilégiés ou d'originaux. Mais pour combien de temps ?

JEAN-CLAUDE COUTAUSSE

Au pied du massif des Maures, les plages de Cavalaire-sur-Mer, moins courues, offrent elles aussi des décors de rêve.

HARRY GRUYAERT

À marée haute, seuls les galets frangent la plage de Cayeux, face aux nostalgiques cabines de bois qui évoquent les cités balnéaires nordiques. Utilisés pour la fabrication de béton, d'enduits ou même de peinture, ils assurent à la ville sa principale ressource.

HARRY GRUYAERT
CI CONTRE: nostalgique, la cité balnéaire du Crotoy accueillit, dès la fin du XIXe siècle, de prestigieux estivants, tels Jules Verne ou le parfumeur Guerlain. Elle demeure aujourd'hui une station familiale, dont le succès repose sur les activités sportives, du kayak de mer à l'équitation, en passant par le char à voile.

JEAN-CLAUDE COUTAUSSE
PAGE SUIVANTE: quittant le canyon, le Verdon rejoint à Moustiers la retenue d'eau de Sainte-Croix. Rivière domestiquée, il est aujourd'hui au centre d'un vaste espace voué à un «tourisme vert». Les amateurs de nautisme et de baignade en profitent.

HÉLÈNE BAMBERGER

CI-CONTRE : Courbet, Corot, Monet l'ont peinte... La plage d'Étretat, amphithéâtre fermé à l'ouest par la porte d'Aval et la célèbre Aiguille, donne la mesure d'une côte offerte tout entière aux artistes.

HÉLÈNE BAMBERGER

PAGE SUIVANTE : sur la plage de Trouville, les loisirs présentent un caractère nettement plus sportif.

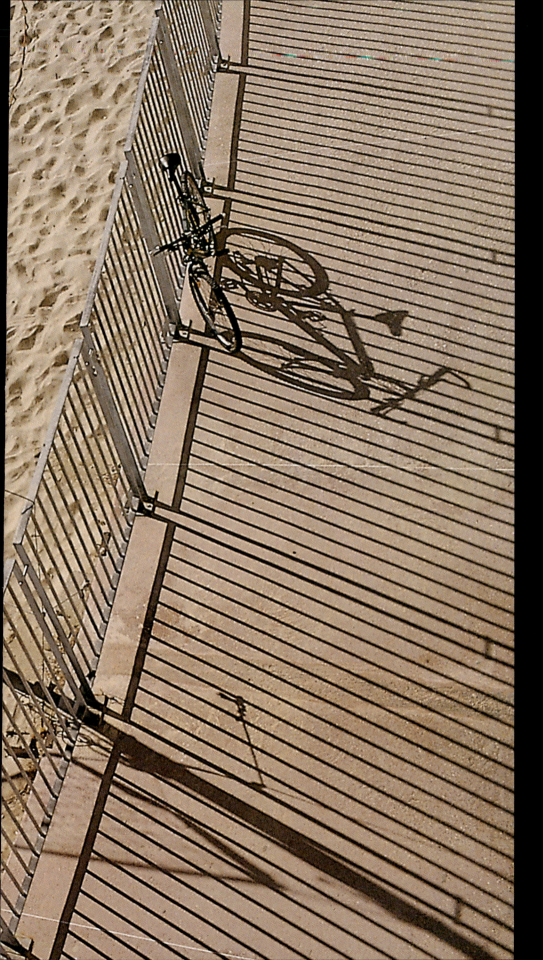

JEAN-CLAUDE COUTAUSSE
CI-CONTRE : une partie de beach-volley sur une plage de la corniche. Depuis plus d'un siècle, Marseille est dotée des installations d'une cité balnéaire.

HARRY GRUYAERT
PAGE SUIVANTE : luxueusement aménagé, Le Touquet possède encore les charmes de la Belle Époque. Dans le soleil rasant, la plage s'offre aux flâneurs.

YVES GELLIE

Biarritz a découvert le surf quand, en 1957, un Américain de passage, impressionné par l'ampleur des vagues, se fit envoyer une planche de Californie. Les plus mordus n'hésitent pas à enfiler les combinaisons en hiver, comme ci-contre sur la Grande Plage de Biarritz, autrefois appelée plage des Fous.

ALAIN KELER

CI-CONTRE : de Cancale à Saint-Malo, d'une baie à l'autre, le littoral de l'Ille-et-Vilaine est parsemé de sites extraordinaires : la pointe du Grouin qui regarde le Mont-Saint-Michel, la petite chapelle du Verger, l'insulaire fort Du Guesclin, la pointe de la Varde…

HARRY GRUYAERT

PAGE SUIVANTE : les rencontres internationales du Cerf-Volant donnent à la plage de Berck un air de kermesse futuriste, et permettent à la cité d'afficher son dynamisme.

HARRY GRUYAERT

CI-CONTRE : depuis la plage de Wissant, les planches à voile s'élancent alors que la tempête menace. Le village, bâti au creux d'une anse abritée par les caps Gris-Nez et Blanc-Nez, forme un lieu de villégiature propice aux sports nautiques et très apprécié des habitants de la région.

HÉLÈNE BAMBERGER

PAGE SUIVANTE : avec la vogue des bains de mer, ces plages et les restaurants du port de Trouville sont devenus synonymes de week-ends rêveurs et de flâneries littéraires... Des plaisirs simples à deux heures de Paris.

HARRY GRUYAERT

CI-CONTRE : renommée dès le XIXe siècle, la station balnéaire de Malo-les-Bains forme le quartier résidentiel le plus huppé de Dunkerque. Elle doit son nom à Gaspard Malo, un armateur de la ville devenu promoteur immobilier qui transforma les dunes en parcelles à bâtir.

BRUNO BARBEY

PAGE SUIVANTE : la plage de Palombaggia, au sud de Porto-Vecchio.

ALAIN KELER

Les côtes profondément découpées du Morbihan s'étendent sur 513 km, faisant face à ces joyaux que sont au large l'île de Groix et Belle-Île.

La France

aux champs

La France aux champs

par Perrine Le Roy-Michon

Malgré le malaise paysan dont l'actualité se fait régulièrement l'écho, malgré la part de plus en plus minoritaire des agriculteurs dans la population active (3,7 % en 2000), malgré la disparition de trois agriculteurs sur quatre depuis la Seconde Guerre mondiale, la France est aujourd'hui une grande puissance agricole : elle est le premier producteur agricole de l'Union européenne, la sixième agriculture du monde et, surtout, le deuxième exportateur mondial derrière les États-Unis. En quelques décennies, des mutations d'une ampleur sans précédent en ont fait un « géant vert ». Alors que la France ne subvenait pas totalement à ses besoins au sortir de la guerre, les exportations agricoles constituent aujourd'hui un des piliers de la balance commerciale française et représentent son « pétrole vert ». Pour qualifier ces transformations, on a parlé d'une « seconde révolution agricole », en référence à la première qui, au XIXe siècle, avait permis de mettre un terme définitif aux disettes et aux famines chroniques.

ALEX WEBB
PAGE PRÉCÉDENTE: près de Verdun, Meuse.

La France se classe en tête dans un certain nombre de domaines : elle est le premier producteur européen de céréales, de sucre de betterave, de vin, de viande bovine, de volailles et d'œufs. Si le vin est la première production en valeur, la France est avant tout « un grenier à blé » et un producteur de maïs et d'orge. Depuis 50 ans, la surface agricole utile s'est réduite de près de 10 millions d'hectares, couvrant aujourd'hui 30 millions d'hectares sur les 55 millions du territoire français : l'espace agricole s'est donc rétracté. Cependant, dans le même temps, la production agricole a plus que doublé et un actif agricole nourrit aujourd'hui 40 personnes, alors qu'il ne subvenait aux besoins que de 3 individus au début du XXe siècle.

Toutefois, comme le montrent les différentes photos, le monde agricole est loin d'être homogène. Du berger du Diois ou de l'éleveur d'Auvergne, qui pratiquent encore l'estive ou la transhumance, à l'exploitant beauceron qui cultive seul plusieurs dizaines d'hectares, en passant par l'aviculteur breton qui élève ses poulets en batterie dans le cadre de l'élevage « hors-sol », l'agriculture française présente des visages multiples. D'un côté, on trouve des entreprises agricoles productivistes, capitalistes, compétitives sur les marchés mondiaux. Elles sont dirigées par des agriculteurs que l'on qualifie d' « agro-managers », car ils gèrent leur exploitation comme une véritable entreprise, en lien avec le marché et les filières agro-industrielles. On les trouve dans les régions céréalières du Bassin parisien ou de ses marges (Gâtinais, Auxois), les régions fruitières et maraîchères des plaines du Rhône et du littoral méditerranéen, les vignobles de qualité (Champagne, Bourgogne, Bordeaux). D'autre part, de petites exploitations familiales tentent tant bien que mal de se maintenir : en Alsace, dans l'Ouest, en Basse-Normandie, où la cueillette des pommes se fait encore à la main dans le Pays d'Auge, ou encore dans le Cantal, où la collecte du lait n'est pas industrialisée. Enfin, un volant d'exploitations n'a pas suivi la course à l'intensification et à la spécialisation et n'a plus qu'une activité marginale. Aujourd'hui, les deux-tiers de la production agricole française sont fournis par moins du cinquième des exploitations.

Cette révolution s'est faite au prix de mutations lourdes et d'une profonde modernisation. En quelques décennies, on est passé de la ferme traditionnelle, qui existe encore dans les souvenirs d'enfance de certains d'entre nous, à une entreprise agricole gérée comme une entreprise industrielle.

Une impressionnante révolution technique, tout d'abord, a permis de multiplier par trois en moyenne les rendements. On assiste à une mécanisation des moyens de production. Outre le tracteur qui se généralise après la Deuxième Guerre mondiale, des machines de plus en plus puissantes et spécialisées se développent : moissonneuse-batteuse, machines à vendanger... Le développement de l'irrigation permet d'améliorer les rendements, notamment du maïs et des oléagineux. Enfin, un recours fréquent aux engrais et aux produits phytosanitaires, et une sélection poussée des espèces végétales et animales, accompagnent cette révolution technique.

La révolution a aussi été d'ordre structurel. La taille des exploitations a régulièrement augmenté, ce qui s'est traduit par une réduction corrélative et drastique de leur nombre : on en comptait encore 1,6 million en 1970, mais 680 000 seulement en 1997.

Cette concentration des exploitations s'accompagne d'une spécialisation de plus en plus prononcée, amorcée dès le XIXe siècle, avec le développement du chemin de fer. Alors qu'il y a 30 ans chaque agriculteur possédait au moins quelques vaches, un potager et quelques pieds de vigne, aujourd'hui les exploitations se consacrent à une culture principale. L'ancienne polyculture a donc à peu près disparu et la France agricole peut se diviser en quelques « systèmes de production ». La grande culture céréalière domine dans tout le Bassin parisien. La Beauce est le symbole par excellence de cette agriculture hautement productive en terme de rendement et de travail. Les régions méridionales sont spécialisées dans les cultures délicates et arbustives (vin, fleurs, fruits et légumes). L'usage d'engrais, de pesticides, la culture sous serre et la recherche sur les variétés en font une agriculture technicienne et innovante, hautement productive. L'élevage domine dans l'Ouest et a assuré le succès de ce que l'on a appelé le « miracle » breton. Région de polyculture autarcique et archaïque dans les années 1950, la Bretagne est aujourd'hui la première région agricole française, grâce notamment au développement de l'élevage hors-sol et des cultures fourragères, mais aussi à sa ceinture maraîchère (Saint-Pol-de-Léon). Enfin, ces vaches qui nous dévisagent au passage nous rappellent que l'élevage extensif prédomine dans les zones de montagne. Orienté vers la viande, avec des races réputées, dans le nord du Massif central (Limousin, Charolais), il est davantage tourné vers la production laitière, avec des spécialités fromagères reconnues, dans les Vosges, le

Jura, les Alpes du Nord, ou l'Auvergne (Cantal). La France reste par ailleurs une terre de produits de qualité, qui bénéficient de labels internationalement connus (foie gras du Périgord, truffes de Dordogne).

Cette modernisation passe aussi par une intégration, de plus en plus poussée, dans la filière agroalimentaire. Aujourd'hui, 80 % de la production subit une transformation industrielle, et l'agriculteur est bien souvent devenu un simple maillon dans la filière agro-industrielle. En amont, il dépend des grands groupes industriels qui lui fournissent engrais, semences, aliments pour le bétail et en aval, des entreprises de conditionnement et de transformation, ainsi que des grands groupes de distribution.

La mise en place de cette agriculture productive et intensive a été rendue possible grâce au soutien de l'État et à la Politique Agricole Commune (PAC). Après une politique qui a visé à accroître la productivité en assurant aux agriculteurs des prix garantis pour un certain nombre de produits, la réforme de la PAC de 1992 a cherché à éviter les crises de surproduction récurrentes : c'est ainsi que le principe d'un soutien systématique à la production a été remis en cause. Désormais, les subventions vont aux producteurs et non plus à la production : on passe d'un système de soutien des cours à un système de subventions et de soutien des revenus.

Par ailleurs, le modèle de l'agriculture productiviste a fait l'objet de nombreuses critiques. On lui reproche de porter atteinte à l'environnement, du fait d'un recours abusif aux engrais et aux pesticides, responsables de la pollution des sols et des eaux. D'autre part, les différentes crises alimentaires, et surtout celle dite de la « vache folle », ont souligné la rapidité des fluctuations du marché de consommation et une demande croissante vers des productions de qualité. Aujourd'hui, la nouvelle réforme de la Politique Agricole Commune valorise un retour vers des pratiques plus extensives, et l'agriculture se diversifie avec la multiplication des labels de qualité, des productions « bio » et des appellations contrôlées. Enfin, on a reproché à ce modèle agricole d'avoir abouti à une simplification et à une uniformisation des paysages. Les opérations de remembrement, qui avaient pour but de regrouper les parcelles d'un même exploitant afin de limiter ses déplacements et de faciliter l'usage des nouvelles machines, ont en partie fait disparaître la traditionnelle opposition entre paysages de bocage et d'*openfield*. On estime qu'au total c'est presque 750 000 km de linéaire de haies végétales qui ont été détruits par ces opérations.

Du point de vue social, ce « chambardement » s'est traduit également par la disparition de la société paysanne traditionnelle. Alors que les agriculteurs constituaient le tiers des actifs au lendemain de la Seconde Guerre mondiale, ils ne représentent plus désormais que 3,7 % de la population active. À titre de comparaison, de nombreux auteurs soulignent souvent qu'il y a aujourd'hui plus d'étudiants en France que d'agriculteurs et plus de retraités agricoles que d'actifs dans le secteurs primaire. Les agriculteurs sont donc devenus une minorité dans les campagnes françaises. En 30 ans, on est passé d'une France rurale essentiellement paysanne à une France rurale mosaïque : les retraités et les cadres moyens ou supérieurs sont les catégories sociales dominantes des campagnes françaises.

L'espace rural se dote de fonctions nouvelles, notamment avec le développement des lotissements pavillonnaires des zones périurbaines. Peuplés d'anciens citadins, ils vivent au rythme des migrations alternantes : chaque matin, ces nouveaux ruraux partent travailler dans l'agglomération la plus proche et reviennent chaque soir dormir à la campagne. La multiplication des résidences secondaires contribue aussi à diversifier le visage socio-économique des campagnes, ainsi que le développement du tourisme et des fonctions récréatives. Si l'essor des gîtes et des fermes-auberges offre parfois un complément de revenus aux agriculteurs, il repose sur une demande nouvelle en termes de protection paysagère et d'environnement, qui ne correspond pas toujours à la logique de l'agriculture intensive et productiviste. Dans ce contexte, le rôle de l'agriculteur évolue : il n'apparaît plus exclusivement comme un producteur, mais aussi comme un gestionnaire de l'espace rural et un garant des paysages.

YVES GELLIE

PAGE PRÉCÉDENTE : les oies, dont on fait le meilleur foie gras, sont au Périgord ce que les vaches sont à la Normandie. Ces produits traditionnels rares et chers (foie gras, truffes, cèpes) ont assuré à cette région son succès, auprès de gastronomes en mal d'authenticité.

HÉLÈNE BAMBERGER

CI-CONTRE : à un jet de pierre des extravagances de la Côte Fleurie, le pays d'Auge cultive son jardin et ses secrets, comme ici à la distillerie du Houley (Ouilly-du-Houley), où l'on produit en famille un calvados réputé.

STUART FRANKLIN
PAGE PRÉCÉDENTE : entre Auxois et vallée de la Loire s'étendent à perte de vue les terres consacrées à la céréaliculture.

YVES GELLIE
CI-CONTRE : du populaire marché au gras de Périgueux aux bois de chênes sillonnés par des truffiers suivant de près leurs cochons, une même tradition terrienne commande la vie des villes et villages de Dordogne.

STUART FRANKLIN

À voir ses habitants entretenir inlassablement le bocage, on croirait le Charolais voué depuis toujours à l'élevage des bovins. Jusqu'au XIXe siècle pourtant, l'abondance de bois et de cours d'eau, puis la découverte de gisements de houille, favorisèrent l'essor de la sidérurgie et de l'industrie céramique.

PATRICK ZACHMANN

PAGE PRÉCÉDENTE : la fête de l'Estive a lieu tous les ans, fin mai, à Allanche (Cantal). Depuis dix ans, cette festivité rurale est connue pour son défilé de troupeaux de race Salers.

OLIVIER FÖLLMI

CI-CONTRE : à Die dans la Drôme, la fête de la Transhumance attire les curieux qui se pressent au passage des troupeaux, ici devant la porte Saint-Marcel, vestige des remparts gallo-romains.

HÉLÈNE BAMBERGER

Chaque 1er mai, la fête de l'Étampage, dans la commune de Marais-Vernier (Eure), réunit les bêtes qui doivent être marquées au fer. Bien que des chevaux de Camargue et des vaches écossaises des Highlands aient été, depuis quelques années, introduits dans les pâturages extensifs du marais Vernier, la laitière normande y est encore reine.

ALEXANDRA BOULAT

PAGE PRÉCÉDENTE : la Beauce, grenier à blé de la France, est un plateau limoneux où dominent les très grandes exploitations cultivant, outre les céréales, la betterave sucrière, les plantes fourragères, le colza, le tournesol et les cultures légumières.

REZA

CI-CONTRE : Eus, village du Conflent dans les Pyrénées-Orientales, a conservé intact son visage médiéval, dominant les vergers qui constituent l'essentiel de ses ressources depuis qu'a cessé dans la vallée l'exploitation du fer.

ALEX WEBB

Une promenade dans les champs, près du village de Baudrémont, au bord de la Meuse.

HÉLÈNE BAMBERGER

Dans une région comme la Normandie encore très attachée à la terre et à ses traditions, les foires aux bestiaux (ici à Saint-Aubin-de-Scellon, dans l'Eure) attirent immanquablement une foule d'éleveurs.

STUART FRANKLIN

Ferme familiale du hameau de Fontenay, près de Charolles, où est exploitée la race charolaise, omniprésente en Bourgogne.

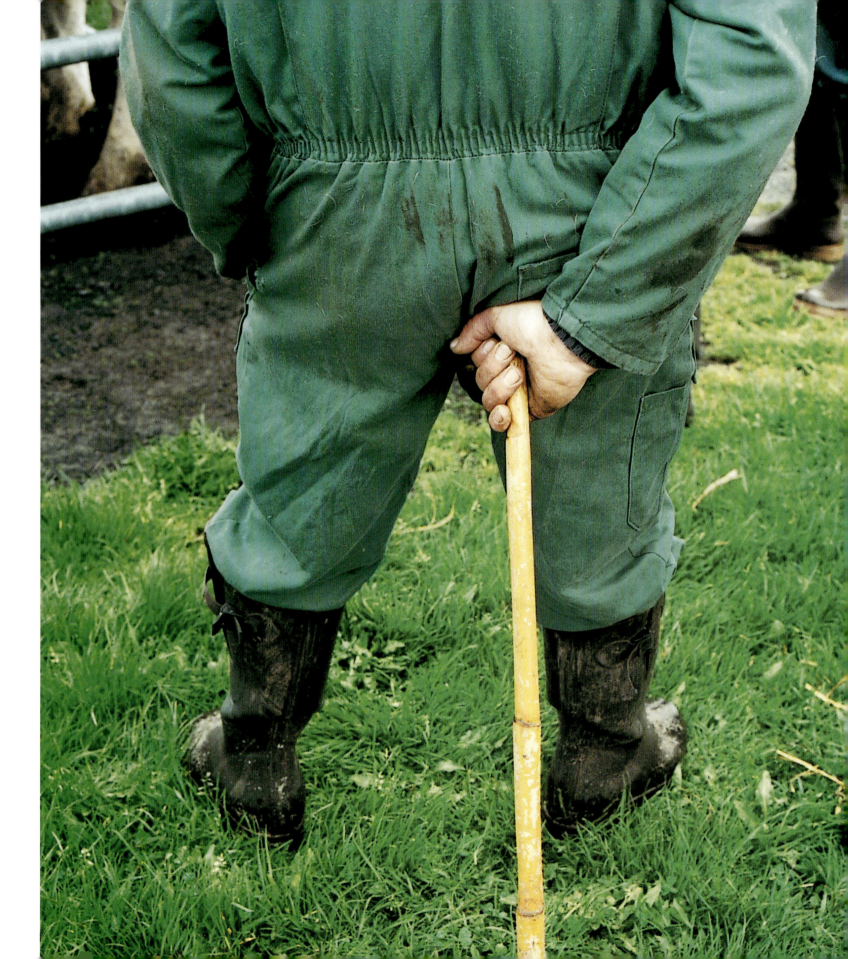

PATRICK ZACHMANN

Au marché aux bestiaux du petit hameau de Brion, au nord des monts du Cézallier, où ont lieu chaque année d'importantes foires.

ALEXANDRA BOULAT

Avant d'entreprendre la moisson, ce cultivateur du Gâtinais juge la maturité et la qualité des grains.

HÉLÈNE BAMBERGER
La pointe de Goury, ouverte à tous les vents, à l'extrême nord du Cotentin.

ALAIN KELER
CI-CONTRE : récolte des artichauts près de Saint-Pol-de-Léon (Finistère).

PATRICK ZACHMANN
PAGE SUIVANTE : jadis grenier à blé de la haute Auvergne, la Planèze comme le reste du Cantal est une terre d'élevage où paissent la montbéliard, la salers, l'aubrac ou, plus rarement, la ferrandaise.

La France

au cellier

La France au cellier

par Jean-Marie Boëlle

En France, le vin fait tourner les têtes et valser les chiffres. Un simple produit de consommation ? Allons donc ! Plutôt le reflet d'une histoire et d'une culture. La France viticole, c'est 896 000 hectares de vigne produisant 58,5 millions d'hectolitres de vin. La viticulture occupe 2,8 % des surfaces agricoles nationales, pour environ 14 % de leur production, soit 9 milliards d'euros. Au premier rang des exportations françaises, avec un montant de 5,47 milliards d'euros, la filière viticole représente un excédent commercial voisin de 5 milliards d'euros, soit un tiers du total de l'excédent commercial français. Le pays, en deuxième position pour la surface cultivée en vigne (derrière l'Italie), reste le premier producteur mondial de vin, même si la concurrence se montre de plus en plus vive. Le Royaume-Uni et l'Allemagne, à quasi égalité avec les États-Unis, sont les principaux clients d'un vignoble au prestige inégalé, à la notoriété retentissante, qui exporte 12,1 millions d'hectolitres par an.

YVES GELLIE

PAGE PRÉCÉDENTE : la légende du cognac est écrite, d'année en année, dans ces chais où dorment les cuvées de prestige des grandes marques (ici Hennessy, à Cognac). Les feuillards de châtaignier qui encerclent les barriques les préservent des parasites.

Les pays de l'Union européenne représentent une part toujours plus importante des exportations de vins français, avec 61 % en montant et 74 % en volume.

Aussi flatteuses soient-elles, les statistiques ne donnent qu'un mince aperçu du véritable culte dont jouit en France le « sang de la vigne ». Depuis deux millénaires, le vin apparaît indissociable du génie d'un peuple dont l'art de vivre est envié de tous. Faut-il rappeler que le tonneau est une invention gauloise, placée sous la protection de Sullecus, divinité celtique de la forêt ? « Aimant le vin jusqu'à l'excès, ils engloutissent pur celui que leur apportent les marchands ; ils boivent avec une passion furieuse, et se mettent hors d'eux-mêmes en s'enivrant jusqu'au sommeil ou à l'égarement. » C'est ainsi que Diodore de Sicile décrit sans aménité le goût prononcé des contemporains de Vercingétorix pour le vin, dont les Romains se montraient eux-mêmes très friands, Jules César en tête.

Les Français d'aujourd'hui restent fidèles au joyeux penchant de leurs ancêtres, même si la modération est au goût du jour. En trente ans, ils ont diminué de moitié leur consommation (de 60 millions d'hectolitres à 35 millions d'hectolitres annuels). La courbe ne fait que s'abaisser depuis le début du XXe siècle. En 1900, la consommation par habitant et par an était, en moyenne, de 162 litres. En 1990, de 71 litres seulement. Elle est tombée à 58 litres en 2002 (contre 65,3 litres au Luxembourg et 0,3 litre en Chine). Le vin était une boisson quotidienne ; il est devenu un symbole de plaisir. On notera que le consommateur de vin délimité de qualité supérieur (VDQS) est, de nos jours, un homme âgé de plus de 40 ans (57 %), cadre supérieur ou moyen, mais aussi artisan, habitant de la région parisienne ou d'une ville de province, et dont le revenu est égal ou supérieur à la moyenne française. Sa consommation est modeste : moins de 11 % ouvrent quotidiennement une bouteille, contre 27 % qui boivent du vin de une à trois fois par mois. De l'ère de la boisson de consommation courante, les Français sont passés à celle de la dégustation.

À la recherche de la qualité s'ajoutent, chez le consommateur contemporain, d'autres préoccupations touchant directement à sa santé, qu'elles soient diététiques ou ayant trait à la sécurité routière. On connaît les études américaines démontrant que les accidents cardio-vasculaires sont sensiblement moins nombreux en France, pays du vin par excellence, qu'aux États-Unis. C'est le fameux *french paradox*.

Si le vin n'échappe plus au regard de la science, il conserve néanmoins toute sa magie. La spectaculaire évolution des techniques dans le domaine de la vinification, de la conservation et de l'hygiène, assure à la production une régularité et une qualité en constant progrès, mais elle ne saurait faire oublier le tour de main du vigneron, ni la délicate adéquation cépage-terroir, condition fondamentale de la personnalité d'un vin. La viticulture est autant affaire de raison que de cœur. Sinon dans toutes les bouches, du moins sur toutes les lèvres, le vin rythme le calendrier, entre le beaujolais qui « arrive » chaque troisième jeudi de novembre, le champagne qui pétille à la Saint-Sylvestre et les fêtes des vendanges qui, en septembre et octobre, enflamment le pays, de l'Alsace à l'Aquitaine et de la Provence à la Bourgogne, sous la bienveillante protection de saint Vincent, le plus célèbre patron des vignerons aux côtés de saint Vernier, saint Just, saint Marcellin ou saint Marc.

La vigne se répartit avec une certaine harmonie sur l'ensemble de l'Hexagone, territoire privilégié par sa diversité géologique, qui favorise l'épanouissement de la plupart des cépages, et par un climat qui, presque partout, induit une maturation idéale du raisin. Le subtil équilibre entre chaleur et pluviosité existe dans la majorité des régions. De nos jours, les techniques modernes de la viticulture permettent de pallier beaucoup des aléas du ciel. Le vignoble français se déploie principalement sur trois grandes régions : la côte atlantique, de la vallée de la Loire au Bordelais ; la côte méditerranéenne, Corse comprise ; le nord de Lyon, de la Bourgogne à l'Alsace et de la vallée du Rhône à la Savoie et au Jura. La superficie des vignobles d'appellation d'origine contrôlée, fer de lance du prestige viticole français, se répartit de la manière suivante : Aquitaine, 13 200 ha ; Languedoc-Roussillon, 84 000 ha ; Provence-Alpes-Côte-d'Azur, 62 800 ha ; Rhône-Alpes, 41 300 ha ; Val-de-Loire, 28 500 ha ; Champagne, 28 100 ha ; Bourgogne, 27 100 ha ; Centre, 16 100 ha.

Avec 144 000 exploitations, soit 233 000 vignerons et 282 000 emplois directs, la viticulture française joue un rôle social essentiel dans l'économie nationale, d'autant qu'elle génère, entre la communication, la promotion, la gestion, l'informatisation, le commerce national et international, nombre d'emplois dans le secteur tertiaire. Le lobby est puissant. Il se montre également performant.

DAVID ALAN HARVEY

CI-CONTRE : source d'emplois saisonniers, les vendanges, ici vers Montsoreau (Maine-et-Loire), se pratiquent avant tout en famille.

Aujourd'hui, producteurs et négociants français mettent en place une nouvelle politique de communication, fondée sur l'information et sur l'éducation du consommateur. Ils se souviennent de Montaigne, qui recommandait de « boire en gourmet ». Aux portes du troisième millénaire, l'adaptation structurelle du vignoble aux contraintes économiques et qualitatives du marché apparaît spectaculaire. Comme beaucoup d'autres, le monde viticole français n'a pas échappé au phénomène de concentration. Le pays, qui comptait 1 075 000 viticulteurs en 1970, n'en annonce plus aujourd'hui que 407 000. De même, au cours de ces dernières années, un caviste sur trois a fermé boutique au profit des grandes surfaces, qui font du vin un produit phare de leur offre alimentaire.

À elles seules, les célèbres « foires au vin » qu'elles organisent chaque automne représentent environ 15 % des ventes annuelles de vin. Et les prix qu'elles pratiquent toute l'année sont, de loin, les plus compétitifs du marché. Il n'empêche : la relative cherté des vins français, notamment du fait des charges fiscales et sociales qui pèsent sur les professionnels à tous les niveaux du secteur viticole, favorise la concurrence étrangère. En vingt ans, la production mondiale de vin a diminué de 25 %. Dans cette même période, celle de l'Europe a accusé une chute de 30 %. Au contraire, celle de l'Amérique, de l'Afrique du Sud, de l'Océanie et même de l'Asie a discrètement mais régulièrement progressé, en quantité, mais aussi en qualité (+ 5 % aux États-Unis). L'hégémonie des vignes européennes, et notamment françaises, n'est pas encore menacée, mais elle est désormais soumise à une très forte concurrence.

STUART FRANKLIN

Le clos-vougeot figure au premier rang des vins rouges de Bourgogne. Ses limites actuelles, 50,85 hectares, ont été tracées du XIIe au XVe siècles. Fondée en 1934, sa confrérie des Chevaliers du Tastevin bénéficie d'une immense renommée.

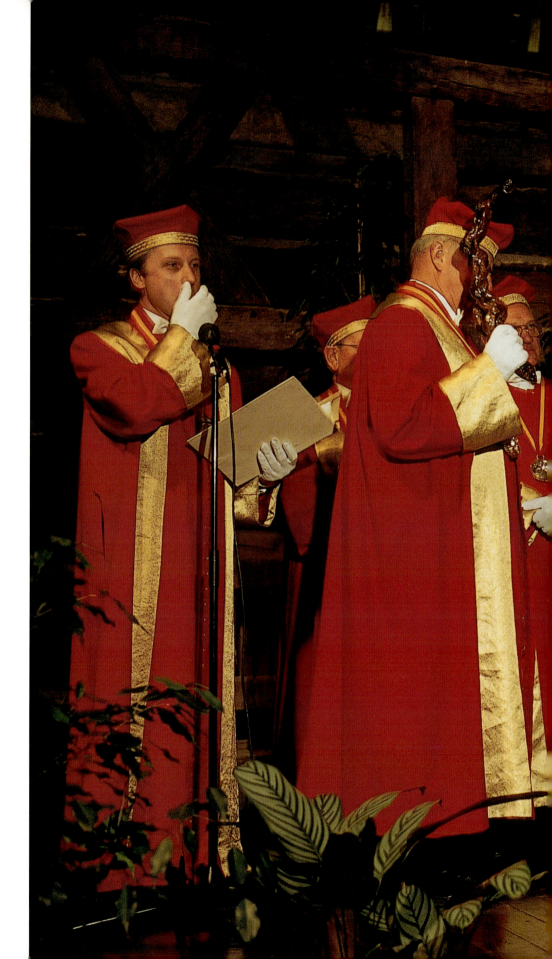

REZA

PAGE PRÉCÉDENTE : les vignes de Maguelonne, au sud de Montpellier, s'étendent entre mer et étangs, sur un domaine qui formait autrefois une île.

OLIVIER FÖLLMI

CI-CONTRE : embouteillage à Tain-L'Hermitage. Cette cité, où la culture de la vigne est attestée depuis le IVe siècle avant notre ère, en tire aujourd'hui encore sa principale ressource, comme nombre de villes et de villages de la Drôme rhodanienne.

DAVID ALAN HARVEY

Cérémonie d'intronisation à la confrérie des Bons Entonneurs rabelaisiens, à Chinon (Indre-et-Loire). Le Grand Maître de cet ordre, qui compte quelque 6000 chevaliers, prononcera dans les Caves Painctes un discours en hommage à Rabelais.

YVES GELLIE

PAGE PRÉCÉDENTE : Decré et de Luze, associés sous le label LD Vins, sont négociants à Bordeaux, installés dans le quartier des Chartrons, réputé pour le négoce du vin depuis le XVIIe siècle.

DAVID ALAN HARVEY

CI-CONTRE : stockage du chardonnay à Varrains, non loin de Montsoreau (Maine et Loire). Les vignerons de ce village se sont spécialisés dans la production du crémant de Loire, vin effervescent dont les caves percées dans le sous-sol calcaire favorisent l'élaboration.

STUART FRANKLIN

Les vignobles réputés du Mâconnais dominent la Saône. Les vendanges offrent de nombreux emplois temporaires. Un travail à l'ancienne, plutôt rude, mais où la bonne humeur est de règle...

YVES GELLIE

PAGE PRÉCÉDENTE : l'acheminement d'une récolte sur des tables de tri, dans les caves de château Belair, à Saint-Émilion (Gironde).

STUART FRANKLIN

CI-CONTRE : de l'Auxerrois au Mâconnais, la plupart des caves n'ont guère changé depuis des siècles. Sur les bouteilles qui y sont pieusement rangées et étiquetées, la poussière du temps est aussi celle du rêve, comme ici à Beaune.

YVES GELLIE

Les graves désignent une variété de cailloutis sédimentaires qui caractérise le terroir de l'appellation Graves, mais aussi la plupart des sols du Médoc (ici, au château Pontet-Canet). Elles contribuent à une meilleure maturation du raisin.

YVES GELLIE

La jurade de Saint-Émilion, en tenue de représentation devant la Grande Muraille, vestige du couvent des dominicains détruit pendant la guerre de Cent Ans, vers 1340. Elle assure la promotion des vins de cette célèbre région viticole du Bordelais.

DAVID ALAN HARVEY

Vendanges ensoleillées en amont de Blois. Au troisième rang des vignobles français, la Loire produit chaque année plus de trois millions d'hectolitres de vin et regroupe quelque 15 000 exploitations.

DAVID ALAN HARVEY

Il revient aux Bons Entonneurs de goûter les vins de l'année. Recouvrant près de 2000 hectares, l'appellation d'origine contrôlée chinon produit en majorité du vin rouge, issu du cépage cabernet franc (nommé ici «breton»).

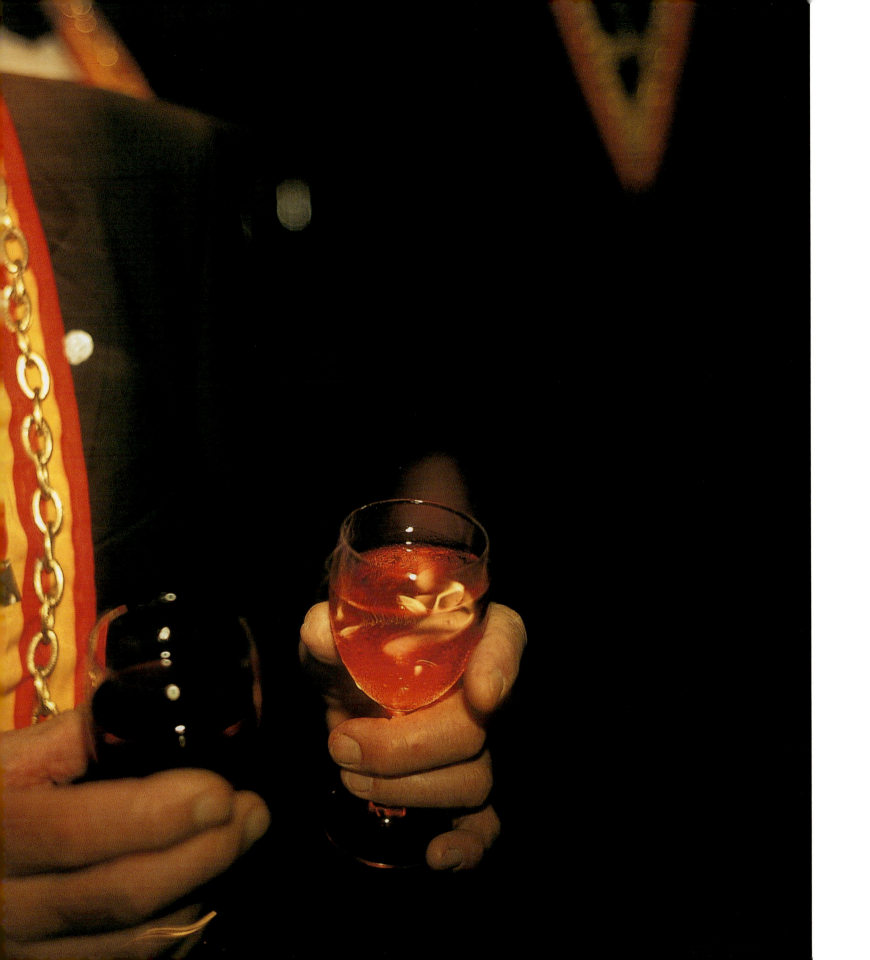

YVES GELLIE

L'élaboration d'un cognac passe par le nez plus que par le palais. Mais c'est avant tout une œuvre de l'esprit. Chaque marque conserve des échantillons d'origine qui, «flairés», servent d'étalons d'une année à l'autre.

STUART FRANKLIN

L'une des nombreuses dégustations apéritives offertes par les négociants, en prélude à la vente des Hospices de Beaune, qui a lieu chaque année en automne. Ici dans les caves de la maison Bichot.

STUART FRANKLIN

En Bourgogne, la vigne est une culture perpétuelle, entre taille de février, engrais de mars, traitements du printemps, rognages de l'été. À l'automne, la vendange est comme une récompense, en même temps qu'une inquiétude...

YVES GELLIE

On vous dira en Charente qu'il est difficile de savoir ce qui est le plus important, du bois ou du vin, pour faire un excellent cognac. Toujours est-il que le tonnelier (ci-contre, à Cognac) a sa part de responsabilité.

STUART FRANKLIN

D'époque Renaissance, le château du Clos de Vougeot a été confié, dès la fin de la Seconde Guerre mondiale, à la confrérie des Chevaliers du Tastevin pour une période de quatre-vingt-dix-neuf ans.

YVES GELLIE

À l'automne dans le Saint-Émilion, la région ne vit plus que pour les vendanges. Toutes les énergies sont mobilisées pour que le vin nouveau tienne ses promesses.

DAVID ALAN HARVEY

CI-CONTRE : vendangeurs à l'œuvre à Saint-Claude-de-Diray, dans la vallée alluviale de la Loire. Les vignobles croissent ici sur les sols sableux qui caractérisent le terroir du cheverny.

ALEX WEBB

PAGE SUIVANTE : les fûts de la maison de champagne rémoise Mumm reposent dans la quiétude des caves. Il faudra attendre le retour du printemps pour que les maîtres de chais puissent élaborer la cuvée.

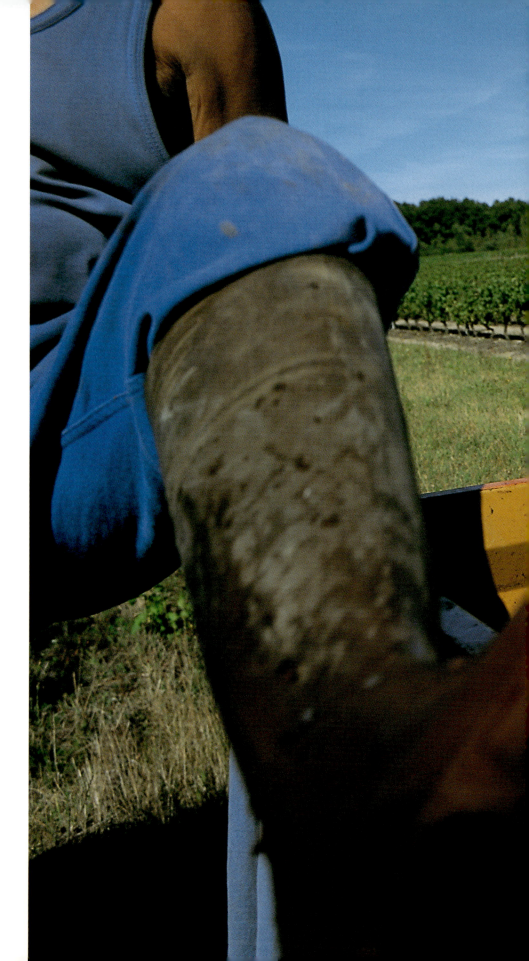

La France

à table

La France à table
par Jean-Marie Boëlle

« L'Univers n'est rien que par la vie, et tout ce qui vit se nourrit ». Ainsi s'ouvre la célèbre *Physiologie du goût* de Brillat-Savarin, ce magistrat et écrivain français qui, avec cet ouvrage, inaugura la littérature gastronomique en 1826. Cet aphorisme, la France l'a fait sien. La bonne cuisine, qu'elle soit toute simple ou très sophistiquée, est une des manifestations les plus tangibles de la spécificité française. Une richesse nationale. Indissociable du génie du pays, elle pousse ses feux depuis la Renaissance. L'ambassadeur vénitien Lippomano écrit en 1577 : « Les Français mangent peu de pain et de fruits, mais beaucoup de viande, bien rôtie et bien assaisonnée ». Venu du pays qui inventa la fourchette, notre diplomate a visiblement l'eau à la bouche. Avait-il lu Rabelais qui, déjà, vantait les mérites des saucisses, jambons, andouilles et autres pâtés, dissertant à ravir sur les « costelettes de porc à l'oignonnade », les « longes de veau rousty » ou les chapons du Mans, gavés de dragées aux aromates pour parfumer leur chair ?

STUART FRANKLIN

PAGE PRÉCÉDENTE : dans les cuisines du restaurant L'Espérance, à Saint-Père-sous-Vézelay (Yonne). À l'heure du coup de feu, le célèbre cuisinier Marc Meneau, serein au sein de sa brigade, veille sur le moindre détail.

Les Français ne veulent pas seulement manger et boire ; ils veulent *bien* manger et *bien* boire. Pour paraphraser James de Coquet, le regretté critique gastronomique du *Figaro*, ils cherchent la perfection dans le seul domaine où l'on puisse espérer la rencontrer trois fois par jour. Pour eux, se réunir autour d'une table généreuse tient de la volupté. Depuis 1960, leurs dépenses alimentaires est en augmentation constante (2,2 % en moyenne annuelle). Ils regardent la gastronomie comme un art et ils l'appréhendent comme une science. Il n'est pas exagéré de dire qu'ils lui vouent un véritable culte. Entre le Club des Cent, l'Académie des gastronomes, le Cercle des gourmettes ou le Club gastronomique Prosper-Montagné, la cuisine française possède des confréries au prestige enviable. Y appartenir est vécu comme un honneur. Les avis qu'elles rendent ont force de loi. Les distinctions qu'elles accordent sont ressenties comme des mannes célestes. Un pays riche de quatre cents fromages est peut-être ingouvernable, mais il ne plaisante pas avec les plaisirs de bouche.

Si le Roi mange seul, les citoyens, eux, éprouvent une jouissance supplémentaire à trinquer et à rompre le pain de conserve. Gastronomes, ils sont aussi amphitryons. En France, l'assiette est extravertie et le repas participe d'une convivialité qui unit toutes les classes de la société. Il y a de la magie dans la bouteille et du talisman dans le bifteck. « L'art de la gueule », comme dit Montaigne, passe par la joie et le partage. Il n'est de bons dîners qu'entre amis. Le traditionnel repas dominical autour d'un poulet rôti a vécu. Naissent d'autres formes de fêtes gourmandes. Ainsi, dans la capitale, les dîners de quartier plus ou moins improvisés entre voisins. Si la passion pour les petits plats ne faiblit pas, leurs secrets de fabrication, eux, s'estompent d'une génération à l'autre. Les universités de la femme moderne ne passent plus par les fourneaux d'une mère ou d'une grand-mère spécialiste de la croustade de ris de veau aux morilles ou de la confiture de groseilles. En revanche, de l'Alsace au Périgord, se multiplient les week-ends d'initiation à la cuisine du terroir. Sous la houlette d'une fermière ou d'un aubergiste, les citadins redécouvrent l'art oublié de dénerver un foie gras d'oie ou d'accommoder un râble de lièvre. Le succès croissant de cette forme de loisir gourmand prouve l'attachement quasi viscéral de beaucoup de Français à leur gastronomie, la prolifération des plats sous vide ou surgelés n'y changeant rien.

Comment pourrait-il en être autrement dans cette corne d'abondance qu'est la France ? Du cassoulet toulousain à la quiche lorraine et de l'agneau de Pauillac au canard de Challans, le territoire entier résonne de recettes originales et de produits d'exception, à l'origine de plats d'une formidable variété. Ce véritable patrimoine régional résiste aux modes et aux réglementations, dont l'accable notamment l'Union européenne. Une nouvelle génération de producteurs, de cuisiniers, de journalistes, se bat pour sa préservation et sa promotion. De mieux en mieux informés, de plus en plus exigeants et vigilants, les consommateurs se mettent de la partie. Il y a aujourd'hui un désir d'harmonie entre les sens et la santé. On recherche des denrées saines, des préparations allégées, des saveurs spécifiques, sans rien renier des valeurs acquises. La fameuse « nouvelle cuisine » des années 1970, avec ses mariages incongrus, ses cuissons improbables et ses portions microscopiques, n'a connu qu'un succès éphémère, mais au moins a-t-elle ouvert la voie à plus de simplicité et d'authenticité.

Aujourd'hui, les grandes surfaces réalisent les deux tiers des ventes de produits alimentaires, contre à peine la moitié dix ans plus tôt. Leur offre s'est adaptée aux besoins d'une société en pleine mutation. Ainsi les plats préparés ou surgelés, par exemple, qui représentaient tout juste 12 % des dépenses d'alimentation en 1960, ont vu leurs ventes doubler en l'espace de quarante ans. Il n'empêche : depuis quelques années, ces mêmes hypermarchés, qui diversifient et renouvellent sans cesse leur offre, proposent des rayonnages de mieux en mieux pourvus en produits du terroir ou issus de l'agriculture biologique. Et la moindre bourgade possède désormais son épicerie fine, dont les légumes, les magrets, les fromages, les vins arrivent en provenance directe de chez des producteurs triés sur le volet. Quant à la tradition de la boulange, elle explose partout, grâce à des artisans souvent « Meilleurs Ouvriers de France », qui remettent au goût du jour d'ancestrales recettes locales : le pain aux olives, le pain aux noix, le pain au lard, sans oublier les « gros pains bis » chers à François Villon.

Le spectacle qu'offre le Marché d'intérêt national de Rungis donne une idée très exacte de l'importance que

REZA

CI-CONTRE : jour de marché à Revel (Haute-Garonne). Au pied de la Montagne Noire, ce gros bourg jouit de la prospérité agricole des collines du Lauragais.

la France accorde à se bien nourrir. Inauguré le 3 mars 1969, il occupe 232 ha et répond non seulement aux besoins de la capitale et de sa région, mais de toutes les grandes agglomérations du pays. Chaque jour, 536 grossistes et 313 producteurs s'y retrouvent. Dès quatre heures du matin s'y engouffrent les camions chargés de viande et de poisson, puis ceux qui transportent les fruits et les légumes. Au total, quelque 26 000 véhicules s'y croisent quotidiennement. Les arrivages annuels sont considérables : ainsi, par exemple, des 341 000 tonnes de produits carnés ou des 143 000 tonnes de poissons et crustacés. Bien sûr, l'ambiance est beaucoup moins chaleureuse que celle des défuntes Halles centrales. Mais ce qu'il perd en folklore, Rungis, géré de main de maître par la Semmaris (Société d'économie mixte d'aménagement et de gestion du Marché d'intérêt national de la région parisienne) le gagne en efficacité.

Les restaurateurs, petits et grands, comptent parmi les habitués du lieu. Les plus célèbres d'entre eux jouissent d'une réputation internationale. Ils sont indissociables de l'image même de la France. Leur talent, unanimement vanté et réclamé partout dans le monde, préserve la grande tradition culinaire du pays. Leur mérite apparaît d'autant plus grand que la profession, accablée de charges et desservie par un contexte économique morose, connaît de nombreuses difficultés. Du brumeux caboulot à l'établissement huppé, Paris et les grandes capitales régionales conservent un séduisant éventail de tables. Il n'en va pas de même ailleurs. Trop souvent disparaissent des bourgades les chaleureux restaurants bourgeois et des campagnes les petits bistrots à omelette baveuse. La restauration rapide (*fast-food*) s'engouffre dans la brèche. Le coq français, lui, y laisse quelques plumes.

REZA

Dans une boulangerie, à Saint-Lary-Soulan. Au débouché de la vallée d'Aure, ce village a assuré sa fortune en devenant la première station pyrénéenne de sports d'hiver. Il s'est également doté en 1988 d'un complexe thermal aux installations luxueuses.

ALEXANDRA BOULAT

PAGE PRÉCÉDENTE : Rungis, le «ventre de Paris» depuis 1969, est déjà bien éveillé à 4 heures du matin. Étendu sur 232 hectares, le plus grand marché de produits frais du monde alimente 18 millions d'Européens, dont 12 millions de Français.

HÉLÈNE BAMBERGER

CI-CONTRE : face à la plage, le centre de thalassothérapie du Touquet (Pas-de-Calais) perpétue la vocation de ces stations balnéaires, qui vantaient au début du siècle les bienfaits de l'air marin.

de la «Saint-Cochon».

STUART FRANKLIN

PAGE SUIVANTE: l'affinage du comté à Saint-Antoine (maison Petit). Placé sur des planches d'épicéa, le fromage reste environ six mois en cave, d'abord à 15 °C, puis à 18 °C. Les maîtres affineurs le sondent très régulièrement, pour évaluer son degré de fermentation et sa maturation.

ALAIN KELER

À vanter les marins bretons, «paysans de la mer», on en vient à oublier les autres, comme ces agriculteurs. Les exploitations sont aujourd'hui plus grandes et spécialisées, ainsi la Bretagne perpétue sa grande tradition maraîchère et charcutière.

OLIVIER FÖLLMI

Point de rencontre entre vacanciers et agriculteurs, le marché de Vallon-Pont-d'Arc (Ardèche) promeut les produits artisanaux. Nombreux dans cette région, les néo-ruraux lui donnent un second souffle en exploitant tout autant les ressources du tourisme que celles de la terre.

ALEXANDRA BOULAT

Ce restaurant trois étoiles peut se targuer de ses origines séculaires, grâce au cuisinier Guillaume Tirel (1310-1395) dit Taillevent, qui fut cuisinier de la cour de France. Guillaume Tirel est surtout connu pour son ouvrage *Le Viandier* considéré comme le texte fondateur de la littérature de cuisine en langue française.

OLIVIER FÖLLMI

PAGE PRÉCÉDENTE : dans la station de ski de Courchevel des tablées de skieurs profitent du soleil.

HÉLÈNE BAMBERGER

CI-CONTRE : avant le coup de feu, la brigade de La Marine, à Carteret, se retrouve autour de son chef, qui a fait d'une entreprise familiale l'une des tables les plus prisées de la région.

OLIVIER FÖLLMI

Institution lyonnaise, la brasserie Georges demeure, depuis son ouverture en 1836, la plus vaste de la ville. Elle est également l'une des plus réputées, tant pour l'élégance de son décor que pour la qualité de sa cuisine.

YVES GELLIE

CI-CONTRE: tous les moyens sont bons pour dénicher les truffes, perles noires du Périgord. On assiste, comme à Saint-Laurent-la-Vallée (Dordogne) à la naissance d'une trufficulture qui réunit toutes les conditions favorables à l'éclosion du champignon, mais reste soumise à ses caprices.

PATRICK ZACHMANN

PAGE SUIVANTE: les cochonnailles sont l'un des fleurons de la gastronomie vellave et auvergnate. L'hiver venu, l'office du «saigneur», lors de la «Saint-Cochon», tient du sacrifice et du rite païen, y compris au Chambon-sur-Lignon et au Mazet-Saint-Voy (Haute-Loire), pourtant considérés comme des bastions de la rigueur protestante.

PATRICK ZACHMANN

L'hôtel-restaurant Magne, logé dans un site pittoresque, à l'entrée d'une gorge de la Couze Pavin à Saurier (Puy-de-Dôme), est typique des tables auvergnates sans prétention, où l'on sert les plats du terroir, coq au vin, potée auvergnate, tripoux, truite au bleu, agrémentés de vins de Chanturgue et de Boudes.

HÉLÈNE BAMBERGER

Parce qu'il partage avec l'officier supérieur le prestige de cinq galons dorés, appelés laiches, le livarot est aussi appelé colonel. Moins renommé que ses cousins le camembert et le pont-l'évêque, il n'en est pas moins un fromage d'exception qui possède lui aussi son appellation d'origine contrôlée, limitée au sud du pays d'Auge.

YVES GELLIE

À droite: les oies du Sarladais, élevées en plein air, sont gavées au maïs. La culture intensive de cette céréale a permis au Sud-Ouest de devenir un grand producteur de foie gras.

STUART FRANKLIN

La Paulée, chez Jean-Pierre Guillemot, à Savigny-lès-Beaune, banquet qui conclut traditionnellement les vendanges. C'est l'occasion de déboucher les meilleures bouteilles des années précédentes. Son nom vient du patois paule, signifiant «pelle». Il évoque l'ultime pelletée de raisin jetée dans le pressoir.

HARRY GRUYAERT

Les produits de la mer sont à l'honneur sous le marché couvert du Touquet, où se pressent en toutes saisons les habitués et les touristes. La pêche des chalutiers, mais aussi le ramassage des coques dans le sable ou la récolte des moules élevées sur des pieux de chêne, alimentent les commerces du littoral, quand ce n'est pas les marchés de la région parisienne.

La France

en fête

La France en fête

par Jean-Marie Boëlle

Laïques ou religieuses, et souvent les deux à la fois, les fêtes rythment la France du début à la fin de l'année. Sous leurs masques et derrière leurs lampions, leurs fleurs et leurs feux, elles cachent des origines paléolithiques, néolithiques, celtes, romaines, médiévales. Elles évoquent le temps, revu et corrigé, de la chasse à l'ours, des bûchers s'embrasant sous la pleine lune, des dragons menaçants, des sorciers velus ou de l'Ankou, charretier de la mort. Fille de toutes les époques, la fête renaît toujours de ses cendres, et celle qu'on croit d'aujourd'hui est souvent d'hier. Fêtes folkloriques, historiques, religieuses, paysannes, corporatistes se succèdent sans relâche, dans un mélange de gaieté, de ferveur et de convivialité, mais aussi dans un besoin manifeste de transmettre des coutumes, de retrouver des traditions. On en compte plusieurs centaines par région, assez également réparties sur tout le territoire. Pour survivre, croître et embellir, elles demandent de plus en plus souvent une participation financière à leurs visiteurs (sauf aux enfants).

HARRY GRUYAERT
PAGE PRÉCÉDENTE : les parapluies montés sur des perches sont depuis le XIXᵉ siècle un accessoire traditionnel du carnaval de Dunkerque (Nord).

Le ticket est symbolique pour ouvrir au plus grand nombre les chemins de la liesse. En France, la fête est d'abord populaire, dans toute la noblesse du mot. L'année finit, comme un espoir, sur la plus belle de toutes : la Saint-Sylvestre et ses magnums de champagne. Les fêtes calendaires, comme Noël, l'Épiphanie ou Pâques, et les fêtes familiales, comme celles des Pères et des Mères, se sont pérennisées, réunissant grands-parents, parents, enfants, petits-enfants, et resserrant leurs liens affectifs. Les carnavals ne se sont jamais si bien portés, à commencer par celui de Nice, le plus spectaculaire de tous avec sa cinquantaine de manifestations et ses dix tonnes de fleurs distribuées à la foule par brassées. Très vivaces jusqu'aux années 1950, les réjouissances villageoises, elles, marquent le pas, mais les grandes fêtes urbaines s'étoffent et se multiplient. Avec l'ère industrielle et la révolution informatique sont apparus mille moyens sophistiqués de se distraire. Si quelques fêtes traditionnelles sont mortes au cours de ces cinquante dernières années, de nouvelles sont nées, plus populaires et plus démonstratives encore. Visiblement, les Français adorent s'amuser ensemble et restent perméables aux flonflons venus du tréfonds des âges. Ils possèdent même une Fédération nationale des comités officiels des fêtes, qui publie sa propre revue : *L'Officiel des fêtes en France*.

L'interpénétration du païen et du sacré demeure une des grandes caractéristiques de la fête française. Les célèbres pardons bretons ont leurs sonneurs de bombarde et leurs joueurs de biniou ; les pastorales provençales, leurs messes de minuit et leurs foires aux santons ; les feux sacrés normands, leurs flammes pieuses et leurs cruchons de cidre ; les Saintes-Maries-de-la-Mer, leurs gardians à cheval et leurs Arlésiennes en costume, qui, après l'office, se mêlent aux Gitans, Tsiganes, Roms et Manouches venus de l'Europe entière pour honorer Sara-la-Noire. Aujourd'hui, ces grands rituels collectifs, qui marient dévotions et libations, drainent un nombre de visiteurs dix ou vingt fois supérieur à l'ensemble de la population locale. Leurs retombées économiques évidentes expliquent, en partie, leur recrudescence. La rencontre entre des traditions séculaires et des préoccupations plus mercantiles aurait pu entraîner un glissement vers le spectaculaire, voire l'approximatif, au détriment d'une démarche spirituelle ou d'une vérité historique. Il n'en est rien, notamment grâce à l'action en profondeur de nombreuses associations qui, se penchant sur le passé, donne un sens au présent. La journée de l'Ours de Prats-de-Mollo-la Prest (Pyrénées-Orientales), la fête du Poulain à Pézenas (Hérault), le mariage de l'ami Fritz à Marlenheim (Bas-Rhin), la fête des Hortillonnages à Amiens, Camon, Rivery et Longueau (Somme) ou la bravade de Saint-Tropez (Var), conservent un caractère sinon spontané, du moins authentique. Et pour joyeuses qu'elles soient, la Saint-Vincent à Champlitte (Haute-Saône), la Fête-Dieu à Geispolsheim (Bas-Rhin) ou la fête des Marins à Honfleur (Calvados) rendent au Ciel ce qui lui appartient avant de danser et de banqueter. Le lien entre la fête et l'économie a toujours existé. Déjà, au Moyen Âge, grandes foires et grandes fêtes se déroulaient conjointement, et, en Champagne notamment, les responsables communaux se démenaient autant pour attirer les troubadours que les marchands. L'époque contemporaine, qui dispose de moyens de communication accrus et d'un public potentiel beaucoup plus mobile, ne fait qu'amplifier le phénomène. Sans conteste, l'attrait touristique de la fête participe à son essor, mais n'en pollue pas l'esprit pour autant.

Aux fêtes traditionnelles, centenaires ou millénaires, s'ajoutent, aujourd'hui, de nouvelles manifestations d'inspiration mi-historique, mi-légendaire. Elles s'appuient, à la fois, sur un riche patrimoine architectural et culturel, sur des moyens techniques sophistiqués et sur des populations locales enthousiastes, qui, souvent, leur prêtent bénévolement leur concours. 800 acteurs, 50 cavaliers, des jets d'eau et des jeux de lumière, des feux d'artifice : la Cinéscénie du Puy-du-Fou (Vendée) est la plus importante de toutes. En moyenne, chacune de ses soirées (1h 40) attire 10000 spectateurs. Fête ou spectacle ? Les deux, et c'est là une des évolutions les plus caractéristiques et les plus ambitieuses de la fête française. Il y en a une autre : les célébrations de la musique, « rock » hier, aujourd'hui « techno », un temps hors de tout contrôle, et dont les débordements ont été sujets à de nombreuses polémiques. À chaque époque son Parnasse. Du moins, le Printemps de Bourges berrichon ne fait-il pas oublier les Fêtes johanniques orléanaises. Ni Halloween et ses sorcières la Saint-Valentin et ses amoureux. Ni, à Paris, la Gay Pride, la course des garçons de café. De tous les grands rendez-vous de l'Hexagone, de toutes ses réjouissances collectives, la fête, en pleine vitalité, est sans doute le plus œcuménique.

ALEXANDRA BOULAT

PAGE PRÉCÉDENTE: chaque année, les amateurs de musique techno se retrouvent, comme ici devant l'Opéra Bastille, à Paris, pour un défilé gai et coloré, la Technoparade.

PATRICK ZACHMANN

CI-CONTRE: à Aurillac, tous les ans depuis 1986, la cité cantalienne reçoit environ 150 000 spectateurs lors de son Festival international de théâtre de rue, qui se déroule en août.

HARRY GRUYAERT

Soir de carnaval dans un restaurant de Bailleul (Nord), à quelques kilomètres de la frontière belge. Cette fête rassemble toutes les générations et témoigne du fort esprit communautaire des Flandres françaises.

STUART FRANKLIN

CI-CONTRE : la vente des Hospices de Beaune (Côte-d'Or) donne lieu à de nombreuses festivités, dont une traditionnelle procession costumée le matin même de l'adjudication.

YVES GELLIE

PAGE SUIVANTE : pendant les fêtes de Bayonne (Pyrénées-Atlantiques), ce quartier est pris d'assaut par une foule en liesse aux couleurs basques.

REZA

Rencontre avec un homme-ours à Prats-de-Mollo. Ce village du Vallespir a conservé ses traditions catalanes, et en particulier cette étrange «Festa de l'Os», ou fête de l'Ours, qui précède le carnaval.

DAVID ALAN HARVEY

Samedi soir au VIP, discothèque tourangelle dans le quartier animé du Vieux-Tours, ville d'Indre-et-Loire très estudiantine.

JEAN-CLAUDE COUTAUSSE

Une des « bravades » de Saint-Tropez, celle de mai, où l'on fête le saint patron de la ville, saint Torpes (martyr romain), dont la statue est portée en procession.

ALEX WEBB

Danses en costumes traditionnels dans le village de Hœrdt, en Alsace.

ALAIN KELER

CI-CONTRE : dans l'enclos paroissial de Ploubezre, en Bretagne, un « bagad » traditionnel accueille un cortège nuptial.

YVES GELLIE

PAGE SUIVANTE : dans les châteaux du Bordelais débute la « gerbaude », fête qui marque la fin du labeur et la naissance d'un millésime.

JEAN-CLAUDE COUTAUSSE

CI-CONTRE : à Salon, un tambourinaire en costume traditionnel participe à la fête de la Transhumance.

ALAIN KELER

PAGE SUIVANTE : la fête de la Bouèze, à Bazouges-la-Pérouse (Bretagne), réunit chaque année de nombreux bagadoù.

297

HARRY GRUYAERT

Sur la Grand-Place de Cassel (Nord), les géants Reuze Papa et Reuze Maman sont de sortie pour le lundi de Pâques. Haut de plus de six mètres, l'uniforme de Reuze Papa rappelle le passé romain de la cité.

REZA

Scène de festivités nocturnes à Perpignan. L'ancienne capitale du royaume de Majorque reste fidèle à ses traditions catalanes.

REZA

Au carnaval de Limoux, dans l'Aude, les « godils » donnent libre cours à leur fantaisie.

ALEXANDRA BOULAT

CI-CONTRE : fête de la Musique à Montmartre, Paris (XVIIIe arr.), comme tous les ans au début de l'été.

HARRY GRUYAERT

PAGE SUIVANTE : à quelques kilomètres de Boulogne-sur-Mer, le carnaval s'achève en feu de joie sur la plage d'Équihen.

La France

en piste

La France en piste

par Jean-Marie Boëlle

Des grands événements sportifs, comme les étapes mythiques du Tour de France, les rencontres au sommet de la Coupe du monde de football ou les matchs de rugby du Tournoi des six nations, découlent des audiences télévisuelles record : souvent plus de dix millions de téléspectateurs. Les habitués du stade de France sont-ils les mêmes que les coureurs du Marathon de Paris ? Rien n'est moins sûr. Le fort accroissement du temps libre des Français au détriment de leur temps de travail, encore accentué par la RTT, ne les a pas transformés en sportifs invétérés. Riches d'une nouvelle liberté, ils entrebâillent simplement une porte longtemps restée close. Si, durant leurs loisirs, 35,1 % d'entre eux s'adonnent à la lecture, 32,4 % au bricolage et au jardinage ou 18,8 % à la balade, seuls 8,1 % se tournent, pour l'instant, vers le sport. Et encore certaines catégories socio-professionnelles semblent-elles quasi hermétiques aux activités physiques, tels les agriculteurs (1,4 %) ou les artisans, commerçants et chefs d'entreprise (4,7 %). Les cadres, eux, se montrent plus dynamiques (11,5 %). Ils

STUART FRANKLIN

PAGE PRÉCÉDENTE : Auxerre reçoit Montpellier à domicile. La formation bourguignonne, grâce au talent de ses joueurs et de son entraîneur médiatique Guy Roux, s'est hissée au tout premier rang européen.

sont le fer de lance du développement des activités physiques individuelles dans l'Hexagone, en progression mesurée, mais constante. Perdure, chez les Français, une conception confortable du sport. L'image, généreusement véhiculée par la caricature, d'un peuple qui ne se retrouve en plein air que pour occuper les gradins d'un stade, applaudir les coureurs cyclistes au bord de la route ou fouler la pelouse des champs de courses, apparaît néanmoins obsolète. Certes, la pêche, la chasse et la pétanque restent les grands sports nationaux, ancrés au plus profond des traditions régionales. Si le tennis, le football ou la course à pied comptent des millions d'adeptes, c'est d'abord devant la télévision et au bistrot du coin. En France, compétition rime avec convivialité. Et si la pratique piétine un peu, la théorie, elle, va bon train et depuis longtemps, comme le prouve la très honorable Académie des sports (50 membres). Depuis 1905, elle réfléchit tous azimuts sur les grands thèmes sportifs et distribue des satisfecit appréciés et respectés.

Pourtant, depuis les années 1970, le pays quitte de plus en plus ses pantoufles pour chausser des crampons. Il ne s'agit ni d'un raz-de-marée, ni d'un modeste frémissement, mais bien d'une progression appréciable, d'un mouvement de fond, notamment chez les quadragénaires, plus actifs que les moins de vingt ans (40 % contre 30 %). Et toutes les disciplines sont en hausse, dans la foulée du jogging et du footing. En trente ans, le nombre des licenciés (toutes licences confondues, y compris celles des dirigeants sportifs, qui ne pratiquent pas, et des clubs de loisirs) est ainsi passé de moins de six millions à plus de treize millions, contre deux millions seulement en 1950. À travers le monde, ce sont les pays fortement industrialisés qui, dans ce domaine, enregistrent les plus fortes progressions, et la France n'échappe pas à la règle. Elle reste pourtant assez loin derrière certains de ses partenaires européens. C'est ainsi que plus d'un tiers des Scandinaves est inscrit à un club sportif. Si, en moyenne, les Français consacrent six minutes par jour à l'activité physique, les Suédois, eux, lui accordent une demi-heure de leur emploi du temps quotidien.

En apportant la compétition à domicile, la télévision a joué un rôle primordial dans le développement des pratiques sportives en France, qu'elles soient individuelles ou collectives. Retransmis en direct, les grands matchs de Roland-Garros, les exploits du Quinze de France dans l'hémisphère sud, les victoires de Bernard Hinault sur une selle ou de Marie-Jo Pérec sur une piste, ont constitué autant d'exemples suivis d'effets. Les Français, qui, en moyenne, passent plus de 43 h par semaine devant le petit écran, n'échappent plus aux grands rendez-vous sportifs nationaux et internationaux. Y compris par le biais du fameux journal de 20 h, qui en fait souvent ses grands titres. Le sport est devenu, à la fois, un rendez-vous obligé et un spectacle à part entière, mêlant à l'esprit de pure compétition des notions plus subtiles : une vision optimiste du monde, un espoir de progression et d'intégration dans la société, une exaltation de la beauté et de la puissance du corps, une sacralisation de l'effort. Mais d'autres facteurs expliquent la montée en puissance des activités physiques. Ainsi, les bouleversements de la condition féminine ; de 28,6 % de licenciées en 1978, les femmes sont passées à 36,1 % en l'an 2000. On pense également à l'allongement de l'espérance de vie, qui conduit de plus en plus de personnes âgées à entretenir régulièrement leur condition en salle, en piscine, voire sur un stade. Et, s'adressant à une clientèle jeune, à l'éclosion de nouvelles activités sportives importées d'Amérique ou d'Australie, comme le snowboard, le rafting, le skateboard, le racquet-ball, le fun-ball, le funboard ou le canyonning.

L'intervention des pouvoirs publics se fait de plus en plus présente dans le domaine de l'éducation physique et du sport, rattaché, de nos jours, au ministère de l'Éducation, dont dépend l'EPS, et au ministère de la Jeunesse et des Sports. L'importance du phénomène sportif n'échappe pas aux hommes politiques, qui pèsent sur les institutions privées par le biais des fonds publics. Depuis la fin du XIXe siècle et le *Manuel de gymnastique et des exercices militaires* (1881) publié à l'initiative de Jules Ferry, l'action des professeurs d'éducation physique est définie par des textes officiels. On notera également que, depuis 1983, existe une agrégation d'Éducation physique et sportive (30 postes). Dans la grande tradition française, de nombreuses structures administratives ont été mises en place dès 1921, entre les établissements nationaux, voués à la préparation des athlètes de haut niveau, et les établissements régionaux, plus polyvalents. Aujourd'hui, le sport d'élite français obtient, dans son ensemble, d'excellents résultats dans les compétitions internationales ; ainsi, aux Jeux Olympiques d'Atlanta, la France a-t-elle été classée cinquième au palmarès du nombre de médailles. Même si l'écart se creuse entre les possibilités d'un individu moyen et d'un grand sportif, il semble que l'exemple offert par les champions, auréolés par la victoire, conduise de nombreux jeunes à se tourner vers les stades. Reste à ancrer davantage le sport à l'école et à l'université. Les Anglais, eux, l'ont fait depuis la fin du XVIIIe siècle.

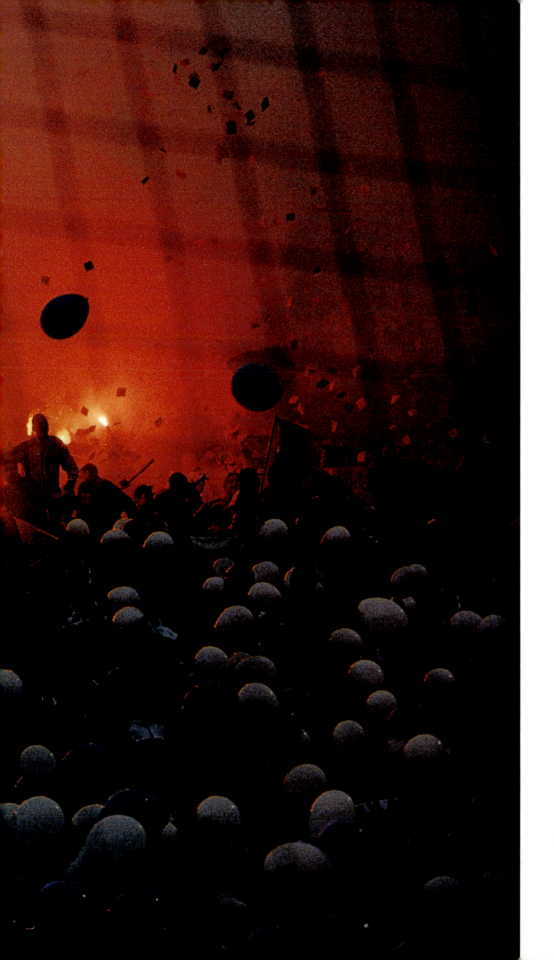

JEAN-CLAUDE COUTAUSSE

Le stade Vélodrome, construit en 1938 pour accueillir la première Coupe du monde en France, est un lieu cher au cœur des milliers de supporters de l'Olympique de Marseille.

REZA

PAGE PRÉCÉDENTE : la mêlée a pour rôle de remettre le ballon en jeu lorsqu'il est immobilisé.

HÉLÈNE BAMBERGER

CI-CONTRE : concurrents du critérium de Cherbourg. Le cyclisme a ses lettres de noblesse en Normandie : la course Paris-Camembert et Jacques Anquetil, quintuple vainqueur du Tour de France.

HÉLÈNE BAMBERGER

PAGE PRÉCÉDENTE : le Grand Prix de Deauville est la dernière et la plus prestigieuse course de la saison sur l'hippodrome de la Touques.

OLIVIER FÖLLMI

CI-CONTRE : pratiqué dans tout le massif du Vercors, le ski de fond prend le relais hivernal de la randonnée, qui assure aux plateaux la fréquentation assidue des vacanciers.

STUART FRANKLIN

PAGE PRÉCÉDENTE : au stade d'Auxerre, les jours de victoire sont autant de jours de liesse. Mais ici, le football n'est pas qu'un spectacle. Le centre d'entraînement de l'AJA constitue une véritable pépinière de talents, que les grandes équipes européennes s'arrachent à prix d'or.

JEAN-CLAUDE COUTAUSSE

CI-CONTRE : drapés dans les couleurs de l'Olympique de Marseille, le blanc et le bleu, ces jeunes supporters vibrent à l'unisson de leur équipe.

La France

en prière

La France en prière

par Guillaume Cuchet

La France religieuse, catholique, protestante et israélite, était autrefois une réalité géographique dont les contemporains avaient une connaissance intuitive. Les frontières qui séparaient pays catholiques et pays protestants, pays pieux et pays «mécréants» structuraient la vie collective et la perception de l'espace. Jusque dans les années 1950, la carte de la France religieuse est restée très stable, révélant de forts contrastes régionaux et, fait remarquable, une distribution périphérique du catholicisme français. Les «pays chrétiens» étaient la France de l'est (Lorraine, Alsace, Jura), un grand quart sud-est courant de la région lyonnaise à Bayonne, le Pays basque, les pays de l'Ouest, la Bretagne et les Flandres. Deux môles de fidélité se démarquaient: le sud-est du Massif central, avec des chrétientés rurales particulièrement fécondes en vocations comme l'Aveyron, et la France de l'Ouest, armoricaine et vendéenne surtout. À l'inverse, une longue diagonale du détachement religieux prenait la France en écharpe du nord-est au sud-ouest en

JEAN-CLAUDE COUTAUSSE

PAGE PRÉCÉDENTE : les compagnes de la reine d'Arles à la grand-messe de la fête des gardians qui a lieu chaque année en Camargue, le 1er mai (jour de la Saint-Georges, leur saint patron).

passant par le Bassin parisien, le Centre et la bordure occidentale du Massif central. Sur ces terres d'élection de l'anticléricalisme, on « bouffait du curé » comme ailleurs on était du « parti de l'Église ». Ici où là, l'indifférence tournait à la froideur : dans l'ouest de la Bourgogne et le sud de la Champagne, certains cantons de Seine-et-Marne, de l'Oise et de l'Eure, le Limousin, le nord du Périgord, le Mâconnais ou les Charentes. Le protestantisme, calviniste ou luthérien, possédait lui aussi ses bastions historiques, dans les Charentes, la région cévenole et l'Alsace. Enfin, les zones de contact entre régions catholiques et protestantes étaient généralement des pays de vie religieuse plus intense, où se poursuivaient, hier encore, de petites guerres de religion de basse intensité, sans violence physique mais sans aménité non plus.

Les spécialistes ont abondamment discuté pour essayer de comprendre d'où venait cette géographie si caractéristique. Deux hypothèses convaincantes sont finalement ressorties. On a montré le rôle de la Révolution française dans le destin religieux des différentes régions. Les pays où le clergé « réfractaire », c'est-à-dire hostile à la Révolution, l'emportait sur le clergé « constitutionnel » (favorable à la constitution civile du clergé et à la Révolution) ont généralement donné les pays fervents du XIXe et XXe siècles. Et inversement. D'aucuns remontent même plus loin dans le temps et soulignent que la plupart des régions dynamiques sur le plan religieux avaient été réunies tardivement à la couronne de France. La politique de centralisation de l'État a suscité ici de vives résistances, qui auraient trouvé dans l'Église un espace où préserver traditions et langues régionales. Toutes proportions gardées, ce sont des mécanismes analogues qui expliquent la longue force de l'Église dans des pays comme l'Irlande, la Pologne ou le Québec, qui eurent eux aussi à défendre leur identité face à des voisins menaçants.

Cette géographie de la France religieuse n'a pas totalement disparu en ce début du XXIe siècle. Demeurent en particulier les deux grands bastions de la France de l'Ouest et de la France de l'Est. La diagonale du détachement continue de se signaler par la proportion d'« athées » ou de « non-croyants » déclarés. Mais la modernisation économique et sociale, qui a frappé de plein fouet les vieilles chrétientés rurales, l'accroissement des mobilités et l'évolution des mentalités ont, depuis les années 1960, profondément modifié le paysage religieux. Le pôle armoricain, par exemple, a beaucoup perdu de sa cohérence et de sa force. D'une façon générale, les pays de l'Ouest semblent avoir moins bien tenu le choc que ceux de l'Est, entre Meuse et Jura. En sens inverse, Paris et sa région (surtout les Yvelines) sont relativement dynamiques.

La situation religieuse de la France contemporaine révèle à la fois des continuités et des ruptures. Le catholicisme demeure la religion de la majorité des Français, capable de rassembler des grandes foules (voyages du pape, Journées mondiales de la jeunesse de 1997, fréquentation des sanctuaires comme Lourdes). Autour d'un noyau dur de « pratiquants » (5 à 10 % de la population), on compte encore 80 % de baptisés et environ 70 % de gens qui se disent catholiques quand on les interroge (enquête CSA de décembre 2001). La communauté protestante, qui rassemble environ 800 000 personnes, est principalement calviniste et luthérienne, mais ce sont les nouvelles Églises de sensibilité « évangélique » qui progressent le plus. Pour compléter ce tableau de la France chrétienne, il faut ajouter quelque 300 000 orthodoxes, originaires pour la plupart de Russie, de Grèce et du Proche-Orient. De son côté, la communauté juive s'est agrandie depuis la décolonisation de l'Afrique du Nord. Avec plus de 530 000 membres, dont la moitié vit dans l'agglomération parisienne, elle est la deuxième plus importante au monde après celle des États-Unis.

De nouvelles religions sont apparues en France, avec les dernières vagues de l'immigration de masse. Ainsi l'islam est-il devenu, devant le protestantisme, la deuxième religion de France, avec quatre ou cinq millions de fidèles d'origine maghrébine, africaine ou turque principalement. Non sans poser toute une série de questions nouvelles, comme la nécessité de construire des salles de prières et des mosquées en nombre suffisant, des carrés musulmans dans les cimetières, ou celle de refonder la laïcité. Depuis 1989, les « affaires de voile islamique » reviennent périodiquement sur le devant de la scène médiatique et elles ont donné lieu, dans le second semestre de l'année 2003, à un riche débat qui a passionné la société française. Pour accompagner la naissance d'un « islam à la française », l'État a même encouragé depuis 1999 la création d'un Conseil français du culte musulman (CFCM). Le bouddhisme est lui aussi en expansion et rassemble environ 600 000 fidèles, principalement d'origine asiatique, et beaucoup plus de sympathisants. La popularité du Dalaï Lama explique le succès de sa version tibétaine, pourtant très minoritaire à l'échelle du monde bouddhiste dans son ensemble.

ALAIN KELER

CI-CONTRE : un enfant devant le calvaire de Guéhenno (Morbihan), dont l'ensemble décoratif est sans équivalent dans toute la région.

Tout cela n'empêche pas la société française d'être l'une des plus sécularisées au monde. Un signe parmi d'autres mais combien significatif des choix implicites de société : le budget des jeux de hasard en France est treize fois supérieur à celui de l'Église catholique. La tradition laïque et la grande rupture religieuse des années 1960, qui a touché l'ensemble des pays occidentaux et des confessions chrétiennes, ont débouché sur une sortie massive de la religion comme système social organisant la vie collective et personnelle. L'affaissement de la pratique, la baisse régulière du nombre d'enfants inscrits au catéchisme (40 % aujourd'hui), celle des jeunes déclarant une religion, la chute des ordinations sacerdotales (une centaine par an depuis trente ans contre plus de 1000 encore en 1950) marquent la tendance générale.

Pour autant, « sortie de la religion » ne veut pas dire abandon de toute croyance, bien au contraire. Comme le disait Rousseau, il n'est pas plus facile de faire un peuple de philosophes qu'un peuple de chrétiens ! Une religiosité hors cadre, et parfois lucrative, prolifère, qui marie en formules variées christianisme, spiritisme, réincarnation, astrologie, voyance, thérapies spirituelles, etc. La nébuleuse du New Age et ses prophètes, comme le Brésilien Paulo Cœhlo, les sectes (entre 250 000 et 500 000 adeptes), les retraites spirituelles, les chemins de pèlerinage, comme celui de Saint-Jacques-de-Compostelle, font recette. Au sein même des grandes confessions, les fidèles « bricolent » davantage et se sentent moins tenus de se conformer aux prescriptions de leur hiérarchie. Tout cela, en définitive, dessine un paysage plus recomposé que véritablement déclinant qui s'efforce de prendre en compte, dans un monde en mutation accélérée, les besoins religieux des contemporains.

PATRICK ZACHMANN

Moment de recueillement dans la cathédrale gothique de Clermont (XIe siècle) en Auvergne, premier édifice à avoir été construit en pierre de Volvic.

HÉLÈNE BAMBERGER

Office des moines cisterciens dans l'abbaye de la Grande Trappe, fondée en 1140 en Normandie, à la lisière de la forêt du Perche.

ALAIN KELER

PAGE PRÉCÉDENTE : la procession religieuse de la Petite Troménie a lieu tous les ans à Locronan, en Bretagne, sur un parcours de 6 km.

JEAN-CLAUDE COUTAUSSE

CI-CONTRE : fête et danses aux Saintes-Maries-de-la-Mer, en Camargue, où les Gitans célèbrent tous les 24 mai Sara-la-Noire, leur sainte patronne.

HÉLÈNE BAMBERGER

Prière devant les reliques de sainte Thérèse, (canonisée en 1925) qui reposent dans le carmel de la basilique de Lisieux en Normandie.

ALAIN KELER
Rassemblement druidique au domaine de Ménez-Meur, près de Hanvec (Finistère) au cœur du Parc d'Armorique.

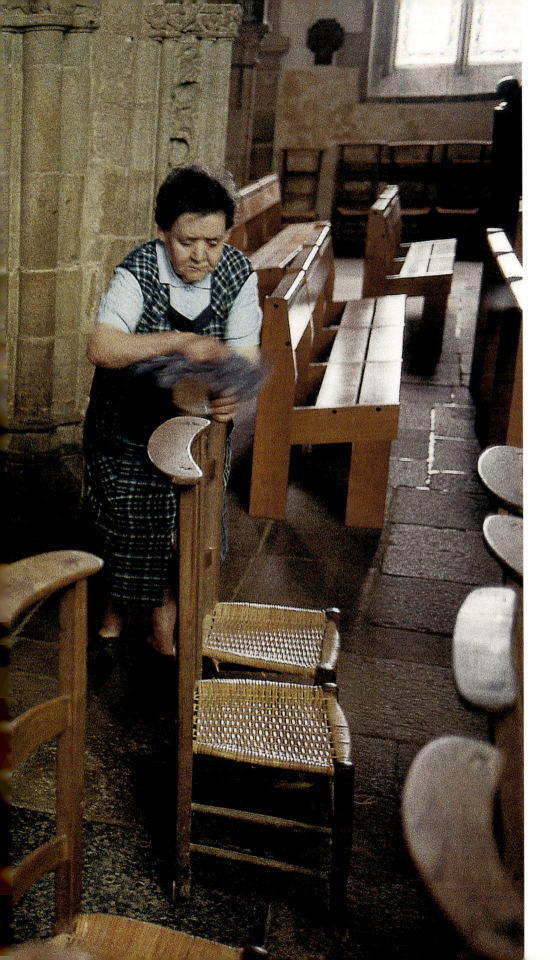

OLIVIER FÖLLMI

PAGE PRÉCÉDENTE : messe dominicale à Notre-Dame de Fourvière à Lyon (Rhône-Alpes) dont les décors exubérants ont soulevé de vives polémiques au XIXe siècle.

ALAIN KELER

CI-CONTRE : fondée par l'ordre des Templiers, l'église de Runan (Côtes-d'Armor) a su garder sa rusticité malgré de nombreux ajouts postérieurs.

REZA

PAGE PRÉCÉDENTE : procession nocturne à Lourdes (Midi-Pyrénées) où plus de cinq millions de personnes se rendent chaque année.

ALAIN KELER

CI-CONTRE : à l'origine de la procession médiévale du «Tro Breiz», les pèlerins s'inclinaient sur les tombeaux des sept saints fondateurs des évêchés de Bretagne.

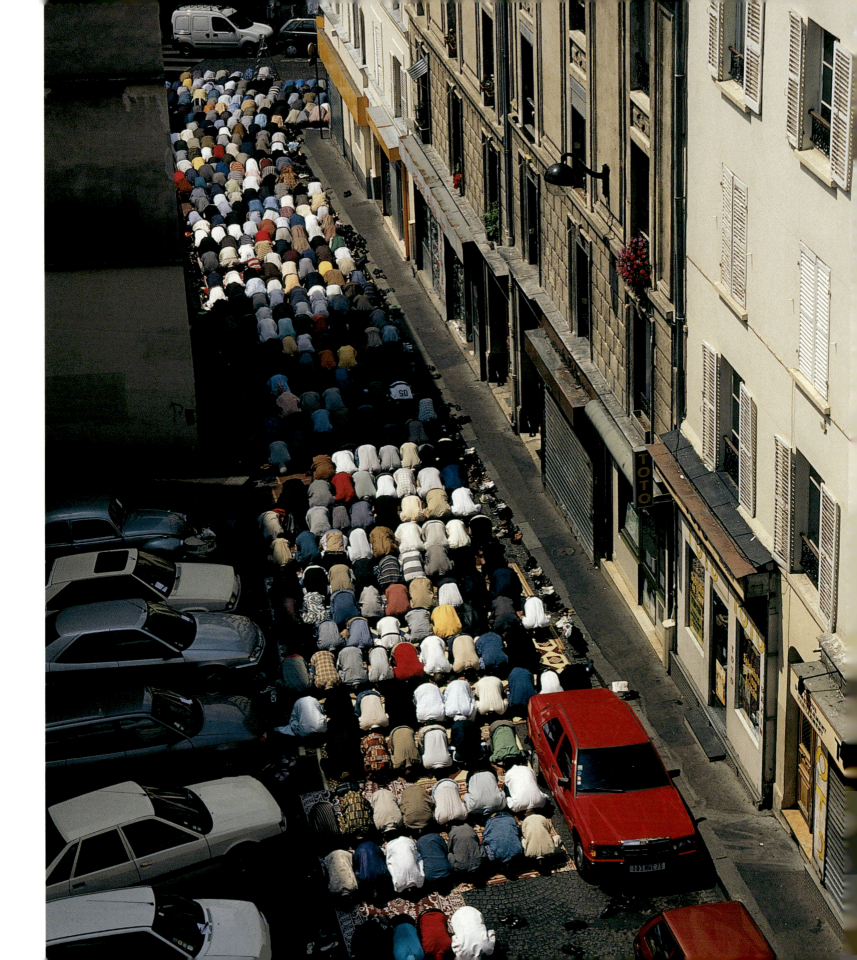

ALEXANDRA BOULAT

Les musulmans ne disposent que de 23 lieux de culte à Paris. Ici, des fidèles se voient obligés d'utiliser la rue Polonceau, orientée vers La Mecque, pour faire leur prière du vendredi.

HÉLÈNE BAMBERGER

Les confréries de charité, ici rassemblées pour une messe à Préaux-Saint-Sébastien, en Normandie. Celles-ci sont apparues au Moyen Âge pour offrir une sépulture digne aux victimes des grandes épidémies.

JEAN-CLAUDE COUTAUSSE

Les Gitans des Saintes-Maries-de-la-Mer reçoivent la bénédiction de l'évêque d'Arles, après avoir porté la statue de Sara en procession jusqu'à la mer.

REZA
PAGE PRÉCÉDENTE: la nef unique de la cathédrale Sainte-Cécile d'Albi (XIVe siècle).

YVES GELLIE
CI-CONTRE: les confréries gastronomiques d'Espelette, en Aquitaine, se réunissent chaque dernier dimanche d'octobre. De l'église comme ici, aux rues du village, on célébre cette fête importante pour la culture basque.

STUART FRANKLIN
Une moniale devant un portail de l'abbatiale de Vézelay, en Bourgogne, classée au patrimoine mondial de l'Unesco.

REZA

CI-CONTRE: la prière du vendredi dans une mosquée de la banlieue de Montpellier (Midi-Pyrénées).

PATRICK ZACHMANN

PAGE SUIVANTE: deux pèlerins de Compostelle vers Saugues, la capitale du Gévaudan, en Auvergne. Ils suivent la «Via Podiensis», le premier des chemins de Saint-Jacques.

qui en jette

ns
La France qui en jette

par Nicolas Chaudun

Lorsque le ciel est morose, le Français considère son pays d'un œil terne, un rien excédé. Il se lamente. On ne produit pas ici d'effarants cabriolets sport, pas plus que de chriscrafts en acajou verni, ni même de montres inabordables ; on ne croise pas là de *horse guards* assez étincelants pour pâmer les foules westminstériennes. Les journaux télévisés de chez lui parlent moins d'insolentes garden-parties que de mobile homes culbutés par la tempête. Il est vrai que les carrosses princiers ne courent plus depuis longtemps les avenues haussmanniennes. Et lorsqu'il contemple nonchalamment les planisphères historiés que l'on offre à ses enfants, ce même Français s'exaspère soudain à la vue de la naïve silhouette censée symboliser son hexagone : un cycliste coiffé du béret basque, avec, en travers du porte-bagages, la sempiternelle baguette parisienne. En revanche, ce que le pédagogue cartographe a retenu des nations voisines lui en jette plein la vue : un binôme de fiers carabinieri foulant l'Italie, un torero en habit de lumière sur la péninsule

ALEXANDRA BOULAT
PAGE PRÉCÉDENTE : le cabaret du Moulin Rouge à Paris, place Blanche, demeure un haut lieu touristique de la capitale. La danse du french cancan, symbole de la licence du Paris fin XIXe, est plus que jamais à l'honneur dans les revues.

Ibérique ou même l'étoile cerclée de Mercedes-Benz estampillant la Germanie... C'est que, en proie à tant de dépit, notre homme trouverait du souffle chevaleresque à la tradition écossaise du kilt-et-rien-d'autre. On ne sait alors ce qui, de l'aveuglement ou de la mauvaise foi, l'emporte en lui.

Certes, le faste empanaché d'une revue au Moulin Rouge ou le rituel quasi-élyséen du festival de Cannes ne sont pas de ces coups d'éclat propres à ébaucher l'emblème d'un peuple. Ils dénotent cependant un savoir-faire, aussi vain qu'il est impérissable. Un exemple l'illustrerait à merveille. Point d'orgue des cérémonies du bicentenaire de la Révolution, le défilé mis en scène par Jean-Paul Goude, proprement hallucinant, génial même, n'a certainement pas restauré les idéaux universels de l'évènement qu'il célébrait. Pas plus qu'il n'a changé quelque chose à la misère du monde. Ce n'était qu'une fanfaronnade commémorative... mais il a collé la berlue au tiers de l'humanité. Que voulez-vous, la France en jette, assurément, même lorsqu'elle le fait pour rien. Monarchie sans couronne, ce pays décidément ingouvernable cultive une atavique perfection dans l'art de paraître. Sans doute est-ce un peu pourquoi il excelle souvent dans des domaines périphériques, voire secondaires, qu'un esprit expéditif jugerait volontiers superflus.

Qu'un temple des antipodes menace ruine, et c'est une escouade d'archéologues français qui accourt pour lui rendre son lustre millénaire ; jamais l'illusion de l'empire de l'homme sur la nature n'est mieux entretenue qu'au levant, parmi les parterres de Villandry ; et qui n'a assisté aux « jeudis » du haras du Pin, ne peut se faire une idée de ce que Buffon désignait comme « la plus noble conquête de l'homme ». Pour toutes ces raisons sans importance vitale, la patrie de Le Nôtre et Vatel exporte sans fléchir ses architectes, ses paysagistes, ses chorégraphes, ses maîtres de manège ou de cérémonie...

Toutefois, fort heureusement, le tableau d'excellence ne s'arrête pas à ces bagatelles. Car il faut au contribuable d'autres motifs de consolation. Notamment lorsque les ondes lui apprennent que l'unique et flambant neuf porte-avions de la Marine nationale, merveille flottante pour laquelle il a dû consentir un substantiel effort fiscal, n'a rien trouvé de mieux pour sa première sortie en mer que d'égarer l'une de ses hélices par cinq cents mètres de fond. À ce genre de contrariétés passagères, il existe un remède constant : l'enthousiasme avec lequel les observateurs financiers rappellent que c'est bien un groupe français, LVMH, qui domine outrageusement l'industrie mondiale du luxe.

Joaillerie, maroquinerie de luxe, parfumerie, grands crus, haute couture… on ne compte plus les fleurons de la *french touch of class* qui se pressent aux portes du conseil d'administration de ce géant. Un géant auquel d'autres, français également, emboîtent le pas. Et avec un succès tout aussi insolent. Ainsi François Pinault qui, lorsque les candidats au rachat manquent en France, part décrocher ses trophées à l'étranger (la marque Gucci, par exemple). Dans la recension qu'il fait des deux cents familles qui possèdent la France, un récent ouvrage révèle que trois des cinq premières fortunes nationales reposent sur un bouquet d'enseignes aussi prestigieuses que Vuitton, Dior, Saint Laurent ou Hermès.

Les adieux désabusés d'Yves Saint Laurent en 2001 avaient instantanément libéré un flot d'horribles présages. Avec l'abdication de son prince, la haute couture disparaîtrait sans délai, et probablement avec elle beaucoup de ces savoir-faire qui avaient fait le renom du chic parisien. Et puis la faveur allait déjà aux stylistes étrangers, aux Londoniens surtout, plus espiègles, plus relâchés, disait-on. Seulement, voilà. L'industrie et l'artisanat français du luxe se portent aujourd'hui mieux que jamais. Quant aux élégantes du Prix de Diane, qu'elles se rassurent : il n'est pas pour demain le jour funeste où la bure et le kapok investiront leur garde-robe.

Cette omniprésence en tout ce qui fait le sel des civilisations horripile. Sans doute contribue-t-elle, comme autrefois cette espèce de prescience artistique dont ne finissons pas de porter le deuil, à la réputation d'arrogance qui colle au pays. Çà et là, des grincheux à stetson ou en culotte de peau, ceux-là mêmes qui battent la semelle avenue Montaigne, crient à l'usurpation, appellent à l'insurrection. L'autochtone, lui, regarde le bout de ses souliers, sans trop comprendre. Il faut dire que quand, du côté de la caserne des Célestins, il aperçoit un escadron de la Garde républicaine, ledit autochtone pense qu'on tourne un film. Et son compatriote plus distingué continuerait de cultiver le chic anglais quand bien même il serait démontré que les sujets de Sa Très Gracieuse Majesté se fagotent comme des chiffonniers. Oui, la France en jette parfois, mais à l'insu de son peuple. Chez celui-ci, l'indifférence l'emporte souvent, sinon l'incrédulité. Elle gît peut-être là, l'exception culturelle française.

ALEXANDRA BOULAT

CI-CONTRE : vue des coulisses lors de la présentation, à Paris, de la collection hiver 2001-2002 d'Yves Saint Laurent, assistant de Dior à ses débuts, et qui fit son premier défilé en 1962.

ALAIN KELER

PAGE SUIVANTE : l'école de Saint-Cyr, à Coëtquidan (Morbihan), n'a rien perdu de ses traditions. Le triomphe du major (chaque année, l'été) et les prises d'armes en grand «U», marquent toujours la vie de la promotion.

ALEXANDRA BOULAT

Le cabaret le plus célèbre du monde, le Moulin Rouge, à Paris, accueille tous les soirs plus de 800 personnes qui se pressent pour dîner et applaudir une centaine d'artistes, dont les 60 Doriss girls.

HÉLÈNE BAMBERGER

À la fin de l'été, le festival du Cinéma américain de Deauville draine, dans le sillage des stars, une foule de cinéphiles endimanchés...

ALEXANDRA BOULAT

Œuvre de Jules Hardouin-Mansart, l'orangerie du château de Versailles se prolonge par deux bâtiments qui supportent les escaliers des Cent-Marches. Sa terrasse offre un point de vue sur la pièce d'eau des Suisses (700 m) et les coteaux boisés de Satory.

ALEXANDRA BOULAT
CI-CONTRE : la Garde républicaine reste la dernière unité de cavalerie montée de l'armée française. Elle tient ses quartiers boulevard Henri IV à Paris, à la caserne des Célestins.

ALEXANDRA BOULAT
PAGE SUIVANTE : emblématique des fastes du Second Empire, l'Opéra Garnier de Paris ne fut pourtant inauguré qu'en 1875 sous la IIIe République. Il fut rebaptisé « palais de la Danse » en 1985.

DAVID ALAN HARVEY

Les jardins Renaissance de Villandry, dans la vallée du Cher, ont été reconstitués au début du XXe siècle d'après les écrits et les planches de l'architecte Jacques Androuet du Cerceau.

HÉLÈNE BAMBERGER

Parmi les haras nationaux, le haras du Pin en Normandie abrite, outre des services vétérinaires de pointe, une impressionnante collection d'attelages du XIXe siècle.

HÉLÈNE BAMBERGER

La soirée traditionnellement organisée par Care, une œuvre caritative d'outre-atlantique, au casino de Deauville, réunit étoiles et grandes fortunes.

HARRY GRUYAERT

L'hippodrome de Chantilly (Oise), à l'occasion du Prix de Diane, accueille la fine fleur des haras normands et des cracks de Deauville.

JEAN-CLAUDE COUTAUSSE

Les marches tapissées de rouge du palais des Festivals et des Congrès de Cannes couronnent les carrières et sacrent les idoles pendant le Festival, inauguré pour la première fois en 1946.

ALEXANDRA BOULAT

La galerie des Glaces au château de Versailles est sans conteste le chef-d'œuvre décoratif de Le Brun. Les 17 premières années du règne de Louis XIV sont glorifiées au plafond.

La France

en portraits

YVES GELLIE

Des armées de saisonniers (comme ci-contre à La Chapelle Maracan, dans l'Entre-Deux-Mers) viennent aux vendanges prêter main-forte aux domaines viticoles. Autant qu'un travail, c'est pour beaucoup un plaisir.

HÉLÈNE BAMBERGER

Déclinées au milieu du XIXe siècle en des formes invraisemblables, les grandes coiffes traditionnelles des paysannes normandes, réservées aux dimanches et aux fêtes, prennent des proportions monumentales, variables selon les régions, voire les paroisses. Comme ici, aux Pieux (Manche), les mariages sont parfois encore l'occasion de les faire admirer.

YVES GELLIE

PAGE PRÉCÉDENTE : paloumayres aux aguets dans la palombière de Lerm-et-Musset, en Gironde, au nord de la forêt des Landes.

JEAN-CLAUDE COUTAUSSE

CI-CONTRE : Aix compte, dit-on, cent fontaines, dont certaines bénéficient des sources qui lui ont donné son nom. Sur l'actuel cours Sextius, un établissement thermal, rénové et rouvert en 1999, subsiste sur le site même des bains fréquentés avec de rares interruptions depuis l'époque romaine.

YVES GELLIE

«Que les présents de Bacchus sollicitent nos regards vagabonds.» Le vœu d'Ausone, poète latin du IVe siècle, qui possédait quelques ceps à Saint-Émilion, a été exaucé. La vigne a envahi le paysage (ci-contre, le château Tertre-Rôtebœuf, à Saint-Laurent-des-Combes), tandis que d'autres hommes, poètes dans l'âme, ont repris le flambeau.

YVES GELLIE

Un enfant basque a revêtu le traditionnel costume blanc et rouge qui, loin d'appartenir à un folklore d'opérette, est fièrement porté en de nombreuses occasions: lors des fêtes, bien sûr, mais aussi par les joueurs de pelote.

JEAN-CLAUDE COUTAUSSE

Un berger et ses chiens au-dessus de la Clarée. Cette large vallée glaciaire à l'est du Briançonnais est bordée par des vallons suspendus qui abritent des lacs d'altitude. Malgré sa proximité avec la station de ski de Montgenèvre, la Clarée, appelée aussi Névache, reste peu fréquentée et jouit d'un milieu préservé.

ALAIN KELER

Un marin s'affaire à son voilier lors
du rassemblement des vieux gréements
qui a lieu tous les quatre ans, l'été,
à Brest et à Douarnenez.

JEAN-CLAUDE COUTAUSSE

Image d'un Sud idéal, Saint-Tropez séduit, depuis le début du XXe siècle, pour le meilleur et pour le pire. Par son pittoresque d'abord (ici, lors d'une bravade), mais surtout par la beauté de ses paysages, qui attira des peintres, comme Signac, Bonnard, Marquet ou Matisse avant d'être rendue mondialement célèbre grâce à Brigitte Bardot, lorsqu'elle s'y installa dans sa fameuse villa de La Madrague.

HÉLÈNE BAMBERGER

Dans la petite commune de Sainte-Marguerite-sur-Mer (Seine-Maritime), la princesse Sturdza a créé de toutes pièces, en 1957, un remarquable jardin botanique, dont elle tient à faire les honneurs en personne (ci-contre, à droite).

YVES GELLIE

Un spectacle digne de Zola. À Blanquefort-sur-Briolance, dans le Lot-et-Garonne, des charbonniers (ci-contre) sont parmi les derniers de France à perpétuer les gestes ancestraux du métier. L'essentiel des 60 000 tonnes de charbon de bois produites par an en France provient du Lot-et-Garonne et de l'Allier.

ALAIN KELER

La culture des huîtres à Cancale relève désormais autant de l'industrie que de la tradition. Dans les parcs immergés, posées à même le sol ou enfermées dans des poches, les huîtres grandissent pendant trois ou quatre ans. Triées, nettoyées et calibrées, elles sont affinées en bassin.
Les amateurs trouvent à l'huître de Cancale un goût de noisette.

REZA

Un agriculteur vient vendre ses fromages, non loin de Luz-Saint-Sauveur (Hautes-Pyrénées). Protégée par le parc national des Pyrénées, la région du Lavedan est réputée pour ses paysages.

REZA

Halte en Comminges, dans une rue du hameau de Saint-Martin (Haute-Garonne). À ses pieds s'étendent les vestiges de la cité gallo-romaine détruite par les rois francs. La ville haute, rebâtie au XIe siècle, est le lieu d'un pèlerinage qui attire encore les fidèles.

HARRY GRUYAERT
Le jardin de la Citadelle
offre un lieu de rencont

YVES GELLIE

Les habitants du Marais poitevin sillonnent le labyrinthe vert sur des «plates», comme ici, à Coulon (Deux-Sèvres), le dernier pêcheur d'anguilles professionnel du Marais.

BRUNO BARBEY

Si la Balagne formait autrefois le rivage le plus prospère de l'île, ses riches vergers cèdent à présent la place aux friches ou à l'urbanisation. Ici, à Montemaggiore, le village médiéval se serre sur un piton rocheux, tandis que le clocher baroque de Calenzana rappelle que cette *pieve* (paroisse) fut autrefois la plus peuplée de Balagne.

DAVID ALAN HARVEY

Sur une butte rocheuse, Sainte-Suzanne (Mayenne) domine le pays de l'Erve. Enserrée dans le triangle de ses fortifications médiévales, la petite ville a conservé son donjon du XIe siècle, qui résista au siège de Guillaume le Conquérant.

ALEXANDRA BOULAT

Si la haute couture demeure réservée à une élite fortunée, ses défilés sont aujourd'hui retransmis sur toutes les chaînes de télévision de la planète. Yves Saint Laurent reste sans nul doute l'un des maîtres incontestés.

ALAIN KELER

PAGE PRÉCÉDENTE : au nord du port de Redon (Ille-et-Vilaine), un canal relie les eaux de l'Ille à celles de la Rance, par lequel Rennes acheminait les denrées en provenance de Saint-Malo. Les riverains ont trouvé, depuis, d'autres usages plus ludiques.

ALAIN KELER

CI-CONTRE : de tous les pardons, celui de Sainte-Anne, à Sainte-Anne-d'Auray (Morbihan), apparu au XVIIe siècle, est le plus célèbre et le plus fréquenté. Beaucoup de fidèles, rassemblés derrière la bannière de la paroisse et les reliques de la sainte, arborent pour l'occasion des costumes traditionnels.